Die demokratische Legitimation und die Unabhängigkeit des EuGH und des EuG

Beiträge zum nationalen und internationalen öffentlichen Recht

Herausgegeben von Prof. Dr. Burkhard Schöbener

Band 15

PETER LANG
Frankfurt am Main · Berlin · Bern · Bruxelles · New York · Oxford · Wien

Kathrin F. Baltes

Die demokratische Legitimation und die Unabhängigkeit des EuGH und des EuG

PETER LANG
Internationaler Verlag der Wissenschaften

Bibliografische Information der Deutschen Nationalbibliothek
Die Deutsche Nationalbibliothek verzeichnet diese Publikation in der Deutschen Nationalbibliografie; detaillierte bibliografische Daten sind im Internet über http://dnb.d-nb.de abrufbar.

Zugl.: Köln, Univ., Diss., 2010

Gedruckt auf alterungsbeständigem,
säurefreiem Papier.

D 38
ISSN 1613-8406
ISBN 978-3-631-61393-1

www.peterlang.de

Meinen Eltern

Vorwort

Die vorliegende Arbeit wurde im Dezember 2009 abgeschlossen und im Sommersemester 2010 von der Juristischen Fakultät der Universität zu Köln als Dissertation angenommen. Literatur und rechtspolitische Entwicklungen wurden bis zur Disputation im Juli 2010 weitgehend berücksichtigt.

Mein besonderer Dank gilt meinem Doktorvater, Prof. Dr. Burkhard Schöbener, der die Entstehung der Arbeit mit großem Interesse und Engagement betreut hat. Zudem danke ich ihm für die ehrenvolle Aufnahme der Studie in seine Schriftenreihe. Für die Erstellung des Zweitgutachtens und ihr großes Interesse an dem Thema bin ich Prof. Dr. Dr. h.c. Angelika Nußberger M.A. zu Dank verpflichtet.

Darüberhinaus möchte ich den Menschen danken, die mir während der Entstehung der Arbeit auf verschiedenste Art und Weise zur Seite standen. Meinen Eltern, Maria und Hans-Gerd Baltes, danke ich für ihre umfassende Unterstützung und ihre Großzügigkeit, ohne die diese Arbeit niemals entstanden wäre. Meinem Bruder Matthias danke ich für die konstruktiven Anregungen und seine Hilfe beim Korrekturlesen der Dissertation. Meinem Bruder Johannes danke ich ebenso wie Dana Buyx und insbesondere Jonas Witt für ihren immer währenden Zuspruch und ihren Optimismus, durch die mir die Arbeit an vielen Stellen erleichtert wurde.

Köln, im September 2010 Kathrin F. Baltes

Inhaltsverzeichnis

Einleitung und Gang der Untersuchung 1

1. Teil: EuGH und EuG als zentrale Rechtsprechungsinstitutionen der EU ... 5
A. Die Judikative der EU 5
B. Unionsgerichtsbarkeit im engeren Sinne: EuGH und EuG 7
I. Der Gerichtshof (EuGH) 8
1. Entstehungsgeschichte 8
2. Zusammensetzung 8
3. Zuständigkeiten 9
4. Rechtsfortbildung 13
5. Bedeutung 14
II. Das Gericht (EuG) 16
1. Entstehungsgeschichte 16
2. Zusammensetzung 16
3. Zuständigkeiten 17
4. Bedeutung 19
III. Ergebnis 19

2. Teil: Die Unabhängigkeit der Unionsgerichtsbarkeit 21
A. Unabhängigkeit der Judikative in den EU-Mitgliedstaaten 22
I. Rechtsstaatliches Gebot einer unabhängigen Justiz 22
II. Normative Ausprägungen richterlicher Unabhängigkeit 24
B. Unabhängigkeit der europäischen Judikative 26
I. Unionsrechtliches Gebot einer unabhängigen Justiz 27
II. Normative Ausprägungen richterlicher Unabhängigkeit in der EU 28
1. Allgemeine Unabhängigkeitsgarantien 28
2. Unabhängigkeit von nationalen Interessen 29
a) Staatsangehörigkeit kein ungeschriebenes Tatbestandsmerkmal 30
b) Mandatsdauer und Wiederernennung 32
aa) Regelung auf Unionsebene 32
bb) Rechtsvergleich 34

(1) Nationale (Verfassungs-) Richter ... 34
(2) Richter des EGMR ... 36
cc) Zwischenfazit: Defizit auf Unionsebene ... 37
dd) Korrektive und Praxis im Unionsrecht ... 38
C. Ergebnis ... 40

3. Teil: Demokratische Legitimation als grundlegende Anforderung an die europäische Gerichtsbarkeit ... 43
A. Das Demokratieprinzip in der EU ... 43
I. Formale Bekenntnisse zur „Demokratie“ ... 43
II. Demokratie als Fundamentalprinzip der EU ... 45
III. Das Demokratieprinzip in den EU-Mitgliedstaaten ... 46
1. Unterschiedliche Formen von Demokratie ... 47
2. Gemeinsame Vordenker aktueller Demokratietheorien ... 48
3. Volkssouveränität und Repräsentation als gemeineuropäische Grundgedanken zur Legitimation von Hoheitsgewalt ... 50
IV. Übertragbarkeit staatsrechtlicher Grundsätze auf die EU ... 53
1. Übertragbarkeit im Allgemeinen ... 53
2. Übertragbarkeit des Prinzips demokratischer Legitimation ... 54
B. Das Prinzip demokratischer Legitimation von Hoheitsgewalt ... 56
I. Legitimationsobjekt und -subjekt ... 56
1. Legitimationsobjekt (Legitimationsbedürftigkeit) ... 56
a) Die nationale Staatsgewalt ... 56
b) Die europäische Hoheitsgewalt ... 58
2. Legitimationssubjekt (Legitimationsfähigkeit) ... 59
a) Das „nationale“ Legitimationssubjekt ... 59
aa) Kollektives Verständnis: das Staatsvolk als homogene Einheit ... 60
bb) Individualistisches Verständnis: der einzelne Bürger ... 62
b) Das „europäische“ Legitimationssubjekt ... 66
aa) Theorie der mangelnden Demokratiefähigkeit der EU ... 66
bb) Der einzelne Unionsbürger als europäisches Legitimationssubjekt ... 68
3. Zwischenergebnis ... 71
II. Unionsspezifikum: Modell der dualen Legitimation ... 72
1. Die doppelte Legitimationsbasis der EU ... 72
2. Primat der nationalen Legitimationsbasis? ... 73
a) Wissenschaft ... 73
b) Judikatur nationaler Verfassungsgerichte ... 74
aa) Das deutsche Bundesverfassungsgericht ... 75
(1) Maastricht-Urteil (1993) ... 75
(2) Lissabon-Urteil (2009) ... 76

bb) Der französische Conseil Constitutionnel ... 77
cc) Das tschechische Verfassungsgericht ... 79
3. Primat der europäischen Legitimationsbasis? ... 80
4. Gleichwertigkeit der beiden Legitimationsquellen? ... 82
5. Stellungnahme ... 82
III. Die Herstellung des Legitimationszusammenhanges ... 84
1. Systematisierung der Legitimationskonzepte ... 84
2. Formale Herleitungs- und Rückkopplungslegitimation ... 86
a) Das Modell der Legitimationsketten ... 87
aa) Legitimationsketten in den staatlichen Demokratietheorien ... 87
bb) Organisatorisch-formales Modell ... 88
(1) Formen demokratischer Legitimation ... 90
(2) Erforderliches Legitimationsniveau ... 92
(3) „Lockerung" des organisatorisch-formalen Modells? ... 94
(4) Besonderheiten bei der Judikative ... 96
(5) Übertragung auf die EU ... 98
(6) Kritik an dem organisatorisch-formalen Modell ... 100
cc) Rein personelle Legitimation der Judikative ... 102
dd) Erweiterte sachlich-inhaltliche Legitimation ... 103
ee) Zwischenergebnis ... 104
b) Das Kontrollmodell Tschentschers ... 104
c) Bewertung der (reinen) Herleitungslegitimation ... 106
3. Ergebnislegitimation ... 108
a) „Europäische" Output-Legitimation nach Scharpf ... 108
b) Legitimation durch Bewährung nach Peters ... 111
c) Bewertung der (reinen) Ergebnislegitimation ... 113
aa) Output als Faktor demokratischer Legitimation? ... 113
bb) Europäische Hoheitsgewalt nur output-legitimationsfähig? ... 115
cc) „Government of governments"? ... 116
dd) Legitimation durch Bewährung? ... 116
ee) Ergebnis ... 117
4. Kombination von Herleitungs- und Ergebnis-Legitimation ... 117
a) Das politikfeldbezogene Legitimationsmodell ... 117
b) Das plurale Legitimationssystem ... 120
c) Systeme komplexer Demokratie ... 122
aa) Demokratiemodell der epistemischen Deliberation ... 122
bb) Komplexe Demokratietheorie von Benz ... 124
cc) Ergänzung des traditionellen Modells um neue Output-Faktoren ... 124
d) Legitimation der (Verfassungs-) Gerichtsbarkeit nach Höreth ... 126
e) Bewertung der „gemischten" Konzepte ... 128

aa) Zum politikfeldbezogenen Legitimationsmodell 128
bb) Zum pluralen Legitimationssystem 129
cc) Zu den sonstigen komplexen Legitimationsmodellen 129
dd) Ergebnis 130
5. Fazit zur Herstellung des Legitimationszusammenhanges 130
a) Kriterien der Herleitungs- und Rückkopplungslegitimation 131
b) Kriterien der Ergebnislegitimation 133
C. Ergebnis: Legitimationsfaktoren für die europäische Judikative 134

4. Teil: Demokratische Legitimation von EuGH und EuG
de lege lata und im Rechtsvergleich 137
A. Demokratische Herleitungslegitimation von EuGH und EuG 137
I. Konstituierung der Gerichtsbarkeit durch die Gründungsverträge 137
II. Besetzung der Richterämter durch Wahl und Ernennung 138
1. Zweistufigkeit der Ämterbesetzung 139
2. Organisatorischer Ablauf 140
3. Ernennungsbeschluss auf Unionsebene 141
4. Auswahl der Kandidaten auf nationaler Ebene 144
a) Verfahren in den 15 „alten" Mitgliedstaaten 145
aa) Deutschland 145
(1) Bisherige Auswahl der deutschen EG-Richter 145
(2) Zukünftige Auswahl der deutschen EU-Richter 146
bb) Zwölf Mitgliedstaaten mit exekutiv dominierter Auswahl ... 148
cc) Parlamentarische Beteiligung in Portugal und Österreich ... 151
b) Verfahren in den zwölf „jungen" Mitgliedstaaten 151
aa) Litauen und die Slowenische Republik 152
bb) Lettland, Polen, die Slowakische Republik und
die Tschechische Republik 152
cc) Bulgarien, Estland, Malta, Ungarn und Zypern 154
c) Zusammenfassung 158
d) Stellungnahme 159
5. Rechtsvergleich zum Richterauswahl- und Ernennungsverfahren ... 160
a) Richterwahl in den EU-Mitgliedstaaten 160
aa) Vergleichsobjekte auf nationaler Ebene 160
bb) Wahl der höchsten nationalen Richter bzw.
Verfassungsrichter 161
cc) Zwischenergebnis und Stellungnahme 173
b) Wahl der Richter des EGMR 175
aa) EGMR als Vergleichsobjekt 175
bb) Besetzung der EGMR-Richterämter 175

(1) Kandidatenauswahl auf nationaler Ebene 176
(2) Richterwahl auf intergouvernementaler Ebene 177
(3) Bedeutung der Entscheidung auf intergouvernementaler Ebene 178
cc) Zwischenergebnis und Stellungnahme 179
c) Fazit zum Rechtsvergleich 180
6. Reformvorschläge und Primärrechtsänderung 181
a) Wissenschaft 181
b) EG-Organe und -Arbeitsgruppen 185
c) Der neue „Ausschuss“ nach dem Vertrag von Lissabon 186
aa) Gesetzliche Regelungen: Art. 253 Abs. 1, 254 Abs. 2, 255 AEUV 186
bb) Sinn und Zweck der Errichtung des neuen Ausschusses ... 187
cc) Status und Arbeitsweise des neuen Ausschusses 188
dd) Stellungnahme 190
7. Fazit: Reformvorschlag zum Wahl- und Ernennungsverfahren 191
a) Dreier-Vorschlagslisten aus den Mitgliedstaaten 191
b) Beteiligung des Europäischen Parlaments 191
c) Beteiligung des beratenden Ausschusses 192
d) Auswahlverfahren auf nationaler Ebene 193
e) Durchsetzbarkeit des Reformvorschlages 194
f) Transparenz 195
g) Sachverstand und Unabhängigkeit 195
III. Kontrolle und Verantwortlichkeit der Unionsrichter 195
1. Rechtsunterworfenheit der Unionsgerichtsbarkeit 196
a) „Wahrung des Rechts“ 196
b) Rechtsbindung und Rechtsfortbildung 196
2. Zusätzliche Kontroll- und Verantwortungszusammenhänge 198
a) Gewalteninterne Kontrollmechanismen 199
b) Unabhängigkeit und Qualifikation der Richter 200
c) Kontrolle durch die Allgemeinheit und die Fachöffentlichkeit ... 201
d) Richter- und Urteilsschelte 202
3. Möglichkeit der Wiederernennung 203
IV. Zusammenfassung zur Herleitungslegitimation 204
B. Ergebnislegitimation der Unionsgerichte 204
I. Ex-ante-Ergebnislegitimation 205
II. Ex-post-Ergebnislegitimation 206
C. Fazit zum 4. Teil 209

5. Teil: Gesamtbetrachtung 211

Literaturverzeichnis 215

Einleitung und Gang der Untersuchung

Aufgrund der jüngsten Ereignisse im „europäischen Verfassungsprozess“ wurden die Gründungsverträge der Europäischen Union (EU)/Europäischen Gemeinschaft (EG) mit Wirkung zum 1. Dezember 2009 reformiert. Der „Vertrag von Lissabon“[1] (Arbeitstitel „Reformvertrag“; unterzeichnet von den Staats- und Regierungschefs am 13. Dezember 2007 in Lissabon) übernimmt weitgehend die Regelungen des im Jahre 2005 gescheiterten „Verfassungsvertrages“[2]. Nach erfolgreichen Ratifikationen in allen 27 Mitgliedstaaten sollte diese neue vertragliche Grundlage der EU ursprünglich zum 1. Januar 2009 in Kraft treten. Aber nach dem „Nein“ der Iren im Referendum am 12. Juni 2008 und den Verfahren vor den Verfassungsgerichten in Deutschland[3] und der Tschechischen Republik[4] konnte dieser Zeitplan nicht eingehalten werden. Schließlich hat Irland in einem zweiten Referendum vom 2. Oktober 2009 seine Zustimmung zum Vertrag von Lissabon erteilt und auch in Deutschland wurden die Begleitgesetze zum Reformvertrag gemäß den Anforderungen des Bundesverfassungsgerichts nachgebessert.[5] Als letzter Staatschef hat der tschechische Präsident Vaclav Klaus den Lissabonner Vertrag am 3. November 2009 unterschrieben, so dass das Inkrafttreten des Vertrages zum 1. Dezember 2009 ermöglicht wurde. Durch den Vertrag von Lissabon

1 Vertrag von Lissabon zur Änderung des Vertrags über die Europäische Union und des Vertrags zur Gründung der Europäischen Gemeinschaft, ABl. EU 2007/C 306/01 vom 17. Dezember 2007; konsolidierte Fassung der Verträge: ABl. EU 2008/C 115/01 vom 9. Mai 2008. Demnach wurde der Vertrag über die Europäische Union reformiert (im Folgenden: EU n.F.) und der EG-Vertrag durch den Vertrag über die Arbeitsweise der Europäischen Union (im Folgenden: AEUV) ersetzt. Dazu allgemein und im Überblick: Lengauer, ZfRV 2008, 4; Schwarze, EuR Beiheft 1 2009, 9; ders., in: ders., EGV/EUV 2009, Einführung; Ruffert, EuR Beiheft 1 2009, 31; Schoo, EuR Beiheft 1 2009, 51; Oppermann, DVBl 2008, 473, 473 ff.; Terhechte, EuR 2008, 143, 143 ff.; Lindner, BayVBl 2008, 421; Streinz/Ohler/Herrmann, Der Vertrag von Lissabon; Hellmann, Der Vertrag von Lissabon; Fischer, Der Vertrag von Lissabon.

2 Vertrag über eine Verfassung für Europa, unterzeichnet am 29. Oktober 2004 in Rom, veröffentlicht am 16. Dezember 2006 im Amtsblatt der EU C Nr. 310.

3 BVerfG, 2 BvE 2/08 vom 30. Juni 2009 – Vertrag von Lissabon, http://www.bverfg.de/entscheidungen/es20090630_2bve000208.html; dazu bereits vor Verkündung der Entscheidung: Brok/Selmayr, EuZW 2008, 487.

4 Pl. ÚS 19/08, Urteil vom 26. November 2008 – Lisbon Treaty; Pl. ÚS 29/09 vom 3. November 2009 – Lisbon Treaty II.

5 Vgl. BGBl. I Nr. 60 vom 24. September 2009, Seite 3022.

wurde das Säulensystem der EU abgeschafft und an die Stelle der EG tritt die EU als Rechtsnachfolgerin mit eigener Rechtspersönlichkeit (vgl. Art. 47 EU n.F.).

Die vorauslaufenden Auseinandersetzungen um den gescheiterten Verfassungsvertrag und den neuen Vertrag von Lissabon haben ein weiteres Mal gezeigt, dass es, wenn sich das öffentliche Augenmerk den Organen und Institutionen der Europäischen Union widmet, meistens um den Ministerrat, das Europäische Parlament, die Europäische Kommission und – seit kurzem verstärkt – die (neuen) „Spitzenämter“[6] der EU geht. So wurde intensiv über die Abstimmungsmodi im Ministerrat, die Zusammensetzung des Europäischen Parlaments und der Kommission sowie die Verteilung der obersten Ämter diskutiert und spekuliert. Dabei wird ein wichtiges Machtzentrum der EU von der Presse grundsätzlich vernachlässigt: die Gerichtsbarkeit der Europäischen Union.

Der Gerichtshof (EuGH) und das Gericht (EuG, ehemals: Gericht erster Instanz) tauchen in der Berichterstattung lediglich auf, wenn es um ihre zahlreichen und oft weitreichenden Urteile geht. Mit dem Aufbau, der Zusammensetzung, den Funktionen und Kompetenzen des Organs selbst beschäftigt sich allenfalls die Fachliteratur. Doch sogar in diesen Kreisen geht die europäische Judikative bei einem – mittlerweile schon seit langem und von vielen Seiten diskutierten – Thema nahezu unter: dem sogenannten europäischen „Demokratiedefizit“[7]. Allzu häufig wird von einer „Entparlamentarisierung“ in Form einer Entmachtung der nationalstaatlichen Parlamente, also einem schwindenden Einfluss der nationalen Legislative gesprochen[8]. Aber viele übersehen, dass mit fortschreitender europäischer Integration auch eine Verlagerung der Rechtsprechungstätigkeit von der nationalen auf die europäische Ebene stattfindet.[9] Dass Kritiker öffentlich im Hinblick auf die Unionsgerichte beispielsweise von einer „drohenden Entmachtung des (deutschen) Verfassungsgerichts“ sprechen, bleibt eine Ausnahme.[10]

Die Judikatur von EuGH und EuG beeinflusst nicht nur die Unionsrechtsordnung, sondern in gleichem Maße die nationalen Rechtsordnungen und hat somit

6 Durch den Reformvertrag von Lissabon wurde die Amtszeit des Präsidenten des Europäischen Rates auf zweieinhalb Jahre ausgedehnt und dieser wird nunmehr gewählt und wechselt nicht mehr halbjährig rotierend (Art. 15 Abs. 5 EU n.F.; ex-Art. 4 Abs. 2 EU). Zudem wurde der Posten eines „Hohen Vertreters der Union für Außen- und Sicherheitspolitik“ geschaffen (Art. 18 EU n.F.). Daneben stehen die bisherigen „Spitzenämter“ des Ratsvorsitzenden (Art. 16 Abs. 9 EU n.F.; ex-Art. 203 Abs. 2 EG) und des Kommissionspräsidenten (Art. 17 Abs. 7 EU n.F.; ex-Art. 214, 217 EG).

7 Dazu z.B. Schmidtchen, in: FS Ress, 787, 794 f., der bei der Untersuchung der demokratischen Legitimation der Organe die Gerichtsbarkeit überhaupt nicht anspricht; ebenso wenig Kaufmann, Europäische Integration und Demokratieprinzip.

8 Kirchhof, in: FS Badura, 237, 244 ff.; dazu z.B. Wolf, ZEuS 2003, 379, 381; Peters, Verfassung Europas, 627; Petersen, Demokratie, 2 f. m.w.N.; Pehle/Sturm, in: Gabriel/Kropp, EU-Staaten im Vergleich, 155, 160 f.; Schüttemeyer/Siefken, in: Gabriel/Kropp, EU-Staaten im Vergleich, 482, 482.

9 Ähnlich: Schubarth, in : FS Trechsel, 93, 98.

10 „Bis hierher, Europa“, DIE ZEIT Nr. 7 vom 5. Februar 2009, S. 9.

sowohl auf die Mitgliedstaaten als auch auf die Unionsbürgerinnen und -bürger unmittelbare und beträchtliche Auswirkungen. Die Judikative ist genauso Hoheitsgewalt wie Legislative und Exekutive, weshalb sich, dem europäischen Demokratieverständnis zufolge, die Frage nach der demokratischen Legitimation dieser Dritten Gewalt gleichermaßen stellt. Erfüllen Gerichtshof und Gericht die demokratischen Anforderungen, die an Hoheitsträger gestellt werden, damit deren Entscheidungen allgemeine Akzeptanz finden? Was genau sind die legitimierenden Faktoren, die in dem supranationalen System der Union an die Entscheidungsträger zu stellen sind? Insbesondere im Hinblick auf die enorme Bedeutung und Autorität von EuGH und EuG im institutionellen Gefüge der EU scheint die Frage nach deren demokratischer Legitimation unausweichlich und von grundsätzlicher Bedeutung zu sein. In direktem Zusammenhang mit der demokratischen Legitimation der Judikative steht in den europäischen Rechtsstaaten die Unabhängigkeit derselben. Diese beiden Fundamentalprinzipien beeinflussen sich gegenseitig, sind untrennbar miteinander verbunden und bauen ein Spannungsverhältnis zueinander auf. Dies macht eine isolierte Betrachtung eines der beiden Prinzipien unmöglich. Auf europäischer Ebene stellt sich bezüglich der Unabhängigkeit der Judikative zudem das besondere Problem einer möglichen Abhängigkeit der Richter von nationalen Interessen, d.h. einer etwaigen „Einflussnahme" durch ihre Heimatstaaten.

Die Verwirklichung der demokratischen Legitimation und der Unabhängigkeit der Unionsgerichtsbarkeit ist Gegenstand der vorliegenden Arbeit. Dabei wird in einem ersten Teil zunächst das Untersuchungsobjekt – die europäische Gerichtsbarkeit im engeren Sinne – und seine Bedeutung dargestellt und erläutert. Im zweiten Teil der Arbeit wird – unter Zugrundelegung der diesbezüglichen rechtsstaatlichen Grundsätze und rechtsvergleichend – untersucht, ob und inwiefern das Prinzip einer unabhängigen Justiz in der EU verwirklicht wird. Der dritte Teil der Arbeit widmet sich dem Prinzip der demokratischen Legitimation als grundlegende Anforderung an die Unionsgerichtsbarkeit. Dabei wird dieses Prinzip zunächst abstrakt in seinem staatsrechtlichen Ursprungsverständnis und damit einhergehend auch das dogmatische Problem, das sich aus dem Spannungsverhältnis zur Unabhängigkeit der Judikative ergibt, erläutert und einer Bewertung unterzogen. Sodann erfolgt eine unionsspezifische Übertragung der Legitimationsgrundsätze auf die europäische Ebene. In diesem Zusammenhang werden unterschiedliche Legitimationskonzepte untersucht, um Kriterien herauszufiltern, die für die europäische Gerichtsbarkeit als Legitimationsfaktoren herangezogen werden können. Anschließend wird in einem vierten Teil die aktuelle Rechtslage und Praxis bezüglich der zuvor herausgearbeiteten Faktoren demokratischer Legitimation im Hinblick auf die europäische Judikative untersucht. Einen Schwerpunkt nimmt dabei die Richterauswahl und -ernennung ein, die mit Hilfe von Rechtsvergleichen zu entsprechenden Verfahren auf nationaler Ebene und im Rahmen des Europäischen Gerichtshofs für Menschenrechte (EGMR) einer kritischen Bewertung zu unterziehen ist. In diesem Zusammenhang werden zugleich die bereits in Wissenschaft und Praxis bestehenden Reformvorschläge bezüglich des Auswahl- und Ernennungsverfahrens vorgestellt sowie die Neuerungen, die der Vertrag von Lissabon in dieser Hinsicht mit sich gebracht hat. Anschließend soll auf Grundlage der Forschungsergebnisse ein eigener Reformvorschlag für das Auswahl- und Ernennungsverfahren unterbreitet werden. Insgesamt werden einerseits einige Abweichungen zwischen den im dritten Teil aufgestellten Prinzipien und der Vertragsrealität aufgezeigt; andererseits ergibt sich aber ein Zusammenspiel aus unterschiedlichen Faktoren, die bereits eine nicht zu unterschätzende demokratische Legitimation von EuGH und EuG erzeugen.

1. Teil: EuGH und EuG als zentrale Rechtsprechungsinstitutionen der EU

A. Die Judikative der EU

In der Europäischen Union herrscht keine traditionelle Gewaltenteilung im staatsrechtlichen Sinne.[11] Dies betrifft vor allem die Aufgabenverteilung zwischen Ministerrat, Europäischem Parlament und Kommission. So bleibt z.B. das Europäische Parlament – trotz stetiger Zuständigkeitszunahme – in seinen Kompetenzen hinter staatlichen Parlamenten zurück und sowohl Rat als auch Kommission nehmen neben legislativen auch exekutive Befugnisse wahr.[12] Die dennoch strikten Aufgabenzuweisungen und -abgrenzungen zwischen den Organen durch die Verträge führen aber zu einem – dem Prinzip der Gewaltenteilung ähnlichen – sogenannten „institutionellen Gleichgewicht"[13]. Innerhalb dieses Gleichgewichts ist die Funktion der Judikative eindeutig zugeteilt: gemeinschaftliches Rechtsprechungsorgan ist gemäß Art. 13 Abs. 1 EU n.F., Art. 19 Abs. 1 AEUV (ex-Art. 7 Abs. 1, 220 Abs. 1 EG[14]) der Gerichtshof der Europäischen Union. Der Europäische Gerichtshof (EuGH) sichert gemeinsam mit dem Gericht (EuG) im Rahmen ihrer jeweiligen Zuständigkeiten „die Wahrung des Rechts bei der Auslegung und Anwendung" der Verträge, Art. 19 Abs. 1 EU n.F. (ex-Art. 220 Abs. 1 EG). Au-

---

11 Dazu: Möllers, Gewaltengliederung, 257 ff.

12 Vgl. Art. 223 ff., 289 ff. AEUV bzw. ex-Art. 192 ff., 202, 251, 252 EG und Art. 107 ff., 115 ff. EAG; dazu statt vieler: Streinz, Europarecht, Rn. 286 ff., 335 ff.; 358 ff.; Huber, EuR 2003, 574, 576 ff.

13 St. Rspr. EuGH, vgl. Rs. 138/79, Slg. 1980, 3333, 3360, Rn. 33 – Roquette Frères (Isoglucose); Rs. C-70/88, Slg. 1990, I-2041, 2041 – Tschernobyl I (EP gegen Rat der EG); Oppermann/Classen/Nettesheim, Europarecht, § 7, Rn. 8 ff., 13; Wegener, in: Calliess/Ruffert, EUV/EGV, Art. 220, Rn. 36; Calliess, in: Calliess/Ruffert, EUV/EGV, Art. 7, Rn. 7 ff. m.w.N.; Lenski, in: Lenz/Borchardt, EU, Art. 13 EUV, Rn. 13; Dänzer-Vanotti, RIW 1992, 733, 735; Rodríguez Iglesias, EuR 1992, 225, 229 m.w.N.; Nicolaysen, in: Weidenfeld, Europäische Union, 109, 115 f.; Siebert, Auswahl der Richter am EuGH, 64 ff.; Zuleeg, NJW 1994, 545, 548; Huber, EuR 2003, 574, 576 f.; Schaubild bei Höreth, Selbstautorisierung des Agenten, 316.

14 Pendant im Euratom-Vertrag: Art. 3 Abs. 1, 136 EAG. Der Übersichtlichkeit halber wird im Folgenden auf die Vorschriften des praxisrelevanteren AEU- bzw. ex-EG-Vertrags hingewiesen und auf Verweise auf die entsprechenden, weitgehend übereinstimmenden Regelungen im EAG verzichtet.

ßerdem können dem Gericht gemäß Art. 257 AEUV für bestimmte Bereiche spezielle Fachgerichte beigeordnet werden.[15] Von dieser Möglichkeit wurde im Jahre 2005 mit der Errichtung des Gerichts für den öffentlichen Dienst der Europäischen Union (EuGöD) erstmals Gebrauch gemacht.[16] Allein im Jahre 2009 wurden bei den europäischen Gerichten insgesamt 1242 Rechtssachen anhängig gemacht (2008: 1332, ein „Rekordstand" in der Geschichte der europäischen Gerichtsbarkeit; 2007: 1259).[17] Mit dieser – mittlerweile zum Teil sogar dreistufigen – Gerichtsbarkeit verfügt die EU unzweifelhaft über eine „klassische" Dritte Gewalt, die den im Primärrecht festgelegten Rechtsprechungsauftrag wahrnimmt.[18] Zudem ist zu beachten, dass die nationalen Gerichte der Mitgliedstaaten zum einen das Unionsrecht unmittelbar und selbstständig anwenden, zum zweiten nationales Recht gemeinschaftskonform auslegen müssen und zum dritten in einem Kooperationsverhältnis zur Unionsgerichtsbarkeit stehen und somit ebenfalls zu dem komplexen europäischen Gerichtssystem gehören.[19]

Es ist darauf hinzuweisen, dass die Begrifflichkeiten im Zusammenhang mit den Gerichten sowohl in den Verträgen und öffentlichen Dokumenten als auch in wissenschaftlichen Beiträgen vor Inkrafttreten des Vertrages von Lissabon oft unterschiedlich verwendet wurden. Insbesondere der Begriff „Gerichtshof" wurde teilweise für das gesamte rechtsprechende Organ (also alle drei Gerichte zusammen) benutzt, teilweise aber nur für das einzelne, oberste Gericht. In den Dokumenten der EG hieß es, der Gerichtshof der Europäischen Gemeinschaften bestehe aus drei Gerichten: dem Gerichtshof, dem Gericht erster Instanz und

---

15 Ehemals „Gerichtliche Kammern" gemäß ex-Art. 220 Abs. 2 EG nach Maßgabe des ex-Art. 225a EG.

16 Regelungen in Art. 62c der Satzung des Gerichtshofs i.V.m. Anhang der Satzung; zum EuGöD dessen derzeitige Kanzlerin: Hakenberg, EuZW 2006, 391; Hakenberg/Schilhan, ZfRV 2008, 104, 105, 110 f.

17 Presseinformation Nr. 29/10 des Gerichtshofs vom 15. März 2010 zu den Rechtsprechungsstatistiken 2009; Presseinformation Nr. 17/09 des Gerichtshofs vom 19. Februar 2009 zu den Rechtsprechungsstatistiken 2008; Presseinformation Nr. 14/08 des Gerichtshofs der EG vom 7. März 2008 zu den Rechtsprechungsstatistiken 2007.

18 Ipsen, Europäisches Gemeinschaftsrecht, § 15, Anm. 1; Pernice, EuR 1996, 27, 27 ff.; Epping, Der Staat 1997, 349, 351; Wegener, in: Calliess/Ruffert, EUV/EGV, Art. 220, Rn. 2; Gaitanides, in: von der Groeben/Schwarze, EUV/EGV, Art. 220, Rn. 1; Huber, in: Streinz, EUV/EGV, Art. 220, Rn. 3; Borchardt, in: Lenz/Borchardt, EU, Art. 19 EUV, Rn. 1; Oppermann/Classen/Nettesheim, Europarecht, § 7, Rn. 11, 136 ff.; ders., DVBl 1994, 901, 901; Mähner, Gerichtshof, 173; Everling, EuR 2003, Beiheft 1, 7, 8; Rodríguez Iglesias, NJW 2000, 1889, 1889; Calliess, NJW 2005, 929, 929; Nicolaysen, in: Weidenfeld, Europäische Union, 109, 116; Degenhart, Staatsrecht I, Rn. 274; Zuleeg, NJW 1994, 545, 548; Hakenberg/Stix-Hackl, EuGH, Bd. 1, 17, 19.

19 Pernice, EuR 1996, 27, 28; Rodríguez Iglesias, NJW 2000, 1889, 1889; Barents, MJ 2004, 121, 124; Fastenrath, in: FS Ress, 461, 462; Tietje, DVBl 2003, 1081, 1091; Herresthal, EuZW 2007, 396 m.w.N.; Haltern, Europarecht, Rn. 353 ff.

dem Gericht für den öffentlichen Dienst.[20] Der Vertrag von Lissabon hat neue Bezeichnungen für die Gerichte eingeführt: „Der Gerichtshof der Europäischen Union umfasst den Gerichtshof, das Gericht und Fachgerichte“, Art. 19 Abs. 1 Satz 1 EU n.F.[21] Dementsprechend wird im Folgenden mit „Gerichtshof“ oder „EuGH“ nur das einzelne, oberste Gericht bezeichnet werden. Um Verwirrungen zu vermeiden, soll für das gesamte rechtsprechende Organ nicht der Begriff „Gerichtshof der Europäischen Union“ benutzt werden, sondern Termini wie „Dritte Gewalt“, „Rechtsprechende Gewalt“, „Gerichtsbarkeit“ oder „Judikative“ der Europäischen Union. Außerdem ist zu beachten, dass die Bezeichnungen der beiden anderen Gerichte vor Inkrafttreten des Vertrages von Lissabon zu Missverständnissen führen konnten. So traf der Name „Gericht erster Instanz“ eigentlich nicht mehr auf das damit bezeichnete Gericht zu, da dieses gemäß ex-Art. 225 Abs. 2 EG (jetzt: Art. 256 Abs. 2 AEUV) auch in zweiter Instanz tätig werden konnte. Zudem legte die Bezeichnung „Gerichtliche Kammern“ in ex-Art. 220 Abs. 2, 225a EG nahe, es handle sich um Kammern, also Spruchkörper, des EuG, und nicht um zusätzliche Fachgerichte (jetzt gemäß Art. 257 AEUV ausdrücklich „Fachgerichte“). Insofern sind die durch den Lissabon-Vertrag eingeführten Bezeichnungen der beiden Gerichte zutreffender.

B. Unionsgerichtsbarkeit im engeren Sinne: EuGH und EuG

Untersuchungsobjekt der vorliegenden Arbeit ist die europäische Gerichtsbarkeit im engeren Sinne, das heißt der Gerichtshof und das Gericht als die zentralen – nicht auf bestimmte Fachbereiche spezialisierten – Rechtsprechungsinstitutionen der europäischen Judikative. Die genaue Organisation, die Verfahren und vor allem die Kompetenzen und Zuständigkeiten der Gerichte werden in Art. 251 ff. AEUV (ex-Art. 220 ff. EG und Art. 136 ff. EAG), in der Satzung des Gerichtshofs[22] und in den Verfahrensordnungen der beiden Gerichte normiert.

---

20 Vgl. die Informationsbroschüren zu den einzelnen Gerichten und die Jahresberichte des Gerichtshofs.

21 Dazu: Everling, EuR Beiheft 1 2009, 71, 80 f.; Schröder, DÖV 2009, 61, 61; Hakenberg/Schilhan, ZfRV 2008, 104, 106 f.; Barents, MJ 2004, 121, 137; Wegener, in: Calliess/Ruffert, Verfassung der EU, Art. I-29, Rn. 2.

22 „Protokoll über die Satzung des Gerichtshofs“ im Sinne des Art. 281 AEUV (ex-Art. 245 EG); gemäß Art. 51 EU n.F. (ex-Art. 311 EG) Bestandteil des Primärrechts und somit auf gleicher Rangstufe wie die Gemeinschaftsverträge.

I. Der Gerichtshof (EuGH)

1. Entstehungsgeschichte

Der Gerichtshof wurde im Jahre 1952 in Luxemburg als Rechtsprechungsorgan der Europäischen Gemeinschaft für Kohle und Stahl (EGKS) – insbesondere zur Kontrolle der Hohen Behörde – errichtet.[23] Mit Gründung der Europäischen Wirtschaftsgemeinschaft (EWG) und der Europäischen Atomgemeinschaft (Euratom/ EAG) durch die römischen Verträge im Jahre 1958 wurde er unter Erweiterung seiner bisherigen Kompetenzen zum gemeinsamen Gerichtshof der drei Europäischen Gemeinschaften[24] und damit zu einer der bedeutsamsten Institutionen der beiden – nach Außerkrafttreten des Vertrags zur Gründung der EGKS im Jahre 2002 – verbleibenden Europäischen Gemeinschaften.[25] Mit der Vertragsreform durch den Vertrag von Lissabon avancierte er infolge entsprechender Primärrechtsänderungen zum Gerichtshof „der Europäischen Union" [26], wobei die EU unter Abschaffung des Säulensystems an die Stelle der Europäischen Gemeinschaft als Rechtsnachfolgerin getreten ist[27].

2. Zusammensetzung

Der EuGH besteht gemäß Art. 19 Abs. 2 EU n.F. (ex-Art. 221 Abs. 1 EG) aus einem Richter je Mitgliedstaat, derzeit somit 27 Richtern, die gemäß Art. 19 Abs. 2 EU n.F., Art. 253 AEUV (ex-Art. 223 Abs. 1 EG) von den Regierungen der Mitgliedstaaten im gegenseitigen Einvernehmen für die Dauer von sechs Jahren ernannt werden. Er wird (bisher) von acht Generalanwälten unterstützt, die in völliger Unparteilichkeit und Unabhängigkeit begründete Schlussanträge, d.h. Rechts-

---

23 Dazu: Höreth, Selbstautorisierung des Agenten, 86 ff.; Everling, DVBl 2002, 1293, 1293 ff.; Mähner, Gerichtshof, 163 ff.; Pieper/Schollmeier, Europarecht 2000, 3; Ipsen, Europäisches Gemeinschaftsrecht, § 15, Anm. 2; Kohler, EuGRZ 2003, 117, 117 f.; Bauer, Europäischer Gerichtshof, 15 ff.; Hatje, DRiZ 2006, 161 f.

24 Dazu: Höreth, Selbstautorisierung des Agenten, 89 ff.

25 Umfangreiche Liste zur Literatur rund um den EuGH z.B. bei: Pernice/Mayer, in: Grabitz/Hilf, EUV/EGV, Art. 220; Gaitanides, in: von der Groeben/Schwarze, EUV/EGV, Art. 220.

26 Art. 13 Abs. 1, 19 Abs. 1 EU n.F., Art. 251 ff. AEUV. Dazu: Hakenberg/Schilhan, ZfRV 2008, 104, 106 f.; Schwarze, EuR Beiheft 1 2009, 9, 14 f.; Everling, EuR Beiheft 1 2009, 71, 78 ff.; Höreth, Selbstautorisierung des Agenten, 105 ff.; Kirsch, Demokratie, 169 ff. Allgemein zum Rechtsschutz nach Inkrafttreten des Vertrages von Lissabon: Everling, EuR Beiheft 1 2009, 71, 71 ff.; Schröder, DÖV 2009, 61, 62 ff.; Lindner, BayVBl 2008, 421, 431 f.; Hakenberg/Schilhan, ZfRV 2008, 104, 108 ff.

27 Vgl. Art. 47 EU n.F.

gutachten, zu den Rechtssachen stellen, in denen ihre Mitarbeit erforderlich ist.[28] Nach einer politischen Absprache haben bisher Deutschland, Italien, Frankreich, das Vereinigte Königreich und Spanien jeweils einen Generalanwalt entsandt; die anderen drei Positionen wurden in alphabetischer Reihenfolge von den übrigen Mitgliedstaaten besetzt.[29] Im Rahmen der Verhandlungen zum Vertrag von Lissabon einigten sich die Staats- und Regierungschefs am 18. Oktober 2007 in einer Zusatzerklärung zu Art. 252 AEUV auf eine mögliche Erhöhung um drei Generalanwälte.[30] Polen soll in diesem Fall einen ständigen Generalanwalt stellen und die anderen beiden zusätzlichen Stellen werden am Rotationssystem teilnehmen, so dass dann fünf Posten zwischen 21 Mitgliedstaaten rotieren.

Die Richter wählen aus ihrer Mitte für die Dauer von drei Jahren den Präsidenten des Gerichtshofs, der als primus inter pares die rechtsprechende Tätigkeit und die Verwaltung des Gerichtshofs leitet und den Vorsitz bei Sitzungen und Beratungen führt.[31] Zudem wird von den Richtern und Generalanwälten für die Dauer von sechs Jahren ein Kanzler ernannt, der die Dienststellen des Gerichtshofs als Generalsekretär leitet.[32] Sowohl die Richter und Generalanwälte als auch der Präsident und der Kanzler können wiedergewählt werden.[33] Der Gerichtshof tagt in Kammern mit drei oder fünf Richtern, als Große Kammer mit 13 Richtern oder in Ausnahmefällen als Plenum mit sämtlichen Richtern.[34] Im Jahre 2009 wurden von insgesamt 495 Rechtssachen etwa 57 % vor den Kammern mit fünf Richtern erledigt, 34 % vor den 3er-Kammern, 8 % vor der Großen Kammer und 1 % vom Präsidenten des Gerichtshofs.[35]

3. *Zuständigkeiten*

Es existiert keine Generalklausel in den Verträgen, die die Zuständigkeit des Gerichtshofs allgemein begründet. Vielmehr werden die einzelnen Verfahren und

---

28 Art. 252 AEUV (ex-Art. 222 EG), Art. 20 Abs. 5 Satzung Gerichtshof. Im Jahr 2009 lag die Anzahl der Urteile ohne Schlussanträge bei 52 %, vgl. Jahresbericht 2009, S. 11. Im Jahr 2008 sind ungefähr 41 % der Urteile ohne Schlussanträge ergangen, vgl. Jahresbericht 2008, S.11, und im Jahr 2007 ca. 43 %, vgl. Jahresbericht 2007, S. 10.

29 Karpenstein/Langner, in: Grabitz/Hilf, EUV/EGV, Art. 222, Rn. 6; Riedl, in: Mayer, EUV/EGV, Art. 222, Rn. 2 ff.; Hakenberg/Stix-Hackl, EuGH, Bd. 1, 26.

30 38. Erklärung zu Artikel 252 des Vertrags über die Arbeitsweise der Europäischen Union zur Zahl der Generalanwälte des Gerichtshofs (DS 866/07).

31 Art. 253 Abs. 3 AEUV (ex-Art. 223 Abs. 3 EG); Art. 7, 8 Verfahrensordnung EuGH.

32 Art. 253 Abs. 5 AEUV (ex-Art. 223 Abs. 5 EG); Art. 12 ff. Verfahrensordnung EuGH.

33 Art. 253 Abs. 3 Satz 2, Abs. 4 AEUV (ex-Art. 223 Abs. 3 Satz 2, Abs. 4 EG); Art. 12 § 4 Verfahrensordnung EuGH.

34 Art. 251 AEUV (ex-Art. 221 Abs. 2, Abs. 3 EG) i.V.m. Art. 16 Satzung Gerichtshof; Art. 11a ff. Verfahrensordnung EuGH; dazu: von Danwitz, EuR 2008, 769, 777; Hakenberg/Stix-Hackl, EuGH, Bd. 1, 27 f. Zur Zuweisung der Rechtssachen an die verschiedenen Spruchkörper: Puttler, EuR Beiheft 3 2008, 133 m.w.N.

35 Jahresbericht 2009, S. 11 f., 92.

Klagearten, in denen der EuGH entscheiden soll, enumerativ aufgeführt.[36] Aus der Summe dieser Einzelzuständigkeiten resultieren weitreichende Kompetenzen in den unterschiedlichsten Fachgebieten, die dem Gerichtshof – trotz zunehmender Zuständigkeitsverlagerung auf das EuG – obliegen. So kann der EuGH insbesondere über folgende Streitigkeiten bzw. in folgenden Verfahren entscheiden:

- *Vertragsverletzungsverfahren* auf Antrag der Kommission (Art. 258 AEUV; ex-Art. 226 Abs. 2 EG) oder eines Mitgliedstaates (Art. 259 AEUV; ex-Art. 227 Abs. 1 EG) gegen einen Mitgliedstaat und mögliche Verhängung eines diesbezüglichen Pauschalbetrages oder Zwangsgeldes als Sanktion (Art. 260 AEUV; ex-Art. 228 Abs. 3, Abs. 4 EG);
- *Nichtigkeits- und Untätigkeitsklagen* zwischen Unionsorganen oder der Europäischen Zentralbank („Organstreit"), von Mitgliedstaaten gegen das Europäische Parlament und/oder den Rat (ausgenommen Handlungen des Rates betreffend staatlicher Beihilfen, Dumping und Durchführungsbefugnisse) und von Mitgliedstaaten gegen die Kommission betreffend der verstärkten Zusammenarbeit (Art. 263, 265 AEUV; ex-Art. 230 Abs. 1, Abs. 2, 232 Abs. 1 EG; Art. 51 Satzung des Gerichtshofs);
- *Vorabentscheidungsverfahren* (Art. 267 AEUV; ex-Art. 234 EG) auf Vorlage eines nationalen Gerichtes;
- Streitigkeiten im Zusammenhang mit der *EIB* und der *EZB* (Art. 271 AEUV; ex-Art. 237 EG);
- Klage aufgrund eines *Schiedsvertrags* zwischen Mitgliedstaaten (Art. 273 AEUV; ex-Art. 239 EG);
- *Verfahren in 2. Instanz*: Rechtsmittel gegen Entscheidungen des EuG im Rahmen von Direktklagen (Art. 256 Abs. 1 Satz 3 AEUV; ex-Art. 225 Abs. 1 Satz 3 EG, Art. 56 Satzung des Gerichtshofs) und bei entsprechender Zuständigkeitsübertragung auf das EuG in Ausnahmefällen „Überprüfung" von Entscheidungen des EuG im Rahmen von Vorabentscheidungsersuchen (Art. 256 Abs. 3 Satz 3 AEUV; ex-Art. 225 Abs. 3 Satz 3 EG);
- *Verfahren in 3. Instanz*: in Ausnahmefällen „Überprüfung" von Berufungsentscheidungen des EuG über Entscheidungen des EuGöD (Art. 256 Abs. 2 Satz 2 AEUV; ex-Art. 225 Abs. 2 Satz 2 EG);
- *Gutachten* zum Abschluss internationaler Verträge (Art. 218 Abs. 11 AEUV; ex-Art. 300 Abs. 6 EG);
- nach Ablauf einer Übergangszeit von fünf Jahren nach Inkrafttreten des Vertrages von Lissabon: Kontrolle der Maßnahmen im *Raum der Freiheit, der Sicherheit und des Rechts* (Art. 276 AEUV i.V.m. Art. 3 Abs. 2 EU n.F., Art. 67 ff. AEUV, Art. 10 des Protokolls über die Übergangsbestimmungen);

36 Zu den Verfahrensarten im Einzelnen siehe z.B. Thiele, Europäisches Prozessrecht, § 5 ff. m.w.N.

- begrenzte Zuständigkeiten im Rahmen der *Gemeinsamen Außen- und Sicherheitspolitik* gemäß Art. 275 AEUV (ehemals gemäß ex-Art. 46 EU im Rahmen des EU-Vertrages);
- *Subsidiaritätsklage* gemäß Art. 8 des Protokolls über die Anwendung der Grundsätze der Subsidiarität und der Verhältnismäßigkeit.

Inhaltlich entscheidet der Gerichtshof somit – als Eingangsgericht oder gegebenenfalls als Rechtsmittelgericht – über Streitigkeiten der unterschiedlichsten Fachbereiche. Oft handelt es sich um Streitigkeiten zwischen Unionsorganen und Mitgliedstaaten oder den Mitgliedstaaten untereinander, wie insbesondere bei den Vertragsverletzungsverfahren, oder zwischen Mitgliedstaaten und Unionsorganen oder den Organen untereinander, wie insbesondere bei Nichtigkeits- und Untätigkeitsklagen vor dem Gerichtshof, und somit um *Streitigkeiten verfassungsrechtlicher Natur*[37] – vergleichbar mit einem „Organstreit" oder einem „Bund-Länder-Streit" vor dem deutschen Bundesverfassungsgericht. Ebenfalls verfassungsrechtlichen Charakter hat die Kompetenz des Gerichtshofs, Rechtsgutachten im Sinne des Art. 218 Abs. 11 AEUV (ex-Art. 300 Abs. 6 EG) über die Vereinbarkeit eines geplanten internationalen Abkommens mit dem Unionsrecht zu erstellen.[38]

Entscheidet der Gerichtshof als 2. Instanz über Individualklagen natürlicher oder juristischer Personen gegen Unionsorgane (Art. 256 Abs. 1 Satz 3 i.V.m. Art. 263 Abs. 4, 265 Abs. 3 oder 268 AEUV; ex-Art. 225 Abs. 1 Satz 3 i.V.m. Art. 230 Abs. 3, 232 Abs. 3 oder 235 EG) oder als 3. Instanz über Beamtenklagen, so handelt es sich in der Regel um Rechtsmittel in *Streitigkeiten verwaltungsrechtlicher Natur*.[39]

---

37 Ipsen, Europäisches Gemeinschaftsrecht, § 15, Anm. 10 ff.; Gaitanides, in: von der Groeben/Schwarze, EUV/EGV, Art. 220, Rn. 5; Borchardt, in: Lenz/Borchardt, EU, Art. 258 AEUV, Rn. 1 ff., Art. 259 AEUV, Rn. 1 ff., Art. 263 AEUV, Rn. 1 ff., Art. 265 AEUV, Rn. 1 ff.; Streinz, Europarecht, Rn. 382; Midekke, in: Rengeling/Midekke/Gellermann, EU-Rechtsschutz, § 4, Rn. 18; Pirrung, in: FS Sonnenberger, 865, 867; Oppermann/Classen/Nettesheim, Europarecht, § 7, Rn. 153; Pieper/Schollmeier, Europarecht 2000, 11; Mähner, Gerichtshof, 173, 206, 194 f.; Bächle, Rechtsstellung der Richter am EuGH, 16 f.; Ukrow, Rechtsfortbildung, 86; Schweitzer/Hummer, Europarecht, Rn. 262; Siebert, Auswahl der Richter am EuGH, 48 ff.; Hakenberg/Stix-Hackl, EuGH, Bd. 1, 22; Thiele, Europäisches Prozessrecht, § 1 Rn. 8.

38 Gaitanides, in: von der Groeben/Schwarze, EUV/EGV, Art. 220, Rn. 5; Ipsen, Europäisches Gemeinschaftsrecht, § 15, Anm. 15; Ukrow, Rechtsfortbildung, 86; Oppermann, DVBl 1994, 901, 903; Rodríguez Iglesias, EuR 1992, 225, 241.

39 Borchardt, in: Lenz/Borchardt, EU, Art. 256 AEUV, Rn. 1 ff.; Gaitanides, in: von der Groeben/Schwarze, EUV/EGV, Art. 220, Rn. 6; Streinz, Europarecht, Rn. 382; Ipsen, Europäisches Gemeinschaftsrecht, § 15, Anm. 16 ff.; Midekke, in: Rengeling/Midekke/Gellermann, EU-Rechtsschutz, § 4, Rn. 20; Pieper/Schollmeier, Europarecht 2000, 12; Mähner, Gerichtshof, 195; Schweitzer/Hummer, Europarecht, Rn. 263; a.A.: Ukrow, Rechtsfortbildung, 87: Verfassungsgerichtsbarkeit.

Zudem umfassen die Vorabentscheidungsersuchen, der sog. „judizielle Dialog“[40] zwischen Gerichtshof und nationalen Gerichten, je nach Vorlagegericht Materien der unterschiedlichsten Gerichtsbarkeiten und können ihrer Natur nach somit den *Verfassungs-, Verwaltungs-, Zivil-, Arbeits-, Sozial-, Steuer- oder Strafsachen* zugeordnet werden.[41] Trotz dieser inhaltlich divergierenden Sachgebiete geht es bei den Vorlageverfahren immer um die einheitliche Auslegung und Anwendung des Unionsrechts bzw. die Auslegung oder Gültigkeit von Handlungen der EU-Organe und somit um die Überprüfung der Vereinbarkeit von Rechtsakten mit höherrangigem Unionsrecht.[42] Einerseits wird durch die Wahrnehmung dieser höchstrichterlichen Kompetenz der Gemeinschafsgesetzgeber geschützt – vergleichbar mit einer konkreten Normenkontrolle vor dem Bundesverfassungsgericht –, andererseits kontrolliert der EuGH dabei beispielsweise die Beachtung der Grundrechte und Grundfreiheiten der Unionsbürgerinnen und -bürger, wodurch ein wichtiger Individualrechtsschutz entsteht.[43] Der *verfassungsrechtliche Einschlag* des Vorabentscheidungsverfahrens als „Kernstück im Rechtsschutzsystem der Gemeinschaften“[44] ist damit eindeutig.[45] „Funktional betrachtet agiert der EuGH gerade im Rahmen des Vorabentscheidungsverfahrens als ein an der Spitze der gerichtlichen Hierarchie stehendes Verfassungsgericht, das die vorlegenden nationalen Gerichte als ihm untergeordnete Gemeinschaftsgerichte einsetzt“.[46] Gerade diese Verfahren dienten bisher als Anlass für zahlreiche Leitentscheidungen, in denen tragende Grundsätze des Gemeinschaftsrechts getroffen wurden.[47]

---

40 Pernice/Mayer, in: Grabitz/Hilf, EUV/EGV, Art. 220, Rn. 32 m.w.N.; Wegener, in: Calliess/Ruffert, EUV/EGV, Art. 220, Rn. 33.

41 Wegener, in: Calliess/Ruffert, EUV/EGV, Art. 220, Rn. 2; Borchardt, in: Lenz/Borchardt, EU, Art. 267 AEUV, Rn. 4 ff.; Calliess, NJW 2005, 929, 929; Mähner, Gerichtshof, 174.

42 Pirrung, in: FS Sonnenberger, 865, 868; Skouris, in: FS Starck, 991, 992 ff.; Mähner, Gerichtshof, 197 ff.; Gaitanides, in: von der Groeben/Schwarze, EUV/EGV, Art. 220, Rn. 5, Art. 234, Rn. 1 ff.; Borchardt, in: Lenz/Borchardt, EU, Art. 267, Rn. 1 ff.; Wegener, in: Calliess/Ruffert, EUV/EGV, Art. 234, Rn. 1 ff.; Midekke, in: Rengeling/Midekke/Gellermann, EU-Rechtsschutz, § 10, Rn. 5 ff.; Fastenrath, in: FS Ress, 461, 462 f.; Höreth, Selbstautorisierung des Agenten, 98 ff.

43 Ipsen, Europäisches Gemeinschaftsrecht, § 15, Anm. 14; Pirrung, in: FS Sonnenberger, 865, 868; Pieper/Schollmeier, Europarecht 2000, 11 f.; Gaitanides, in: von der Groeben/Schwarze, EUV/EGV, Art. 220, Rn. 5; Lenz, EuGRZ 2001, 433, 433; Oppermann, DVBl 1994, 901, 903.

44 Reflexionsgruppe Kommission, Abschlussbericht, Sonderbeilage NJW/EuZW 2000, 1*, 6*.

45 Ipsen, Europäisches Gemeinschaftsrecht, § 15, Anm. 14; Gaitanides, in: von der Groeben/Schwarze, EUV/EGV, Art. 220, Rn. 5; Pirrung, in: FS Sonnenberger, 865, 868; Pieper/Schollmeier, Europarecht 2000, 11 f.; Schwarze, in: ders., EUV/EGV, Art. 220, Rn. 10; Ukrow, Rechtsfortbildung, 87.

46 Höreth, Selbstautorisierung des Agenten, 103.

47 Dazu: Skouris, in: FS Starck, 991, 992 ff.; Wegener, in: Calliess/Ruffert, EUV/EGV, Art. 234, Rn. 1; Midekke, in: Rengeling/Midekke/Gellermann, EU-Rechtsschutz, § 10, Rn. 7.

Von allen am 31. Dezember 2009 beim Gerichtshof anhängigen Rechtssachen (insgesamt 741; Vorjahr: 767) handelte es sich bei 59,1 % um Vorabentscheidungsverfahren (Vorjahr: 51,5 %).[48] Von den insgesamt 561 neu eingegangene Rechtssachen im Jahre 2009 (Vorjahr: 592) waren 53,8 % Vorabentscheidungsverfahren (Vorjahr: 48,6 %) und 25,3 % Vertragsverletzungsverfahren (Vorjahr: 35 %).[49] Der Schwerpunkt seiner derzeitigen Rechtsprechungstätigkeit ist damit deutlich.

4. Rechtsfortbildung

Innerhalb dieser verschiedenen Zuständigkeiten obliegt dem EuGH gemäß Art. 19 Abs. 1 EU n.F. (ex-Art. 220 Abs. 1 EG) als Rechtsprechungsauftrag allgemein und prinzipiell die Anwendung und Auslegung des Unionsrechts, was insbesondere auch dessen Fortbildung umfasst.[50] Im Rahmen seiner nicht unumstrittenen[51] Rechtsfortbildungstätigkeit hat der Gerichtshof bisher zahlreiche bedeutsame Rechtsgrundsätze und -institute entwickelt, wie z.B. die verfassungsrelevanten Prinzipien der unmittelbaren Wirkung[52] und des Vorrangs[53] des Gemeinschaftsrechts und den Grundsatz der Verhältnismäßigkeit auf Gemeinschaftsebene[54]. Zudem hat der Gerichtshof beispielsweise die wichtigen Grundsätze zur Staatshaftung geschaffen[55], den gemeinschaftsrechtlichen Grundrechtsschutz durch Festlegung entsprechender Gemeinschaftsgrundrechte ermöglicht[56] und die äußerst praxisrelevanten Grundfreiheiten von bloßen Diskriminierungsverboten zu allge-

---

48 Jahresbericht 2009, S. 99; Jahresbericht 2008, S. 101.

49 Jahresbericht 2009, S. 86; Jahresbericht 2008, S. 88 f.

50 Pernice/Mayer, in: Grabitz/Hilf, EUV/EGV, Art. 220, Rn. 24 ff.; Wegener, in: Calliess/Ruffert, EUV/EGV, Art. 220, Rn. 17 ff. m.w.N.; Borchardt, in: Lenz/Borchardt, EU, Art. 19 EUV, Rn. 40 ff.; Huber, in: Streinz, EUV/EGV, Art. 220, Rn. 8 ff.; Everling, JZ 2000, 217, 221 f.; Seyr, effet utile, 29 f., 329 ff.; Mähner, Gerichtshof, 180 ff.; Calliess, NJW 2005, 929, 929 f.; Ukrow, Rechtsfortbildung, 90 ff.; von Danwitz, EuR 2008, 769, 780 ff.

51 Vgl. Kritik bei Schachtschneider, in: FS Hankel, 119, 137 f.; zu den Grenzen vgl. Calliess, NJW 2005, 929, 932 f. m.w.N.; Everling, JZ 2000, 217, 225 ff.; Midekke, in: Rengeling/Midekke/Gellermann, EU-Rechtsschutz, § 4, Rn. 7; Kakouris, in: FS Everling, 629, 635 ff.; Ukrow, Rechtsfortbildung, 152 ff.; Dänzer-Vanotti, RIW 1992, 733, 734 ff.; Höreth, Stille Revolution, 5 ff.

52 EuGH, Rs. 26/62, Slg. 1963, 1 – van Gend & Loos.

53 EuGH, Rs. 6/64, Slg. 1964, 1251 – Costa/ENEL.

54 St. Rspr. EuGH, vgl. Rs. 265/87, Slg. 1989, 2237 – Schräder; dazu: Pernice/Mayer, in: Grabitz/Hilf, EUV/EGV, nach Art. 6 EU, Rn. 304 ff.

55 EuGH, Rs. C-6/90 und C-9/90, Slg. 1991, I-5357 – Francovich.

56 St. Rspr. EuGH, vgl. Rs. 29/69, Slg. 1969, 419 – Stauder; dazu: Beutler, in: von der Groeben/Schwarze, EUV/EGV, Art. 6 EU, Rn. 39 ff.; Pernice/Mayer, in: Grabitz/Hilf, EUV/EGV, Art. 6 EU, Rn. 41 ff., nach Art. 6 EU; Wolffgang, in: Lenz/Borchardt, EU, Anh. zu Art. 6, Rn. 2.

meinen Beschränkungsverboten stetig weiterentwickelt[57]. Dieses umfangreiche und weitgehende „Richterrecht“[58], das bisher maßgeblich sowohl zur sogenannten „Konstitutionalisierung der Gemeinschaftsverträge“[59] als auch zur gesamten Entwicklung der Gemeinschaft und des innerstaatlichen Rechts beigetragen hat, macht die erhebliche Bedeutung des Gerichtshofs und seinen direkten Einfluss auf die Unionsbürger und Mitgliedstaaten in besonderem Maße deutlich.

5. Bedeutung

Im Ergebnis führen die zahlreichen Einzelzuständigkeiten und die weitreichende Rechtsprechung und Rechtsfortbildung des Gerichtshofs nicht nur zu seiner Bezeichnung als *„Hüter der Verträge“*[60] und als *„Motor der Integration“*[61], sondern haben zeitweise bei manchen überdies den Vorwurf eines *„gouvernement des juges“*[62] begründet und sogar zu seiner Qualifizierung als *„Herr der Verträge“*[63] geführt. In jedem Fall wird seine äußerst einflussreiche Position, um nicht zu sagen seine „Machtfülle“[64], unzweifelhaft deutlich. Im Verfassungsgefüge der EU nimmt er den Platz eines „Obersten Gerichtshofs“ ein, dem insbesondere die „Rechtsmittel- und Grundsatzzuständigkeit“ obliegt.[65] Diese letztinstanzliche Kompetenz kommt auch darin zum Ausdruck, dass die Zuständigkeit des Gerichtshofs oder eine „Überprüfung“ durch den Gerichtshof gemäß Art. 256 Abs. 2 Satz 2, Abs. 3 Satz 2 und 3 AEUV (ex-Art. 225 Abs. 2 Satz 2, Abs. 3 Satz 2 und 3 EG) allein aufgrund der Grundsatzbedeutung einer Rechtssache für die Ein-

57 EuGH, Rs. 8/74, Slg. 1974, 837 – Dassonville; Rs. 120/78, Slg. 1979, 649 – Cassis de Dijon; Rs. 33/74, Slg. 1974, 1299 – van Binsbergen; Rs. C-415/93, Slg. 1995, I-4921 – Bosman; Rs. C-55/94, Slg. 1995, I-4165 – Gebhard.

58 Kakouris, in: FS Everling, 629, 635; Dänzer-Vanotti, RIW 1992, 733, 734; Scharpf, Multilevel Legitimacy, 11 f.; Höreth, Legitimationstrilemma, 221 ff., insb. 224. Günther Hirsch, Süddeutsche Zeitung Nr. 8 vom 12. Januar 2009, S. 16, bezeichnet die Rechtsprechung des EuGH zurückahltender als „progressiv“.

59 Vgl. Höreth, Selbstautorisierung des Agenten, 16 m.w.N., 52 ff.

60 Balders/Hansalek, ZRP 2006, 54, 55.

61 Huber, in: Streinz, EUV/EGV, Art. 220, Rn. 5; Hobe, Europarecht, Rn. 204; Pieper/Schollmeier, Europarecht 2000, 2; Pernice, EuR 1996, 27, 34 m.w.N.; Midekke, in: Rengeling/Midekke/Gellermann, EU-Rechtsschutz, § 4, Rn. 4; Everling, EuR 1997, 398, 398; Dänzer-Vanotti, RIW 1992, 733, 734.

62 Oppermann/Classen/Nettesheim, Europarecht, § 7, Rn. 159; ders., DVBl 1994, 901, 902; Pernice/Mayer, in: Grabitz/Hilf, EUV/EGV, Art. 220, Rn. 56 m.w.N.; Pernice, EuR 1996, 27, 34 m.w.N.

63 Höreth, Selbstautorisierung des Agenten, 75, demnach sich der EuGH in einer Art „Selbstautorisierung“ zum „Prinzipal“, zum „Herrn“ anstelle der Mitgliedstaaten, ermächtigt hat; dazu genauer unten, 3. Teil, B. III. 4. d).

64 So z.B. auch Höreth, Selbstautorisierung des Agenten, 17; ähnlich Scharpf, Multilevel Legitimacy, 16: „non-controllable power“.

65 Pernice/Mayer, in: Grabitz/Hilf, EUV/EGV, Art. 220, Rn. 10; Huber, in: Streinz, EUV/EGV, Art. 220, Rn. 4; Azizi, in: Hummer, Paradigmenwechsel im Europarecht, 181, 214.

heit und Kohärenz des Unionsrechts begründet werden kann. Der EuGH nimmt somit vor allem die Funktion und Bedeutung eines *„Verfassungsgerichts“*[66] oder eines *„Supreme Court“*[67] der EU ein. Sein Einfluss auf das Leben in der Union wird auch aktuell ständig in seiner Rechtsprechung verdeutlicht, wie beispielsweise erst kürzlich in seinem Urteil zur Zuständigkeit der nationalen Gerichte in Scheidungsstreitigkeiten bei doppelter Staatsangehörigkeit der Ehegatten[68], dem „Apotheken-Urteil“[69], dem „Feinstaub-Urteil“[70] oder seinen diversen Urteilen zur Arbeitnehmer-Diskriminierung[71]. Auch wenn im letzten Jahrzehnt insgesamt eine gewisse „Zurückhaltung“ in der Judikatur des Gerichtshofs im Gegensatz zu den vorangegangenen Jahrzehnten beobachtet werden konnte[72], wurde allein im Rahmen der Diskussionen um den Vertrag von Lissabon vor dem deutschen Bundesverfassungsgericht deutlich, dass die Richter in Luxemburg aufgrund ihrer gewichtigen Bedeutung von einigen nationalen Vertretern geradezu „gefürchtet“ werden und nicht selten eine „Machtbeschränkung“ bezüglich der Unionsgerichtsbarkeit gefordert wird[73].

---

66 Pernice/Mayer, in: Grabitz/Hilf, EUV/EGV, Art. 220, Rn. 9, 13 m.w.N.; Huber, in: Streinz, EUV/EGV, Art. 220, Rn. 4; Balders/Hansalek, ZRP 2006, 54, 55; Azizi, in: Hummer, Paradigmenwechsel im Europarecht, 181, 201 f.; Everling, EuR 2003, Beiheft 1, 7, 34 f.; ders., in: FS Steinberger, 1103, 1106 f.; Häberle, Europäische Verfassungslehre, 478 ff.; Seyr, effet utile, 28; Lenz, EuGRZ 2001, 433, 433; Pieper/Schollmeier, Europarecht 2000, 2; Mähner, Gerichtshof, 173, 207; Pirrung, in: FS Sonnenberger, 865, 867 ff., 870; Huber, Europäische Integration, § 14, Rn. 2; Kakouris, in: FS Everling, 629, 629 ff.; Rodríguez Iglesias, EuR 1992, 225, 225 f.; Oppermann, DVBl 1994, 901, 902; Bredt, Demokratische Legitimation, 417; Höreth, Stille Revolution, 11, 37; ders., Selbstautorisierung des Agenten, 51 ff., der die Funktion des EuGH als Verfassungsgericht insbesondere im detaillierten Vergleich zum U.S. Supreme Court darstellt, vgl. S. 123 ff.; Bauer, Europäischer Gerichtshof, 49 ff., 159 ff.

67 Oppermann, DVBl 1994, 901, 903; von Danwitz, EuR 2008, 769, 775.

68 EuGH, Rs. C-168/08, Urteil vom 16. Juli 2009 – Hadadi.

69 EuGH, Rs. C-531/06 (verbunden mit C-171/07 und anderen), Urteil Nr. 44/2009 vom 19. Mai 2009.

70 EuGH, Rs. C-237/07, Urteil vom 25. Juli 2008 – Janecek.

71 EuGH, Rs. C-303/06, Urteil vom 17. Juli 2008 – Coleman; Rs. C-54/07, Urteil vom 10. Juli 2008 – Feryn; Rs. C-506/06, Urteil vom 26. Februar 2008 – Mayr; Rs. C-144/04, Slg. 2005, I-9981 – Mangold.

72 Vgl. dazu z.B. Höreth, Stille Revolution, 47. Als Beispiel für diese Tendenz kann das Urteil des Gerichtshofs zur Tabakwerbe-Richtlinie angeführt werden, Rs. C-376/98 vom 5. Oktober 2000. Laut von Danwitz, EuR 2008, 769, 774, hängt das Selbstverständnis des Gerichtshofs maßgeblich von den jeweiligen Aufgaben ab, die sich in seiner Rechtsprechung stellen, und diese können sich – in Abhängigkeit des Integrationsstandes und der Funktionsfähigkeit der übrigen Organe – mit der Zeit ändern.

73 Vgl. dazu z.B. Helmut Kerscher, Süddeutsche Zeitung Nr. 35 vom 12. Februar 2009, S. 7. In DIE ZEIT Nr. 7 vom 5. Februar 2009, S. 9, ist in diesem Zusammenhang von einer „drohenden Entmachtung des Verfassungsgerichts, von seiner juristischen Selbstkastration“ die Rede. Äußerst kritisch in dieser Hinsicht auch Herzog/Gerken, DRiZ 2009, 141, in ihrem Artikel „Stoppt den Europäischen Gerichtshof“.

II. Das Gericht (EuG)

1. Entstehungsgeschichte

Das Gericht wurde im Jahre 1988 als „Gericht erster Instanz" zur Entlastung des EuGH durch Ratsbeschluss errichtet und übt nunmehr seit Ende des Jahres 1989 seine Tätigkeit als Teil des rechtsprechenden Gemeinschaftsorgans aus.[74] Während es ursprünglich dem Gerichtshof „beigeordnet" war, hat es sich mittlerweile organisatorisch verselbstständigt und ist zur autonomen Rechtsprechungsinstitution der EU aufgestiegen – eingegliedert in das gesamte gemeinschaftliche Rechtsprechungsorgan.[75] Seine Entwicklung ist insbesondere durch einen stetigen Kompetenzzuwachs gekennzeichnet, um die zunehmende Anzahl gemeinschaftlicher Rechtssachen gemeinsam mit dem Gerichtshof bewältigen zu können.[76] Durch den Vertrag von Nizza wurde das EuG in die allgemeine Aufgabenzuweisung des ex-Art. 220 Abs. 1 EG aufgenommen (Art. 19 Abs. 1 EU n.F.), so dass es innerhalb seiner enumerativ aufgelisteten Einzelzuständigkeiten – genau wie der EuGH – „die Wahrung des Rechts bei der Auslegung und Anwendung der Verträge" sichern soll.[77]

2. Zusammensetzung

Das Gericht besteht aus mindestens einem Richter pro Mitgliedstaat, derzeit 27.[78] Ständige Generalanwälte existieren nach bisheriger Praxis nicht, können aber bestellt werden.[79] Das Gericht tagt in Kammern mit drei oder fünf Richtern, als

---

74 Beschluss 88/591/EGKS, EWG, Euratom, Abl. EG 1988 L 319/1, mit dem Nizza-Vertrag aufgehoben; Middeke, in: Rengeling/Middeke/Gellermann, EU-Rechtsschutz, § 3, Rn. 1 f.; Karpenstein/Langner, in: Grabitz/Hilf, EUV/EGV, Art. 224, Rn. 2; Everling, in: FS Steinberger, 1103, 1104 f.; Jung, in: von der Groeben/Schwarze, EUV/EGV, Art. 224 bis 225a, Rn. 6 ff.; ders., EuR 1992, 246, 246 ff.; Schwarze, in: ders., EUV/EGV, Art. 225, Rn. 1 f.; Hatje, DRiZ 2006, 161, 163 f.

75 Vgl. Art. 19 Abs. 1 EU n.F. (ex-Art. 220 Abs. 1 EG); Huber, in: Streinz, EUV/EGV, Art. 224, Rn. 1; Streinz, Europarecht, Rn. 378; Middeke, in: Rengeling/Middeke/Gellermann, EU-Rechtsschutz, § 3, Rn. 2, 5; Karpenstein/Langner, in: Grabitz/Hilf, EUV/EGV, Art. 224, Rn. 23; Hatje, EuR 2001, 143, 165 f.; Everling, in: FS Steinberger, 1103, 1122.

76 Azizi, in: Hummer, Paradigmenwechsel im Europarecht, 181, 217; Wegener, DVBl 2001, 1258, 1259; Everling, in: FS Steinberger, 1103, 1105; Pirrung, in: FS Sonnenberger, 865, 869; Jung, in: von der Groeben/Schwarze, EUV/EGV, Art. 224 bis 225a, Rn. 10 ff.; Rabe, in: FS Zuleeg, 195, 199 f.; Sobotta, Europäischer Gerichtshof, 10 ff.; Hakenberg/Schilhan, ZfRV 2008, 104, 104 f.; Hakenberg/Stix-Hackl, EuGH, Bd. 1, 24.

77 Dazu: Everling, EuR 2003, Beiheft 1, 7, 19 f.

78 Art. 254 Abs. 1 Satz 1 AEUV (ex-Art. 224 Abs. 1 Satz 1 EG) i.V.m. Art. 48 Satzung Gerichtshof.

79 Art. 254 Abs. 1 Satz 2 AEUV (ex-Art. 224 Abs. 1 Satz 3 EG) i.V.m. Art. 49 Satzung Gerichtshof; Art. 2 § 2, Art. 17 ff. Verfahrensordnung EuG.

Große Kammer mit 13 Richtern und in bestimmten Fällen auch als Plenum oder ausnahmsweise als Einzelrichter.[80] Es hat genau wie der Gerichtshof einen Präsidenten und einen Kanzler.[81]

3. Zuständigkeiten

Die Kompetenzen des Gerichts wurden seit seiner Errichtung zur Entlastung des EuGH bei jeder Vertragsreform stetig erheblich aufgewertet. So ist es mittlerweile insbesondere für folgende Verfahren bzw. Streitigkeiten zuständig:

- *Nichtigkeits- und Untätigkeitsklagen* von natürlichen oder juristischen Personen gegen Unionsorgane und neuerdings zudem gegen Handlungen von Einrichtungen oder sonstigen Stellen der Union mit Rechtswirkung gegenüber Dritten, von Mitgliedstaaten gegen die Kommission außer im Rahmen des Art. 331 Abs. 1 AEUV (ex-Art. 11a EG) und von Mitgliedstaaten gegen den Rat im Bereich der staatlichen Beihilfen, handelspolitischen Schutzmaßnahmen und Durchführungsbefugnisse (Art. 256 Abs. 1 Satz 1, 263, 265 AEUV; ex-Art. 225 Abs. 1 Satz 1, 230, 232 EG; Art. 51 Satzung Gerichtshof);
- *Schadensersatzforderungen* im Rahmen von Amtshaftungsverfahren (Art. 256 Abs. 1 Satz 1, 268, 340 Abs. 2, Abs. 3 AEUV; ex-Art. 225 Abs. 1 Satz 1, 235, 288 Abs. 2 EG);
- Klagen aufgrund einer *Schiedsklausel* in einem von der Union geschlossenen Vertrag (Art. 256 Abs. 1 Satz 1, 272 AEUV; ex-Art. 225 Abs. 1 Satz 1, 238 EG);
- *Rechtsmittel* gegen Entscheidungen des EuGöD (Art. 256 Abs. 2 Satz 1, 257 Abs. 3 AEUV; ex-Art. 225 Abs. 2 Satz 1, 225a Abs. 3 EG; Art. 9 Anhang Satzung Gerichtshof);
- *Rechtsmittel* gegen Entscheidungen des HABM (Art. 63 VO (EG) 40/94).

Das Gericht ist somit gemäß Art. 256 Abs. 1 AEUV (ex-Art. 225 Abs. 1 EG) grundsätzlich für alle Direktklagen in erster Instanz zuständig, soweit keine Ausnahmeregelungen bestehen. Art. 51 der Satzung des Gerichtshofs stellt eine solche Ausnahmeregelung dar und bewirkt, dass der momentane Schwerpunkt der Tätigkeit des Gerichts bei Individualklagen von natürlichen und juristischen Personen

---

80 Art. 50 Satzung Gerichtshof; Art. 10 ff. Verfahrensordnung EuG. Im Jahr 2009 wurden von den insgesamt 555 erledigten Rechtssachen beim EuG 80,18 % von den 3er-Kammern, 5,23 % von den 5er-Kammern, 9,01 % vom Präsidenten und 5,59 % von der Rechtmittelkammer erledigt (vgl. Jahresbericht 2009, S. 180; zum Vorjahr vgl. Jahresbericht 2008, S. 190). Zur Zuweisung der Rechtssachen an die verschiedenen Spruchkörper: Puttler, EuR Beiheft 3 2008, 133 m.w.N.

81 Art. 254 Abs. 3, Abs. 4 AEUV (ex-Art. 224 Abs. 3, Abs. 4 EG); Art. 7 ff., 20 ff. Verfahrensordnung EuG.

liegt[82], mithin im *verwaltungsrechtlichen Bereich.*[83] Durch den Vertrag von Lissabon wurde der Individualrechtsschutz insofern verstärkt, als dass gemäß Art. 263 Abs. 4 AEUV nunmehr jede natürliche oder juristische Person auch Nichtigkeitsklage gegen „Rechtsakte mit Verordnungscharakter, die sie unmittelbar betreffen und keine Durchführungsmaßnahmen nach sich ziehen“ erheben kann.[84]

Nur einzelne *verfassungsähnliche* Klagen von Mitgliedstaaten gegen die Kommission oder den Rat verbleiben gemäß Art. 51 der Satzung in der Zuständigkeit des Gerichts. Art. 256 Abs. 1 Satz 2 AEUV (ex-Art. 225 Abs. 1 Satz 2 EG) ermöglicht die Übertragung von Zuständigkeiten in anderen Klagekategorien durch eine entsprechende Satzungsänderung (i.S.d. Art. 281 AEUV; ex-Art. 245 EG). Zudem kann gemäß Art. 256 Abs. 3 AEUV (ex-Art. 225 Abs. 3 EG) mittlerweile sogar in der Satzung des Gerichtshofs die Zuständigkeit des Gerichts für Vorabentscheidungsverfahren in bestimmten Sachgebieten festgelegt werden.[85] Auch wenn von dieser Zuständigkeitsübertragung bisher noch kein Gebrauch gemacht wurde, macht allein die Möglichkeit einer entsprechenden Kompetenzbegründung und die damit einhergehende Relativierung des „EuGH-Monopols“ in Vorabentscheidungsverfahren die zunehmende Bedeutsamkeit des EuG deutlich.[86]

Aufgrund seiner Funktion als *Rechtsmittelinstanz* für Entscheidungen der Fachgerichte, also zur Zeit des EuGöD über Beamtenklagen (Art. 256 Abs. 2, 257 Abs. 3 AEUV; ex-Art. 225 Abs. 2, 225a Abs. 3 EG; Art. 9 Anhang Satzung), und des Harmonisierungsamtes für den Binnenmarkt (HABM), handelt es sich bei dem Gericht schon länger nicht mehr um ein Gericht „erster Instanz“ im wortwörtlichen Sinne. Seine Entscheidungen unterliegen der potentiellen Rechtskontrolle[87] oder „Überprüfung“[88] durch den EuGH.

---

82 Von den im Jahre 2009 insgesamt 568 neu eingegangenen Rechtssachen beim EuG (Vorjahr: 629) waren 43,31 % Direktklagen natürlicher oder juristischer Personen (Vorjahr: 48,49 %), unter Ausschluss derjenigen betreffend des geistigen Eigentums (36,44 %; Vorjahr: 31,48 %), vgl. Jahresbericht 2009, S. 173 f.; Jahresbericht 2008, S. 184 f.

83 Midekke, in: Rengeling/Midekke/Gellermann, EU-Rechtsschutz, § 4, Rn. 20; Streinz, Europarecht, Rn. 382; Jung, in: von der Groeben/Schwarze, EUV/EGV, Art. 224 bis 225a, Rn. 5; Oppermann, DVBl 1994, 901, 903; Schweitzer/Hummer, Europarecht, Rn. 277.

84 Vgl. dazu: Schröder, DÖV 2009, 61, 63 f.; Everling, EuR 2009, 71, 73 ff.

85 Dazu: Reflexionspapier EuGH, EuGRZ 2000, 101, 106 ff.; Reflexionsgruppe Kommission, Abschlussbericht, Sonderbeilage zu NJW/EuZW 2000, 1*, 8* f.; kritisch bezüglich dieser Kompetenzübertragung: Sobotta, Europäischer Gerichtshof, 16 ff.

86 Azizi, in: Hummer, Paradigmenwechsel im Europarecht, 181, 201, 208 f.; Wegener, DVBl 2001, 1258, 1259; Everling, EuR 2003, Beiheft 1, 7, 21 f.; ders., in: FS Steinberger, 1103, 1124 f.; Hatje, EuR 2001, 143, 166 f.; Borchardt, in: Lenz/Borchardt, EU, Art. 256 AEUV, Rn. 6 f.; Wegener, in: Calliess/Ruffert, EUV/EGV, Art. 225, Rn. 25; Karpenstein/Langner, in: Grabitz/Hilf, EUV/EGV, Art. 225, Rn. 65.

87 „Rechtsmittel“ gemäß Art. 256 Abs. 1 Satz 3 AEUV (ex-Art. 225 Abs. 1 Satz 3 EG); Art. 56 Satzung des Gerichtshofs.

88 „Überprüfung“ gemäß Art. 256 Abs. 2 Satz 2, Abs. 3 Satz 3 AEUV (ex-Art. 225 Abs. 2 Satz 2, Abs. 3 Satz 3 EG). Der Unterschied zum „Rechtsmittel“ ist mangels entsprechender Judikatur noch unklar.

4. Bedeutung

Das Gericht hat an Kompetenzen und mithin an Relevanz für das Rechtsschutzsystem der EU/EG stetig zugenommen. Dies machen nicht nur die Aufnahme in den Rechtsprechungsauftrag des Art. 19 Abs. 1 EU n.F. (ex-Art. 220 Abs. 1 EG) und das Regel-Ausnahme-Prinzip des Art. 256 Abs. 1 AEUV (ex-Art. 225 Abs. 1 EG) zugunsten des EuG deutlich, sondern insbesondere auch die mit dem Vertrag von Nizza eingerichtete Möglichkeit, dem Gericht in bestimmten Sachgebieten die Zuständigkeit für Vorabentscheidungsverfahren zu übertragen. Auch wenn diese Kompetenz bisher mangels Umsetzung lediglich eine potentielle geblieben ist, ist die reine Möglichkeit der Zuständigkeitsübertragung durch bloße Satzungsänderung anstelle einer komplizierten Vertragsrevision durchaus richtungsweisend für die schrittweise „Annäherung" des EuG an den EuGH. Insbesondere für die Unionsbürger ist das Gericht erster Instanz zur maßgeblichen Rechtsschutzinstitution geworden. Seine Entscheidungen unterliegen zwar der Rechtskontrolle des Gerichtshofs, aber dies ändert in der Praxis eher selten etwas an deren Inhalt. So wurden im Jahre 2009 gegen 26 % der angreifbaren EuG-Urteile Rechtsmittel zum EuGH erhoben (Vorjahr: 26 %), von denen der Gerichtshof 80,77 % zurückgewiesen hat (Vorjahr: 66,23 %).[89] Dies bedeutet, dass im Jahre 2009 insgesamt 95 % der EuG-Urteile im Ergebnis inhaltlich unverändert in Rechtskraft erwachsen sind (Vorjahr: 91,22 %). Auch wenn der Gerichtshof somit formal die „Grundsatzzuständigkeit" als oberster Gerichtshof und Verfassungsgericht innehat, darf der Einfluss des Gerichts auf das Unionsrechtssystem nicht unterschätzt werden. Zudem spricht in dieser Hinsicht bereits der stetige Zuwachs an neuen und erledigten Verfahren vor dem EuG Bände: So wurden im Jahre 2009 insgesamt 568 neue Rechtssachen beim Gericht erster Instanz eingereicht, gegenüber 629 im Jahre 2008, 522 im Jahre 2007 und 432 im Jahre 2006; die Anzahl der erledigten Rechtssachen vor dem EuG lag im Jahre 2009 bei 555 (2008: 605; 2007: 397); der Gesamtbestand an anhängigen Rechtssachen belief sich Ende des Jahres 2009 auf 1191 (Vorjahr: 1178).[90]

III. Ergebnis

EuGH und EuG sichern im Rahmen ihrer Zuständigkeiten die Anwendung und Auslegung des Unionsrechts und sind für das europäische Rechtssystem von erheblicher Bedeutung. Sie lenken und prägen das Gemeinschaftsrecht – und somit indirekt auch die Rechtssysteme der Mitgliedstaaten – in hohem Maße. Dabei ist die entscheidende und überwiegende Funktion des EuGH die eines europäischen „Verfassungsgerichts", während das EuG zu einem Gericht mit umfas-

89 Jahresbericht 2009, S. 187 ff.; Jahresbericht 2008, S. 198 ff.
90 Jahresbericht 2009, S. 173.

senden Kompetenzen vor allem in der Verwaltungsgerichtsbarkeit avanciert ist.[91] Die dennoch zum Teil schwierige Kompetenzabgrenzung zwischen den beiden Gerichten und die teilweise fließenden Grenzen ihrer jeweiligen Zuständigkeiten durch die „Flexibilisierung der Aufgabenverteilung"[92] machen deutlich, dass sie sich zunehmend „annähern" und nur gemeinsam den Rechtsprechungsauftrag der EU wahrnehmen können. Im Ergebnis führt dies sogar dazu, dass die beiden Gerichte in der Literatur immer öfter unter dem Begriff „Gerichtshof" zusammengefasst und zusammen – mithin nahezu gleich – behandelt werden.[93] Denn gemeinsam stellen sie die zentralen Rechtsprechungsinstitutionen der Union dar, die ein umfassendes Rechtsschutzsystem für die EU und ihre Mitgliedstaaten garantieren sollen und deren Rechtsordnungen durch ihre Rechtsprechungstätigkeit beträchtlich beeinflusst werden. Allein die stetig steigende Anzahl der Verfahren, die die Gerichte zu bewältigen haben[94], zeigt, dass nicht nur im Bereich der Legislative, sondern auch im Bereich der Judikative eine zunehmende Verlagerung der Hoheitsausübung auf die europäische Ebene erfolgt[95]. Diese bedeutsame Stellung der europäischen Gerichtsbarkeit im „Verfassungsverbund"[96] der Union und ihrer Mitgliedstaaten unterstreicht somit, dass die Frage nach ihrer demokratischen Legitimation von grundsätzlicher Bedeutung ist.

---

91 Balders/Hansalek, ZRP 2006, 54, 55; Azizi, in: Hummer, Paradigmenwechsel im Europarecht, 181, 202 f.; Pirrung, in: FS Sonnenberger, 865, 867 f., 869 f.; Everling, EuR 2003, Beiheft 1, 7, 34; ders., in: FS Steinberger, 1103, 1106 f., 1126 f.; Oppermann/Classen/Nettesheim, Europarecht, § 7, Rn. 153; Oppermann, DVBl 1994, 901, 907; Jung, in: von der Groeben/Schwarze, EUV/EGV, Art. 224 bis 225a, Rn. 5, 86; Siebert, Die Auswahl der Richter am EuGH, 58.

92 Gundel, EuR Beiheft 3 2008, 23, 26.

93 Vgl. z.B. Everling, EuR 2003, Beiheft 1, 7, 9; Mähner, Gerichtshof, 194.

94 Mit insgesamt 1332 neu eingegangenen Rechtssachen wurde im Jahr 2008 die höchste Anzahl in der Geschichte der europäischen Gerichtsbarkeit erreicht, vgl. Presseinformation Nr. 17/09 vom 19. Februar 2009. Unwesentlich niedriger war die Anzahl neu eingegangener Rechtssachen im Jahre 2009 mit insgesamt 1242, vgl. Pressemitteilung Nr. 29/10 vom 15. März 2010.

95 Ähnlich: Schubarth, in: FS Trechsel, 93, 98.

96 Pernice, in: FS Zuleeg, 145, 145; ders., EuR 1996, 27, 27; ders., VVDStRL 60 (2001), 148, 163 ff.; Öhlinger, Verfassungsrecht, Rn. 159 f.; Huber, EuR 2003, 574, 594, 598; ders., VVDStRL 60 (2001), 194, 199 ff.; Peters, Verfassung Europas, 207 ff. m.w.N.

2. Teil: Die Unabhängigkeit der Unionsgerichtsbarkeit

Der Gedanke der richterlichen Unabhängigkeit hat sich in den westeuropäischen Staaten bereits früh – in Frankreich und in England im 17. Jahrhundert, in Deutschland im 18. Jahrhundert – als Schutz der Rechtsprechung vor dem Monarchen herausgebildet und seitdem stetig weiterentwickelt.[97] Heute ist die Unabhängigkeit der Justiz in jedem Rechtsstaat ein unverzichtbares Fundamentalprinzip[98], kann aber trotz entsprechender internationaler Bekenntnisse[99] keinesfalls als Selbstverständlichkeit begriffen werden[100]. In der aus Rechtsstaaten bestehenden EU muss sich diese Garantie aber zweifelsfrei wiederfinden. Sie ist „kein Privileg des Richters", sondern eine Gewährleistung für den Rechtssuchenden, dass das Urteil rechtlich richtig ist und nicht von gesetzesfremden Erwägungen beeinflusst wurde.[101]

Die Unabhängigkeitsgarantie steht in untrennbarem Zusammenhang zur demokratischen Legitimation der Judikative, was eine isolierte Betrachtung dieser beiden Grundsätze unmöglich macht. Aufgrund der angesprochenen elementaren Bedeutung der Unabhängigkeit der Gerichtsbarkeit und deren Auswirkungen auf die demokratische Legitimation der Richter, soll im Folgenden zunächst die Verwirklichung dieses Prinzips in der EU untersucht werden – ausgehend von den entsprechenden Ausprägungen auf nationaler Ebene.

---

97 Zur geschichtlichen Entwicklung: Schulze-Fielitz, in: Dreier, GG, Art. 97, Rn. 1 ff.; Stern, Staatsrecht, Bd. II, 374 ff.; Simon, Unabhängigkeit, 2 ff.; Wassermann, Richterliche Gewalt, 60 ff.; Kreth, DRiZ 2009, 198, 198 ff.; Fromont, Grands systèmes, 77.

98 So auch Schulze-Fielitz, in: Dreier, GG, Art. 97, Rn. 9 ff.; Lorz, in: Müller-Graff/Riedel, Verfassungsrecht in der EU, 99, 105; Pfeiffer, in: FS Zeidler, Bd. 1, 67, 67; Wassermann, Richterliche Gewalt, 59; Simon, Unabhängigkeit, 9; Tschentscher, Demokratische Legitimation, 150; Siebert, Auswahl der Richter am EuGH, 79; Kimmel, in: Gabriel/Kropp, EU-Staaten im Vergleich, 62, 71, 76; Titz, DRiZ 2009, 34, 34 ff.

99 Vgl. z.B. die internationalen Bekenntnisse in Art. 10 AEMR und Art. 14 Abs. 1 IPbpR, sowie das Bekenntnis auf europäischer Ebene in Art. 6 Abs. 1 EMRK.

100 So zeigen beispielsweise die jüngsten Unruhen in Pakistan (vgl. „Die Nacht der neuen Helden", Süddeutsche Zeitung Nr. 63 vom 17. März 2009, S. 7) und aktuelle Berichte aus Russland (vgl. „Im Namen des Geldes", Süddeutsche Zeitung Nr. 1 vom 2. Januar 2009, S. 8), dass vielerorts noch für die Unabhängigkeit der Richter gekämpft wird. Berichte aus der Türkei zeigen, dass den dortigen Verfassungsrichtern zum Teil ein Missbrauch ihrer angeblichen Unabhängigkeit unterstellt wird (vgl. „Mittler zwischen Recht und Richtern", Süddeutsche Zeitung Nr. 271 vom 21. November 2008, S. 3).

101 Geiger, DRiZ 1979, 65, 66.

A. Unabhängigkeit der Judikative in den EU-Mitgliedstaaten

Als Maßstab für die Unionsgerichtsbarkeit und zum Grundverständnis des Prinzips einer unabhängigen Judikative dienen die diesbezüglichen staatsrechtlichen Grundsätze und die Ausprägungen in den EU-Mitgliedstaaten.[102]

I. Rechtsstaatliches Gebot einer unabhängigen Justiz

Alle Mitgliedstaaten der EU sind Rechtsstaaten, zu deren Strukturelementen das Prinzip der Gewaltenteilung gehört.[103] Erste Ansätze zu diesem Prinzip finden sich bereits im 17. Jahrhundert bei *John Locke*[104] – im Gegensatz zur zeitgleich vertretenen Gewaltenkonzentration von *Thomas Hobbes*[105] – und vor allem im 18. Jahrhundert bei *Charles-Louis de Montesquieu*[106]. Eine besondere Rolle spielte das System der Gewaltenaufteilung und „checks and balances“ in den *Federalist Papers*, einer Reihe von Zeitungsartikeln, die in den Jahren 1787/88 für eine neue Verfassung für Amerika im Sinne einer Repräsentativdemokratie in einem föderalen, konstitutionellen Großstaat werben sollte.[107] Nach stetiger Fortentwicklung bedeutet dieser Grundsatz heute allgemein, dass die Funktionen der Legislative, Exekutive und Judikative von bestimmten Organen wahrgenommen werden, denen diese Aufgaben ausschließlich und explizit von der Verfassung zugewiesen werden (Gewaltentrennung bzw. -teilung).[108] Zugleich stehen sich die Gewalten – je

102 Die Verfassungen der EU-Mitgliedstaaten sind in übersetzter Fassung abgedruckt in Kimmel, Verfassungen der EU-Mitgliedstaaten, (noch ohne Bulgarien und Rumänien) und zusammengestellt auf www.verfassungen.de/eu/.

103 Vgl. z.B. Art. 20 Abs. 2 Satz 2 GG; Art. 33 ff. belg. Verf.; § 3, 62 dän. Verf.; Art. 2 Abs. 1 tschechis. Verf.; Art. 5 litauische Verf.; Art. 94 österr. B-VG; Art. 10, 173 polnische Verf.; Art. 1 Abs. 2 bulgaris. Verf.; § 4 estn. Verf.; § 3 finnische Verf.; Art. 26 griech. Verf.; Art. 6 irische Verf.; Art. 3 Abs. 2 Satz 2 slowenische Verf. Dazu: Einführung von Kimmel, Verfassungen der EU-Mitgliedstaaten, S. XXIII, XXXV; ders., in: Gabriel/Kropp, EU-Staaten im Vergleich, 62, 71, 76; Nicolaysen, in: Weidenfeld, Europäische Union, 109, 110 f., 115 f.; Möllers, Gewaltengliederung, 65 ff.; ders., Die drei Gewalten, 19 ff.; zum Vergleich zwischen Deutschland, Frankreich und dem Vereinigten Königreich: Lorz, in: Müller-Graff/Riedel, Verfassungsrecht in der EU, 99, 103 f., 113 f.; zu Frankreich: Hübner/Constantinesco, Frz. Recht, 43 ff.; Sonnenberger/Autexier, Frz. Recht, 52 f.

104 Locke (1632 – 1704), Two Treatises of Government (1689); dazu: Schmidt, Demokratietheorien, 59 f.

105 Hobbes (1588 – 1679), Leviathan (1651); dazu: Schmidt, Demokratietheorien, 55 ff.

106 Montesquieu (1689 – 1755), De l'esprit des lois; dazu: Schmidt, Demokratietheorien, 72 ff.

107 Dazu: Schmidt, Demokratietheorien, 105 ff.

108 Hesse, Verfassungsrecht, Rn. 475 ff.; Degenhart, Staatsrecht I, Rn. 265; Stern, Staatsrecht, Bd. II, 518 f., 521 ff.; Öhlinger, Verfassungsrecht, Rn. 63, 75, 598 ff.; Kneip, in: Gabriel/Kropp, EU-Staaten im Vergleich, 631, 631.

nach Mitgliedstaat in unterschiedlicher Ausprägung[109] – in einem System gegenseitiger Kontrolle und Hemmung zur Begrenzung und Mäßigung der Machtausübung gegenüber („checks and balances“ bzw. Gewaltenbalancierung).[110] Eine funktionsmäßig und organisatorisch strikte Trennung besteht dabei zwischen der Rechtsprechung als Dritte Gewalt einerseits und den anderen beiden Gewalten andererseits: Die rechtsprechende Gewalt wird ausschließlich den Gerichten anvertraut, die nur dem Recht und Gesetz unterworfen sind und keiner Kontrolle oder Weisungsabhängigkeit gegenüber anderen Organen oder sonstigen Institutionen unterliegen.[111] In allen Mitgliedstaaten wird dementsprechend die Stellung der Richter vor allem durch deren Unabhängigkeit bestimmt.[112] Im Mittelpunkt steht dabei die *sachliche* Unabhängigkeit der Richter, die insbesondere durch ihre Weisungsfreiheit und das Verbot jeglicher Einmischung Dritter in die rechtsprechende Tätigkeit der Justiz oder Einflussnahme auf dieselbe verwirklicht werden soll.[113] Untrennbar mit der sachlichen Unabhängigkeit und deren Sicherung verbunden sind drei weitere Ausprägungen der Unabhängigkeitsgarantie, die teilweise fließend ineinander übergehen: die persönliche, die institutionelle oder organisatorische und die innere Unabhängigkeit. Die *persönliche* Unabhängigkeit soll die Richter davor schützen, von irgendeiner Seite persönliche Nachteile, z.B. bezüglich ihrer Rechtsstellung, aufgrund einer missliebigen Entscheidung befürch-

---

109 Zum Vergleich zwischen Deutschland, Frankreich und dem Vereinigten Königreich: Lorz, in: Müller-Graff/Riedel, Verfassungsrecht in der EU, 99, 103 f.

110 Hesse, Verfassungsrecht, Rn. 475 ff.; Degenhart, Staatsrecht I, Rn. 265; Nicolaysen, in: Europäische Union, 109, 115; Stern, Staatsrecht, Bd. II, 527 ff., 539; Öhlinger, Verfassungsrecht, Rn. 75, 598 ff.; Kneip, in: Gabriel/Kropp, EU-Staaten im Vergleich, 631, 631.

111 Hesse, Verfassungsrecht, Rn. 547 ff.; Degenhart, Staatsrecht I, Rn. 268; Stern, Staatsrecht, Bd. II, 907 ff.; Papier, NJW 2001, 1089, 1089 f.; Schmidt-Jortzig, NJW 1991, 2377, 2378; Öhlinger, Verfassungsrecht, Rn. 604 ff.; Sonnenberger/Autexier, Frz. Recht, 53.

112 Vgl. z.B. Art. 97 Abs. 1 GG; Art. 151 § 1 belg. Verf.; § 64 dän. Verf.; § 146 estn. Verf.; Art. 64 frz. Verf.; Art. 87 griech. Verf.; Art. 35 Abs. 2 irische Verf.; Art. 101, 104 ital. Verf.; Ziff. 83. lett. Verf.; Art. 104, 109 litau. Verf.; Art. 178 Abs. 1, 195 Abs. 1 poln. Verf.; Art. 87 Abs. 1 öster. B-VG; Art. 203, 222 Abs. 5 portug. Verf.; Art. 141 Abs. 1, 144 slowak. Verf.; Art. 125 slowen. Verf.; Art. 117 span. Verf.; Art. 82 tschech. Verf.; Art. 50 Abs. 3 ungarische Verf.; Art. 117 Abs. 2 bulgar. Verf.; Art. 124 Abs. 3, 145 rumän. Verf.; siehe dazu auch Lorz, in: Müller-Graff/Riedel, Verfassungsrecht in der EU, 99, 105 f.; Schulze-Fielitz, in: Dreier, GG, Art. 97, Rn. 11 ff.; Hübner/Constantinesco, Frz. Recht, 16, 26, 43; Sonnenberger/Autexier, Frz. Recht, 53 f.; Kimmel, in: Gabriel/Kropp, EU-Staaten im Vergleich, 62, 71, 76; Kneip, in: Gabriel/Kropp, EU-Staaten im Vergleich, 631, 636; Fromont, Grands systèmes, 77, 82; von Danwitz, EuR 2008, 769, 770.

113 Dazu: Hesse, Verfassungsrecht, Rn. 554; Tschentscher, Demokratische Legitimation, 150 ff.; Wittreck, Verwaltung, 177 f.; Mähner, Gerichtshof, 101 f.; Bredt, Demokratische Legitimation, 32 ff.; Schulze-Fielitz, in: Dreier, GG, Art. 97, Rn. 19 ff.; Detterbeck, in: Sachs, GG, Art. 97, Rn. 11 ff.; Brockmeyer, in: Schmidt-Bleibtreu/Hofmann/Hopfauf, GG, Art. 97, Rn. 2 ff.; Stern, Staatsrecht, Bd. II, 911 ff.; Wassermann, Richterliche Gewalt, 70 ff.; Zätzsch, Unabhängigkeit, 62 ff.

ten zu müssen.[114] Im Rahmen der oben genannten Gewaltenteilung ist die *institutionelle oder organisatorische* Unabhängigkeit der Judikative verbürgt, die demnach in der Staatsorganisation strikt von den anderen beiden Gewalten getrennt wird.[115] Schließlich soll die *innere* Unabhängigkeit garantieren, dass der Richter tatsächlich weitestgehend frei von gesellschaftlichen, politischen, persönlichen oder sonstigen sachfremden Beweggründen entscheidet und somit die neutrale und unparteiische Urteilsfindung umfassend gewährleistet ist.[116]

Die grundlegenden Faktoren und Voraussetzungen in diesem Zusammenhang wurden auch vom Ministerkomitee des Europarates in einer Empfehlung an die Mitgliedstaaten festgehalten.[117] Der Kerngehalt rechtsstaatlicher Verbürgungen, der als Maßstab für die Unionsgerichtsbarkeit zugrunde zu legen ist, lässt sich durch die gemeinsamen Regelungen der EU-Mitgliedstaaten feststellen.

II. Normative Ausprägungen richterlicher Unabhängigkeit

Es existieren zahlreiche Regelungen in den mitgliedstaatlichen Verfassungen, die in unterschiedlicher Weise die Freiheit der Justiz von unerwünschten Einflüssen garantieren sollen. So soll die oben genannte grundlegende institutionelle und funktionelle Trennung der Gewalten[118] – insbesondere die Weisungsfreiheit der Judikative von der Exekutive – eine Einmischung oder Einflussnahme der Gewalten untereinander verhindern; die Judikative soll ausschließlich dem Recht und Gesetz verpflichtet sein.[119] Für eine organisatorische Trennung der Gewalten sorgen zudem die gesetzlichen Inkompatibilitätsregelungen[120], die den Richtern

---

114 Dazu: Hesse, Verfassungsrecht, Rn. 555; Tschentscher, Demokratische Legitimation, 160 ff.; Wittreck, Verwaltung, 178 ff.; Mähner, Gerichtshof, 104 f.; Bredt, Demokratische Legitimation, 30 ff.; Schulze-Fielitz, in: Dreier, GG, Art. 97, Rn. 48 ff.; Detterbeck, in: Sachs, GG, Art. 97, Rn. 22 ff.; Brockmeyer, in: Schmidt-Bleibtreu/Hofmann/Hopfauf, GG, Art. 97, Rn. 11 ff.; Wassermann, Richterliche Gewalt, 80 ff.; Zätzsch, Unabhängigkeit, 60 ff.

115 Dazu: Tschentscher, Demokratische Legitimation, 162 ff.; Wittreck, Verwaltung, 182 f.; Zätzsch, Unabhängigkeit, 57 ff.

116 Dazu: Pfeiffer, in: FS Zeidler, Bd. 1, 67, 69 ff.; Faller, in: FS Zeidler, Bd. 1, 81, 83 ff.; Zweigert, in: FS von Hippel, 711, 715 f.; Wassermann, Richterliche Gewalt, 85 ff.; Tschentscher, Demokratische Legitimation, 164 ff.; Mähner, Gerichtshof, 107 ff., behandelt diesen Punkt unter der Bezeichnung „Gerichtliche Neutralität“; Zätzsch, Unabhängigkeit, 67 f.

117 Insbesondere als Konkretisierung zu Art. 6 Abs. 1 Satz 1 EMRK: Recommendation No. R (94) 12 “on the independence, efficiency and role of judges” vom 13. Oktober 1994.

118 Vgl. die oben genannten mitgliedstaatlichen Bestimmungen zur Gewaltenteilung.

119 Schulze-Fielitz, in: Dreier, GG, Art. 97, Rn. 19 ff.; Stern, Staatsrecht, Bd. II, 907, 909.

120 Vgl. z.B. § 3 Abs. 3 und 4 BVerfGG; Art. 155 belg. Verf.; § 147 estn. Verf.; Art. 57 frz. Verf.; Art. 89 griech. Verf.; Art. 35 Abs. 3 irische Verf.; Art. 104, 113 litauische Verf.; Art. 93 luxem. Verf.; Art. 178 Abs. 3 polnische Verf.; Art. 216 Abs. 3 portug. Verf.; Art. 144 rumän. Verf.; Art. 137 slowak. Verf.; Art. 127 span. Verf.

nicht nur die gleichzeitige Ausübung einer (v.a. vergüteten) beruflichen Tätigkeit untersagen, sondern insbesondere auch eine Personalunion zwischen Ämtern der unterschiedlichen Gewalten verhindern. Die grundsätzliche Unabsetzbarkeit und Unversetzbarkeit (Inamovibilität)[121] durch außerhalb der Justiz stehende Institutionen als Hauptmerkmal der persönlichen Unabhängigkeit schützt die Richter vor der Befürchtung, ihr Amt oder ihre Position aufgrund einer unpopulären Entscheidung verlieren zu können[122]. Um zu gewährleisten, dass die Richter nicht versuchen, durch ihre Urteile in der Gunst der jeweiligen Kreations- und Wahlorgane zu steigen, wird in der Regel eine Ernennung auf Lebenszeit bzw. bis zu einer bestimmten (Pensions-) Altersgrenze festgelegt[123] oder – bei begrenzter Mandatsdauer – der Ausschluss der Wiederwahlmöglichkeit[124] angeordnet. So wird eine mögliche Beeinflussbarkeit auf den einmaligen Wahl- und Ernennungsakt beschränkt, während innerhalb der Amtsausübung das Wohlwollen dieser Organe keine Rolle mehr für die richterlichen Entscheidungen spielen kann.[125] Um schließlich die Gefahr der inneren Abhängigkeit des Richters von privaten oder gesellschaftlichen Interessen so gering wie möglich zu halten und seine gerichtliche Neutralität weitgehend zu garantieren, existieren zusätzliche Regelungen, wie z.B. die der richterlichen Immunität[126], die Zusicherung einer ausreichenden Besoldung[127], so dass keine Sorgen bezüglich der finanziellen Absicherung entstehen[128], der mögliche Ausschluss eines Richters von einem Verfahren bei tatsäch-

121 Vgl. z.B. Art. 97 Abs. 2 GG; Art. 152 belg. Verf.; § 64 dänis. Verf.; Art. 88 Abs. 4 und 6 griech. Verf.; Art. 107 ital. Verf.; § 147 estn. Verf.; § 103 finnische Verf.; Art. 64 frz. Verf.; Ziff. 84. lettische Verf.; Art. 91 luxem. Verf.; Art. 88 öster. B-VG; Art. 180 poln. Verf.; Art. 216 Abs. 1 portug. Verf.; Art. 145 rumän. Verf.; dazu: Schulze-Fielitz, in: Dreier, GG, Art. 97, Rn. 54 ff.

122 Dazu Kneip, in: Gabriel/Kropp, EU-Staaten im Vergleich, 631, 642; Öhlinger, Verfassungsrecht, Rn. 986.

123 Vgl. z.B. Art. 152 belg. Verf. und Art. 32 loi spéciale sur la Cour d'arbitrage; § 64 dänische Verf.; § 147 estn. Verf.; § 103 finn. Verf.; Art. 88 Abs. 1 griech. Verf. (aber beachte Art. 100 Abs. 2 griech. Verf.); Art. 91 luxem. Verf.; Ziffer 97. malt. Verf.; Art. 117 niederl. Verf.; Art. 147 Abs. 4 öster. B-VG.

124 Vgl. z.B. § 4 BVerfGG; Art. 56 frz. Verf.; Art. 135 ital. Verf.; Art. 7 lettis. Constitutional Court Law; Art. 103 litau. Verf.; Art. 194 Abs. 1 poln. Verf.; Art. 222 Abs. 3 portug. Verf.; Art. 134 Abs. 3 slowak. Verf.; Art. 165 slowen. Verf.; Art. 159 span. Verf.; Art. 147 Abs. 2 bulgar. Verf.; Art. 142 Abs. 2 rumän. Verf.

125 Kneip, in: Gabriel/Kropp, EU-Staaten im Vergleich, 631, 641; Bredt, Demokratische Legitimation, 31.

126 Vgl. z.B. Art. 114 litauische Verf.; Art. 181, 196 polnische Verf.; Art. 216 Abs. 2 portug. Verf.; Art. 136 slowak. Verf.; Art. 134, 167 slowen. Verf.; Art. 86 tschech. Verf.; Art. 132 bulgar. Verf.

127 Vgl. z.B. Art. 88 Abs. 2 griech. Verf.; Art. 35 Abs. 5 irische Verf.; Art. 178 Abs. 2, 195 Abs. 2 polnische Verf.

128 Zweigert, in: FS von Hippel, 711, 713: „Freiheit von ökonomischer Sorge".

licher Gefahr der Befangenheit[129] und schließlich die Eidesleistung[130] der Richter, ihr Amt vorschriftsgemäß und gewissenhaft auszuführen.

Diese Regelungen sollen in ihrer Zusammenwirkung die Gefahr einer Abhängigkeit der Richter auf ein Minimum reduzieren. Dabei ist jedoch nicht außer Acht zu lassen, dass eine hundertprozentige Gewährleistung in dieser Hinsicht nicht möglich ist. Die oben genannten Bestimmungen stellen als Rahmen eine notwendige Vorbedingung für die umfassende Sicherung der richterlichen Unabhängigkeit dar. In der Praxis ist aber für die innere Unabhängigkeit letztendlich die Professionalität und Charakterstärke der Person des Richters, auf die vertraut werden muss, entscheidend und ausschlaggebend.[131] Der Richter muss sich durch Selbstkontrolle und -analyse nicht nur von Aussagen der Medien, der öffentlichen Meinung und der Politik frei machen, sondern unter Umständen auch in gewisser Weise von „seinem eigenen Weltbild", um vorurteilsfrei zu entscheiden und so eine weitestgehende Neutralität zu gewährleisten.[132] Insofern ist richterliche Unabhängigkeit „zuerst eine geistige, ethische, willentliche, zuchtvolle Anstrengung".[133] Dieses persönliche Kriterium ist aber weder abschließend normierbar noch justitiabel. Durch die oben genannten Regelungen soll es dem Richter mithin so leicht wie möglich gemacht werden, über sämtliche in Betracht kommende Beeinflussungen erhaben zu sein und ausschließlich als „Sprachrohr von Gesetz und Recht" zu fungieren.

B. Unabhängigkeit der europäischen Judikative

Es stellt sich die Frage, ob und inwiefern auf Unionsebene eine – den erörterten rechtsstaatlichen Anforderungen genügende – unabhängige Gerichtsbarkeit gewährleistet wird.

---

129 Vgl. z.B. §§ 18, 19 BVerfGG.

130 Vgl. z.B. § 11 BVerfGG; Art. 104 litauische Verf.; Ziffer 101. maltische Verf.; Art. 85 tschech. Verf.

131 Ähnlich: Papier, NJW 2001, 1089, 1091: „richterlicher Amtsethos"; Pfeiffer, in: FS Zeidler, Bd. 1, 67, 71 ff.; Tschentscher, Demokratische Legitimation, 165 f., zum „Richterideal" im Rahmen der inneren Unabhängigkeit; Hübner/Constantinesco, Frz. Recht, 26.

132 Zweigert, in: FS von Hippel, 711, 718. Ähnlich Helmut Kerscher in der Süddeutschen Zeitung Nr. 1 vom 2. Januar 2009, Seite 4, zum Bundesverfassungsgericht: „Der Ausschluss der Wiederwahl kann die innere Unabhängigkeit von Richterinnen und Richtern nicht garantieren, sie jedoch nachhaltig fördern. Natürlich gibt niemand seine in Jahrzehnten gewachsene Weltanschauung beim Gerichtspförtner ab. Aber jedes Senatsmitglied muss sich immer wieder in der Auseinandersetzung mit ganz anders sozialisierten Richtern bewähren."

133 Geiger, DRiZ 1979, 65, 66.

I. Unionsrechtliches Gebot einer unabhängigen Justiz

Die Europäische Union besteht aus 27 Rechtsstaaten. In Art. 2 EU n.F. (ex-Art. 6 Abs. 1 EU) wird die Rechtsstaatlichkeit als eines ihrer Fundamentalprinzipien normiert und die Union selbst wird in Anlehnung an den Rechtsstaatsbegriff als „Rechtsgemeinschaft" bezeichnet[134]. Demnach sei die Gemeinschaft Schöpfung des Rechts, Rechtsquelle, Rechtsordnung und Rechtspolitik zugleich.[135] Dies bedeutet u.a., dass sie sich die gemeinsamen europäischen Rechtstraditionen, die rechtsstaatlichen Grundsätze ihrer Mitgliedstaaten, auferlegt und diesen weitestgehend entsprechen soll – auch ohne selbst Staatsqualität zu haben.[136] Anstelle des Prinzips der Gewaltenteilung herrscht in der EU das Organisationsprinzip des „institutionellen Gleichgewichts".[137] Wie eingangs bereits erläutert, bestehen aufgrund des ausgeprägten Rechtsschutzsystems der EU – mit dem EuGH und dem EuG als zentrale Rechtsprechungsinstitutionen – an der Existenz einer „klassischen" Dritten Gewalt in der Union keine Zweifel.[138]

Von allen Mitgliedern des Gerichtshofs und des Gerichts fordern die Unionsverträge das Attribut der „Unabhängigkeit" (Art. 19 Abs. 2 EU n.F., Art. 252, 253, 254 AEUV; ex-Art. 222 Abs. 2, 223 Abs. 1, 224 Abs. 2 Satz 1 EG). Denn allein sachlich und persönlich unabhängige Richter können den Rechtsprechungsauftrag des Art. 19 Abs. 1 EU n.F. (ex-Art. 220 Abs. 1 EG) erfüllen.[139] Konkretisiert wird dieses Postulat insbesondere in der Satzung des Gerichtshofs und einem diesbezüglichen Verhaltenskodex[140] für die derzeitigen und ehemaligen Mitglieder der Unionsgerichte. Es gilt zu beachten, dass in der Union nicht nur Unabhängigkeit von politischen, gesellschaftlichen oder persönlichen Interessen erforderlich ist,

---

134 Hallstein, EWG, in: Europäische Reden, 341, 343; ders., EG, 51 ff.; Zuleeg, NJW 1994, 545, 545 ff., 549; Dauses, Verhandlungen des 60. DJT, Band I, D 11, D 11 f.; Wegener, in: Calliess/Ruffert, EUV/EGV, Art. 220, Rn. 3; Pernice/Mayer, in: Grabitz/Hilf, EUV/EGV, Art. 220, Rn. 1; Oppermann, DVBl 1994, 901, 902.

135 Hallstein, EG, 53.

136 Zuleeg, NJW 1994, 545, 546 ff., 549; Nicolaysen, in: Weidenfeld, Europäische Union, 109, 109 f.; Hallstein, in: EWG, Europäische Reden, 341, 348; ders., EG, 61.

137 St. Rspr. EuGH, vgl. Rs. 138/79, Slg. 1980, 3333, 3360, Rn. 33 – Roquette Frères (Isoglucose); Rs. C-70/88, Slg. 1990, I-2041, 2041 – Tschernobyl I (EP gegen Rat der EG); Wegener, in: Calliess/Ruffert, EUV/EGV, Art. 220, Rn. 36 m.w.N.; Calliess, in: Calliess/Ruffert, EUV/EGV, Art. 7, Rn. 7 ff. m.w.N.; Lenski, in: Lenz/Borchardt, EU, Art. 13 EUV, Rn. 13; Dänzer-Vanotti, RIW 1992, 733, 735; Rodríguez Iglesias, EuR 1992, 225, 229 m.w.N.; Nicolaysen, in: Weidenfeld, Europäische Union, 109, 115 f.; Siebert, Auswahl der Richter am EuGH, 64 ff.; Zuleeg, NJW 1994, 545, 548; Möllers, Gewaltengliederung, 253 ff.; ders., Die drei Gewalten, 175 ff.

138 Vgl. 1. Teil, A.

139 Huber, in: Streinz, EUV/EGV, Art. 220, Rn. 6; ähnlich: Siebert, Auswahl der Richter am EuGH, 79 f.; ähnlich der Gerichtshof selbst in: Gutachten 1/91 vom 14. Dezember 1991, Slg. 1991, I-6079, 6108, Rn. 52 f.

140 Informationen der Organe und Einrichtungen der Europäischen Union, Gerichtshof, Verhaltenskodex, 2007/C 223/01.

sondern vor allem auch die Unparteilichkeit und Unabhängigkeit von nationalen Interessen und Einflüssen der einzelnen Mitgliedstaaten.[141]

II. Normative Ausprägungen richterlicher Unabhängigkeit in der EU

In der Union finden sich etliche gemeinsame Unabhängigkeitsgarantien der Mitgliedstaaten wieder. Hinzu treten spezielle Absicherungen, um insbesondere eine etwaige Beeinflussung durch nationale Interessen weitestgehend auszuschließen.

1. Allgemeine Unabhängigkeitsgarantien

Genau wie in den Nationalstaaten sollen auch in der EU zahlreiche Bestimmungen die Unabhängigkeit und Unparteilichkeit der Richter generell garantieren: So obliegt der Rechtsprechungsauftrag des Art. 19 Abs. 1 EU n.F. (ex-Art. 220 Abs. 1 EG) allein den Gerichten, die als Dritte Gewalt von den anderen Unionsorganen funktional getrennt werden. Der Gerichtshof und das Gericht genießen eine weitgehende Selbstverwaltung durch eigene Dienststellen, insbesondere die Kanzlei[142], und Personalhoheit bezüglich ihrer (nachgeordneten) Bediensteten[143], so dass eine organisatorische Trennung zu den anderen Institutionen auch in dieser Hinsicht gesichert wird.[144] Zudem wird die Inkompatibilität des Richteramtes sowohl mit anderen Ämtern in Politik und Verwaltung als auch mit sonstigen Berufstätigkeiten (ohne ausdrückliche Befreiung) angeordnet.[145] Die Richter sind für außerhalb der Judikative stehende Institutionen und Organe – insbesondere für die Mitgliedstaaten – unabsetzbar; dies kann nur in bestimmten Fällen „nach einstimmigen Urteil der Richter und Generalanwälte“ geschehen.[146] Zudem sind sie keiner Gerichtsbarkeit unterworfen (Immunität).[147] Vor Amtsantritt müssen

141 Riedl, in: Mayer, EUV/EGV, Art. 223, Rn. 2; Pernice/Mayer, in: Grabitz/Hilf, EUV/EGV, Art. 220, Rn. 5; Karpenstein/Langner, in: Grabitz/Hilf, EUV/EGV, Art. 223, Rn. 3; Hackspiel, in: von der Groeben/Schwarze, EUV/EGV, Art. 223, Rn. 3; Everling, DRiZ 1993, 5, 6; Schwarze, in: ders., EUV/EGV, Art. 223, Rn. 2; Höreth, Legitimationstrilemma, 221.

142 Art. 12 ff. Verfahrensordnung EuGH; Art. 20 ff. Verfahrensordnung EuG.

143 So ernennt beispielsweise der Gerichtshof seinen Präsidenten, Art. 253 Abs. 3 AEUV (ex-Art. 223 Abs. 3 EG) i.V.m. Art. 7 VerfO EuGH, seinen Kanzler, Art. 253 Abs. 5 AEUV (ex-Art. 223 Abs. 5 EG) i.V.m. Art. 12 f. VerfO EuGH, die Kammerpräsidenten, Art. 16 Satzung EuGH i.V.m. Art. 10 § 1 Abs. 1 und 2 VerfO EuGH, den ersten Generalanwalt, Art. 10 § 1 Abs. 3 VerfO EuGH, und sein sonstiges Personal, Art. 12, 13 Satzung Gerichtshof, Art. 20 ff. VerfO EuGH.

144 Ausführlich zur Verwaltung der Gerichte: Wittreck, Verwaltung, 248 ff., der lediglich in der Finanz- und Satzungsautonomie des Gerichtshofs leichte Schwächen feststellen kann.

145 Art. 4, 47 Abs. 1 Satzung des Gerichtshofs; Art. 5 Verhaltenskodex 2007/C 223/01.

146 Art. 5, 6, 47 Abs. 1 Satzung des Gerichtshofs.

147 Art. 3, 47 Abs. 1 Satzung des Gerichtshofs.

die Richter den Eid leisten, das „Amt unparteiisch und gewissenhaft auszuüben und das Beratungsgeheimnis zu wahren".[148] Sie sind verpflichtet, jede Situation, die zu einem Interessenkonflikt führen kann, zu vermeiden.[149] Besteht die tatsächliche Gefahr der Befangenheit in einem Verfahren, existiert ein genau geregeltes Ausschlussverfahren.[150] Schließlich ist den Richtern ausdrücklich verboten, Zuwendungen irgendwelcher Art anzunehmen („Integrität")[151] und sie müssen eine Erklärung über ihre finanziellen Interessen abgeben[152]. Für ihre finanzielle Absicherung sorgt eine angemessene Besoldung, die sich aus einem Grundgehalt, Aufwandsentschädigungen und etwaigen Amtszulagen zusammensetzt und derjenigen der Kommissionsmitglieder entspricht.[153]

2. Unabhängigkeit von nationalen Interessen

Zusätzlich existieren auf Unionsebene spezielle Regelungen, um insbesondere eine etwaige Beeinflussung der Richter durch nationale Interessen zu unterbinden. So obliegt ihnen eine Residenzpflicht[154] in Luxemburg, was die Richter in räumlicher Hinsicht von ihrem Heimatstaat trennt und dadurch in einer gewissen Weise „ganz auf die europäische Ebene verlagert". Zudem besteht – im Gegensatz zu anderen internationalen Gerichten[155] – kein Recht einer Verfahrenspartei auf ihren „nationalen Richter"[156]. Dadurch wird unterstrichen, dass es sich bei allen Richtern um *Unions*richter handelt, und nicht bloß um *nationale* Richter innerhalb einer internationalen Institution. Darin liegt gerade die Besonderheit der Unionsgerichtsbarkeit: Sie ist ein supranationales Organ und nicht wie andere internationale Gerichte intergouvernemental organisiert.[157] Sobald die Richter ihr Amt antreten, soll im Hinblick auf ihre rechtsprechende Tätigkeit jeder besondere Bezug zu ihrem Heimatstaat erlöschen; sie stehen im Dienste der EU. Zwei Punkte im Zusammenhang mit einer möglichen Abhängigkeit von den Heimatstaaten werden besonders kontrovers diskutiert: zum einen die Staatsangehörigkeit der

---

148 Art. 2, 47 Abs. 1 Satzung des Gerichtshofs; Art. 3 § 1 Verfahrensordnung EuGH; Art. 4 § 1 Verfahrensordnung EuG.

149 Art. 3 Verhaltenskodex 2007/C 223/01, „Unparteilichkeit".

150 Art. 18 Abs. 1, 2 und 3, 47 Abs. 1 Satzung des Gerichtshofs.

151 Art. 2 Verhaltenskodex 2007/C 223/01.

152 Art. 4 Verhaltenskodex 2007/C 223/01.

153 VO Nr. 422/67/EWG, Nr. 5/67/Euratom vom 25. Juli 1967 über die Regelung der Amtsbezüge, zuletzt geändert durch VO Nr. 202/2005/EG, Euratom vom 18. Januar 2005, ABl L 33/1 vom 5. Febuar 2005.

154 Art. 14, 47 Abs. 1 Satzung des Gerichtshofs; dazu: Lecourt, in: FS Kutscher, 261, 265 f.; Bächle, Rechtsstellung der Richter am EuGH, 87 ff.

155 Vgl. z.B. Art. 31 IGH-Statut; Art. 27 Abs. 2 EMRK.

156 Art. 18 Abs. 4, 47 Abs. 1 Satzung des Gerichtshofs.

157 Ähnlich: Bröhmer, in: FS Ress, 917, 923; Höreth, Stille Revolution, 14 f.; Gundel, EuR Beiheft 3 2008, 23, 31.

Richter und zum anderen ihre Mandatsdauer im Zusammenspiel mit einer Wiederwahlmöglichkeit.

a) Staatsangehörigkeit kein ungeschriebenes Tatbestandsmerkmal

Der Gerichtshof besteht gemäß Art. 19 Abs. 2 EU n.F. (ex-Art. 221 Abs. 1 EG) aus „einem Richter je Mitgliedstaat" und das Gericht (ex-Art. 223 Abs. 1 Satz 1 EG) aus „mindestens einem Richter je Mitgliedstaat", gemäß Art. 48 der Satzung des Gerichtshofs zurzeit ebenfalls 27. Somit entsendet jeder Staat einen Richter pro Gericht nach Luxemburg. Es ist aber umstritten, ob der jeweilige Richter auch die Staatsangehörigkeit des entsendenden Mitgliedstaates besitzen muss. Diesbezüglich existiert in den Verträgen keine ausdrückliche Regelung. Im Gegensatz dazu wird für die Kommission in Art. 244 AEUV (ex-Art. 213 Abs. 1 Satz 2 EG) normiert, dass ihr „Staatsangehörige" der Mitgliedstaaten angehören. Daraus wird zum Teil der Rückschluss gezogen, dass dies beim Gerichtshof gerade nicht der Fall sein müsse.[158] Unabhängig vom Wortlaut der Regelung verlangen manche trotzdem von den Richtern die Staatsangehörigkeit ihres Entsendestaates – sozusagen als ungeschriebenes Tatbestandsmerkmal –, da der Zweck des Art. 19 Abs. 2 EU n.F. (ex-Art. 221 Abs. 1 EG) in der personellen Wiederspiegelung des europäischen Rechtsraumes liege.[159] Richtig ist, dass die Richter die einzelnen Rechtsordnungen der Mitgliedstaaten auf Unionsebene einbringen und repräsentieren sollen.[160] Dies ist sowohl für die Auslegung und Weiterentwicklung des Unionsrechts als auch für eine allgemeine Anerkennung und Akzeptanz der Urteile unverzichtbar[161], woran auch die Tatsache nichts ändern kann, dass aufgrund der mittlerweile üblichen Erledigung der Rechtssachen in Kammern de facto nie alle Rechtsordnungen gleichzeitig bei einer Entscheidung „vertreten" sind[162]. Voraussetzung für die Repräsentation der Rechtsordnung ist aber nicht

158 Wegener, in: Calliess/Ruffert, EUV/EGV, Art. 221, Rn. 2; Hackspiel, in: von der Groeben/Schwarze, EUV/EGV, Art. 221, Rn. 7, und Art. 223, Rn. 5; Pieper/Schollmeier, Europarecht 2000, 6; Krück, in: von der Groeben/Thiesing/Ehlermann, EUV/EGV, Art. 165, Rn. 2 und Art. 167, Rn. 3.

159 Huber, in: Streinz, EUV/EGV, Art. 221, Rn. 2.

160 Karpenstein/Langner, in: Grabitz/Hilf, EUV/EGV, Art. 221, Rn. 1; Wegener, in: Calliess/Ruffert, EUV/EGV, Art. 221, Rn. 1; Huber, in: Streinz, EUV/EGV, Art. 221, Rn. 1; Pirrung, in: FS Sonnenberger, 865, 873; Rösler, ZRP 2000, 52, 55; Gundel, EuR Beiheft 3 2008, 23, 31.

161 Everling, EuR 2003, Beiheft 1, 7, 18 f.; ders., EuR 1997, 398, 407 f.; Hatje, EuR 2001, 143, 168 f.; Lenz, EuGRZ 2001, 433, 441; Riedl, in: Mayer, EUV/EGV, Art. 221, Rn. 3 f.; Hackspiel, in: von der Groeben/Schwarze, EUV/EGV, Art. 223, Rn. 5; Streinz/Leible, EWS 2001, 1, 5; Bericht Gerichtshof, EuGRZ 1995, 316, 319, Ziff. 16; Reflexionspapier Gerichtshof, EuGRZ 2000, 101, 105 f.; Reflexionsgruppe, Sonderbeilage zu NJW/EuZW 2000, 13*; Siebert, Auswahl der Richter am EuGH, 106 f.

162 Kritisch in dieser Hinsicht: Gundel, EuR Beiheft 3 2008, 23, 31; von Danwitz, EuR 2008, 769, 777 f.

zwangsläufig die richterliche Staatsangehörigkeit des Entsendestaates, sondern lediglich eine besondere Kenntnis der jeweiligen Rechtsordnung, Sprache, Geschichte und Kultur des entsendenden Mitgliedstaates[163]. Die EU-Richter repräsentieren „nicht nationale Interessen, sondern nationale Identitäten"[164]. Die Loslösung von dem Erfordernis einer bestimmten Staatsangehörigkeit muss gerade aus dem Gedanken der Unabhängigkeit der Richter von den Nationalstaaten resultieren[165] und unterstreicht, dass die europäischen Richter keine Interessenvertreter ihrer Heimatstaaten sein sollen.[166] Diese Tatsache kommt auch darin zum Ausdruck, dass bei der Auflistung der Richter auf der Homepage des Gerichtshofs die Nationalität der einzelnen Richter nicht (mehr) erwähnt wird; diese kann allenfalls aufgrund der Lebensläufe der Richterinnen und Richter vermutet werden.[167] Aus der Systematik der EU-Verträge, die grundsätzlich für sämtliche Rechte und Pflichten die Unionsbürgerschaft als Anknüpfungspunkt nehmen, kann allenfalls hergeleitet werden, dass die Richter die Staatsangehörigkeit *eines* Mitgliedstaates besitzen müssen; sie sollten also nicht aus Nicht-EU-Staaten kommen.[168]

Mithin wird zur Betonung der Unabhängigkeit der Unionsrichter und der supranationalen Struktur der EU-Gerichte eine bestimmte Staatsangehörigkeit derselben in den Gemeinschaftsverträgen nicht vorgeschrieben. In der Praxis haben die Mitgliedstaaten bisher aber immer Richter der eigenen Staatsangehörigkeit entsandt, woran sich wohl auch kaum etwas ändern wird.[169]

Im Zusammenhang mit der „Ein-Richter-pro-Mitgliedstaat"-Regelung und der Staatsangehörigkeit der Richter ertönt gelegentlich der Vorwurf, die deutschen Bürger seien mit nur einem Richter im Gegensatz beispielsweise zu den luxemburgischen Bürgern beim EuGH und dem EuG „unterrepräsentiert"[170] oder es bestehe eine „Unterrepräsentation der Rechtsordnungen der großen Mitgliedstaaten"[171]. Dem Grundsatz der Staatengleichheit käme insofern mehr Gewicht zu als dem

---

163 Ebenso: Wegener, in: Calliess/Ruffert, EUV/EGV, Art. 221, Rn. 2.

164 Everling, DRiZ 1993, 5, 6; ebenso: Middeke, in: Rengeling/Middeke/Gellermann, EU-Rechtsschutz, § 3, Rn. 8; Siebert, Auswahl der Richter am EuGH, 108; Schwarze, in: ders., EUV/EGV, Art. 221, Rn. 1, bezeichnet dies als „personalisierten Rechtsvergleich".

165 Wegener, in: Calliess/Ruffert, EUV/EGV, Art. 221, Rn. 2.

166 Hackspiel, in: von der Groeben/Schwarze, EUV/EGV, Art. 223, Rn. 5; Schwarze, in: ders., EUV/EGV, Art. 223, Rn. 2.

167 Siehe: http://curia.europa.eu/de/instit/presentationfr/index_cje.htm.

168 Pieper/Schollmeier, Europarecht 2000, 5 f.: „Marktbürgerschaft" als Voraussetzung.

169 Hackspiel, in: von der Groeben/Schwarze, EUV/EGV, Art. 223, Rn. 5; Karpenstein/Langner, in: Grabitz/Hilf, EUV/EGV, Art. 221, Rn. 4, 11; Krück, in: von der Groeben/Thiesing/Ehlermann, EUV/EGV, Art. 167, Rn. 3; Thiele, Europäisches Prozessrecht, § 2 Rn. 9 f.

170 von Armin, NJW 2007, 2531, 2532; ähnlich: Pirrung, in: FS Sonnenberger, 865, 882; Schmidt, Demokratietheorien, 403.

171 Wegener, in: Calliess/Ruffert, EUV/EGV, Art. 221, Rn. 1; kritisch in dieser Hinsicht auch von Danwitz, EuR 2008, 769, 778.

der repräsentativen Demokratie.[172] Diese Ansicht verkennt aber gerade die soeben beschriebene Stellung der Richter und das Wesentliche der europäischen Judikative: Die Richter sind von ihren Heimatstaaten unabhängige *Unions*richter in einem supranationalen Organ. Sie bringen die unterschiedlichen Rechtsordnungen ein, um das Unionsrecht auf gemeinsamer Grundlage anzuwenden und dem Kooperationsverhältnis mit den nationalen Gerichten gerecht zu werden; dafür spielt die Größe des Mitgliedstaates, die Anzahl seiner Einwohner oder die Bedeutung der jeweiligen Rechtsordnung für das Unionsrecht keine Rolle.[173] In der einschlägigen Regelung wird gerade die Unabhängigkeit von einzelstaatlichen Besonderheiten deutlich, und dass Proporzüberlegungen – wie beispielsweise beim Europäischen Parlament – hier fehl am Platz sind.[174]

b) Mandatsdauer und Wiederernennung

aa) Regelung auf Unionsebene

Trotz der vielen vorstehend genannten allgemeinen und besonderen Garantien richterlicher Unabhängigkeit auf Unionsebene besteht ein bedeutendes Problem in dieser Hinsicht: Die Richter werden für eine Amtszeit von sechs Jahren ernannt und eine Wiederernennung nach Ablauf des Mandats ist – ohne Altersgrenze – ausdrücklich zulässig.[175] Aufgrund dieser kurzen Mandatsdauer in Verbindung mit der Aussicht auf eine mögliche Wiederwahl wird schon seit langer Zeit von vielen Seiten der Vorwurf formuliert, die Richter könnten in gewissem Maße – jedenfalls „theoretisch"[176] – von ihren jeweiligen Wahlorganen beeinflussbar sein, da von deren Wohlwollen ihre mögliche Wiederernennung abhängt.[177] Ernannt werden die Richter gemäß Art. 19 Abs. 2 EU n.F., Art. 253 Abs. 1, 254 Abs. 2 AEUV (ex-Art. 223 Abs. 1, 224 Abs. 2 Satz 2 EG) von den Regierungen der Mitgliedstaaten in gegenseitigem Einvernehmen. Unabhängig von den genauen Auswahlver-

---

172 BVerfG, 2 BvE 2/08 vom 30. Juni 2009, Rn. 288 – Lissabon-Urteil.

173 Vgl. Huber, in: Streinz, EUV/EGV, Art. 221, Rn. 1; ähnlich: Hackspiel, in: von der Groeben/Schwarze, EUV/EGV, Art. 223, Rn. 5.

174 Ähnlich: Kakouris, in: FS Everling, 629, 638.

175 Art. 19 Abs. 2 EU n.F., Art. 253 Abs. 1 und 4, 254 Abs. 2 AEUV (ex-Art. 223 Abs. 1 und 4, Art. 224 Abs. 2 Satz 2 und 4 EG).

176 Karpenstein/Langner, in: Grabitz/Hilf, EUV/EGV, Art. 223, Rn. 24.

177 Everling, DRiZ 1993, 5, 6; ders., JZ 2000, 217, 222; Sack, EuZW 2001, 77, 79; Wegener, DVBl 2001, 1258, 1262; ders., in: Calliess/Ruffert, EUV/EGV, Art. 223, Rn. 2; Schwarze, in: ders., EUV/EGV, Art. 223, Rn. 2; Krück, in: von der Groeben/Thiesing/Ehlermann, EUV/EGV, Art. 167, Rn. 1, 3, 7; Schockweiler, Rivista di diritto europeo 1993, 671, 676; Huber, in: Streinz, EUV/EGV, Art. 223, Rn. 5; Streinz, Europarecht, Rn. 376; Streinz/Leible, EWS 2001, 1, 8; Siebert, Auswahl der Richter am EuGH, 82; Höreth, Selbstautorisierung des Agenten, 343.

fahren und dem Wahlakt[178] obliegt es somit maßgeblich den Mitgliedstaaten selbst, „ihren" jeweiligen Richter auszuwählen. Die Heimatstaaten entscheiden folglich auch über eine eventuelle erneute Amtsperiode „ihres" ausscheidenden Richters. Zumindest das Vertrauen Außenstehender, insbesondere der streitenden Parteien, in die Unabhängigkeit der Richter von nationalen Interessen könnte dadurch geschmälert[179] und die allgemeine „Glaubwürdigkeit"[180] oder „Reputation"[181] der Richter reduziert werden. Darüber hinaus steht die kurze Mandatsdauer einer erstrebenswerten „personellen und kompetenziellen Kontinuität"[182] der Rechtsprechungstätigkeit entgegen; durch eine Verlängerung der Amtszeit könnte in dieser Hinsicht die „Leistungsfähigkeit"[183] erhöht werden.

Aufgrund dieser Bedenken besteht – seit nunmehr bereits ca. 50 Jahren – der Vorschlag in Wissenschaft[184] und Praxis[185], die Wiederwahlmöglichkeit abzuschaffen und – zur Sicherung der Kontinuität der Rechtsprechung und der Effektivität der gerichtlichen Arbeit – die Mandatsdauer auf 9, 10 oder 12 Jahre zu verlängern. Trotzdem wurde an der umstrittenen Regelung bisher bei jeder Vertragsreform festgehalten, so auch bei dem gescheiterten Verfassungsvertrag[186] und dem zum 1. Dezember 2009 in Kraft getretenen Vertrag von Lissabon[187]. Vor der

---

178 Ausführlich zum Wahl- und Ernennungsverfahren, insbesondere auch zu dem durch den Vertrag von Lissabon neu eingeführten Ausschuss im Sinne des Art. 255 AEUV, im 4. Teil der Arbeit.

179 Riese, EuR 1966, 24, 49 f.; Pirrung, in: FS Sonnenberger, 865, 873; Mähner, Gerichtshof, 228.

180 Zuleeg, Verhandlungen des 60. DJT, Bd. II/2, N 74, N 76.

181 Everling, Verhandlungen des 60. DJT, Bd. II/1, N 9, N 21.

182 Middeke, in: Rengling/Middeke/Gellermann, EU-Rechtsschutz, § 3, Rn. 8; Everling, EuR 2003 Beiheft 1, 7, 19.

183 Hatje, EuR 2001, 143, 170.

184 Zusätzlich zu den vorstehend bereits Genannten z.B. Hackspiel, in: von der Groeben/Schwarze, Art. 223, Rn. 10 m.w.N.; Pernice, EuR 1996, 27, 42; Dauses, Verhandlungen des 60. DJT, Bd. I, D 11, D 160 f.; Lenz, Verhandlungen des 60. DJT, Bd. II/2, N 69, N 70; Rothley, Verhandlungen des 60. DJT, Bd. II/2, N 128, N 129; Verhandlungen des 60. DJT, Bd. II/1, Beschlüsse, N 61; Bd. II/2, Beschlüsse, N 178.

185 Vgl. z.B. Europäisches Parlament, ABl C 151/56 vom 19. Juni 1995, S. 64: einmalige 9jährige Amtszeit; EP, ABl C 268/156 vom 4. Oktober 1993, S. 157: einmalige 9jährige Amtszeit; EP, ABl. C 324/219 vom 22. November 1990, S. 231: einmalige 12jährige Amtszeit; Gerichtshof, EuGRZ 1995, 316, 319: keine Einwände gegen Verlängerung der Amtszeit unter Ausschluss der Wiederwahlmöglichkeit; Reflexionsgruppe Kommission, Sonderbeilage zu NJW/EuZW 2000, 3*, 14* f.: einmalige 12jährige Amtszeit; Europäischer Konvent, Arbeitskreis zum Gerichtshof, Abschlussbericht, CONV 636/03, Seite 3: EuGH-Richter einmalige 12jährige Amtszeit, EuG-Richter unverändert (zudem ausdrückliche Aufnahme der Unabhängigkeit und Unparteilichkeit der Richter ins Primärrecht).

186 Art. I-29 Abs. 2 Vertrag über einer Verfassung für Europa; dazu: Barents, MJ 2004, 121, 139 f.

187 Art. 19 Abs. 2 EU n.F.; Art. 253 Abs. 1 und 4, Art. 254 Abs. 2 AEUV. Dazu: Everling, EuR Beiheft 1 2009, 71, 83.

Bewertung dieses kritischen Punktes empfiehlt sich zunächst ein Rechtsvergleich zu ähnlichen Institutionen.

bb) Rechtsvergleich

Aufgrund der umfangreichen Kompetenzen der beiden Unionsgerichte und ihres erheblichen Einflusses auf die mitgliedstaatlichen Rechtssysteme[188], sollen als Vergleichsobjekte die höchsten nationalen Richter – d.h. in der Regel die Verfassungsrichter der Mitgliedstaaten – herangezogen werden. Zum Vergleich mit einem ähnlichen internationalen Gericht dient in diesem Zusammenhang die genauere Betrachtung des Europäischen Gerichtshofs für Menschenrechte (EGMR).

(1) Nationale (Verfassungs-) Richter

Die Darstellung der Unabhängigkeitsgarantien in den nationalen Rechtsordnungen hat bereits gezeigt, dass in den Mitgliedstaaten die Verfassungsrichter bzw. höchsten Richter grundsätzlich entweder auf Lebenszeit bzw. bis zu einer bestimmten (Pensions-) Altersgrenze ernannt werden[189], oder – bei zeitlich begrenzter Mandatsdauer – die Wiederernennung eines Richters ausgeschlossen wird[190]. So soll eine Abkopplung der Judikative von dem jeweiligen Kreationsorgan nach dem einmaligen Wahlakt gesichert werden.[191] In Deutschland wird sogar verlautet, das deutsche „Verfassungsgericht ist so erfolgreich, weil seine Mitglieder nicht um Wiederwahl buhlen müssen".[192]

Lediglich in zwei der 27 Mitgliedstaaten ist eine begrenzte Amtszeit mit Wiederwahlmöglichkeit festzustellen: In der Tschechischen Republik werden die Verfassungsrichter für eine Dauer von zehn Jahren ernannt und sind wiederwählbar[193] und in Ungarn besteht eine neunjährige Amtszeit der Verfassungsrichter

188 Siehe oben, 1. Teil, B., zu der Unionsgerichtsbarkeit im engeren Sinne.

189 Vgl. z.B. Art. 152 belg. Verf. und Art. 32 loi spéciale sur la Cour d'arbitrage; § 64 dänische Verf.; § 147 estn. Verf.; § 103 finn. Verf.; Art. 88 Abs. 1 griech. Verf. (aber beachte Art. 100 Abs. 2 griech. Verf.); Art. 91 luxem. Verf.; Ziffer 97. malt. Verf.; Art. 117 niederl. Verf.; Art. 147 Abs. 4 öster. B-VG.

190 Vgl. z.B. § 4 BVerfGG; Art. 56 frz. Verf.; Art. 135 ital. Verf.; Art. 7 lettis. Constitutional Court Law; Art. 103 litau. Verf.; Art. 194 Abs. 1 poln. Verf.; Art. 222 Abs. 3 portug. Verf.; Art. 134 Abs. 3 slowak. Verf.; Art. 165 slowen. Verf.; Art. 159 span. Verf.; Art. 147 Abs. 2 bulgar. Verf.; Art. 142 Abs. 2 rumän. Verf.

191 Siehe oben, 2. Teil, A. II.

192 Helmut Kerscher in der Süddeutschen Zeitung Nr. 1 vom 2. Januar 2009, Seite 4.

193 Art. 84 Abs. 1 tschechische Verfassung; Homepage des tschechischen Verfassungsgerichts: „there is no restriction on reappointment" (http://angl.concourt.cz/angl_verze/description.php). Ebenso Holländer/Hofmann, in: Luchterhandt/Starck/Weber, Verfassungsgerichtsbarkeit Mittel- und Osteuropa, 196; Kneip, in: Gabriel/Kropp, EU-Staaten im Vergleich, 631, 641.

mit einmaliger Wiederwahlmöglichkeit[194]. Somit besteht in diesen beiden Staaten eine Abweichung von den sonst gemeinsamen Unabhängigkeitsgarantien der Mitgliedstaaten. Es ist aber zu beachten, dass bei der Wiederwahlmöglichkeit der Verfassungsrichter in Ungarn zumindest eine gewisse Einschränkung aufgestellt wird: So ist die Wiederernennungsmöglichkeit auf ein einziges Mal beschränkt. Dieser Vorbehalt kann als ein gewisses „zeitliches Korrektiv" dazu führen, dass Bedenken bezüglich einer richterlichen Abhängigkeit von dem jeweiligen Wahlorgan – zwar nicht ausgeschlossen aber – zumindest gemindert werden. Zudem wurde von der Möglichkeit der Wiederwahl in Ungarn bisher noch nie Gebrauch gemacht und es existieren konkrete Gesetzesvorlagen zur Änderung dieser Regelung.[195] Laut einer schriftlichen Auskunft des tschechischen Justizministeriums vom 14. Dezember 2007 sei die Wiederwahlmöglichkeit der Verfassungsrichter in der Tschechischen Republik ebenfalls auf ein einziges Mal beschränkt. Die Möglichkeit der Wiederwahl wird in den tschechischen Gesetzen lediglich nicht verboten, aber es wird keine sonstige ausdrückliche Regelung normiert. Demnach bestünde auch hier in der praktischen Handhabung der Regelung durch die Beschränkung auf eine einmalige Wiederwahl ein „zeitliches Korrektiv" wie in Ungarn.

Laut einer schriftlichen Auskunft der Botschaft von Litauen in Berlin vom 10. November 2007 dürfen die für neun Jahre gewählten litauischen Verfassungsrichter ebenfalls wiederernannt werden, jedoch nicht in unmittelbarer Folge an die gerade abgeschlossene Amtszeit. Diese Auskunft steht im Gegensatz zu Art. 103 der litauischen Verfassung, Art. 4 Law on the Constitutional Court und der Homepage des litauischen Verfassungsgerichts. In diesen Quellen heißt es, es bestehe „a nine-year unrenewable term of office" bzw. „a single nine-year term of office". Tatsächlich bestimmt das Gesetz vom 6. November 1992 „Über das Verfahren der Inkraftsetzung der Verfassung der Litauischen Republik", dass bei der Ernennung der Verfassungsrichter zunächst drei von ihnen für drei Jahre, drei für sechs Jahre und drei für neun Jahre ernannt werden. Und diejenigen, „die für drei und sechs Jahre ernannt wurden, können nach Ablauf einer mindestens dreijährigen Pause das Amt noch einmal für eine Amtsperiode bekleiden".[196] Diese Regelung soll gewährleisten, dass von Anfang an alle drei Jahre eine teilweise Neubesetzung der Richterämter erfolgt, und kann vor diesem Hintergrund nicht als bloße Möglichkeit der uneingeschränkten Wiederwahl eingestuft werden.

---

194 § 8 Abs. 3 des Gesetzes über das Verfassungsgericht in Ungarn (Act XXXII of 1989 on the Constitutional Court). Dazu: Sólyom, in: Luchterhandt/Starck/Weber, Verfassungsgerichtsbarkeit Mittel- und Osteuropa, 242.

195 Sólyom, in: Luchterhandt/Starck/Weber, Verfassungsgerichtsbarkeit Mittel- und Osteuropa, 242.

196 Žilis, in: Luchterhandt/Starck/Weber, Verfassungsgerichtsbarkeit Mittel- und Osteuropa, 61.

(2) Richter des EGMR

Der Europäische Gerichtshof für Menschenrechte (EGMR) ist das Rechtsschutzorgan der „Konvention zum Schutze der Menschenrechte und Grundfreiheiten" (EMRK), Art. 19 EMRK, eingegliedert in den institutionellen Rahmen des Europarates[197]. Insbesondere seit Einführung der Individualbeschwerde, Art. 34 EMRK, im Jahre 1994 ist er zum gewichtigen Akteur im europäischen Grundrechtsschutz avanciert, dessen Zuständigkeit seit dem Inkrafttreten des 11. Zusatzprotokolls im Jahre 1998 für alle Vertragsstaaten automatisch begründet ist. Es handelt sich mithin um eine ständige, obligatorische, internationale Gerichtsbarkeit.[198] Von den supranationalen Unionsgerichten unterscheidet er sich durch seine intergouvernementalen Struktur.[199]

Gemäß Art. 20 EMRK entspricht die Zahl der EGMR-Richter derjenigen der Vertragsparteien der Konvention, zurzeit 47 – vergleichbar der Regelung im Gemeinschaftsrecht. Die Unabhängigkeitsgarantien der Richter des EGMR stimmen weitgehend mit den oben Genannten auf nationaler und unionaler Ebene überein: So müssen die Richter den Eid leisten, ihr Amt „ehrenhaft, unabhängig und unparteiisch" auszuüben und das Beratungsgeheimnis zu wahren.[200] Alle Tätigkeiten, die mit ihrer Unabhängigkeit oder Unparteilichkeit unvereinbar sein könnten, sind den EGMR-Richtern untersagt (Inkompatibilität).[201] Sie genießen gewisse Vorrechte und Immunitäten[202] und sind gegen eine Absetzung durch außerhalb der Gerichtsbarkeit stehende Institutionen oder Organe während ihrer Amtszeit geschützt.[203]

Was die Amtsdauer angeht, ließ sich bis vor Kurzem jedoch dasselbe Problem wie bei den Unionsrichtern feststellen: Die Amtszeit betrug lediglich sechs Jahre und es bestand die Möglichkeit einer Wiederwahl, Art. 23 Abs. 1 EMRK a.F. Dies wurde wiederum – zumindest theoretisch – als problematisch im Hinblick auf die richterliche Unabhängigkeit gegenüber den entsendenden Heimatstaaten angesehen.[204] Die EGMR-Richter werden gemäß Art. 22 EMRK von der Parlamentarischen Versammlung aus einer Liste von jeweils drei Kandidaten, die die Vertragsstaaten vorschlagen, gewählt. Somit entscheiden die einzelnen Mitgliedstaaten, wer in die Kandidatenliste aufgenommen wird und ob ein ausscheidender

---

197 De Boer-Buquicchio, EuGRZ 2003, 561, 561.

198 Dazu: Engel, EuGRZ 2003, 122, 127 ff.; Krüger, EuGRZ 1997, 397, 397 f.; Wittreck, Verwaltung, 229 ff.; Pieper, Verfassungsrichterwahlen, 71 ff.

199 Everling, DVBl 2002, 1293, 1293.

200 Art. 3 Verfahrensordnung EGMR.

201 Art. 21 Abs. 3 EMRK i.V.m. Art. 4 Verfahrensordnung EGMR.

202 Art. 51 EMRK i.V.m. Art. 40 Satzung des Europarates; dazu: de Boer-Buquicchio, EuGRZ 2003, 561, 563.

203 Art. 24 EMRK, Art. 7 Verfahrensordnung EGMR.

204 Engel, EuGRZ 2003, 122, 129; Krüger, EuGRZ 1997, 397, 399; Flauss, in: FS Ress, 949, 953; Schubarth, in: FS Trechsel, 93, 100 ff.

Richter erneut nominiert wird. Zumindest bei einem innerstaatlichen Regierungswechsel war es nicht unwahrscheinlich, dass der jeweilige Richter aus parteipolitischen Gründen nicht erneut zur Wahl gestellt wurde.[205] Selbst wenn der EGMR insgesamt als unabhängiges Gericht anerkannt wurde und wird[206], schienen einige Beispiele doch zu zeigen, dass die genannten Bedenken nicht rein theoretischer Art waren[207]. Der vielfach geäußerte Vorschlag, die Wiederwahlmöglichkeit abzuschaffen und – zur Sicherung der Effektivität der Arbeit des Gerichts – die Amtsperiode gleichzeitig zu verlängern[208], ist deshalb auf Gehör gestoßen. So haben die Vertragsstaaten selbst das Problem erkannt und nunmehr behoben: In einem neuen Protokoll zur EMRK aus dem Jahre 2004 wird für die Richter eine einmalige Amtszeit von neun Jahren normiert.[209] Diese Regelung konnte zwar in Ermangelung einer Ratifikation durch Russland – als einziger der 47 Mitgliedstaaten – lange nicht in Kraft treten. Aber im September 2009 gab die russische Staatsduma ihre Entscheidung bekannt, die Beratungen über das Protokoll Nr. 14 zur EMRK wiederaufzunehmen.[210] Nachdem das Protokoll daraufhin am 18. Februar 2010 durch Russland ratifiziert wurde, konnte die neue Regelung schließlich zum 1. Juni 2010 in Kraft treten.[211]

cc) Zwischenfazit: Defizit auf Unionsebene

Der Vergleich mit der Mehrzahl der Mitgliedstaaten zeigt, dass die gemeinschaftsrechtliche Regelung bezüglich der richterlichen Mandatsdauer und Wiederwahlmöglichkeit nicht dem „rechtsstaatlichen Standard" der Mitgliedstaaten entspricht. Die beiden Staaten, in denen ähnlich prekäre Regelungen bestehen, sind in dieser Hinsicht einerseits (rein quantitativ) nicht repräsentativ und andererseits existieren dort zumindest gewisse (zeitliche) Einschränkungen bezüglich der Wiederwahlmöglichkeit.

---

205 Wittreck, Verwaltung, 231 f.

206 Wittreck, Verwaltung, 232 m.w.N.; Krüger, EuGRZ 1997, 397, 399; EGMR-Richterin Jaeger in der FAZ Nr. 52 vom 1. März 2008, Seite 5: „Ich hatte niemals irgendwelche Befangenheitsgefühle…".

207 Vgl. Beispiele bei Engel, EuGRZ 2003, 122, 129; Flauss, in: FS Ress, 949, 952 f.; Schubarth, in: FS Trechsel, 93, 101 f.

208 Engel, EuGRZ 2003, 122, 129: 10 bis 12 Jahre ohne Wiederwahl; Krüger, EuGRZ 1997, 397, 399: zumindest Zusicherung einer zweiten Amtszeit; EGMR-Richterin Jaeger in der FAZ Nr. 52 vom 1. März 2008, Seite 5: „Ein Vorschlag wäre: Einmalige Wahl auf begrenzte Zeit".

209 Art. 2 des „Protokoll Nr. 14 zur Konvention zum Schutze der Menschenrechte und Grundfreiheiten über die Änderung des Kontrollsystems der Konvention" vom 13. Mai 2004; dazu: Flauss, in: FS Ress, 949, 954.

210 Vgl. http://www.coe.int/t/dc/files/presidences-sessions-cm/presidences/slovenia/20090923_prot14_en. asp

211 Vgl. zum Gang der Unterzeichnungen und Ratifikationen: http://conventions.coe.int/Treaty/Commun/ChercheSig.asp?NT=194&CM=7&DF=9/1/2008&CL=GER

Der Vergleich mit dem EGMR zeigt, dass dort zwar dasselbe Problem bestand, aber nunmehr Abhilfe in Form einer Neuregelung geschaffen wurde, die eine einmalige Amtszeit von neun Jahren festlegt.

Auf Unionsebene wird somit bewusst eine Regelung aufrechterhalten, die den rechtsstaatlichen und internationalen Standards im Hinblick auf das elementare Prinzip einer unabhängigen Justiz nicht genügt und somit ein „rechtsstaatliches Defizit“ in der EU begründet. Untersuchungswürdig ist nunmehr die Frage, ob dieses Manko in irgendeiner Art und Weise im Unionsrecht kompensiert wird und ob die Handhabung der Regelung in der Praxis eine (weitergehende) Korrektur in dieser Hinsicht überhaupt erforderlich macht.

dd) Korrektive und Praxis im Unionsrecht

Andere Regelungen im Unionsrecht könnten als Korrektiv zu dem aufgezeigten Makel wirken. So existieren die zahlreichen oben genannten allgemeinen und spezifischen Garantien zur Sicherung der richterlichen Unabhängigkeit gegenüber etwaigen Beeinflussungen durch nationale Interessen. Damit sich die Richter in ihrer Urteilsfindung frei fühlen und gerade keine „Abstrafung“ in Form der Nicht-Wiederernennung durch die Mitgliedstaaten befürchten müssen, existiert ein striktes Beratungsgeheimnis[212], das die Nichtveröffentlichung der Abstimmungsergebnisse und die Nichtzulassung von „dissenting opinions“ (Sondervoten)[213] einschließt. Diese Faktoren stellen Ausgleichsregelungen zu der problematischen Wiederwahlmöglichkeit dar.[214] Zudem sind an der gerichtlichen Entscheidung mehrere Richter – aus verschiedenen Staaten – beteiligt, was sowohl eine Relativierung des Einflusses des einzelnen Richters verursacht als auch eine gewisse gegenseitige „Disziplinierung“.[215] Aufgrund des Kollegialprinzips können sich die Richter sozusagen vor ihren Heimatstaaten und deren subjektiven Interessen „im Kollektiv des Richterkollegiums verstecken“, denn „der EuGH tritt als einstim-

212 Art. 35, 53 Abs. 1 Satzung des Gerichtshofs; Art. 27 Verfahrensordnung EuGH; dazu: Bächle, Rechtsstellung der Richter am EuGH, 83 ff.

213 Dazu: Riese, EuR 1966, 24, 50 f.; Lecourt, in: FS Kutscher, 261, 270 f.; Bröhmer, in: FS Ress, 917, 918 ff., 921; Laffranque, Juridica International, IX/2004, 14, 16 ff.; zu Art. 45 Abs. 2 EMRK: Schweizer/Sutter, in: FS Trechsel, 107, 107 ff.; zu § 30 Abs. 2 BVerfGG: Schlaich/Korioth, BVerfG, Rn. 48 ff.; Höreth, Selbstautorisierung des Agenten, 92 f., 343.

214 Ähnlich: Wegener, in: Calliess/Ruffert, EUV/EGV, Art. 223, Rn. 2; Huber, in: Streinz, EUV/EGV, Art. 223, Rn. 5; Bröhmer, in: FS Ress, 917, 922 f. Laut Höreth, Selbstautorisierung des Agenten, 92 f., 343 f., sei deshalb kein „Richter-picking“ seitens der Politik möglich. Von Danwitz, EuR 2008, 769, 779, betrachtet dasselbe Zusammenspiel aus dem entgegengesetzten Blickwinkel, indem er ein „nicht verlängerbares Mandat von 12-jähriger Dauer“ als Voraussetzung für die Einführung von Sondervoten betrachtet.

215 Ähnlich: Pirrung, in: FS Sonnenberger, 865, 873; Höreth, Selbstautorisierung des Agenten, 344.

mig entscheidendes Kollektiv auf"[216], als „monolithischer Block"[217]. Schließlich macht die Tatsache, dass die Verfahrensparteien „kein Recht auf ihren nationalen Richter" haben[218], und die Gerichte meistens in Dreier- oder Fünfer-Kammern entscheiden[219], die Chance der Mitwirkung eines Richters, der dieselbe Staatsangehörigkeit wie eine Verfahrenspartei hat, grundsätzlich gering. Gegen die Gefahr einer irgendwie gearteten Abhängigkeit der Richterinnen und Richter spricht zudem ihre hohe Qualifikation: Es handelt sich durchweg um Juristen mit beeindruckenden Lebensläufen und überragender Reputation, die an der „Spitze ihrer Karriere" stehen, und an deren fachlicher Qualifikation keinerlei Zweifel bestehen.[220] Dieser Hintergrund sollte ihnen die Professionalität, die Charakterstärke und das Rückgrat geben, sich von sämtlichen sachfremden Einflüssen frei zu machen, und somit ihre innere Unabhängigkeit stärken.

In der Praxis kam es bisher selten vor, dass ein Gemeinschaftsrichter *nicht* für eine zweite Amtszeit nominiert wurde. So wurden bei der letzten Ernennungsrunde für die teilweise Neubesetzung der Richterposten am EuGH zum 7. Oktober 2009 elf von 13 Richtern wiederernannt.[221] Bei der vorletzten Ernennungsrunde am Gerichtshof im Oktober 2006 wurden von insgesamt 13 Richtern zehn wiederernannt; einer schied nach seiner zweiten Amtszeit aus und lediglich zwei wurden nach einer einmaligen Amtszeit ausgewechselt.[222] Eine dieser beiden war die deutsche Richterin Ninon Colneric, für die Thomas von Danwitz ins Amt berufen wurde. Damit setzte Deutschland eine Praxis fort, die derart in keinem anderen Mitgliedstaat festzustellen ist: Frau Colneric tritt in die Fußstapfen ihrer Vorgänger Ulrich Everling[223], Kai Bahlmann[224], Manfred Zuleeg[225] und Günter Hirsch[226], denen allen eine zweite Amtszeit verwehrt wurde. Während Herr Bahlmann seinerzeit den Posten des damaligen zusätzlichen, rotierenden, „ungeraden Richters", der für die Entscheidungsfähigkeit des Gerichtshofs erforderlich war, innehatte, und somit seine Wiederwahl überhaupt nicht zur Debatte stehen konnte, gibt es für die Nicht-Wiederwahl der anderen Betroffenen keine derart einfache Erklärung. In der Geschichte des Gerichtshofs wurden manche Richter aufgrund

---

216 Höreth, Selbstautorisierung des Agenten, 341.

217 Gundel, EuR Beiheft 3 2008, 23, 28 ff.

218 Art. 18 Abs. 4 Satzung Gerichtshof.

219 S.o., 1. Teil.

220 Vgl. die Lebensläufe der Richter: http://curia.europa.eu/de/instit/presentationfr/index_cje.htm.

221 Vgl. Dok. 6281/09 INST 21 JUR 66 COUR 16 vom 24. Februar 2009 und Dok. 7136/09 INST 40 JUR 117 COUR 25 vom 24. März 2009.

222 Pressemitteilung Nr. 87/06 des Gerichtshofs der Europäischen Gemeinschaften vom 6. Oktober 2006.

223 Richter am EuGH von 1980 bis 1988: die ersten beiden Jahre waren die „Restamtszeit" von Herrn Hans Kutscher, darauf folgte eine einmalige Amtszeit.

224 Richter am EuGH von 1982 bis 1988.

225 Richter am EuGH von 1988 bis 1994.

226 Richter am EuGH von 1994 bis 2000.

ihres Alters nach einer einmaligen Amtszeit nicht wiederernannt.[227] Dies konnte bei den oben genannten deutschen Kandidaten, die durchweg zu einer weiteren Amtszeit bereit waren, aber keinesfalls der Grund sein.[228] Die Richterposten scheinen vielmehr – um mit den Worten *Ulrich Everlings* zu sprechen – „Spielball innerpolitischer Parteiinteressen" gewesen zu sein.[229] Auch wenn in diesen Fällen das konkrete Verhalten der Richter nicht ausschlaggebend für die verwehrte Wiederwahl war, kommt doch deutlich zum Ausdruck, dass die Mitgliedstaaten „die Zügel in der Hand halten" und dadurch ein falscher Eindruck im Hinblick auf die Unabhängigkeit der Richter erzeugt werden kann.[230] Ein solchermaßen falsches Bild entsteht aber auch durch Äußerungen der staatlichen Behörden, wie ein Pressebericht aus Österreich im Zusammenhang mit der Wiederernennung des Richters Peter Jann im Jahre 2006 deutlich macht, in dem es heißt: „Bundeskanzler Wolfgang Schüssel wies darauf hin, dass Jann Präsident der I. Kammer und damit de facto Vizepräsident des EuGH sei. Als solcher habe er einen *weit über die Größe Österreichs hinausgehenden Einfluss*."[231] Mit dieser Aussage wird nahegelegt, dass die nationalen Interessen über den Richter auf europäischer Ebene eingebracht werden. Sowohl derartige Äußerungen als auch die Ernennungspraxis Deutschlands machen es Außenstehenden schwer, nicht anzunehmen, dass die Mitgliedstaaten durch die Entscheidung über eine mögliche Wiederwahl versuchen, Einfluss auf die Richter ausüben.

C. Ergebnis

Abschließend ist festzustellen, dass viele „klassische" Sicherungen richterlicher Unabhängigkeit auf unionaler Ebene bestehen. Das entscheidende Problem ist jedoch die kurze Mandatsdauer in Verbindung mit der Möglichkeit der Wiederernennung, die in den Mitgliedstaaten nicht üblich ist und auch beim EGMR abgeschafft wurde. Es existieren einige Bestimmungen und Faktoren, die diese prekäre Regelung „entschärfen" und die Gefahr einer Beeinflussung der Richter durch

227 So Massimo Pilotti (I): 1952 bis 1958; Petrus Josephus Servatius Serrarens (NL): 1952 bis 1958; Rino Rossi (I): 1958 bis 1964; Max Soerensen (DK): 1973 bis 1979; Adolphe Touffait (F): 1976 bis 1982.

228 Die Tatsache, dass Herr Everling zu einer zweiten Amtszeit bereit und über seine Nichternennung sehr enttäuscht war, wird deutlich in seinem Referat im Rahmen der Sitzung der europarechtlichen Abteilung des 60. DJT: Everling, in: Verhandlungen des 60. DJT, Bd. II/1, N 20 f.

229 Everling, in: Verhandlungen des 60. DJT, Bd. II/1, N 20; ähnlich: ders., EuR Beiheft 1 2009, 71, 83; Gundel, EuR Beiheft 3 2008, 23, 28; Wittreck, Verwaltung, 248; dazu auch: Thiele, Europäisches Prozessrecht, § 2 Rn. 38.

230 Everling, JZ 2000, 217, 222; Gundel, EuR Beiheft 3 2008, 23, 28.

231 Pressedienst des österreichischen Parlaments, Parlamentskorrespondenz/02/21.03.2006/ Nr. 233; Hervorhebung nicht im Original.

ihre Heimatstaaten minimieren. Trotzdem ist das andauernde Festhalten der Mitgliedstaaten an dieser Regelung nicht nachzuvollziehen. Es mag leicht gesagt sein, dass der Gerichtshof das „einzig wirklich unabhängige Gemeinschaftsorgan“[232], „gegenüber allen anderen Organen unabhängig“[233] und seine „sachliche Unabhängigkeit (…) unbestritten“[234] sei. Bisher hat augenscheinlich auch kein Richter – ebenso wenig wie die Rechtsprechung insgesamt – einen konkreten Anlass gegeben, die Unabhängigkeit in Frage zu stellen.[235] Doch auch wenn die Gefahr in dieser Hinsicht gering ist, kann sie niemals gänzlich ausgeschlossen werden.[236] Die umstrittene Regelung verursacht einen Makel an dem Status der EU-Richter. Sie hinterlässt einen falschen Eindruck, der das maßgebliche Vertrauen des Rechtsuchenden in die Unabhängigkeit der Unionsjustiz schmälern kann. Vor diesem Hintergrund erscheint die primärrechtliche Normierung des Ausschlusses der Wiederwahlmöglichkeit längst überfällig zu sein. Die derzeitige Regelung kann allerdings erst im Zusammenspiel mit der demokratischen Legitimation der Richter abschließend beurteilt werden. Denn „Herrschaft auf Zeit“ und „Periodizität der Wahlen“ bedeutet demokratische Kontrolle und könnte somit die demokratische Legitimation der Unionsrichter stärken.[237] Der genaue Zusammenhang zwischen richterlicher Unabhängigkeit und demokratischer Legitimation, und ob er eine Rechtfertigung für die kritisierte Regelung liefert, wird im Laufe der folgenden Untersuchung deutlich und sodann einer abschließenden Bewertung unterzogen werden.

---

232 Pernice/Mayer, in: Grabitz/Hilf, EUV/EGV, Art. 220, Rn. 4.

233 Huber, in: Streinz, EUV/EGV, Art. 220, Rn. 4; ähnlich: Höreth, Stille Revolution, 14 f.

234 Bredt, Demokratische Legitimation, 417.

235 Hackspiel, in: von der Groeben/Schwarze, EUV/EGV, Art. 223, Rn. 10; Lecourt, in: FS Kutscher, 261, 262 f.; Schwarze, in: ders., EUV/EGV, Art. 223, Rn. 2; Krück, in: von der Groeben/Thiesing/Ehlermann, EUV/EGV, Art. 167, Rn. 7; Wittreck, Verwaltung, 247 f.; Höreth, Stille Revolution, 22; Bredt, Demokratische Legitimation, 417; Bzdera, RMC 1992, 240, 246.

236 Pirrung, in: FS Sonnenberger, 865, 873.

237 Dazu: Dreier, in: ders., GG, Art. 20, Rn. 79; Wittreck, Verwaltung, 132; Mähner, Gerichtshof, 144 f.; Ukrow, Rechtsfortbildung, 141 f.; Zätzsch, Unabhängigkeit, 173 ff. ; Böckenförde, Demokratie, in: HStR II 2004, § 24, Rn. 50; Stern, Staatsrecht, Bd. 1, 609. Helmut Kerscher in der Süddeutschen Zeitung Nr. 1 vom 2. Januar 2009, Seite 4, zum Ausschluss der Wiederwahl beim deutschen Verfassungsgericht: „Damit wurde ein zentrales Prinzip des demokratischen Staates für die Besonderheit eines Verfassungsgerichts präzisiert: die Verleihung von Macht auf Zeit, hier auf eine vorher bestimmte und nicht verlängerbare Dauer.“

3. Teil: Demokratische Legitimation als grundlegende Anforderung an die europäische Gerichtsbarkeit

„Wenn der Richter nicht bloß von der Volksvertretung gesetztes Recht anwendet, sondern auch selbst Recht schafft, wenn er nicht bloß logische Operationen vornimmt, sondern Freiräume ausfüllt, dann kann er sich noch weniger als sonst der Frage entziehen, woher er die Legitimation nimmt, solche Macht auszuüben.“[238]

Im ersten Teil der Arbeit wurden die weitgehenden und umfangreichen Kompetenzen der europäischen Judikative (im engeren Sinne) deutlich zum Ausdruck gebracht. Vor diesem Hintergrund stellt sich nunmehr notwendigerweise die Frage, ob die europäischen Gerichte überhaupt – und falls ja, in welcher Art und Weise – demokratisch legitimiert sind, so dass diese „Machtfülle“ gerechtfertigt ist. Zur Beantwortung soll im Folgenden zunächst auf das europäische Demokratieprinzip im Allgemeinen eingegangen werden und vor diesem Hintergrund anschließend auf das Prinzip demokratischer Legitimation im Besonderen. In diesem Zusammenhang müssen exemplarisch und als Maßstab für ein europäisches Modell inzident die nationalen, staatsrechtlichen Ausformungen herangezogen werden. Sämtliche Erörterungen werden dabei speziell auf die Judikative angewendet, um im Ergebnis die Anforderungen an die demokratische Legitimation der europäischen Judikative abstrakt festhalten zu können, bevor im 4. Teil der Arbeit die derzeitige Ausgestaltung und Verwirklichung untersucht und anschließend einer Bewertung unterzogen wird.

A. Das Demokratieprinzip in der EU

I. Formale Bekenntnisse zur „Demokratie“

Die Achtung der „Demokratie“ ist ein Postulat, das sich die EU/EG seit jeher – in unterschiedlicher Weise – „auf die Fahnen schreibt“. So verpflichteten sich beispielsweise bereits im Jahre 1986 die seinerzeit zwölf Mitgliedstaaten der Europäischen Gemeinschaften in der Präambel der Einheitlichen Europäischen Akte (EEA) dazu, gemeinsam für die Demokratie einzutreten und bezeichneten sich

238 Wassermann, Politische Richter, 97.

als „demokratische Völker Europas".[239] Mit dem Vertrag von Maastricht über die Gründung der Europäischen Union aus dem Jahre 1992 bestätigten die Vertragsstaaten in der Präambel ihr Bekenntnis zu den Grundsätzen der Demokratie und formulierten den Wunsch, „Demokratie und Effizienz in der Arbeit der Organe weiter zu stärken".[240] Zudem legte Art. F Abs. 1 des seinerzeit neuen Vertrages fest, dass die Union die nationale Identität ihrer Mitgliedstaaten achte, „deren Regierungssysteme auf demokratischen Grundsätzen beruhen". Als Anforderung an neue Mitgliedstaaten beschloss der Europäische Rat im Juni 1993 in Kopenhagen, dass ein Beitrittskandidat – unter anderem – als politisches Kriterium eine stabile demokratische Ordnung aufweisen müsse. Dieses Erfordernis der demokratischen Staatsausgestaltung hat maßgeblich zur Demokratisierung der beitrittswilligen Anrainerstaaten beigetragen.[241] Die Kopenhagener Beitrittskriterien fanden durch den Vertrag von Amsterdam aus dem Jahre 1997 weitgehend Eingang in das Primärrecht: So bestimmte Art. 6 Abs. 1 EU-Vertrag a.F. (ex-Art. F) unter anderem, dass die Union auf dem Grundsatz der Demokratie beruhe und Art. 49 des Vertrages legte fest, dass ein Beitritt zur Union nur bei Achtung der Grundsätze des Art. 6 Abs. 1 EU a.F. möglich sei.[242] Nach Inkrafttreten des Vertrages von Lissabon finden sich diese Bekenntnisse in Art. 2, 49 EU n.F. wieder.

Diese Beispiele zeigen, dass das Bekenntnis zur Demokratie die gesamten europäischen Verträge durchzieht. Genauso bezeichnen sich unzählige Nationalstaaten als „Demokratie" und meinen damit den Inbegriff des „guten politischen Systems", die „gute Staats- und Herrschaftsform".[243] So definiert sich die Russische Föderation in Art. 1 Abs. 1 ihrer Verfassung vom 12. Dezember 1993 als „demokratischer föderativer Rechtsstaat" und in Art. 1 der Verfassung der Volksrepublik China vom 1. Dezember 1982 heißt es, dass diese „under the people's democratic dictatorship" stehe. Derartige Bekenntnisse zeigen exemplarisch, dass die Bezeichnung „Demokratie" international zum Teil unabhängig von der genauen Ausgestaltung des konkreten Regierungssystems benutzt wird und mehr oder minder eine „Leerformel" darstellen kann. Dies ist bei den Demokratien innerhalb der EU selbstverständlich nicht der Fall. Aber was genau die „europäischen Demokratien" ausmacht und wie ihre konkrete Ausgestaltung aussieht bzw.

---

239 ABl. L 169/01 vom 29. Juni 1987. Inkrafttreten der EEA am 1. Juli 1987.

240 ABl. C 191/01 vom 29. Juli 1992. Inkrafttreten des Vertrags von Maastricht am 1. November 1993.

241 So in den 1970er Jahren bezüglich Griechenland, Portugal und Spanien und seit dem Fall des Eisernen Vorhanges bezüglich der mittel- und osteuropäischen Staaten; vgl. Schmidt, Demokratietheorien, 399, 420; Lauth, in: Gabriel/Kropp, EU-Staaten im Vergleich, 33, 33.

242 ABl. C 340/01 vom 10. November 1997. Inkrafttreten des Vertrags von Amsterdam am 1. Mai 1999. Art. 6 Abs. 1 EU a.F. wurde durch den Vertrag von Nizza aus dem Jahre 2001, Inkrafttreten am 1. Februar 2003, nicht verändert.

243 Ähnlich: Scharpf, Demokratietheorie, 8 f.; Bryde, Staatswiss. und -praxis 1994, 305, 305; Huber, in: Bauer/Huber/Sommermann, Demokratie in Europa, 491, 492; Stern, Staatsrecht, Bd. 1, 588; Häberle, Europäische Verfassungslehre, 296.

aussehen muss, ist mit der reinen Bezeichnung als demokratischer Staat nicht gesagt. Die gemeineuropäischen demokratischen Ausprägungen sollen im Folgenden – insbesondere im Hinblick auf das Prinzip demokratischer Legitimation auf europäischer Ebene – erörtert werden.

II. Demokratie als Fundamentalprinzip der EU

Wie die oben angeführten Beispiele der Einheitlichen Europäischen Akte, des Vertrages von Maastricht und der (Kopenhagener) Beitrittskriterien zeigen, stellt die EU/EG das Bekenntnis zur Demokratie schon lange als grundlegende Anforderung an ihre Mitgliedstaaten auf. Mit dem Vertrag von Amsterdam aus dem Jahre 1997 hat sich in dieser Hinsicht zudem ein wichtiger primärrechtlicher Wandel vollzogen: Mit der Formulierung des Art. 6 Abs. 1 EU-Vertrag a.F. (ex-Art. F) wurde festgelegt, dass nicht nur die Mitgliedstaaten auf dem Grundsatz der Demokratie beruhen, sondern auch die Union selbst. Wie bereits zuvor in der Judikatur des Gerichtshofs[244] legt sich mithin seitdem die EU/EG ausdrücklich selbst in den Gründungsverträgen das Postulat der Demokratie auf. Durch den Vertrag von Lissabon aus dem Jahre 2007, Inkrafttreten zum 1. Dezember 2009, wurden die primärrechtlichen Bekenntnisse der Europäischen Union zur Demokratie weiterhin verstärkt.[245] So bestimmt Art. 2 EU n.F. „Demokratie" als einen der Werte, auf die sich die Union gründet. Titel II EU n.F. normiert „Bestimmungen über die demokratischen Grundsätze", von denen insbesondere Art. 10 EU n.F. von Interesse ist, der die „repräsentative Demokratie" allgemein und die Art und Weise der Repräsentation und Partizipationsmöglichkeiten der Unionsbürgerinnen und -bürger festlegt.

Ähnlich wie in den Nationalstaaten werden die konkreten Ausformungen dieses Prinzips jedoch nicht explizit festgelegt. Es handelt sich um eine Anforderung, die der Ausgestaltung und Konkretisierung bedarf. Gerade dies ist im Hinblick auf die europäische Ebene aber nicht unproblematisch. Denn die supranationale EU ist weder Staat noch intergouvernementale internationale Organisation, sondern wird als neuartiges Gebilde „sui generis"[246] zwischen diesen beiden bekannten Organisationsformen eingeordnet. Diesem sogenannten „Staatenverbund"[247]

---

244 Vgl. EuGH, Rs. 138/79, Slg. 1980, 3333, 3360, Rn. 33 – Roquette Frères; Rs. C-300/89, Slg. 1991, I-2867, 2900, Rn. 20 – Titandioxid.

245 Dazu: Ruffert, EuR Beiheft 1 2009, 31, 34 f.; Schoo, EuR Beiheft 1 2009, 51, 53 ff.; Lengauer, ZfRV 2008, 4, 5 ff.

246 So z.B. das Tschechische Verfassungsgericht in seinem Urteil zum Vertrag von Lissabon vom 26. November 2008, Pl. ÚS 19/08, Rn. 104; von Bogdandy, in: ders., Europäisches Verfassungsrecht 2003, 149, 159; Benz, PVS 1998, 345, 346.

247 BVerfG, 2 BvE 2/08 vom 30. Juni 2009, Rn. 229 – Lissabon-Urteil; BVerfGE 89, 155, 181, 188 – Maastricht-Urteil, in Anlehnung an die Bezeichnung von Kirchhof, Der deutsche Staat im Prozeß, in: HStR VII, § 183, Rn. 38; dazu: Stürner, in: FS Brohm, 153, 163 f.; Calliess, in: Bauer/Huber/Sommermann, Demokratie in Europa, 281, 284 ff.

mangelt es zum einen an einer eigenen Demokratietradition und zum anderen ist eine etwaige Orientierung an einem ähnlichen politischen Gebilde aufgrund seiner bisherigen Einzigartigkeit – jedenfalls eins zu eins – nicht möglich. Da Art. 2 EU n.F. (ex-Art. 6 Abs. 1 EU) bestimmt, dass der Grundsatz der Demokratie, auf dem die Union beruht, „allen Mitgliedstaaten gemeinsam" ist, kommt zur Ermittlung der genauen Anforderungen und Ausformungen des unionalen Demokratieprinzips jedoch ein Vergleich der Demokratieausgestaltungen in den europäischen Mitgliedstaaten in Betracht.[248] Deren Gemeinsamkeiten müssen sich als „acquis démocratique" im europäischen „Demokratieverbund"[249] zumindest grundlegend – wenn auch in unionsspezifischer Weise – widerspiegeln. Inwiefern eine Übertragung dieser gemeinsamen staatsrechtlichen Anforderungen auf die supranationale Union möglich ist, wird im Anschluss zu untersuchen sein.

III. Das Demokratieprinzip in den EU-Mitgliedstaaten

Alle 27 Mitgliedstaaten der EU bezeichnen sich als Demokratien[250] und werden als solche von der Union anerkannt. Ein nicht-demokratischer Staat dürfte sich der EU, laut den oben genannten Beitrittskriterien (Art. 49 i.V.m. Art. 2 EU n.F.; ex-Art. 49 i.V.m. Art. 6 Abs. 1 EU), gar nicht anschließen. Die Beachtung dieses Fundamentalprinzips in den Mitgliedstaaten kann gemäß Art. 7 EU n.F. (ex-Art. 7 EU) von der EU und ihren Mitgliedstaaten kontrolliert werden.[251] Es werden somit im Primärrecht „einheitliche Standards demokratischer Rechtsstaatlichkeit für alle Hoheitsträger im Verfassungsverbund" aufgestellt.[252] Aber auch die Mitgliedstaaten setzen voraus, dass die EU den demokratischen Grundsätzen entspricht, so z.B. Art. 23 Abs. 1 GG, Art. 28 Abs. 3 griechische Verfassung, Art. 7 Abs. 5 portugiesische Verfassung und Art. 3a Abs. 1 slowenische Verfassung. Doch was genau bedeutet diese Anforderung, was sind diese gemeinsamen demokratischen Grundsätze?

---

248 Peters, Verfassung Europas, 631; Bleckmann, JZ 2001, 53, 53 f.; Huber, in: Drexl/Kreuzer/Scheuing/Sieber, Europäische Demokratie, 27, 39; ders., in: Bauer/Huber/Sommermann, Demokratie in Europa, 491, 495, 503; Doehring, DVBl 1997, 1133, 1133; Häberle, Europäische Verfassungslehre, 307 f.; ähnlich: Bredt, Demokratische Legitimation, 423 f.

249 Sommermann, in: Bauer/Huber/Sommermann, Demokratie in Europa, 191, 197.

250 So ausdrücklich z.B. Art. 20 Abs. 1 GG; § 1 estn. Verf.; § 2 finn. Verf.; Art. 1 frz. Verf.; Art. 1 Abs. 1 griech. Verf.; Art. 5 irische Verf.; Art. 1 Abs. 1 ital. Verf.; Ziff. 1. lett. Verf.; Art. 1 litau. Verf.; Art. 1 luxem. Verf.; Art. 1 öster. B-VG; Art. 2 poln. Verf.; Art. 2 portug. Verf.; Art. 1 Abs. 3 rumän. Verf.; Art. 1 Abs. 1 slowak. Verf.; Art. 1 slowen. Verf.; Art. 1 Abs. 1 span. Verf.; Art. 1 Abs. 1 tschech. Verf.; Art. 2 Abs. 1 ungar. Verf.; dazu: Kimmel, in: Gabriel/Kropp, EU-Staaten im Vergleich, 62, 76.

251 Dazu: Serini, Sanktionen der EU, 121 ff.

252 von Bogdandy, in: FS Badura, 1033, 1036; ähnlich: Kimmel, in: Gabriel/Kropp, EU-Staaten im Vergleich, 62, 62; Serini, Sanktionen der EU, 39 ff.

1. Unterschiedliche Formen von Demokratie

Da das Verständnis des Demokratieprinzips sowohl im Laufe der Geschichte als auch zwischen unterschiedlichen Kulturen und Staaten variiert, sind eine allgemeingültige Definition und die abschließende Festlegung der genauen Merkmale dieses umfassenden Prinzips nicht möglich.[253] Bereits *Aristoteles* (384 – 322 v. Chr.) stellte fest, dass es verschiedene Formen von Demokratie gibt.[254] Es existiert mithin kein „universelles" Demokratie-Modell. Vielmehr unterscheiden sich die Demokratien in ihren historischen, sozialen und kulturellen Ausprägungen genauso wie in ihren jeweiligen Voraussetzungen und Bedingungen. Demokratie ist wandelbar, anpassungsfähig und dynamisch, nicht statisch. Die Europäische Union setzt sich aus 27 unterschiedlich strukturierten demokratischen Staaten zusammen: So stehen beispielsweise Republiken neben Monarchien, föderalistische neben zentralistischen Staaten und parlamentarische neben semi-präsidentiellen Regierungssystemen.[255] Diese verschiedenen Staatsformen und politischen Systeme der Mitgliedstaaten führen notwendig zu unterschiedlichen Ausformungen der demokratischen Elemente innerhalb der 27 europäischen Nationalstaaten.

Ein beachtenswerter historischer Unterschied liegt zudem zwischen den westeuropäischen Staaten und den EU-Mitgliedstaaten der ehemaligen staatssozialistischen Länder Mittel- und Osteuropas. Diese trugen zwar bereits vor dem Fall des Eisernen Vorhanges zum Teil die Bezeichnung „Volksdemokratien", konnten aber erst nach Zerfall des autoritären kommunistischen Regimes Ende der 1980er und Anfang der 1990er Jahre demokratische Staatsformen westlichen Verständnisses aufbauen. Es handelt sich mithin um sehr junge Demokratien, die aufgrund ihrer besonderen Geschichte nicht selten andere Werte und Verpflichtungen als die westeuropäischen Staaten in den Vordergrund ihrer verfassungsmäßigen Staatsausgestaltung stellen – beispielsweise ihre nationale Unabhängigkeit und Souveränität.[256]

---

253 Nettesheim, in: Bauer/Huber/Sommermann, Demokratie in Europa, 143, 149 ff.; Heuschling, in: Bauer/Huber/Sommermann, Demokratie in Europa, 33, 36 f.; Huber, in: Bauer/Huber/Sommermann, Demokratie in Europa, 491, 495 f.; ähnlich: Stern, Staatsrecht, Bd. 1, 588 ff.; Kimmel, in: Gabriel/Kropp, EU-Staaten im Vergleich, 62, 63 ff., insb. 76 ff.

254 Aristoteles (384 – 322 v. Chr.), Politik IV 2; dazu: Schmidt, Demokratietheorien, 33 ff. m.w.N.

255 Vgl. dazu z.B.: Döring/Hönnige, in: Gabriel/Kropp, EU-Staaten im Vergleich, 451, 454 ff.; Gabriel/Kropp, in: dies., EU-Staaten im Vergleich, 11, 18 ff.; Kimmel, in: Gabriel/Kropp, EU-Staaten im Vergleich, 62, 75 ff.; Schmidt, in: Bauer/Huber/Sommermann, Demokratie in Europa, 21, 27 f.; ders., Demokratietheorien, 292 ff.

256 Vgl. dazu Gabriel/Kropp, in: dies., EU-Staaten im Vergleich, 11, 19; Kimmel, in: Gabriel/Kropp, EU-Staaten im Vergleich, 62, 86.

2. Gemeinsame Vordenker aktueller Demokratietheorien

Trotz dieser aufgezeigten Unterschiede bestehen innerhalb sämtlicher europäischer Demokratien grundlegende grenzüberschreitende historische Wurzeln, Entwicklungen und Erfahrungen, die im Ergebnis zu einem gemeinsamen Kerngehalt als Grundkonsens führen, der in nahezu jeder europäischen Demokratie zu finden ist. Bereits in der Antike haben sich bekannte und einflussreiche Philosophen wie *Platon*[257] und *Aristoteles*[258] mit der Demokratie als Staatsform der altgriechischen Polisweit, d.h. ausschließlich der Direktdemokratie in kleinen Gemeinwesen, auseinandergesetzt. Während Platon ein uneingeschränkter Kritiker der Demokratien im Sinne der griechischen Antike war, differenzierte sein Schüler *Aristoteles* – unter Beibehaltung der grundsätzlich ablehnenden Haltung Platons – zumindest zwischen unterschiedlichen Formen der Demokratie.

Das heute überwiegende Demokratieverständnis wurde entscheidend im 17. und 18. Jahrhundert geprägt. Wegweisend dafür waren die politischen, kulturellen und sozialen Entwicklungen in England, Frankreich und den USA. Insbesondere die Werke von *Thomas Hobbes*[259], *John Locke*[260], *Charles-Louis de Montesquieu*[261], *Jean-Jacques Rousseau*[262] und *Immanuel Kant*[263] haben das europäische Demokratieverständnis und die Demokratiediskussion nachhaltig beeinflusst und bis in die Gegenwart geprägt. Der Demokratiekritiker *Hobbes* verstand unter dieser Staatsform einen Volksstaat im Sinne einer Versammlung aller und sprach sich für eine Monarchie mit unteilbarer Souveränität des Herrschers aus. Dabei vertrat er jedoch bereits eine weltliche Legitimationslehre, bei der die Herrschaftsmacht nicht von Gottes Gnaden stammen sollte, sondern aus einem Gesellschaftsvertrag.[264] Positiv bewertet wurde die Demokratie als Staatsform erstmals im frühliberalen Konstitutionalismus von *Locke*, nach dessen Ansicht die Mehrheit der Staatsbürger die gesamte öffentliche Gewalt besitzen sollte. Er vertrat eine weltlich legitimierte, antiabsolutistische Staatsverfassung und formuliert erste Ansätze der Gewaltenteilungslehre und der Volkssouveränität.[265] Für eine „gemäßigte Demokratie" und vor allem gegen eine göttlich legitimierte Königsherrschaft

257 Platon (427/28 – 347/48 v. Chr.), Der Staat; vgl. dazu: Schmidt, Demokratietheorien, 37 ff. m.w.N.; Roth, in: Massing/Breit, Demokratie-Theorien, 27, 30 ff.

258 Aristoteles (384 – 322 v. Chr.), Politik; vgl. dazu: Schmidt, Demokratietheorien, 27 ff. m.w.N.; Roth, in: Massing/Breit, Demokratie-Theorien, 37, 40 ff.

259 Hobbes (1588 – 1679), Leviathan (1651).

260 Locke (1632 – 1704), Two Treatises of Government (1689).

261 Montesquieu (1689 – 1755), De l'esprit des lois.

262 Rousseau (1712 – 1778), Du contrat social (1762).

263 Kant (1724 – 1804), Zum ewigen Frieden (1795).

264 Vgl. dazu Schmidt, Demokratietheorien, 49 ff. m.w.N.; Speth, in: Massing/Breit, Demokratie-Theorien 94, 96 ff.

265 Vgl. dazu Schmidt, Demokratietheorien, 57 ff. m.w.N.; Speth, in: Massing/Breit, Demokratie-Theorien, 99, 102 ff.

setzte sich *Montesquieu* ein, der mit seiner Gewaltenteilungslehre mittelbar zur Demokratietheorie beigetragen hat und bei dem erste Ansätze für eine repräsentative Demokratie zu finden sind.[266]

Von *Rousseau* wurde der Gedanke der Volkssouveränität schließlich „radikalisiert", indem er ausschließlich eine identitäre, direkte Versammlungsdemokratie ohne jegliche Repräsentation und Gewaltenteilung für zulässig hielt und somit das Volk an die Stelle des souveränen absolutistischen Königs setzte.[267] Grundlage seiner Theorie ist der Gesellschaftsvertrag, durch den sich alle Bürger dem *volonté générale*, dem Gemeinwillen als dem auf das Gesamtwohl gerichteten hypothetischen Volkswillen, unterwerfen. Unabhängig davon, dass eine derart radikale Direktdemokratie aus Praktikabilitätsgründen in größeren Gemeinschaften nicht durchführbar ist, lässt die obligatorische Unterwerfung unter den *volonté générale* Zweifel an dem Freiheitsbild des Einzelnen im rousseauischen Weltbild aufkommen und trägt nahezu autoritäre Züge. Nichtsdestotrotz hat *Rousseau* in besonderer Weise den Gedanken der Volkssouveränität geprägt und verbreitet. Insgesamt lässt sich demzufolge festhalten, dass sich zu Zeiten der Aufklärung – im Zusammenhang mit dem Aufkommen der Menschenrechte – die Idee des Selbstbestimmungsrechts des Einzelnen und mithin die allgemeine Erkenntnis herausgebildet hat, dass staatliche Herrschaft rechtfertigungsbedürftig ist, und zwar durch eine weltliche Legitimationsbasis.[268]

Ein wichtiger Wandel in der Demokratietheorie vollzog sich gegen Ende des 18. Jahrhunderts mit den *Federalist Papers* und den Lehren von *Alexis de Tocqueville*[269] und *John Stuart Mill*[270] im 19. Jahrhundert: Während bisher Demokratie grundsätzlich Direktdemokratie in kleinen, überschaubaren Gemeinwesen bedeutete, sollte diese Staatsform nunmehr erstmals in einem Großstaat, und zwar in Nordamerika, zur Anwendung kommen. In den *Federalist Papers*, einer Serie von 85 Zeitungsartikeln aus den Jahren 1787/88, mit denen in New York für die neue amerikanische Verfassung geworben werden sollte, setzten sich die sog. *Federalists* für eine Repräsentativdemokratie in einem föderalen, konstitutionellen Großstaat ein – mit „checks and balances", einer unabhängigen Judikative und dem Primat der Verfassung (Verfassungssouveränität).[271] Diese neue amerikanische Demokratie wurde von dem Franzosen *Tocqueville* einer komplexen Analyse sämtlicher Schwächen und Nutzen unterzogen und im Ergebnis als alterna-

---

266 Vgl. dazu Schmidt, Demokratietheorien, 66 ff. m.w.N.; Pesch, in: Massing/Breit, Demokratie-Theorien, 109, 111 ff.

267 Vgl. dazu Schmidt, Demokratietheorien, 80 ff. m.w.N.; Speth, in: Massing/Breit, Demokratie-Theorien, 118, 121 ff.

268 Dazu z.B. Petersen, Demokratie, 4 f.; Riedel, in: Müller-Graff/Riedel, Verfassungsrecht in der EU, 77, 92.

269 Tocqueville (1805 – 1859), De la démocratie en Amérique (1835/40).

270 Mill (1806 – 1873), Considerations on Representative Government (1861).

271 Vgl. dazu: Schmidt, Demokratietheorien, 98 ff. m.w.N.

tivlos beurteilt.[272] Ebenso eingehend beschäftigte sich daraufhin der Brite *Mill* mit der neuen Staatsform und der diesbezüglichen Bewertung seines Vordenkers *Tocqueville*.[273]

Alle diese wichtigen Abhandlungen zur Demokratie von bekannten Wissenschaftlern unterschiedlicher Nationalitäten im Laufe der Geschichte haben das europäische Demokratieverständnis geprägt und zu gemeinsamen Wurzeln und Grundlagen geführt.

3. Volkssouveränität und Repräsentation als gemeineuropäische Grundgedanken zur Legitimation von Hoheitsgewalt

Eine prinzipielle Gemeinsamkeit der europäischen Demokratien ist demnach heute der Grundgedanke der „Volkssouveränität" oder „Volksherrschaft" in dem Sinne, dass alle Staatsgewalt vom Volk ausgehen, dort ihre Legitimationsgrundlage finden und mithin ein Legitimationszusammenhang zwischen Regierten und Regierenden bestehen soll.[274] Ausgangspunkt dieses Prinzips ist der Gedanke der freien Selbstbestimmung der Bürgerinnen und Bürger, die als Träger und Inhaber der Herrschaftsgewalt gleichberechtigt an der Ausübung der Hoheitsgewalt zu beteiligen sind.[275] Eine der bekanntesten Definitionen für dieses Demokratieverständnis lautet „government of the people, by the people, for the people"[276] aus dem Jahre 1863 von *Abraham Lincoln*. Diese fand beispielsweise wortwört-

---

272 Vgl. dazu: Schmidt, Demokratietheorien, 114 ff. m.w.N.

273 Vgl. dazu: Schmidt, Demokratietheorien, 132 ff. m.w.N.

274 Vgl. ausdrücklich oder implizit z.B. Art. 33 belg. Verf.; Art. 1 Abs. 2 bulgar. Verf.; Art. 20 Abs. 2 Satz 1 GG; §§ 1, 56 estn. Verf.; § 2 finn. Verf.; Art. 2, 3 frz. Verf.; Art. 1 Abs. 2 und 3 griech. Verf.; Art. 6 Abs. 1 irische Verf.; Art. 1 Abs. 2 ital. Verf.; Ziff. 2. lett. Verf.; Art. 2, 3 litau. Verf.; Art. 32 luxem. Verf.; Art. 1 öster. B-VG; Art. 4 Abs. 1 poln. Verf.; Art. 2, 3 Abs. 1 portug. Verf.; Art. 2 rumän. Verf.; Kap. 1 § 1 schwed. Verf.; Art. 2 Abs. 1 slowak. Verf.; Art. 3 slowen. Verf.; Art. 1 Abs. 2 span. Verf.; Art. 2 Abs. 1 tschech. Verf.; Art. 2 Abs. 2 ungar. Verf.; dazu: Calliess, in: Bauer/Huber/Sommermann, Demokratie in Europa, 281, 283 f.; Schmidtchen, in: FS Ress, 787, 788; Adamovich/Funk/Holzinger, Österr. StaatsR 1, Rn. 11.001; Stern, Staatsrecht, Bd.1, 592 ff.; Hübner/Constantinesco, Frz. Recht, 41 ff., 52 f.; Sonnenberger/Autexier, Frz. Recht, 38; Kimmel, in: Gabriel/Kropp, EU-Staaten im Vergleich, 62, 76; Bleckmann, JZ 2001, 53, 54 f.; Biernat, in: Bauer/Huber/Sommermann, Demokratie in Europa, 79, 80 ff.; Huber, in: Bauer/Huber/Sommermann, Demokratie in Europa, 491, 496; Rumler-Korinek, EuR 2003, 327, 333 ff.; Häberle, Europäische Verfassungslehre, 301 ff.; Blanke, KJ 1998, 452, 457; Serini, Sanktionen der EU, 54 ff.; Baach, Parlamentarische Mitwirkung, 44 ff.

275 Calliess, in: Bauer/Huber/Sommermann, Demokratie in Europa, 281, 283 f.; Sommermann, in: Bauer/Huber/Sommermann, Demokratie in Europa, 191, 199; Huber, in: Bauer/Huber/Sommermann, Demokratie in Europa, 491, 497 ff., 511 f.; Blanke, KJ 1998, 452, 457.

276 Abraham Lincoln, The Gettysburg Address, 19. November 1863.

lich Eingang in Art. 2 Abs. 5 der französischen Verfassung vom 4. Oktober 1958: „gouvernement du peuple, par le peuple et pour le peuple".

Im Gegensatz zu den genannten Anfängen der demokratischen Staatsausgestaltung (mit direkten Versammlungsdemokratien in kleinen Gemeinschaften) hat sich mittlerweile das Prinzip repräsentativer Demokratie in den Staaten Europas durchgesetzt[277] – neben teils vereinzelt, teils häufiger auftretenden direktdemokratischen Elementen[278]. Die Staatsgewalt wird demnach von gewählten Vertretern in Organen der Gesetzgebung, der vollziehenden Gewalt und der Rechtsprechung für das gesamte Volk ausgeübt und jegliche Herrschaftsausübung muss auf den Willen der „Beherrschten" zurückführbar sein.[279] Der freie Wille der „Basis" soll sich gleichberechtigt in allen Staatsakten niederschlagen und mithin die Herrschaft „von unten nach oben" leiten.[280] Diese „Rückbindung" oder „Rückkopplung" an die Bürgerinnen und Bürger soll in allen europäischen Demokratien mit dem Prinzip der demokratischen Legitimation von Hoheitsgewalt gewährleistet werden.[281] Legitimation bedeutet in diesem Zusammenhang Rechtfertigung, mithin den Prozess zur Erlangung von Legitimität, während Legitimität den Endzustand im Sinne eines „Gerechtfertigt sein", einer Anerkennungswürdigkeit der hoheitlichen Maßnahme bedeutet.[282]

277 Vgl. z.B. Art. 1 Abs. 2 bulgar. Verf.; Art. 20 Abs. 2 Satz 2 GG; §§ 2, 3 finn. Verf.; Art. 3 frz. Verf.; Art. 6 irische Verf.; Art. 4, 5 litau. Verf.; Art. 4 Abs. 2 poln. Verf.; Art. 2 portug. Verf.; Art. 2 rumän. Verf.; Kap. 1 § 1 schwed. Verf.; Art. 2 Abs. 1 slowak. Verf.; Art. 2 Abs. 1 tschech. Verf.; Art. 2 Abs. 2 ungar. Verf.; insgesamt dazu: Schmidt, in: Bauer/Huber/Sommermann, Demokratie in Europa, 21, 27 f.; Sommermann, in: Bauer/Huber/Sommermann, Demokratie in Europa, 191, 199 ff., 208; Stern, Staatsrecht, Bd. 1, 608; Kimmel, in: Gabriel/Kropp, EU-Staaten im Vergleich, 62, 77 f.; Huber, in: Bauer/Huber/Sommermann, Demokratie in Europa, 491, 498, 507; Adamovich/Funk/Holzinger, Österr. StaatsR 1, Rn. 11.005; Villalón, in: Bauer/Huber/Sommermann, Demokratie in Europa, 139, 140.

278 Dazu: Walter-Rogg, in: Gabriel/Kropp, EU-Staaten im Vergleich, 236, 244 ff.; Schmidt, Demokratietheorien, 336 ff.

279 Sommermann, in: Bauer/Huber/Sommermann, Demokratie in Europa, 191, 219; Stern, Staatsrecht, Bd. 1, 593 ff.

280 Stern, Staatsrecht, Bd. 1, 593; Nettesheim, in: Bauer/Huber/Sommermann, Demokratie in Europa, 143, 158; Heuschling, in: Bauer/Huber/Sommermann, Demokratie in Europa, 33, 46.

281 Nettesheim, in: Bauer/Huber/Sommermann, Demokratie in Europa, 143, 158; Stern, Staatsrecht, Bd. 1, 593 ff.; Kimmel, in: Gabriel/Kropp, EU-Staaten im Vergleich, 62, 76, 87; Calliess, in: Bauer/Huber/Sommermann, Demokratie in Europa, 281, 282 ff.; Hilf/Schorkopf, in: Grabitz/Hilf, EUV/EGV, Art. 6, Rn. 26; Schmidtchen, in: FS Ress, 787, 788.

282 Schliesky, Souveränität und Legitimität, 657; Peters, Verfassung Europas, 499.

Alle EU-Mitgliedstaaten sind (teilweise semi-) parlamentarische Demokratien.[283] So äußert sich der Volkswille vor allem in regelmäßig stattfindenden allgemeinen, freien und gleichen Wahlen zu einem Volksvertretungsorgan, dem Parlament[284], das als Legitimationsmittler für die weiteren Staatsgewalten fungiert. Trotz unterschiedlicher Wahlsysteme und Wahlrechtsbestimmungen[285] ist in allen Mitgliedstaaten der Wahlakt die „Legitimationsgrundlage der demokratischen Ordnung" und somit gemeinsamer Kern der Volkssouveränität.[286] Das freie und gleiche Wahlrecht und der regelmäßig stattfindende Wahlakt verkörpern die grundlegenden Elemente der Demokratie: Freiheit bzw. Selbstbestimmung, Gleichheit und Kontrolle bzw. Verantwortlichkeit.[287]

Zusammenfassend lässt sich somit festhalten, dass in allen Mitgliedstaaten ein Legitimationszusammenhang zwischen dem Volk/den Bürgern als Souverän und den Staatsorganen/Amtswaltern als Repräsentanten bestehen muss, wobei die Wahl der Volksvertreter eine entscheidende Rolle spielt. Die genauen Ausgestaltungen sind jedoch unterschiedlich. Bevor konkret auf die verschiedenen Konzepte zur Herstellung des Legitimationszusammenhanges eingegangen wird, stellt

283 Einzige Ausnahme ist Zypern, das nicht als parlamentarisches, sondern als präsidentielles Regierungssystem eingeordnet wird, vgl. Döring/Hönnige, in: Gabriel/Kropp, EU-Staaten im Vergleich, 451, 458 f.; Schüttemeyer/Siefken, in: Gabriel/Kropp, EU-Staaten im Vergleich, 482, 485. Schmidt, Demokratietheorien, 292 ff., stuft einige Demokratien als „parlamentarisch mit Präsidialdominanz" ein, z.B. Griechenland, und manche als „semipräsidientiell", z.B. Frankreich, vgl. S. 297.

284 Vgl. Art. 61, 67 belg. Verf.; Art. 62 ff. bulgar. Verf.; § 28 f. dän. Verf.; Art. 38 GG; § 59 f. estn. Verf.; § 24 f. finn. Verf.; Art. 24 frz. Verf.; Art. 51 griech. Verf.; Art. 15 f. irische Verf.; Art. 56 ital. Verf.; Ziff. 5. f. lett. Verf.; Art. 55 litau. Verf.; Art. 50 f. luxem. Verf.; Art. 50 ff. niederl. Verf.; Art. 26 öster. B-VG; Art. 95 ff. poln. Verf.; Art. 147 portug. Verf.; Art. 58 rumän. Verf.; Kap. 3 § 1 schwed. Verf.; Art. 72 ff. slowak. Verf.; Art. 80 slowen. Verf.; Art. 66 span. Verf.; Art. 15 ff. tschech. Verf.; Art. 19 ungar. Verf.; dazu: Kimmel, in: Gabriel/Kropp, EU-Staaten im Vergleich, 62, 70, 76 ff., 87; Jesse, in: Gabriel/Kropp, EU-Staaten im Vergleich, 299, 299; Schüttemeyer/Siefken, in: Gabriel/Kropp, EU-Staaten im Vergleich, 482, 485, 509; Huber, in: Bauer/Huber/Sommermann, Demokratie in Europa, 491, 497 f.

285 Ausführlich dazu: Jesse, in: Gabriel/Kropp, EU-Staaten im Vergleich, 299, 301 ff.

286 Kimmel, in: Gabriel/Kropp, EU-Staaten im Vergleich, 62, 70; ähnlich: Huber, in: Bauer/Huber/Sommermann, Demokratie in Europa, 491, 497 f.; Sommermann, in: Bauer/Huber/Sommermann, Demokratie in Europa, 191, 199; Biernat, in: Bauer/Huber/Sommermann, Demokratie in Europa, 79, 82; von Bogdandy, ZaöRV 63 (2003), 853, 858; Villalón, in: Bauer/Huber/Sommermann, Demokratie in Europa, 139, 139 f.; Di Fabio, in: FS Badura, 77, 79 f.

287 Lauth, in: Gabriel/Kropp, EU-Staaten im Vergleich, 33, 34 f., 54 f.; Sommermann, in: Bauer/Huber/Sommermann, Demokratie in Europa, 191, 219; Nettesheim, in: Bauer/Huber/Sommermann, Demokratie in Europa, 143, 158; Möllers, Die drei Gewalten, 80 ff.; ähnlich: BVerfG, 2 BvE 2/08 vom 30. Juni 2009, Rn. 215, 268 ff. – Lissabon-Urteil.

sich die Frage, inwiefern das gemeineuropäische[288] Prinzip demokratischer Legitimation auch für die supranationale Union Geltung beanspruchen kann.

IV. Übertragbarkeit staatsrechtlicher Grundsätze auf die EU

> *„Demokratisierung der Europäischen Union und Europäisierung der Demokratietheorie: Hierbei handelt es sich nicht um eine Alternative, sondern um Erscheinungen, die in einem Prozeß der Wechselwirkung stehen, der mal mehr in die eine und mal mehr in die andere Richtung ausschlagen kann. (...) So wenig zu erwarten ist, daß sich in diesem Prozeß ein unionales Demokratieprinzip herausbilden wird, das jeden Bezug und jede Ähnlichkeit zu den nationalstaatlichen Parallelprinzipien abgeworfen hat, so wenig ist zu erwarten, daß die Demokratie in der EU sich einmal eins zu eins mit nationalstaatlicher Demokratie gleichsetzen lassen wird."*[289]

Es besteht zunächst die grundlegende Frage der Übertragbarkeit staatsrechtlicher Grundsätze auf die supranationale Union im Allgemeinen, bevor auf die Übertragung des Prinzips demokratischer Legitimation im Besonderen eingegangen wird.

1. Übertragbarkeit im Allgemeinen

Wie bereits dargelegt, kann die EU weder als Staat noch als internationale Organisation eingeordnet werden; sie wird als „Gebilde sui generis", als „Staatenverbund" bezeichnet.[290] Eine Übertragbarkeit staatsrechtlicher Grundsätze auf die supranationale Union kommt somit nicht eins zu eins in Betracht, sondern kann nur insofern in Erwägung gezogen werden, als eine gewisse Vergleichbarkeit bezüglich der einschlägigen Regelungskomplexe gegeben ist. In diesem Zusammenhang ist zunächst zu beachten, dass der bereits genannte Art. 2 EU n.F. (ex-Art. 6 Abs. 1 EU) einheitliche Fundamentalprinzipien als gemeinsame Standards für Mitgliedstaaten und Union festlegt. Zudem geht es – aufgrund des Vorrangs und der unmittelbaren Anwendbarkeit des Gemeinschaftsrechts – bei der Ausgestaltung der unionalen Verfassungsordnung genau wie in Nationalstaaten grundsätzlich um denselben Ausgangspunkt: „das Phänomen einseitiger Macht", das „Herrschaftsmoment" der Hoheitsträger gegenüber den Bürgern und die Regelung desselben.[291] Diese „Problem*identität*" und die Tatsache, dass Union und Mitgliedstaaten auf denselben Grundprinzipien beruhen sollen, stellt eine „hin-

---

288 Zum Begriff des „Gemeineuropäischen Verfassungsrechts" und dessen Prinzipiencharakter vgl. Häberle, EuGRZ 1991, 261, 261 ff.

289 Nettesheim, in: Bauer/Huber/Sommermann, Demokratie in Europa, 143, 146.

290 Siehe oben, 3. Teil, A. II.

291 von Bogdandy, in: FS Badura, 1033, 1042 f.; ähnlich: Volkmann, AöR 127 (2002), 575, 576 f.; Classen, Demokratische Legitimation, 87 f.

reichende Vergleichbarkeit" dar, um eine gewisse Übertragung staatsrechtlicher Grundsätze zu rechtfertigen.[292]

Bei der Übertragung staatsrechtlicher Institute auf die supranationale Union sind jedoch prinzipiell zwei Besonderheiten zu beachten: Zum einen sind alle 27 Mitgliedstaaten – und somit die zum Teil differenzierenden Ausgestaltungen der entsprechenden Prinzipien in den unterschiedlichen Mitgliedstaaten – gleichwertig zu berücksichtigen (vgl. Art. 2, 4 Abs. 2 EU n.F.; ex-Art. 6 Abs. 1 und 3 EU), und zum anderen muss jede Übertragung die Eigenarten und mithin gerade die Unterschiede der EU im Gegensatz zum Staat beachten und diesen Besonderheiten im Rahmen der Übertragung Rechnung tragen.[293] So hat *Badura* bereits im Jahre 1966 zutreffend festgestellt, „daß die Bewahrung der demokratischen und rechtsstaatlichen Verfassungsstruktur nur durch ihre Veränderung erreicht werden kann".[294] Erforderlich sind somit eine „Abstraktion" (vom traditionellen Nationalstaat) und eine „Respezifizierung" der verfassungsrechtlichen Schlüsselinstitute (auf die supranationale EU).[295] Die nationalstaatlichen Institute aller Mitgliedstaaten dienen folglich als Maßstab und Ausgangspunkt zur Entwicklung entsprechender spezifisch supranationaler Prinzipien.

2. Übertragbarkeit des Prinzips demokratischer Legitimation

Für die Übertragung des Demokratieprinzips auf die Union bedeutet dies, dass die den Mitgliedstaaten gemeinsamen Rechtsgrundsätze vom Staatsbegriff losgelöst und in die Ziele und Strukturen der EU eingefügt werden müssen, um somit eine Demokratieausgestaltung festzulegen, die den gemeinsamen nationalen Anforderungen genügt und gleichzeitig der Eigenart der EU Rechnung trägt.[296] Aufgrund

292 von Bogdandy, in: FS Badura, 1033, 1043.

293 von Bogdandy, in: FS Badura, 1033, 1043; Everling, DVBl 1993, 936, 944; Classen, Demokratische Legitimation, 89 f.

294 Badura, VVDStRL 23 (1966), 34, 96.

295 Badura, VVDStRL 23 (1966), 34, 38 f.; von Bogdandy, in: FS Badura, 1033, 1034.

296 Huber, in: Bauer/Huber/Sommermann, Demokratie in Europa, 491, 495, 503; Sommermann, in: Bauer/Huber/Sommermann, Demokratie in Europa, 191, 197 f.; Beutler, in: von der Groeben/Schwarze, EUV/EGV, Art. 6, Rn. 28 ff.; Nettesheim, in: Bauer/Huber/Sommermann, Demokratie in Europa, 143, 145 f., 162 ff.; Schmidtchen, in: FS Ress, 787, 792 ff; Calliess, in: FS Ress, 399, 401; ders., in: Bauer/Huber/Sommermann, Demokratie in Europa, 281, 282 ff.; Dreier, in: ders, GG, Art. 20, Rn. 45; Heuschling, in: Bauer/Huber/Sommermann, Demokratie in Europa, 33, 35 f.; Robbers, in: BK, GG, Art. 20 Abs. 1, Rn. 455; Peters, Verfassung Europas, 630 ff., insb. 644 f.; Schliesky, Souveränität und Legitimität, 390 f.; Bleckmann, JZ 2001, 53, 53 f.; Zuleeg, in: Drexl/Kreuzer/Scheuing/Sieber, Europäische Demokratie, 11, 24 f.; Böckenförde, Weg Europas, 36 f.; Benz, PVS 1998, 345, 346; Badura, Parlamentarische Demokratie, in: HStR II 2004, § 25, Rn. 65; ders., VVDStRL 23 (1966), 34, 38 f.; Di Fabio, Recht offener Staaten, 141 f.; ders., in: FS Badura, 77, 93 f.; von Bogdandy, in: ders., Europäisches Verfassungsrecht 2003, 149,

dieses „Nichtübertragbarkeitsgrundsatzes“[297] ist eine gewisse „Neuerfindung von Demokratie“[298] im Sinne eines unionsspezifischen Prinzips erforderlich. Es bedarf eines „passer de l’horizon d’un seul à l’horizon de tous“[299].

Wie bereits dargestellt, ist allen Mitgliedstaaten im Rahmen des Demokratieprinzips das grundlegende Erfordernis demokratischer Legitimation in Form eines Legitimationszusammenhanges zwischen „Regierten“ und „Regierenden“ gemeinsam.[300] Dies muss gemäß Art. 2 EU n.F. (ex-Art. 6 Abs. 1 EU) auch für die europäische Hoheitsgewalt gelten.[301] Entsprechend den oben genannten Grundsätzen hat auch das deutsche Bundesverfassungsgericht bereits konstatiert, dass in der supranationalen Staatengemeinschaft „demokratische Legitimation nicht in gleicher Form hergestellt werden (kann) wie innerhalb einer durch eine Staatsverfassung einheitlich und abschließend geregelten Staatsordnung“.[302] Vielmehr sei „eine dem Status und der Funktion der Union angemessene demokratische Ausgestaltung“ geboten.[303] Es gilt die tatsächlichen, institutionellen und normativen Besonderheiten der Union zu beachten. Diese EU-Spezifika ändern jedoch nichts an dem grundlegenden Erfordernis eines Legitimationszusammenhanges zwischen EU-Hoheitsträgern und „Betroffenen“; denn das gemeineuropäische Demokratieverständnis erfordert auch hier eine gleichberechtigte Beteiligung aller „Regierten“ an der Ausübung der Hoheitsgewalt.[304]

Die sich auf Unionsebene ergebenden Besonderheiten werden an entsprechender Stelle im Rahmen der konkreten Ausgestaltung des Prinzips demokratischer Legitimation erörtert und Berücksichtigung finden – so insbesondere bei der Frage nach dem Legitimationssubjekt auf europäischer Ebene und der Beachtung der sogenannten dualen Legitimationsbasis europäischer Hoheitsgewalt. Unter Beachtung der unionalen Besonderheiten soll mithin im Folgenden das Prinzip demokratischer Legitimation in seinen verschiedenen Ausgestaltungen untersucht und in einer Kombination aus Übertragung und Anpassung für die europäische Hoheitsgewalt – insbesondere die Judikative – festgelegt werden.

172; Oppermann/Classen/Nettesheim, Europarecht, § 16, Rn. 1 ff.; Baach, Parlamentarische Mitwirkung, 41 ff.; Mross, Bürgerbeteiligung, 33 ff., 38 ff.

297 Lübbe-Wolff, VVDStRL 60 (2001), 246, 247 f.

298 Benz, in: Bauer/Huber/Sommermann, Demokratie in Europa, 253, 253, 279 f.

299 Sommermann, in: Bauer/Huber/Sommermann, Demokratie in Europa, 191, 194 m.w.N.

300 Siehe oben, 3. Teil, A. III. 3.

301 Durch den Vertrag von Lissabon wurde die demokratische Ausgestaltung der Union in Anlehnung an die der Mitgliedstaaten durch Art. 10 Abs. 1 EU n.F. konkretisiert: „Die Arbeitsweise der Union beruht auf der *repräsentativen* Demokratie“ (Hervorhebung nicht im Original).

302 BVerfGE 89, 155, 182 – Maastricht-Urteil.

303 BVerfG, 2 BvE 2/08 vom 30. Juni 2009, Rn. 266 m.w.N.; zudem vgl. Rn. 219, 227, 271 f., 278 f. – Lissabon-Urteil.

304 Pernice, in: FS Zuleeg, 145, 154; Nettesheim, in: Bauer/Huber/Sommermann, Demokratie in Europa, 143, 155; Stein, ZaöRV 64 (2004), 563, 570; BVerfG, 2 BvE 2/08 vom 30. Juni 2009, Rn. 177, 244 – Lissabon-Urteil.

B. Das Prinzip demokratischer Legitimation von Hoheitsgewalt

Der oben beschriebene erforderliche Zurechnungszusammenhang muss immer zwischen dem Subjekt demokratischer Legitimation, dem Legitimationsgeber, und dem Objekt demokratischer Legitimation, den legitimationsbedürftigen Hoheitshandlungen, bestehen. Bevor auf die genaue Ausgestaltung und Herstellung des Legitimationszusammenhanges eingegangen wird, ist eine Konkretisierung dieses Legitimationsobjektes und -subjektes notwendig, insbesondere in Bezug auf die europäische Ebene (I.). Zudem ist eine wichtige unionale Besonderheit im Hinblick auf den herzustellenden Legitimationszusammenhang zu beachten, die bei der näheren Ausgestaltung des Prinzips demokratischer Legitimation auf europäischer Ebene zu berücksichtigen sein wird, nämlich das Modell der dualen Legitimation (II.).

I. Legitimationsobjekt und -subjekt

Auf europäischer Ebene stellt sich in diesem Zusammenhang die besondere Frage, welche Handlungen der Union demokratisch legitimiert werden *müssen* (Legitimationsobjekt) und ob diese überhaupt legitimiert werden *können* (Legitimationssubjekt).

1. Legitimationsobjekt (Legitimationsbedürftigkeit)

Zunächst ist das Legitimationsobjekt auf staatlicher Ebene festzulegen, bevor auf die supranationale Ebene eingegangen wird.

a) Die nationale Staatsgewalt

Auf nationaler Ebene wird das Legitimationsobjekt als „(Staats-) Gewalt(en)“[305], „hoheitliche bzw. oberste Gewalt“[306], „öffentliche Gewalt“[307], „Regierungsgewalten“[308] oder „souveräne Gewalt“ bzw. „Souveränität“[309] bezeichnet. In diesem Zusammenhang nennen einige Verfassungen ausdrücklich die drei Gewalten der

305 Art. 33 Abs. 1 belg. Verf.; Art. 1 Abs. 2 bulgar. Verf.; Art. 20 Abs. 2 Satz 1 GG; § 2 I finn. Verf.; Art. 1 Abs. 3 griech. Verf.; Art. 2 Abs. 1 slowak. Verf.; Art. 1 Abs. 2 span. Verf.; Art. 2 tschech. Verf.; Art. 2 Abs. 2 ungar. Verf.

306 Art. 4 Abs. 1 polnische Verf.; § 1 Abs. 1 estnische Verf.; Art. 3 Abs. 2 slowenische Verf.

307 Kap. 1 § 1 schwedische Verfassung.

308 Art. 6 Abs. 1 irische Verfassung.

309 Art. 3 frz. Verf.; Art. 1 Abs. 2 ital. Verf.; Ziff. 2. lett. Verf.; Art. 2, 3 litau. Verf.; Art. 32 luxem. Verf.; Art. 3 Abs. 1 portug. Verf.; Art. 2 Abs. 1 rumän. Verf.

gesetzgebenden, vollziehenden und rechtsprechenden Gewalt.[310] Überraschend eng ist demgegenüber die Formulierung in Art. 1 des österreichischen B-VG: „Ihr (der Republik) Recht geht vom Volk aus". Die Beschränkung auf „Recht" könnte bei enger Auslegung zu der Annahme führen, dass ausschließlich die Legislative der demokratischen Legitimation bedürfe. Eine derartige Zentrierung auf die Gesetzgebung als erste Gewalt ist tatsächlich traditionell im Vereinigten Königreich durch die „sovereignity and supremacy of Parliament" festzustellen.[311] Ähnlich herrschte auch in Frankreich lange Zeit ein monistisches Verständnis der Souveränität in Form eines Monopols des Parlaments; diese Auffassung wurde aber mittlerweile im Laufe eines Pluralismusprozesses revidiert.[312] Die französische „souveraineté", die vom Volk zu legitimieren ist, umfasst vielmehr alle „politische Macht im institutionellen Sinne".[313] Zudem macht auch im Vereinigten Königreich und in Österreich beispielsweise die Verantwortlichkeit der Exekutive gegenüber der vom Volk gewählten Legislative deutlich, dass ein Legitimationszusammenhang auch bezüglich der anderen Gewalten erforderlich ist.[314] Die Tatsache, dass alle drei Gewalten zum Legitimationsobjekt gehören, ergibt sich bei sämtlichen Verfassungen schließlich bereits zwangsläufig – und logischerweise – aus dem Grundsatz der Volkssouveränität im Zusammenspiel mit dem überall geltenden Prinzip der Gewaltenteilung.[315]

Konkretisiert wird der Begriff der legitimationsbedürftigen Ausübung von Staatsgewalt im Sinne des Art. 20 Abs. 2 Satz 1 GG von dem deutschen Bundesverfassungsgericht als „jedenfalls alles amtliche Handeln mit Entscheidungscharakter".[316] Objekt demokratischer Legitimation soll mithin jedwede Staats- bzw. Herrschaftsgewalt im weitesten Sinne sein.[317] „Dies gilt gleichermaßen für Entscheidungen, die unmittelbar nach außen wirken, wie auch für solche, die nur behördenintern die Voraussetzungen für die Wahrnehmung der Amtsaufgaben schaffen (…), sowie für die Wahrnehmung von Mitentscheidungs-

310 So z.B. Art. 20 Abs. 2 Satz 2 GG; Art. 6 Abs. 1 irische Verf.; Art. 2 Abs. 1 tschech. Verf.

311 Smith, in: Bauer/Huber/Sommermann, Demokratie in Europa, 69, 69; Sommermann, in: Bauer/Huber/Sommermann, Demokratie in Europa, 191, 204 f.; Riedel, in: Müller-Graff/Riedel, Verfassungsrecht in der EU, 77, 89; Bredt, Demokratische Legitimation, 111 ff.

312 Heuschling, EuGRZ 2006, 338, 346 f., 348 f.; ders., in: Bauer/Huber/Sommermann, Demokratie in Europa, 33, 58 ff.

313 Heuschling, EuGRZ 2006, 338, 340.

314 Vgl. bzgl. des Vereinigten Königreichs: Smith, in: Bauer/Huber/Sommermann, Demokratie in Europa, 69, 70 f., 76 f.; bzgl. Österreich: Öhlinger, Verfassungsrecht, Rn. 343, 356, 373.

315 Siehe oben, 2. Teil, A. I., und 3. Teil, A. III. 3.

316 St. Rspr. BVerfGE 47, 253, 273; 83, 60, 73; 93, 37, 68; 107, 59, 87.

317 Böckenförde, Demokratie, in: HStR II 2004, § 24, Rn. 12 f.; Schliesky, Souveränität und Legitimität, 254 ff., 691 ff.; Dreier, in: ders., GG, Art. 20, Rn. 90 ff.; Sommermann, in: Mangoldt/Klein/Starck, GG, Art. 20, Rn. 145 ff.; Tschentscher, Demokratische Legitimation, 63 f.; Baumbach, Vertragswandel, 148 ff.; Schmidt-Aßmann, AöR 116 (1991), 329, 338 ff.; Pieroth, EuGRZ 2006, 330, 331; Voßkuhle/Kaiser, JuS 2009, 803, 803 f.

befugnissen einschließlich der Ausübung von Vorschlagsrechten (...)".[318] Entscheidend für die Charakterisierung einer Maßnahme als legitimationsbedürftiger Hoheitsakt ist demnach deren irgendwie geartete – externe oder interne – Wirkung.[319] Diese Konkretisierung in der deutschen Rechtsprechung und Lehre macht die Weite des Begriffs der legitimationsbedürftigen Gewalt deutlich.

Als Dritte Staatsgewalt, die Hoheitsgewalt in Form der Rechtsprechung ausübt, muss auch die Judikative dieses Erfordernis erfüllen, d.h. es muss ein hinreichender Legitimationszusammenhang zwischen der richterlichen Gewalt einerseits und den ihr unterworfenen Bürgerinnen und Bürgern andererseits bestehen.[320] Der Gedanke der Volkssouveränität im Bereich der Rechtsprechung wird in etlichen Mitgliedstaaten dadurch unterstrichen, dass ihre Urteile ausdrücklich „Im Namen des Volkes"[321] gefällt werden.

b) Die europäische Hoheitsgewalt

Die Frage, welche Tätigkeiten der EU legitimationsbedürftig sind, wird immer seltener aufgeworfen, da diesbezüglich kaum Meinungsverschiedenenheiten mehr bestehen. Die wenigen (früheren) Auffassungen, den zufolge die Gemeinschaft – insbesondere aufgrund ihrer völkerrechtlichen Ausgestaltung – überhaupt keiner demokratischen Ausgestaltung bedürfe[322], scheinen überholt und/oder „überwunden" zu sein. Die EU ist ein eigenständiges Hoheitssystem sui generis, dessen autonome Rechtsordnung aufgrund seiner Vorrangstellung und unmittel-

318 BVerfGE 107, 59, 87 unter Bezugnahme auf BVerfGE 93, 37, 68 und 83, 60, 73.

319 Baumbach, Vertragswandel, 155 f. m.w.N.

320 So z.B. bzgl. Deutschland: Böckenförde, Verfassungsfragen der Richterwahl, 71 f.; Stern, Staatsrecht, Bd. 1, 606; Classen, JZ 2003, 693, 693; Roellecke, in: FS Leisner, 553, 553 ff.; Voßkuhle/Sydow, JZ 2002, 673, 673 ff.; Pottschmidt, NordÖR 2002, 397, 401; Mähner, Gerichtshof, 123 ff.; bzgl. Frankreich: Heuschling, EuGRZ, 338, 346 ff.; bzgl. Österreich: Öhlinger, Verfassungsrecht, Rn. 343, 356, 373; Keller, in: FS Broda, 121, 121 ff.; bzgl. Polen: Biernat, in: Bauer/Huber/Sommermann, Demokratie in Europa, 79, 85; bzgl. der europäischen Staaten insgesamt: Stürner, in: FS Brohm, 153, 153 ff.

321 Diese Eingangsformel (vgl. zu den deutschen Gerichten auf Bundesebene § 25 Abs. 4 BVerfGG, § 311 Abs. 1 ZPO, § 268 Abs. 1 StPO, § 117 Abs. 1 Satz 1 VwGO, § 105 Abs. 1 Satz 1 FGO, § 132 Abs. 1 Satz 1 SGG; bzgl. anderer Mitgliedstaaten vgl. Art. 101 ital. Verf., Art. 202 Abs. 1 portug. Verf., Art. 118 bulgar. Verf.; Art. 26 Abs. 3 griech. Verf.) verdeutlicht den Gedanken der Volkssouveränität im Bereich der Rechtsprechung. Im Gegensatz dazu ergingen Urteile zu Zeiten des Absolutismus im Namen des Monarchen (ähnlich noch in Belgien: „... im Namen des Königs...", Art. 40 belg. Verf.). Interessant: Art. 117 Abs. 1 spanische Verf., wonach die Rechtsprechung vom Volke ausgeht und im Namen des Königs ausgeübt wird. Hingegen „Im Namen der Republik" gemäß Art. 109 litauische Verf., Art. 82 Abs. 2 öster. B-VG, Art. 174 polnische Verf., Art. 81 tschechische Verf. Siehe dazu auch Görisch, Recht und Politik 2006, 86, 86. Der EuGH spricht seine Urteile bislang ohne eine entsprechende Eingangsformel aus.

322 So z.B. Randelzhofer, in: Hommelhoff/Kirchhof, Staatenverbund der EU, 39, 40 ff.

baren Anwendbarkeit die Bürger und Mitgliedstaaten der Union direkt berechtigen und verpflichten kann.[323] Sie hat mit den staatlichen Verfassungsordnungen das „Phänomen einseitiger Macht", das „Herrschaftsmoment" gemeinsam.[324] Die Gemeinschaft übt unstreitig (von den Mitgliedstaaten übertragene[325]) Hoheitsgewalt aus[326], die – nach dem gemeinsamen Demokratieverständnis aller Mitgliedstaaten – rechtlich und demokratisch legitimiert sein bzw. werden muss[327]. Dies bezieht sich wie in den Nationalstaaten infolge des Gewaltenteilungsprinzips auf alle Gewalten im Rahmen des „institutionellen Gleichgewichts" der Union. Zu der legitimationsbedürftigen Hoheitsgewalt der EU zählt somit unzweifelhaft auch die Rechtsprechung der Unionsgerichte. Folglich bedarf die judikative Tätigkeit von EuGH und EuG der demokratischen Legitimation.

2. Legitimationssubjekt (Legitimationsfähigkeit)

Auch an dieser Stelle soll von dem Legitimationssubjekt auf staatlicher Ebene ausgehend der Legitimationsgeber für die supranationale Hoheitsgewalt festgelegt werden.

a) Das „nationale" Legitimationssubjekt

Im Laufe der Geschichte hat sich ein grundlegender Wandel bezüglich des Legitimationssubjektes vollzogen. So ist zunächst der Übergang von einer Herrschaft kraft Gottes Gnaden oder kraft Erbe/Geburtsrecht einerseits zu den weltlichen Legitimationslehren andererseits hervorzuheben. Innerhalb der weltlichen Legi-

---

323 Streinz, Europarecht, Rn. 193 ff.; Dreier, in: ders., GG, Art. 20, Rn. 46; Adamovich/Funk/Holzinger, Österr. StaatsR 1, Rn. 17.023 ff., 17.046 ff.

324 von Bogdandy, in: FS Badura, 1033, 1042 f.; ähnlich: Volkmann, AöR 127 (2002), 575, 576 f.

325 Die Möglichkeit der Übertragung nationaler Hoheitsgewalt auf die supranationale Gemeinschaft wird in den meisten mitgliedstaatlichen Verfassungen entweder ausdrücklich in Bezug auf die Europäische Union angeordnet (vgl. z.B. Art. 23 GG; Art. 88-I frz. Verf.; Art. 28 griech. Verf.; Art. 7 Abs. 6 portug. Verf.) oder allgemeiner bezüglich internationaler Organisationen bzw. völkerrechtlicher Einrichtungen (vgl. z.B. Art. 34 belg. Verf.; Art. 10a tschech. Verf.; Art. 3a slowenis. Verf.).

326 Pernice, VVDStRL 60 (2001), 148, 165 f.; Baumbach, Vertragswandel, 154 ff.; Scharpf, Staatswiss. und -praxis 1992, 293, 293; Adamovich/Funk/Holzinger, Österr. StaatsR 1, Rn. 17.060; Mross, Bürgerbeteiligung, 56 f.

327 BVerfGE 89, 155, 182 ff.; 2 BvE 2/08 vom 30. Juni 2009, Rn. 177, 244, 261; Hallstein, EG, 64; Dreier, in: ders., GG, Art. 20, Rn. 46; Nettesheim, in: Bauer/Huber/Sommermann, Demokratie in Europa, 143, 155; Stein, ZaöRV 64 (2004), 563, 570; Heuschling, in: Bauer/Huber/Sommermann, Demokratie in Europa, 33, 52 f.; Kirchhof, EuR 1991, Beiheft 1, 11, 13; Böckenförde, Weg Europas, 35 f.; von Bogdandy, in: ders., Europäisches Verfassungrecht 2003, 149, 171 f.; Badura, VVDStRL 23 (1966), 34, 37 f.; Ruffert, EuR Beiheft 1 2009, 31, 34.

timationstheorien spielt der Demos-Begriff eine entscheidende Rolle. Im antiken Griechenland zählten zu „Vollbürgern“ der Athener Demokratie lediglich erwachsene, freie Männer, so dass sowohl Frauen als auch Sklaven ausgeschlossen wurden. Ähnlich wurde das „Vollbürgertum“ in den *Federalist Papers* des späten 18. Jahrhunderts in Amerika definiert: Einzig erwachsene, weiße Männer sollten wahlberechtigt sein.[328] Seiner Zeit maßgeblich voraus forderte *Mill* bereits Mitte des 19. Jahrhunderts die Einführung des Frauenwahlrechts, knüpfte die Wahlberechtigung aber gleichzeitig an intellektuelle Kompetenzen und Qualifikationen der Bürgerinnen.[329] Tatsächlich wurde im 19. Jahrhundert in einigen Staaten ein beschränktes Wahlrecht für Frauen eingeführt – beispielsweise bei Kommunalwahlen oder in Abhängigkeit vom gesellschaftlichen Status.[330] Ein uneingeschränkt weiter Demos-Begriff, der bedingungslos alle erwachsenen Staatsbürgerinnen und -bürger umfasste, wurde Anfang des 20. Jahrhunderts von *Max Weber* vertreten.[331] Es dauerte jedoch trotzdem noch bis zur zweiten Hälfte des 20. Jahrhunderts, bis sich in allen heutigen EU-Mitgliedsstaaten das (uneingeschränkte, den Männern absolut gleichberechtigte) Wahlrecht für Frauen tatsächlich durchsetzte und diese nunmehr zum „Legitimationssubjekt“ gleichberechtigt hinzugezählt werden konnten.[332]

Die den europäischen Staaten heute gemeinsame Kernaussage der „Volkssouveränität/-herrschaft“ legt formal das „Volk“ als Legitimationsgeber fest. Der Volksbegriff ist jedoch nach wie vor umstritten und befindet sich – insbesondere vor dem Hintergrund der fortschreitenden Globalisierung und Internationalisierung in den letzten Jahrzehnten – weiterhin im Wandel.

aa) Kollektives Verständnis: das Staatsvolk als homogene Einheit

Als Legitimationsgeber wird in den nationalen Verfassungen rein normativ in der Regel das Staats-„Volk“ festgelegt.[333]

---

328 Schmidt, Demokratietheorien, 109 m.w.N.

329 Schmidt, Demokratietheorien, 137 f. m.w.N.

330 So z.B. in Österreich, Schweden und dem Vereinigten Königreich.

331 Schmidt, Demokratietheorien, 165 m.w.N.

332 In etlichen Staaten wurde das uneingeschränkte Frauenwahlrecht zwar „schon“ Anfang des 20. Jahrhunderts eingeführt (z.B. in Norwegen, Dänemark, Österreich, Deutschland, Estland, Lettland, Polen, Luxemburg, Niederlande), es gab aber auch etliche Nachzügler unter den heutigen EU-Mitgliedstaaten (1940er und Anfang 1950er Jahre: Frankreich, Slowenien, Belgien, Italien, Griechenland, Ungarn; 1960: Zypern; erst 1976 hob Portugal die letzten Beschränkungen im Rahmen des Frauenwahlrechts auf).

333 Art. 1 Abs. 2 bulgar. Verf.; Art. 20 Abs. 2 Satz 1 GG; § 1 estn. Verf.; § 2 Abs. 1 finn. Verf.; Art. 2 Abs. 5, 3 frz. Verf.; Art. 1 Abs. 3 griech. Verf.; Art. 6 Abs. 1 irische Verf. (aber beachte dort: „nächst Gott vom Volke“); Art. 1 Abs. 1 ital. Verf.; Ziff. 2. lett. Verf.; Art. 2, 3 litau. Verf.; Art. 1 öster. B-VG; Art. 4 Abs. 1 poln. Verf.; Art. 3 Abs. 1 portug. Verf.; Art. 2 Abs. 1 rumän. Verf.; Kap. 1 § 1 schwed. Verf.; Art. 3 slowen. Verf.; Art. 2 Abs. 1

In der Rechtsprechung des deutschen Bundesverfassungsgerichts zu der zentralen Norm des Art. 20 Abs. 2 GG wird „traditionell" unter Staatsvolk die Gesamtheit der Deutschen als eine zur Einheit verbundene Gruppe verstanden, deren formales Band die deutsche Staatsangehörigkeit im Sinne des Art. 116 Abs. 1 GG ist.[334] Dieser monistische[335] Volksbegriff beschränkt das Legitimationssubjekt nicht nur auf das *deutsche* Volk – unter Ausschluss beispielsweise der in Deutschland lebenden Ausländer –, sondern zugleich auf eine *einzige Einheit*, eine „Personengesamtheit" oder „Schicksalsgemeinschaft", bestehend aus den deutschen Staatsbürgern.[336] Nicht die Interessen der einzelnen Bürgerinnen und Bürger stehen im Vordergrund, sondern der Gesamt-Wille eines Kollektivs, das durch gemeinsame sozio-kulturelle, politisch-strukturelle und ethische Voraussetzungen eine bestimmte Homogenität, ein gewisses „Wir-Gefühl" aufweisen muss[337] – insbesondere in Abgrenzung zu einer Legitimation durch die schlicht von der Hoheitsgewalt „Betroffenen".

Ein derart monistisches, auf das Staatsvolk beschränkte Volksverständnis ist auch in der französischen Lehre[338] und der Rechtsprechung des Conseil Constitutionnel[339] zur „souveraineté nationale" und dem „peuple français" vorherrschend (gewesen): Politisches Herrschaftssubjekt in Frankreich sei *einzig und allein* die *homogene und einheitliche Gesamtheit* des französischen Volkes im Sinne eines unteilbaren Kollektivs freier und gleicher Individuen, verbunden durch die französische Staatsbürgerschaft.

Ähnlich wird in Polen unter „Volk" nur die politische und gesellschaftliche *Gemeinschaft* der polnischen Staatsangehörigen verstanden[340], und auch der ös-

---

span. Verf.; Art. 2 Abs. 1 tschech. Verf.; Art. 2 Abs. 2 ungar. Verf. Seltener heißt es die „Nation", so in Art. 33 Abs. 1 belg. Verf.; Art. 32 luxem. Verf.

334 St. Rspr. BVerfGE 83, 37, 50 ff.; 83, 60, 71, 74 f.; 107, 59, 87. Voßkuhle/Kaiser, JuS 2009, 803, 803.

335 Auch „holistisch" oder „etatistisch" genannt.

336 Dem BVerfG zustimmend: Böckenförde, Demokratie, in: HStR II 2004, § 24, Rn. 26 ff.; Dreier, in: ders., GG, Art. 20, Rn. 94 ff.; Sommermann, in: Mangoldt/Klein/Starck, GG, Art. 20, Rn. 148 ff.; Schmidt-Aßmann, AöR 116 (1991), 329, 348 ff.; dazu: Schliesky, Souveränität und Legitimität, 265 ff.

337 Böckenförde, Demokratie, in: HStR II 2004, § 24, Rn. 26 ff., 58 ff.; dazu: Hanebeck, DÖV 2004, 901, 901 ff.; Petersen, Demokratie, 17 ff.; Huber, in: Drexl/Kreuzer/Scheuing/Sieber, Europäische Demokratie, 27, 32 f.; von Komorowski, Demokratieprinzip, 182 ff., 674 ff.

338 Heuschling, in: Bauer/Huber/Sommermann, Demokratie in Europa, 33, 47 ff. m.w.N.; ders., EuGRZ 2006, 338, 344 ff.; Sommermann, in: Bauer/Huber/Sommermann, Demokratie in Europa, 191, 204; Riedel, in: Müller-Graff/Riedel, Verfassungrecht der EU, 77, 87 f.; Fromont, DÖV 1995, 481, 481; Hecker, AöR 123 (1998), 577, 591.

339 CC, Décision n° 76-71 DC du 30 décembre 1976, Rn. 6 f.; Décision n° 92-308 DC du 9 avril 1992, Rn. 24 ff. – Maastricht I; Décision n° 92-312 DC du 2 septembre 1992, Rn. 14 ff. – Maastricht II.

340 Biernat, in: Bauer/Huber/Sommermann, Demokratie in Europa, 79, 81 m.w.N.

terreichische Verfassungsgerichtshof beschränkt das „Volk“ im Sinne des Art. 1 B-VG auf die *Gesamtheit* der österreichischen Staatsbürger[341].

bb) Individualistisches Verständnis: der einzelne Bürger

Das oben skizzierte kollektivistische, monistische Verständnis des Legitimationssubjekts „Volk“ wurde zum Teil als zu eng und nicht mehr zeitgemäß empfunden, und erfährt deshalb mittlerweile in etlichen EU-Mitgliedstaaten Auflockerungstendenzen zugunsten eines individualistischen, pluralistischen Demokratieverständnisses.[342]

So sieht *Bryde* insbesondere drei Problemfelder im Rahmen des auf das deutsche Volk beschränkten Demokratieverständnisses, die auch anderen Kritikern nicht fremd sind, und gerade die heutigen Herausforderungen an eine demokratische Ordnung betreffen:

- Demokratie trotz zunehmender Internationalisierung und Transnationalisierung der Weltgemeinschaft funktionstüchtig zu halten;
- Demokratie in zunehmend inhomogenen, „multikulturellen“ Gesellschaften zu ermöglichen;
- Demokratie an der Basis trotz zunehmender Regelungsunfähigkeit des (National-) Staates zu organisieren.[343]

Bezüglich dieser Problempunkte gelte es zunächst zu beachten, dass gerade die konstant zunehmende Internationalisierung sämtlicher Prozesse und Probleme die „Vorstellung von einer ‚Schicksalsgemeinschaft‘ nur auf nationaler Ebene schlechterdings absurd“ mache.[344] In dieser Hinsicht stellt auch das Bundesverfassungsgericht fest, dass ein überstaatliches Zusammenwirken in vielen Bereichen heute unumgänglich ist: „Föderale und supranationale Verflechtungen schaffen Handlungsmöglichkeiten, die sonst auf praktische oder territoriale Grenzen stießen, und erleichtern den friedlichen Interessenausgleich.“[345] Die damit einhergehende, notwendige Auflockerung der nationalstaatlichen Grenzen bezüglich der Gestal-

---

341 Öhlinger, Verfassungsrecht, Rn. 343, bezeichnet diese Judikatur als problematisch.

342 So z.B. Kritik in der deutschen Literatur bei: Tschentscher, Demokratische Legitimation, 64 ff.; Schliesky, Souveränität und Legitimität, 265 ff.; Hanebeck, DÖV 2004, 901, 901 ff.; Pieroth, EuGRZ 2006, 330, 331 f.; Bryde, Staatswiss. und -praxis 1994, 305, 305 ff.; Petersen, Demokratie, 17 ff.; Grewe, in: Drexl/Kreuzer/Scheuing/Sieber, Europäische Demokratie, 59, 61 ff.; Möllers, Die drei Gewalten, 82 ff.; Unger, Demokratie, 250 ff.

343 Bryde, Staatswiss. und -praxis 1994, 305, 306; ähnlich: Petersen, Demokratie, 17 f.; Schliesky, Souveränität und Legitimität, 268 ff.

344 Bryde, Staatswiss. und -praxis 1994, 305, 307; ähnlich: ders., in: FS Zuleeg, 131, 132; Zuleeg, JZ 1993, 1069, 1074.

345 BVerfG, 2 BvE 2/08 vom 30. Juni 2009, Rn. 247.

tung von Hoheitsgewalt wird auch durch die Einführung des (aktiven und passiven) Kommunalwahlrechts für ansässige EU-Ausländer in allen Mitgliedstaaten gemäß Art. 22 Abs. 1 AEUV (ex-Art. 19 Abs. 1 EG) deutlich.[346] Vor diesem Hintergrund wird festgestellt: „Angesichts der Unlösbarkeit von Zukunftsfragen im nationalstaatlichen Rahmen bedeutet die Bindung von ‚Demokratie' an ein nationalstaatlich definiertes ‚Volk' den Verzicht auf demokratische Zukunftsgestaltung. Eine nationalstaatlich verengte Demokratie gibt sich selbst auf."[347]

Insbesondere im Rahmen des zweiten Problemfeldes darf nicht übersehen werden, dass die „Homogenität", die die monistische Sichtweise ihrem Volksbegriff zugrundelegt, selbst im Nationalstaat aufgrund der stetig zunehmenden Heterogenität der Bevölkerung nicht (mehr) anzunehmen ist, und auch die formale Staatsangehörigkeit dafür keine Garantie sein kann.[348] Die Existenz eines einheitlichen, gemeinschaftlichen Volkswillens stellt sich in der heutigen heterogenen Gesellschaft vielmehr als eine bloße „Fiktion" dar, an deren Stelle Pluralität und Interessendiversität getreten sind.[349] So wird in diesem Zusammenhang schon fast ironisch bemerkt: „Die Bevölkerung mag also multikulturell werden; das Subjekt demokratischer Legitimation bleibt kulturell deutsch."[350] Das Merkmal einer „homogenen" Gesellschaft ist vor diesem Hintergrund nicht mehr als Voraussetzung für die Qualifizierung als Legitimationssubjekt haltbar; selbst im Nationalstaat kann insofern nur noch von den jeweiligen (heterogenen) Interessen der Einzelnen gesprochen werden.

Zudem legt die Konzeption des Grundgesetzes ein anderes Verständnis des Legitimationssubjekts nahe: Zum einen sprechen sowohl die föderale Gliederung in Bund, Länder und weitere Verwaltungseinheiten wie beispielsweise Kommunen als auch die internationale Öffnung des Staates gemäß Art. 23, 24 GG und die Anerkennung der Unionsbürgerschaft im Sinne des Art. 20 AEUV (ex-Art. 17 EG) für ein plurales Verständnis des Legitimationssubjektes.[351] Zum anderen stehen die Menschenwürde und die liberalen Grundrechte an erster Stelle des Grundgesetzes, was für ein individualistisches Demokratieverständnis spricht, bei dem

---

346 Dazu: Hobe, JZ 1994, 191, 193 f.

347 Bryde, Staatswiss. und -praxis 1994, 305, 308.

348 Bryde, Staatswiss. und -praxis 1994, 305, 310 ff.; Petersen, Demokratie, 17 f.; Grewe, in: Drexl/Kreuzer/Scheuing/Sieber, Europäische Demokratie, 59, 61 ff.

349 Vgl. Häberle, Europäische Verfassungslehre, 299; Zuleeg, in: Drexl/Kreuzer/Scheuing/Sieber, Europäische Demokratie, 11, 16 ff.; Petersen, ZaöRV 64 (2004), 429, 442 f.; Schliesky, Souveränität und Legitimität, 238, 241 ff.; Blanke, KJ 1998, 452, 460; Habermas, Faktizität und Geltung, 606 f.

350 Tschentscher, Demokratische Legitimation, 68 f., der Demokratie von Staatlichkeit und damit auch von dem traditionellen Volksbegriff loslösen möchte und vielmehr die jeweils von der Hoheitsgewalt „Betroffenen" als Legitimationssubjekte begreift, 114 ff.

351 Bryde, Staatswiss. und -praxis 1994, 305, 317 ff.; von Bogdandy, in: ders., Europäisches Verfassungsrecht 2003, 149, 174; Schmitz, EuR 2003, 217, 218; Schliesky, Souveränität und Legitimität, 268 ff.; Hobe, JZ 1994, 191, 193 ff.; ähnlich Blanke, KJ 1998, 452, 459 f.: Öffnung der Demokratie „nach unten" und „nach oben".

der Einzelne als Individuum das entscheidende Subjekt ist.[352] Schließlich wird mit dieser individualistischen Auslegung des Volksbegriffes die Selbstbestimmung des Einzelnen als Kern und Ausgangspunkt der Demokratie (wieder) in den Mittelpunkt der Demokratietheorie gerückt.[353]

Diese Tendenz wird auch in der Rechtsprechung des Bundesverfassungsgerichts deutlich. So führt es in seiner Entscheidung zur funktionalen Selbstverwaltung aus: „Sowohl das Demokratieprinzip in seiner traditionellen Ausprägung einer ununterbrochen auf das Volk zurückzuführenden Legitimationskette für alle Amtsträger als auch die funktionale Selbstverwaltung als organisierte Beteiligung der sachnahen Betroffenen an den sie berührenden Entscheidungen verwirklichen die sie verbindende *Idee des sich selbst bestimmenden Menschen* in einer freiheitlichen Ordnung".[354] Und in seiner Entscheidung zum Vertrag von Lissabon definiert das Gericht den Volksbegriff lediglich als „die staatsangehörigen Bürger" und gerade nicht als eine bestimmte homogene Einheit.[355] Vielmehr stellt es als Legitimationssubjekt auf das Individuum ab, wenn es die Verankerung der demokratischen Teilhabe in der „Würde des Menschen" sieht und in diesem Zusammenhang den Schutz der „Selbstbestimmung des Einzelnen" betont.[356]

Ein ähnlicher schrittweiser Paradigmenwechsel ist auch in Frankreich festzustellen, wo „peuple/nation" immer häufiger als komplexer Zusammenschluss divergierender Meinungen und vielfältiger Interessen wahrgenommen wird, und weniger als homogene Gestalt.[357] Eine starke Relativierung hat das „principe de l'unicité du peuple français" insbesondere durch die Einführung und Anerkennung der Unionsbürgerschaft neben der nationalen Staatsbürgerschaft erfahren und der damit einhergehenden neuen Wahlrechte für Unionsbürger.[358] So heißt es in einer Entscheidung des Conseil Constitutionnel aus dem Jahre 2003: „… les membres du Parlement européen élus en France le sont en tant que représentants des citoyens de l'Union europeénne résidant en France".[359] Problematischer als die Anerkennung des aktiven und passiven Wahlrechts zum Europäischen Parla-

352 Petersen, Demokratie, 18; Bryde, Staatswiss. und -praxis 1994, 305, 321 f.; ders., in: FS Zuleeg, 131, 132 f.; Schliesky, Souveränität und Legitimität, 272 ff.; Häberle, Europäische Verfassungslehre, 301 ff.; Pernice, VVDStRL 60 (2001), 148, 160 ff.

353 Huber, in: Bauer/Huber/Sommermann, Demokratie in Europa, 491, 511 f.; Hanebeck, DÖV 2004, 901, 908; Oeter, ZaöRV 55 (1995), 659, 683; Zuleeg, JZ 1993, 1069, 1072; Habermas, Faktizität und Geltung, 606 f.

354 BVerfGE 107, 59, 92; kritisch zu dieser Entscheidung aufgrund angeblicher Unschärfen und dogmatischer Lücken: Jestaedt, JuS 2004, 649, 651 ff., der aber auch die mögliche Tendenz des BVerfG zum Pluralismus betont (S. 653). Hanebeck, DÖV 2004, 901, 907 f., sieht in dieser Entscheidung eine „Rückbesinnung auf das Individuum und seine Selbstbestimmung".

355 BVerfG, 2 BvE 2/08 vom 30. Juni 2009, Rn. 229.

356 BVerfG, 2 BvE 2/08 vom 30. Juni 2009, Rn. 211, 220.

357 Heuschling, EuGRZ 2006, 338, 348.

358 Dazu CC, Décision n° 92-308 DC 9 avril 1992, Rn. 19 ff. – Maastricht I.

359 CC, Décision n° 2003-468 DC du 3 avril 2003, Rn. 37.

ment als Vertretungsorgan der Unionsbürger gestaltete sich die Umsetzung des aktiven und passiven Kommunalwahlrechts für Unionsbürger in Frankreich.[360] Nach entsprechenden Verfassungsänderungen kann mittlerweile jedoch von einer tendenziellen Entnationalisierung des Volksbegriffs gesprochen werden.[361]

Dieser eindeutige Wandel und Pluralisierungsprozess im deutschen und französischen Volksbegriff ist – allein aufgrund der Anerkennung der Unionsbürgerschaft und damit einhergehenden Öffnung des monistischen Verständnisses einerseits und der Relativierung einer möglichen Beschränkung auf das jeweilige nationale Staatsvolk durch Einführung des Kommunalwahlrechts für ansässige EU-Ausländer in sämtlichen Mitgliedstaaten andererseits – in etlichen EU-Mitgliedstaaten festzustellen.[362]

In diesem Zusammenhang ist schließlich darauf hinzuweisen, dass auch in einigen mitgliedstaatlichen Verfassungen normativ-formal nicht ausschließlich das „kollektive Volk" als Legitimationssubjekt im Vordergrund steht, sondern die einzelnen Bürger als Individuum. So heißt es beispielsweise in § 2 Abs. 2 der finnischen Verfassung aus dem Jahre 1999: „Demokratie umfasst das Recht des *Individuums* (…)". Art. 2 Abs. 1 der slowakischen Verfassung aus dem Jahre 1992 bestimmt, die „(…) Staatsgewalt geht von den *Bürgern* aus…". Und gemäß Art. 3 Abs. 1 der slowenischen Verfassung aus dem Jahre 1991 ist Slowenien „(…) der Staat aller seiner *Staatsbürgerinnen und Staatsbürger* (…)".

Im Ergebnis ist der Begriff „Volk" somit nicht (mehr) monistisch, kollektivistisch aufzufassen, sondern pluralistisch, individualistisch. Damit rückt der Einzelne als Individuum in den Mittelpunkt der Qualifizierung als Legitimationssubjekt.[363] In den EU-Mitgliedstaaten ist das Wahlrecht zu den nationalen Vertretungskörperschaften oberhalb der Kommunalebene zwar weiterhin an das formale Kriterium der Staatsangehörigkeit geknüpft, und somit den eigenen Staatsangehörigen vorbehalten.[364] Die Befugnis und Möglichkeit, Staatsgewalt zu legitimieren, stellt nach diesem Verständnis mithin noch kein Menschenrecht der jeweils von

---

360 CC, Décision n° 92-308 DC du 9 avril 1992, Rn. 21 ff. – Maastricht I; Décision n° 92-312 DC du 2 septembre 1992, Rn. 14 ff. – Maastricht II.

361 Heuschling, in: Bauer/Huber/Sommermann, Demokratie in Europa, 33, 49 ff.; ders., EuGRZ 2006, 338, 350 f.

362 So z.B. bzgl. Polen: Biernat, in: Bauer/Huber/Sommermann, Demokratie in Europa, 79, 100; bzgl. des Vereinigten Königreichs: Bredt, Demokratische Legitimation, 113 ff. Das tschechische Verfassungsgericht spricht in seiner Entscheidung zum Vertrag von Lissabon vom 26. November 2008 ebenfalls von „the principle of a pluralistic democracy", Pl. ÚS 19/08, Rn. 208.

363 Ähnlich: Weiler, The state „über alles", 21 ff. Ausdrücklich gegen eine auf den Einzelnen abstellende Legitimation spricht sich Classen, Demokratische Legitimation, 29, 30 ff., 34 ff., aus. Er begreift das „Volk" als Legitimationssubjekt, definiert dies aber rein formal als die „Summe der Staatsangehörigen" und nimmt explizit von „materialen Gesichtspunkten im Sinne einer besonderen ‚Homogenität' des Volkes" Abstand. Somit besteht im Ergebnis kein Unterschied zu der vorliegend vertretenen Auffassung.

364 Dies wird auch festgestellt in BVerfG, 2 BvE 2/08 vom 30. Juni 2009, Rn. 350.

der Staatsgewalt Betroffenen dar, sondern ein individuelles Bürgerrecht.[365] Aber ein solches individualistisches Subjektsverständnis unter Loslösung vom Erfordernis eines *homogenen* Kollektivs ermöglicht demokratische Ausgestaltungen auch oberhalb und unterhalb des Nationalstaates ohne die Erschaffung von Ausnahmeregelungen. Das „Volk“ als Legitimationssubjekt ist somit nur als formales Kollektiv, und nicht als materiell verfasste Gemeinschaft zu definieren. So kann der Einzelne beispielsweise in seiner Eigenschaft als deutscher Staatsangehöriger den Deutschen Bundestag wählen und gleichzeitig in seiner Eigenschaft als Unionsbürger die kommunalen Vertretungsorgane seines jeweiligen Wohnbezirks. Er kann somit – je nach konkreter Eigenschaft und Funktion – Bezugspunkt verschiedener Hoheitsgewalten sein.

b) Das „europäische“ Legitimationssubjekt

Während ursprünglich die These der Demokratieunfähigkeit der EU mangels eines tauglichen Legitimationsträgers etliche Anhänger gefunden hatte, befindet sich diese Meinung mittlerweile auf dem Rückzug und wird verdrängt von der überwiegenden Auffassung, die in den einzelnen Unionsbürgerinnen und -bürgern ein taugliches Legitimationssubjekt für die supranationale Union sieht.

aa) Theorie der mangelnden Demokratiefähigkeit der EU

Es wurde und wird zum Teil noch vertreten, in Ermangelung eines Subjekts demokratischer Legitimation sei die EU überhaupt nicht demokratiefähig: Demokratische Legitimation könne sich nicht auf eine Mehrheit von Völkern stützen (also die Völker der EU-Mitgliedstaaten), sondern nur von einem einzigen, einheitlichen Staatsvolk ausgehen.[366] Auf europäischer Ebene fehle es an dem notwendigen „europäischen Volk“ als Legitimationsgeber oder zumindest einem ähnlichen, sich selbst als Kollektiv begreifenden Subjekt.[367] Für die erforderliche kollektive Identität der Europäer bedürfte es einer gewissen Kommunikations-, Erfahrungs- und Erinnerungsgesellschaft, die auf europäischer Ebene nicht

365 Ähnlich: Hanebeck, DÖV 2004, 901, 902 m.w.N.

366 Schachtschneider, welt online, 27. März 2007; ders., in: FS Hankel, 119, 122 f.; Kirchhof, Der deutsche Staat im Prozeß, in: HStR VII, § 183, Rn. 33; ders., JZ 1998, 965, 972; aber schon weniger strikt und differenzierter ders., in: Schäfer, Zukunftsprobleme, 9, 17 ff.

367 Kirchhof, EuR 1991, Beiheft 1, 11, 13 f.; ders., JZ 1998, 965, 972; ders., Der deutsche Staat im Prozeß, in: HStR VII, § 183, Rn. 33; aber schon weniger strikt und differenzierter ders., in: Schäfer, Zukunftsprobleme, 9, 17 ff.; Kielmansegg, in: Jachtenfuchs/Kohler-Koch, Europäische Integration, 47, 54 ff.; Koenig, DÖV 1998, 268, 270; Schachtschneider, welt online, 27. März 2007; zu dieser Auffassung in der französischen Literatur: Heuschling, in: Bauer/Huber/Sommermann, Demokratie in Europa, 33, 52 f. m.w.N.

in ausreichender Art und Weise – wie bei Nationalstaaten – festzustellen sei.[368] Die Argumentationslinie und logische Konsequenz dieser Auffassung wird folgendermaßen zusammengefasst: „Keine demokratische Legitimation der Union ohne europäisches Volk, kein europäisches Volk ohne Staatscharakter der Union, kein europäischer Staat ohne europäisches Volk."[369] Demnach wäre eine demokratische Ausgestaltung der EU unmöglich – obwohl genau dies nach dem oben aufgezeigten europäischen Demokratieprinzip doch erforderlich ist.

Und selbst die Auffassungen, die sich im Rahmen der vorliegenden Diskussion von dem Begriff des „Staatsvolkes" loslösen wollen, stellen im Ergebnis teilweise dieselben „traditionellen", staatsrechtlichen Anforderungen an das europäische Legitimationssubjekt: eine kollektive Identität, die die Gesellschaft zu einer politischen Einheit macht, und auf europäischen intermediären Strukturen, Medien, Verbänden, Bürgerbewegungen, einem europäischen Parteiensystem und einer einheitlichen Sprache, die eine ausreichende Öffentlichkeit und einen Diskurs ermöglicht, beruht.[370] Dass diese Voraussetzungen (noch) nicht in staatsähnlicher Weise in dem äußerst heterogenen und relativ jungen Gebilde der EU vorliegen können, versteht sich von selbst.[371] Genauso offenkundig ist, dass sich derartige demokratische Funktionsbedingungen auch auf europäischer Ebene ständig und in stetiger Entwicklung befinden und sich nach und nach immer weiter und stärker verbreiten (werden). Hier gilt es die Eigenart der Union zu berücksichtigen und die daraus folgende „Nichtübertragbarkeit" einiger staatsrechtlicher Voraussetzungen: Da die Union kein Staat ist, kann auch kein europäisches „Staats"-Volk oder volksähnliches Kollektiv als europäisches Legitimationssubjekt erwartet werden. Diese Tatsache kann aber keinesfalls dazu führen, der Union die Demokratiefähigkeit abzusprechen.[372] Vielmehr müssen an dieser Stelle die unionalen Besonderheiten und die oben aufgezeigten pluralistischen, individualistischen Tendenzen in den EU-Mitgliedstaaten berücksichtigt werden, um das Legitimationssubjekt auf europäischer Ebene festzulegen.

---

368 Kielmansegg, in: Jachtenfuchs/Kohler-Koch, Europäische Integration, 47, 55; ähnlich: Böckenförde, Weg Europas, 39 f.

369 Frowein, EuR 1995, 315, 323; ähnlich: Volkmann, AöR 127 (2002), 575, 583 ff.

370 Grimm, JZ 1995, 581, 587 ff; ähnlich: Grewe, in: Drexl/Kreuzer/Scheuing/Sieber, Europäische Demokratie, 59, 65 ff.

371 Ähnlich Zuleeg, in: Drexl/Kreuzer/Scheuing/Sieber, Europäische Demokratie, 11, 16 ff.

372 Auch Kirchhof als ehemaliger Vertreter der These der Demokratieunfähigkeit der EU/EG zieht aus dem mangelnden europäischen Volk nicht mehr die Konsequenz der Demokratieunfähigkeit, sondern die eines notwendigen Primats der demokratischen Legitimation über die Parlamente der EU-Mitgliedstaaten, vgl. Kirchhof, in: Schäfer, Zukunftsprobleme, 9, 17 ff.

bb) Der einzelne Unionsbürger als europäisches Legitimationssubjekt

Viele erachten Demokratie heute als anpassungsfähig und machen sie nicht (mehr) von Staatlichkeit oder Staatsähnlichkeit abhängig – mithin auch nicht (mehr) von dem traditionell-staatlichen Volksbegriff.[373] Demokratie sei nicht notwendig *Staats*form, sondern *Herrschafts*form.[374] Demokratische Legitimation solle immer von denjenigen erzeugt werden, die der Hoheitsgewalt unterworfen sind und sei kein Privileg von Staatsvölkern und -nationen.[375] Die Rückbesinnung auf den Kern der Demokratie, das Selbstbestimmungsrecht jedes Einzelnen als Ausprägung der Menschenwürde, hat zum Teil bereits dazu geführt, dass selbst in den Nationalstaaten – wie oben dargelegt – der einzelne individuelle Bürger als Legitimationssubjekt anerkannt wird und den umstrittenen kollektivistischen Volksbegriff ablöst. Dies muss erst recht für die supranationale Ebene gelten.[376] Bereits im Jahre 1979 stellte *Hallstein* fest:

> *„Träger der Gemeinschaft ist aber auch der einzelne. Ihre Rechtsordnung geht ihn immer stärker unmittelbar an. Sie verleiht ihm Rechte und legt ihm Pflichten auf, so daß er als Staatsbürger und als Angehöriger der Gemeinschaft Rechtsordnungen verschiedener Abstufungen unterworfen ist – so wie das aus den bundesstaatlichen Verfassungen bekannt ist."*[377]

Hier klingt nicht nur bereits die Mehrebenensystematik zwischen EU/EG und Mitgliedstaaten an, sondern insbesondere auch ein plurales Verständnis des Hoheitsunterworfenen und mithin des Legitimationssubjektes. Jahre später – mit dem Vertrag von Maastricht aus dem Jahre 1993 – wurde die von *Hallstein* angesprochene Angehörigkeit zur Gemeinschaft mit dem Institut der Unionsbürgerschaft formal im Gemeinschaftsrecht eingeführt.[378] So heißt es nunmehr in Art. 20 AEUV (ex-Art. 17 EG) de lege lata:

---

373 Peters, Verfassung Europas, 652 f.; Schliesky, Souveränität und Legitimität, 241 ff., 265 ff., 392 ff.; Tschentscher, Demokratische Legitimation, 114 ff.; Bryde, in: Staatswiss. und -praxis 1994, 305, 308 f.; Weiler, The State „über alles", 21 ff.; eingehend und kritisch zur Beziehung zwischen Staat und Demokratie: Volkmann, AöR 127 (2002), 575, 598 ff., 604 ff.; Zuleeg, JZ 1993, 1069, 1074.

374 Schliesky, Souveränität und Legitimität, 236 ff., 391 f.

375 Schmitz, EuR 2003, 217, 222 ff.; Schliesky, Souveränität und Legitimität, 678 ff.; Rumler-Korinek, EuR 2003, 327, 333 f.

376 Vgl. Häberle, Europäische Verfassungslehre, 306 ff.; Huber, in: Bauer/Huber/Sommermann, Demokratie in Europa, 491, 503; Zuleeg, JZ 1993, 1069, 1072; von Bogdandy, KritV 2000, 284, 289.

377 Hallstein, EG, 55 f.

378 Eingehend zur Unionsbürgerschaft: Kadelbach, in: von Bogdandy/Bast, Europäisches Verfassungsrecht 2009, 611, 611 ff.

„(1) Es wird eine Unionsbürgerschaft eingeführt. Unionsbürger ist, wer die Staatsangehörigkeit eines Mitgliedstaats besitzt. Die Unionsbürgerschaft tritt zur nationalen Staatsbürgerschaft hinzu, ersetzt sie aber nicht.
(2) Die Unionsbürgerinnen und Unionsbürger haben die in den Verträgen vorgesehenen Rechte und Pflichte (...).“

Die Unionsbürgerschaft ergänzt mithin die Staatsbürgerschaft, was zu einer Pluralität der Bezugssubjekte im Mehrebenensystem der Union und ihrer Mitgliedstaaten führt.[379] Die Unionsbürgerinnen und -bürger sind die durch die Unionsgewalt Berechtigten und Verpflichteten. Beispiele für ihre Rechte – die „staatsbürgerliche Mündigkeit“ durch ihren „status activus“[380] – sind die Freizügigkeit innerhalb des Unionsgebietes (Art. 21 AEUV; ex-Art. 18 EG), das aktive und passive Wahlrecht bei Kommunalwahlen und bei den Wahlen zum Europäischen Parlament (Art. 22 AEUV; ex-Art. 19 EG), das Recht auf diplomatischen und konsularischen Schutz eines anderen EU-Mitgliedstaates (Art. 23 AEUV; ex-Art. 20 EG), das Petitionsrecht (Art. 24 AEUV i.V.m. Art. 11 EU n.F., Art. 227, 228 AEUV; ex-Art. 21 EG) und die durch den Vertrag von Lissabon neu eingeführte Bürgerinitiative (Art. 11 Abs. 4 EU n.F. i.V.m. Art. 24 Abs. 1 AEUV).[381]

Das formale Band der Unionsbürgerschaft zwischen denjenigen, die der unionalen Hoheitsgewalt unterworfen sind, reicht manchen aus, um von einem „europäischen Volk“ als Subjekt demokratischer Legitimation auf Unionsebene zu sprechen.[382] Gerade auf dieser Ebene sollte jedoch eine strikte Abkopplung von dem (problembeladenen) Volksbegriff erfolgen, um ein spezifisch supranationales Legitimationssubjekt festlegen zu können.[383] Somit sind eine endgültige Loslösung vom Begriff des Volkes und die Erkenntnis, dass der Bezugspunkt der europäischen Demokratie der einzelne Unionsbürger ist, der durch diese Partizipationschance seine individuelle Selbstbestimmung frei und gleichberechtigt verwirklichen kann, erforderlich.[384] Auch der Vertrag von Lissabon macht dieses

379 So auch Schliesky, Souveränität und Legitimität, 403. Ähnlich: Weiler, The State „über alles“, 22.

380 Huber, in: Drexl/Kreuzer/Scheuing/Sieber, Europäische Demokratie, 27, 33 ff.; ders., Europäische Integration, § 5, Rn. 36 ff.; ders., in: Bauer/Huber/Sommermann, Demokratie in Europa, 491, 503.

381 Dazu statt vieler: Streinz, Europarecht, Rn. 953 ff.

382 So z.B. Augustin, Volk der EU, 62, 110 f., 393; Schmitz, EuR 2003, 217, 219 ff., setzt für ein europäisches Volk neben der normativen Komponente der Unionsbürgerschaft den „Willen zum Zusammenleben“ als materielle Komponente voraus, die sich im EU-Beitritt niedergeschlagen habe.

383 So auch von Bogdandy, in: ders./Bast, Europäisches Verfassungsrecht 2009, 13, 63.

384 Huber, in: Drexl/Kreuzer/Scheuing/Sieber, Europäische Demokratie, 27, 33 f.; ders., in: Bauer/Huber/Sommermann, Demokratie in Europa, 491, 503; ders., Europäische Integration, § 5, Rn. 36 ff.; von Bogdandy, in: ders., Europäisches Verfassungsrecht 2003, 149, 172 ff.; ders., in: FS Badura, 1033, 1045; Peters, Verfassung Europas, 657 ff.; Häberle, Europäische Verfassungslehre, 306 ff.; Rumler-Korinek, EuR 2003, 327, 333 f.; Oeter, ZaöRV 55 (1995), 659, 683; Schliesky, Souveränität und Legitimität, 275, 394, 678 ff.;

individualistische Verständnis deutlich und bestimmt als Subjekt demokratischer Legitimation jede Unionsbürgerin und jeden Unionsbürger (vgl. „Titel II Bestimmungen über die Demokratischen Grundsätze“, insbesondere Art. 10 EU n.F.).[385] Eine Hervorhebung der Stellung der Unionsbürger als Legitimationssubjekt der EU kommt zudem darin zum Ausdruck, dass das Europäische Parlament seit Inkrafttreten des Vertrages von Lissabon de lege lata nicht mehr aus Vertretern „der Völker der in der Gemeinschaft zusammengeschlossenen Staaten“ (ex-Art. 189 Satz 1 EG) besteht, sondern aus „Vertretern der Unionsbürgerinnen und Unionsbürgern“ (Art. 14 Abs. 2 EU n.F.).[386]

Das deutsche Bundesverfassungsgericht rückt in seiner Entscheidung zum Vertrag von Lissabon ausdrücklich von dem Verständnis ab, dass das Europäische Parlament ein Repräsentationsorgan der Unionsbürgerinnen und Unionsbürger als „europäisches Volk“ sei.[387] Vielmehr stelle es eine Vertretung der „Völker der Mitgliedstaaten“ dar und diese nationalen Völker blieben auch die Subjekte demokratischer Legitimation im Verfassungsgefüge der Europäischen Gemeinschaften.[388] Das Gericht betont mithin die Rolle der Staatsangehörigen der EU-Mitgliedstaaten als Subjekte demokratischer Legitimation auch für die europäische Hoheitsgewalt. Dabei scheint es dem Bundesverfassungsgericht vor allem darauf anzukommen, deutlich zu machen, dass das deutsche Volk – also die deutschen Staatsangehörigen – in ihrer Eigenschaft als Ausgangs- und Bezugspunkt jeder Hoheitsgewalt auch auf europäischer Ebene nicht von einem europäischen „Unionsvolk“ verdrängt und ersetzt wird.[389] Das Gericht unterstreicht, dass auch durch den Vertrag von Lissabon „kein selbstständiges personales Legitimationssubjekt auf europäischer Ebene“ geschaffen werde.[390] Dabei kommt es dem Bundesverfassungsgericht erkennbar darauf an, dass die nationale Souveränität der Bundesrepublik Deutschland nicht in Frage gestellt wird und insofern hervorzuheben, dass es sich bei der unionalen Hoheitsgewalt zwar um selbstständige, aber lediglich abgeleitete Gewalt handelt. Dementsprechend sei auch die Unionsbürgerschaft „nur“ ein abgeleiteter, unselbstständiger Status, und begründe kein

---

Baumbach, Vertragswandel, 157 ff.; Pernice, in: FS Zuleeg, 145, 155 f.; ders., VVDStRL 60 (2001), 148, 164, 167; ders., EuR 1996, 27, 30; Schmidtchen, in: FS Ress, 787, 804; Bryde, in: FS Zuleeg, 131, 132 f.; Zuleeg, in: Drexl/Kreuzer/Scheuing/Sieber, Europäische Demokratie, 11, 16 ff.; Bredt, Demokratische Legitimation, 427 f.

385 Vgl. Ruffert, EuR Beiheft 1 2009, 31, 34. Dazu: Classen, Demokratische Legitimation, 92.

386 So auch die Argumentation des Deutschen Bundestages im Verfahren um den Vertrag von Lissabon vor dem Bundesverfassungsgericht, vgl. BVerfG, 2 BvE 2/08 vom 30. Juni 2009, Rn. 42, 143.

387 BVerfG, 2 BvE 2/08 vom 30. Juni 2009, Rn. 280, 286 f.; dazu: Classen, JZ 2009, 881, 882 f.

388 BVerfG, 2 BvE 2/08 vom 30. Juni 2009, Rn. 229 ff., 271 f., 279 ff., 284 ff., 292, 349 f.

389 Vgl. dazu vor allem BVerfG, 2 BvE 2/08 vom 30. Juni 2009, Rn. 346 ff.

390 BVerfG, 2 BvE 2/08 vom 30. Juni 2009, Rn. 349.

neues, eigenständiges „Unionsvolk" als Legitimationssubjekt, das die Staatsvölker in dieser Eigenschaft delegitimieren könnte.[391]

Die Ausführungen des Bundesverfassungsgerichts in seinem Lissabon-Urteil können im Ergebnis nichts an dem vorliegend vertretenen Standpunkt ändern. Richtig ist, dass die Unionsbürgerschaft an die Staatsbürgerschaft eines EU-Mitgliedstaats gekoppelt ist und zu dieser hinzutritt. Ebenfalls entspricht es der vorliegend vertretenen Auffassung, dass kein neues, selbstständiges „Unionsvolk" existiert oder durch den Vertrag von Lissabon geschaffen wird. Aber es sind unstreitig die Unionsbürgerinnen und Unionsbürger, die das Europäische Parlament direkt wählen. Auch wenn diese gleichzeitig Staatsangehörige eines Mitgliedstaates sind, werden die Rechte und Pflichten aus dem Gemeinschaftsrecht ausdrücklich an die Unionsbürgerschaft gekoppelt, unabhängig von der jeweiligen Nationalität. Die Unionsbürgerschaft „verleiht den Angehörigen der Mitgliedstaaten eine über den Staat hinausgehende Bürgerschaft".[392] Sie „setzt die Staatsangehörigkeit eines Mitgliedstaates voraus, stellt jedoch auch ein im Verhältnis zu der Staatsangehörigkeit autonomes rechtliches und politisches Konzept dar".[393] In ihrer Eigenschaft als Unionsbürgerinnen und Unionsbürger sind die Bürgerinnen und Bürger der Mitgliedstaaten somit gemeinsam Bezugs- und Ausgangspunkt eines genuin europäischen Legitimationsstranges.

3. Zwischenergebnis

Die supranationale Hoheitsgewalt – einschließlich der Judikative – ist sowohl legitimationsbedürftig als auch legitimationsfähig. Jede einzelne Unionsbürgerin und jeder einzelne Unionsbürger stellt im Rahmen eines individualistischen Demokratieverständnisses das Legitimationssubjekt für die supranationale Hoheitsgewalt dar. Bleibt die entscheidende Frage, wie genau der Legitimationszusammenhang zwischen Subjekt und Objekt hergestellt wird, werden soll und werden kann. Zuvor ist jedoch auf eine zu berücksichtigende unionale Besonderheit einzugehen, die sich auf den Legitimationszusammenhang in der EU maßgeblich auswirkt, das Modell der dualen Legitimation.

---

391 BVerfG, 2 BvE 2/08 vom 30. Juni 2009, Rn. 231 ff., 346 ff.

392 Schlussantrag des Generalanwalts M. Poiares Maduro vom 30. September 2009 in der Rechtssache C-135/08, Janko Rottmann gegen Freistaat Bayern, Rn. 16.

393 Schlussantrag des Generalanwalts M. Poiares Maduro vom 30. September 2009 in der Rechtssache C-135/08, Janko Rottmann gegen Freistaat Bayern, Rn. 23.

II. Unionsspezifikum: Modell der dualen Legitimation

1. Die doppelte Legitimationsbasis der EU

Aus der Anerkennung der einzelnen Unionsbürgerinnen und -bürger als Legitimationssubjekte der europäischen Hoheitsgewalt folgt zwangsweise ein plurales – zumindest duales – Demokratieverständnis. Denn die Unionsbürgerschaft tritt gemäß Art. 20 Abs. 1 Satz 2 AEUV (ex-Art. 17 Abs. 1 Satz 2 EG) ausdrücklich *neben* die nationale Staatsangehörigkeit und die damit einhergehende Qualifikation als Subjekt demokratischer Legitimation auf nationaler Ebene. Mithin stellen die Bürgerinnen und Bürger im Rahmen des europäischen Verfassungsverbundes auf zweifache Weise das Legitimationssubjekt von Hoheitsgewalt dar: auf europäischer und auf nationaler Ebene. Dies wird besonders deutlich bei ihrer wichtigsten Partizipationsmöglichkeit: dem Wahlrecht. So wählen die Bürgerinnen und Bürger einerseits jeweils auf nationaler Ebene ihr Parlament als Vertretungsorgan in ihrem Nationalstaat und andererseits – in ihrer Eigenschaft als Unionsbürgerinnen und -bürger – das Europäische Parlament als Vertretungsorgan auf europäischer Ebene.[394]

Diese Dualität soll jedoch nicht zu der Annahme führen, dass die beiden Legitimationszusammenhänge strikt voneinander getrennt werden könnten. Vielmehr kann sich auch die „nationale Legitimationsquelle" im Verbund von Union und Mitgliedstaaten auf europäischer Ebene fortsetzen und bleibt nicht auf die Legitimation nationaler Hoheitsgewalt beschränkt. So besteht beispielsweise das – neben dem Europäischen Parlament – wichtigste Gesetzgebungsorgan auf Unionsebene, der Ministerrat, gemäß Art. 16 Abs. 2 EU n.F. (ex-Art. 203 EG) aus je einem Vertreter jedes Mitgliedstaates auf Ministerebene und setzt sich somit als intergouvernementales Organ aus national legitimierten Regierungsvertretern zusammen, die jedoch als Unionsorgan europäische Hoheitsgewalt – vor allem in Form des Erlasses von Unionsrecht – ausüben. Demokratische Legitimation kann im institutionellen Geflecht der EU folglich grundsätzlich aus zwei unterschiedlichen Quellen hergeleitet werden: einerseits die „europäische Legitimation" von den Unionsbürgerinnen und -bürgern – insbesondere über das auf Unionsebene direkt gewählte Europäische Parlament – und andererseits die „national-mitgliedstaatliche Legitimation" von den mitgliedstaatlichen Bürgerinnen und Bürgern – insbesondere über die nationalen Parlamente und beispielsweise den Ministerrat oder den Europäischen Rat[395]. Die Existenz dieser doppelten Legitimationsbasis der

394 Zur Wahl der nationalen Parlamente siehe oben, 3. Teil, A. III. 3.; Wahl des Europäischen Parlaments gemäß Art. 20 Abs. 2 b), 22 Abs. 2, 223 AEUV i.V.m. Art. 14 EU n.F. (ex-Art. 17 Abs. 2, 19 Abs. 2, 190 EG).

395 Die mitgliedstaalichen Staats- und Regierungschefs werden entweder vom nationalen Parlament – wie z.B. gemäß Art. 63 Abs. 1 GG in Deutschland – oder direkt vom Volk – wie z.B. gemäß Art. 6 der französischen Verfassung in Frankreich – gewählt.

Unionsgewalt ist mittlerweile allgemein anerkannt[396] und wird auch in Art. 10 Abs. 2 EU n.F. ausdrücklich beschrieben:

> *„Die Bürgerinnen und Bürger sind auf Unionsebene unmittelbar im Europäischen Parlament vertreten. Die Mitgliedstaaten werden im Europäischen Rat von ihrem jeweiligen Staats- oder Regierungschef und im Rat von ihrer jeweiligen Regierung vertreten, die ihrerseits in demokratischer Weise gegenüber ihrem nationalen Parlament oder gegenüber ihren Bürgerinnen und Bürgern Rechenschaft ablegen müssen.“*[397]

Lediglich bezüglich der Gewichtung der beiden Legitimationsquellen bestehen Uneinigkeiten.

2. Primat der nationalen Legitimationsbasis?

Zum Teil wird vertreten, dass die Legitimation durch die Bürgerinnen und Bürger der Mitgliedstaaten über die nationalen Parlamente die entscheidende und wichtigere Legitimationsbasis der europäischen Hoheitsgewalt sei.

a) Wissenschaft

Dieser Auffassung sind naturgemäß alle diejenigen Stimmen, die der EU eine eigene Demokratiefähigkeit mangels eines tauglichen Legitimationssubjekts grundsätzlich (noch) absprechen wollen[398] oder zumindest (noch) für zu schwach hal-

---

396 BVerfGE 89, 155, 184 ff.; BVerfG, 2 BvE 2/08 vom 30. Juni 2009, Rn. 262, 271; Oppermann, DVBl 2003, 1234, 1240; Schwarze, EuR 2003, 535, 556; Streinz, Europarecht, Rn. 326; Sommermann, DÖV 2003, 1009, 1010; Ruffert, EuR 2004, 165, 186; Kaufmann, Europäische Integration und Demokratieprinzip, 466; Di Fabio, Recht offener Staaten, 140 ff.; Calliess, in: FS Ress, 399, 400; ders., in: Bauer/Huber/Sommermann, Demokratie in Europa, 281, 282, 287 f.; ders., in: Calliess/Ruffert, EUV/EGV, Art. 6, Rn. 15; Dreier, in: ders., GG, Art. 20, Rn. 47 ff.; Robbers, in: BK, GG, Art. 20 Abs. 1, Rn. 453; Schliesky, Souveränität und Legitimität, 698 ff.; Huber, in: Bauer/Huber/Sommermann, Demokratie in Europa, 491, 503 f.; ders., VVDStRL 60 (2001), 194, 207; ders., EuR 2003, 574, 595 ff.; Baumbach, Vertragswandel, 175 f.; Pernice, in: FS Zuleeg, 145, 154 ff.; von Bogdandy, in: FS Badura, 1033, 1046 f.; ders., ZaöRV 63 (2003), 853, 859; ders., in: ders., Europäisches Verfassungsrecht 2003, 149, 174; ders., in: ders./Bast, Europäisches Verfassungsrecht 2009, 13, 63 ff.; Stein, ZaöRV 64 (2004), 563, 567; Dorau, Verfassungsfrage der EU, 95 f.; Oeter, ZaöRV 55 (1995), 659, 681 f.; Kirsch, Demokratie, 91 ff.; Baach, Parlamentarische Mitwirkung, 9 ff.; Classen, Demokratische Legitimation, 95 ff.; Mross, Bürgerbeteiligung, 60 ff.; von Komorowski, Demokratieprinzip, 176 ff., 1014 ff.

397 Dazu: Lengauer, ZfRV 2008, 4, 5 f.; Ruffert, EuR Beiheft 1 2009, 31, 34 f.; Schoo, EuR Beihheft 1 2009, 51, 52 ff., 68; Lindner, BayVBl 2008, 421, 425; Brok/Selmayr, EuZW 2008, 487, 489 f.

398 Siehe oben, 3. Teil, B. I. 2. b) aa); insbes. Kirchhof, EuR 1991, Beiheft 1, 11, 13 ff.; ders., JZ 1998, 965, 972; weniger strikt ders., in: Schäfer, Zukunftsprobleme, 9, 17 ff. und in: FS Badura, 237, 247, wo er zumindest eine „Teillegitimation durch das von den Bürgern

ten – sei es aufgrund der angeblich zu geringen Kompetenzen des Europäischen Parlaments, der vermeintlichen Wahlrechtsungleichheit oder fehlenden „demokratischen Infrastruktur“ auf unionaler Ebene[399]. Um die europäische Hoheitsgewalt überhaupt auf eine (ausreichende) Legitimationsbasis stellen zu können, muss nach dieser Ansicht konsequenterweise auf die nationalstaatlichen Legitimationssubjekte und -zusammenhänge zurückgegriffen werden, weshalb in der Regel eine Stärkung der Rechte und Einflussmöglichkeiten der nationalen Parlamente im Rahmen der Prozesse auf Unionsebene gefordert wird.[400] Eine Stärkung der Beteiligung der nationalen Parlamente an der Tätigkeit der Union liegt auch im Sinne etlicher Regierungen, was im Rahmen der letzten Reformdebatten zum Einbezug der nationalen Parlamente ins Primärrecht (vgl. Art. 12 EU n.F.) und zur Schaffung neuer Mitwirkungs- und Kontrollrechte für die nationalen Parlamente auf Unionsebene geführt hat.[401] Speziell zur Verfolgung der europäischen Angelegenheiten und zur Wahrnehmung der parlamentarischen Beteiligungsrechte wurden zudem zahlreiche parlamentarische Ausschüsse oder Kommissionen für Europafragen auf nationaler Ebene gegründet.[402]

b) Judikatur nationaler Verfassungsgerichte

Einige nationale Verfassungsgerichte lassen in ihrer Rechtsprechung ebenfalls eine – mehr oder weniger ausgeprägte – Tendenz zu einem Vorrang der Legitimation unionaler Hoheitsgewalt über nationale Modalitäten anklingen.

---

der Mitgliedstaaten gewählte europäische Parlament“ anerkennt.

399 Vgl. z.B. Koenig, DÖV 1998, 268, 271; Everling, DVBl 1993, 936, 944; Badura, Parlamentarische Demokratie, in: HStR 2004, § 25, Rn. 67; Kaufmann, Europäische Integration und Demokratieprinzip, 430 ff.; Höreth, Selbstautorisierung des Agenten, 369 f.; ähnlich Huber, EuR 2003, 574, 598: „Solange die EU auf der Ebene des Staatenverbundes verharrt, muss der Rat ihr zentrales Steuerungsorgan bleiben und die nationalen Parlamente die Hauptlast demokratischer Legitimation und Kontrolle tragen.“; aA: Schliesky, Souveränität und Legitimität, 402.

400 Vgl. z.B. Kirchhof, in: Schäfer, Zukunftsprobleme, 9, 19; Streinz, Europarecht, Rn. 325; ähnlich: Voßkuhle/Kaiser, JuS 2009, 803, 804 f.; Huber, in: Bauer/Huber/Sommermann, Demokratie in Europa, 491, 505: „Deshalb kann die so häufig geforderte Ausweitung der Mitwirkungsrechte des Europäischen Parlaments keine Antwort auf das Demokratiedefizit der EU sein, wohl aber die – strukturadäquate – Einbeziehung der nationalen Parlamente in die Legitimation und Kontrolle des Rates, …“.

401 Vgl. zudem das „Protokoll über die Rolle der nationalen Parlamente in der Europäischen Union“, ABl. 2007 Nr. C 306/148 (Protokoll Nr. 1 zum Vertrag von Lissabon). Zur Stärkung der Rolle der nationalen Parlamente durch den Vertrag von Lissabon siehe: Schwarze, EuR Beiheft 1 2009, 9, 19 f.; Ruffert, EuR Beiheft 1 2009, 31, 37 f.; Schoo, EuR Beiheft 1 2009, 51, 55 ff.; Brok/Selmayr, EuZW 2008, 487, 490 f.; Lindner, BayVBl 2008, 421, 425.

402 Eingehend dazu: Pehle/Sturm, in: Gabriel/Kropp, EU-Staaten im Vergleich, 155, 160 ff. (mit einer genauen Auflistung der Europagremien aller 27 mitgliedstaatlichen Parlamente).

aa) Das deutsche Bundesverfassungsgericht

Das Bundesverfassungsgericht hat sich insbesondere in zwei Entscheidungen zu der Ausgestaltung des Demokratieprinzips auf EU-Ebene geäußert, in seinem Urteil zum Vertrag von Maastricht aus dem Jahre 1993 und in seinem Urteil zum Vertrag von Lissabon aus dem Jahre 2009.

(1) Maastricht-Urteil (1993)

Das Bundesverfassungsgericht hat in seiner Maastricht-Entscheidung ausgeführt, es seien „*zuvörderst* die Staatsvölker der Mitgliedstaaten", die die Hoheitsausübung des europäischen Staatenverbundes „über die nationalen Parlamente demokratisch zu legitimieren haben".[403] Daneben hat das Gericht die zunehmende Notwendigkeit anerkannt, „zu der über die nationalen Parlamente vermittelten demokratischen Legitimation und Einflussnahme eine Repräsentation der Staatsvölker durch ein europäisches Parlament *hinzutreten* zu lassen, von der *ergänzend* eine demokratische Abstützung der Politik der Europäischen Union ausgeht".[404] Zusammenfassend hielt das Bundesverfassungsgericht fest: „Im Staatenverbund der Europäischen Union erfolgt mithin demokratische Legitimation notwendig über die Rückkopplung des Handelns europäischer Organe an die Parlamente der Mitgliedstaaten; *hinzutritt* – im Maße des Zusammenwachsens der europäischen Nationen zunehmend – innerhalb des institutionellen Gefüges der Europäischen Union die Vermittlung demokratischer Legitimation durch das von den Bürgern der Mitgliedstaaten gewählte Europäische Parlament. Bereits in der gegenwärtigen Phase der Entwicklung kommt der Legitimation durch das Europäische Parlament eine *stützende* Funktion zu (...)".[405]

In der Maastricht-Entscheidung des Bundesverfassungsgerichts wurde somit deutlich, dass der nationale Legitimationsstrang ausgeprägter ist bzw. war, nicht aber, dass dies immer so sein muss. Vielmehr erfolgte eine Bestandsaufnahme der aktuellen Situation im Jahre 1993, des damaligen Status quo. Dass es bei dieser Gewichtung nicht notwendig bleiben muss, zeigen die Äußerungen des Gerichts bezüglich der Entwicklungsfähigkeit der Demokratie, wie z.B. die Feststellung, dass „die demokratischen Grundlagen der Union schritthaltend mit der Integration ausgebaut werden"[406]. Es wurde somit vom Bundesverfassungsgericht – entgegen teils anderer Lesart[407] – kein grundsätzlicher Vorrang des national-mitgliedstaat-

403 BVerfGE 89, 155, 184, Hervorhebung nicht im Original.
404 BVerfGE 89, 155, 184, Hervorhebung nicht im Original.
405 BVerfGE 89, 155, 185 f., Hervorhebung nicht im Original.
406 BVerfGE 89, 155, 186.
407 So z.B. Badura, Parlamentarische Demokratie, in: HStR 2004, § 25, Rn. 67; Pehle/Sturm, in: Gabriel/Kropp, EU-Staaten im Vergleich, 155, 160; Calliess, in: Bauer/Huber/Sommermann, Demokratie in Europa, 281, 288; ders., in: FS Ress, 399, 404; Stein,

lichen Legitimationsstranges vorgeschrieben[408], sondern vielmehr ein „dynamisches Demokratieverständnis" zum Ausdruck gebracht[409].

Der Maastricht-Tendenz entsprechend kam in der Entscheidung des Bundesverfassungsgerichts zum Europäischen Haftbefehl aus dem Jahre 2005 keinerlei Rangverhältnis der beiden Legitimationsstränge (mehr) zum Ausdruck, wenn es schlicht hieß: „Das Europäische Parlament, eigenständige Legitimationsquelle des europäischen Rechts (…)".[410]

(2) Lissabon-Urteil (2009)

Im Gegensatz zu diesem vorherigen „Trend" hat das Bundesverfassungsgericht in seiner Lissabon-Entscheidung[411] aus dem Jahre 2009 den nationalen Legitimationsstrang wieder eindeutig in den Mittelpunkt seines „europäischen Demokratieverständnisses" gerückt und die Legitimation über das Europäische Parlament – genau wie die Institution des Europäischen Parlaments an sich – überraschend „klein geredet" und in den Hintergrund gedrängt.[412] So erkennt das Bundesverfassungsgericht das Europäische Parlament zwar nach wie vor als *„eigenständige zusätzliche* Quelle für demokratische Legitimation" an, die die über die nationalen Parlamente und Regierungen vermittelte Legitimation *„ergänzt* und abstützt".[413] Gleichzeitig geht es aber davon aus, dass „das Handeln der Europäischen Union ohne demokratische Rückbindung in den Mitgliedstaaten einer hinreichenden Legitimationsgrundlage entbehrt" und dass „der Bundestag als Repräsentationsorgan des Deutschen Volkes im Mittelpunkt eines verflochtenen demokratischen Systems steht".[414] Dadurch wird deutlich, dass das Gericht den

---

ZaöRV 64 (2004), 563, 567; Bröhmer, ZEuS 1999, 197, 198 f., 211 f.; Ress, ZEuS 1999, 219, 219 f., 228 f.; Hecker, AöR 123 (1998), 577, 597 f.

408 Ebenso von Bogdandy, KritV 2000, 284, 293 f.; Dreier, in: ders., GG, Art. 20, Rn. 54; ähnlich: Streinz, Europarecht, Rn. 326.

409 Sommermann, DÖV 2003, 1009, 1011.

410 BVerfG NJW 2005, 2289, 2292; ebenso Wolf, KJ 2005, 350, 354 f.

411 BVerfG, 2 BvE 2/08 vom 30. Juni 2009 – Lissabon-Urteil. Dazu die ersten – kontroversen – Reaktionen: Streinz, NJW-Editorial 30/2009; Calliess, Interview, NJW 30/2009, XIV; Oppermann, EuZW 2009, 473; Schübel-Pfister/Kaiser, JuS 2009, 767; Baumgart, NJ 2009, 309; Pache, EuGRZ 2009, 285; Ruffert, DVBl 2009, 1197; Nettesheim, NJW 2009, 2867; Beer, EuZW 2009, 593; Sauer, ZRP 2009, 195; Schelter, ZFSH/SGB 08/2009, 463; Frenz, EWS 2009, 345; Fisahn, KJ 2009, 220; Schorkopf, EuZW 2009, 718; Terhechte, EuZW 2009, 724; Classen, JZ 2009, 881.

412 So auch Calliess, Interview, NJW 30/2009, XIV; ähnlich: Ruffert, DVBl 2009, 1197, 1199 f.; Fisahn, KJ 2009, 220, 220 ff.; Schorkopf, EuZW 2009, 718, 720; Classen, JZ 2009, 881, 882 f.; Schorkopf/Möllers, Europa in der Zwickmühle, in: SZ, 21. August 2009, 12; Everling, EuR 2010, 91, 97 f.; Schwarze, EuR 2010, 108, 109.

413 BVerfG, 2 BvE 2/08 vom 30. Juni 2009, Rn. 262, 271 (Hervorhebung nicht im Original).

414 BVerfG, 2 BvE 2/08 vom 30. Juni 2009, Rn. 277, 297.

demokratischen Schwerpunkt der EU in der Legitimationsvermittlung über den nationalen Strang sieht.[415]

Darüberhinaus bringt das Bundesverfassungsgericht eine neuartige nationale Sicht auf das Europäische Parlament zum Ausdruck: Unter Berufung auf die nationale Kontingentierung der Sitze versteht das Gericht das Europäische Parlament als eine Vertretung der einzelnen Völker der Mitgliedstaaten und die Wahl zu den entsprechenden Abgeordneten als eine ergänzende Mitwirkungsmöglichkeit für die nationalen Bürgerinnen und Bürger.[416] Mithin wird das Europäische Parlament gerade nicht als eigenständige Vertretung der gesamten Unionsbürgerinnen und -bürger – losgelöst von der nationalen Staatsangehörigkeit – angesehen.[417] Vielmehr kommen überraschenderweise nahezu eine „Aberkennung" des genuin-europäischen Legitimationsstranges zum Ausdruck und eine Tendenz, sogar in dem supranationalen, direkt von allen Unionsbürgern gewählten Europäischen Parlament lediglich eine Kumulation der einzelnen nationalen Legitimationsstränge zu sehen.

bb) Der französische Conseil Constitutionnel

Demokratietheoretische Feststellungen bezüglich der europäischen Hoheitsgewalt tauchen in der Rechtsprechung des Conseil Constitutionnel (CC) stets im Gewand von Überlegungen zu „la souveraineté nationale" auf. Dieser Begriff verkörpert in der französischen Rechtswissenschaft einerseits „intern" den demokratischen Grundgedanken, dass alle Staatsgewalt vom Volk ausgehen soll, und andererseits „extern", dass ausschließlich die französische Nation das Volk darstellen und mithin Träger der Souveränität sein soll.[418] In den Anfängen seiner europabezogenen Rechtsprechung hat der Conseil Constitutionnel auf eine ausnahmslos nationale Legitimation im Rahmen der Europäischen Gemeinschaften bestanden und dem Europäischen Parlament als bloße Versammlung von Vertretern der Völker der Mitgliedstaaten jegliche Legitimationskraft abgesprochen.[419] Diese Ansicht einer rein nationalen, monistischen Legitimationsmöglichkeit wurde im Laufe der Jahre jedoch langsam „aufgeweicht".

415 Vgl. dazu auch Frenz, EWS 2009, 345, 345 ff.; Fisahn, KJ 2009, 220, 220 ff.; Terhechte, EuZW 2009, 724, 728 f.; Classen, JZ 2009, 881, 882 f.; Fischer, Ein nationaler Riegel, in: DIE ZEIT, 9. Juni 2009, 4.

416 BVerfG, 2 BvE 2/08 vom 30. Juni 2009, Rn. 274, 280, 284.

417 Kritisch bezüglich dieses Ansatzes des BVerfG auch: Classen, JZ 2009, 881, 882 f.; Everling, EuR 2010, 91, 97 f.; Schwarze, EuR 2010, 108, 109.

418 Fromont, DÖV 1995, 481, 481; Hecker, AöR 123 (1998), 577, 591.

419 CC, Décision n° 76-71 DC du 30 décembre 1976. Dazu: Hecker, AöR 123 (1998), 577, 591 ff. m.w.N.

Mittlerweile hat der Conseil Constitutionnel festgestellt, dass das Europäische Parlament zwar kein Ausdruck der nationalen Souveränität sei[420], aber zu einer eigenständigen Rechtsordnung gehöre[421] und die Unionsbürger repräsentiere[422]. Als demokratiestaatliche Integrationsschranke stellt der Conseil Constitutionnel in ständiger Rechtsprechung „les conditions essentielles d'exercice de la souveraineté nationale" auf.[423] Bei Beeinträchtigung dieser wesentlichen Bedingungen der Ausübung der nationalen Souveränität, also dem „Kern der nationalen Souveränität"[424], ist eine Verfassungsänderung erforderlich. Was genau zu diesem hoheitlichen Kern gehört, wird vom Conseil Constitutionnel nicht abstrakt festgehalten, sondern lediglich bezüglich des konkret vorliegenden streitgegenständlichen Einzelfalls entschieden[425], wie z.B. die gemeinschaftsrechtlichen Regelungen über die dritte Stufe der Wirtschafts- und Währungsunion oder die gemeinschaftliche Visapolitik.[426] Ein Verstoß gegen die nationale Souveränität liege insbesondere vor, wenn im Rahmen dieser Kernbereiche im Ministerrat mit Mehrheitsregeln anstelle der Einstimmigkeit bei Beschlüssen operiert würde, oder wenn dem Europäischen Parlament Entscheidungsbefugnisse in dieser Hinsicht übertragen würden.[427] Denn dann könnte die nationale Legitimationsquelle, die den Willen der französischen Bürger verkörpere, verblassen, und zwar zugunsten einer gemeinschaftlichen Legitimation.[428] Eine derartige „genuin-kommunitäre Legitimation" scheint der Conseil Constitutionnel nur bei „minderbedeutsamen" Kompetenzen für legitim zu erachten.[429]

Darin kommt zum Ausdruck, dass der Conseil Constitutionnel neben der nationalen Legitimationsquelle grundsätzlich auch eine gemeinschaftliche Legitima-

---

420 CC, Décision n° 2007-560 DC du 20 décembre 2007, Rn. 20 – Traité de Lisbonne; Décision n° 2004-505 du 19 novembre 2004, Rn. 29 – Traité établissant une Constitution pour l'Europe.

421 CC, Décision n° 92-308 DC du 9 avril 1992, Rn. 28 ff. – Maastricht I.

422 CC, Décision n° 2003-468 DC du 3 avril 2003, Rn. 37.

423 CC, Décision n° 2007-560 DC du 20 décembre 2007, Rn. 9 – Traité de Lisbonne; Décision n° 2004-505 du 19 novembre 2004, Rn. 7 – Traité établissant une Constitution pour l'Europe; Décision n° 97-394 DC du 31 décembre 1997, Rn. 7 – Traité d'Amsterdam; Décision n° 92-308 DC du 9 avril 1992, Rn. 14 – Maastricht I.

424 Fromont, DÖV 1995, 481, 484.

425 Abstrakte und grundsätzliche Abhandlungen kommen in den knappen Urteilen des CC insgesamt selten vor und sind hier – im Gegensatz zum BVerfG – untypisch. In seiner Maastricht II-Entscheidung lehnt der CC es ausdrücklich ab, allgemeine Erläuterungen in dieser Hinsicht anzustellen, vgl. CC, Décision n° 92-312 DC du 2 septembre 1992, Rn. 44 f. – Maastricht II.

426 Vgl. zu diesen Beispielen CC, Décision n° 92-308 DC du 9 avril 1992, Rn. 43 und 49 – Maastricht I.

427 CC, Décision n° 2007-560 DC du 20 décembre 2007, Rn. 20 – Traité de Lisbonne; Décision n° 2004-505 du 19 novembre 2004, Rn. 29 – Traité établissant une Constitution pour l'Europe.

428 Vgl. Hecker, AöR 123 (1998), 577, 592 f. m.w.N.

429 Hecker, AöR 123 (1998), 577, 593 f. m.w.N.

tion anerkennt und somit ebenfalls ein Konzept dualer Legitimation vertritt. Seine Differenzierung zwischen mehr und weniger wichtigen Kompetenzbereichen legt zwar eine Tendenz zum Vorrang der nationalen Legitimation nahe, wird aber durch seine Flexibilität und Offenheit bezüglich dessen, was zum Kernbereich nationaler Souveränität gehört, relativiert.

cc) Das tschechische Verfassungsgericht

Das tschechische Verfassungsgericht musste ebenfalls über die Vereinbarkeit des Vertrags von Lissabon mit innerstaatlichem Verfassungsrecht entscheiden und hat im Ergebnis festgestellt, dass der neue Vertrag nicht gegen die tschechische Verfassung verstößt.[430] Dabei hat es in seinem Urteil nicht den Vertrag in seiner Gänze überprüft, sondern nur diejenigen Artikel, die der Senat in seinem Antrag ausdrücklich mit Begründung als verfassungswidrig gerügt hat.[431] Dabei beinhaltete der sechste Punkt des Antrags des Senats die Frage, ob Art. 2 EU n.F. mit den Art. 1 Abs. 1 und 2 Abs. 2 der tschechischen Verfassung vereinbar ist. Während Art. 2 EU n.F. die Demokratie als einen der Fundamentalwerte der Union festlegt, bestimmt Art. 2 Abs. 1 der tschechischen Verfassung das Volk als Quelle aller Staatsgewalt und bringt somit das Prinzip der Volkssouveränität zum Ausdruck. Obwohl insofern die Frage nach der demokratischen Ausgestaltung im Verfassungsverbund der Union und ihrer Mitgliedstaaten durchaus im Raume stand, nimmt sie in der Entscheidung des Gerichts keinen zentralen Platz ein. Im Mittelpunkt des Urteils steht vielmehr die Frage nach einer möglichen Beeinträchtigung der staatlichen Souveränität der Tschechischen Republik im Sinne des Verbleibs ausreichender Kompetenzen auf staatlicher Ebene. Aber auch in diesem Rahmen ist eine Tendenz des Gerichts in demokratietheoretischer Hinsicht festzustellen.

Zunächst fällt auf, dass das Gericht ein äußerst modernes, dynamisches Staats- und Souveränitätsverständnis vertritt. So weist es auf die unumgängliche Weiterentwicklung und Wandlung dieser Begriffe hin aufgrund zunehmend globaler Probleme und der weitreichenden Internationalisierung vieler Prozesse.[432] Staatliche Souveränität sei kein Selbstzweck, sondern ein Mittel, die Grundwerte eines demokratischen Rechtsstaates zu erfüllen.[433] Soweit es um die Frage geht, ob dem Nationalstaat – vor dem Hintergrund der fortschreitenden Übertragung von Hoheitsgewalt auf die EU – noch ausreichend Kompetenzen im Sinne der

430 Pl. ÚS 19/08, Urteil vom 26. November 2008 – Lisbon Treaty. Dazu zusammenfassend im Überblick: Buyx, OER 2008, 96, 96 ff. Bestätigt wurde dieses Ergebnis in einem weiteren Urteil zum Vertrag von Lissabon vom 3. November 2009, Pl. ÚS 29/09 – Lisbon Treaty II; dazu Buyx, OER 2009, 443, 443f.; Hofmann, EuGRZ 2010, 153, 153 ff.

431 Tschechisches Verfassungsgericht, Pl. ÚS 19/08, Urteil vom 26. November 2008, Rn. 70 ff.

432 Tschechisches Verfassungsgericht, Pl. ÚS 19/08, Urteil vom 26. November 2008, Rn. 105 ff.

433 Tschechisches Verfassungsgericht, Pl. ÚS 19/08, Urteil vom 26. November 2008, Rn. 209.

Verfassung verbleiben, unterstreicht das Gericht an unterschiedlichen Stellen die umfangreichen Beteiligungsmöglichkeiten der nationalen Parlamente auf europäischer Ebene.[434] Diese Tatsache zieht das Gericht sogar auf die Frage des Senats heran, ob die Stärkung des Europäischen Parlaments in manchen Bereichen zu Lasten der mitgliedstaatlichen Parlamente als „dimension of parlamentary democracy" ausreichend sei.[435]

Man könnte annehmen, dass der Hinweis auf die allgemein stärker werdende Rolle der nationalen Parlamente als Indiz für einen Vorrang demokratischer Legitimation über den nationalen Legitimationsstrang zu werten sei. Das Urteil in seiner Gesamtheit bestätigt diese Sichtweise aber nicht. Das tschechische Verfassungsgericht betrachtet die demokratischen Werte und Voraussetzungen – genauso wie alle anderen den Mitgliedstaaten gemeinsamen Fundamentalprinzipien – im Verbund der Union und ihrer Mitgliedstaaten als gesichert.[436] Im Gegensatz zum Bundesverfassungsgericht, dessen Maastricht-Entscheidung das tschechische Verfassungsgericht mehrfach zitiert, sieht das Gericht in der demokratischen Ausgestaltung der Europäischen Union somit kein Problem, weshalb dieses Thema auch nicht zentraler Punkt der Entscheidung ist. Allgemein weist das Gericht auf die gegenseitige Wirkung und Ergänzung der beiden Systeme – national und unional – hin: „… the two systems, domestic and Union, are mutually compatible and support each other in the most important area, concerning the very essence of law and justice".[437] In dieser Aussage kommt deutlich zum Ausdruck, dass das Gericht beide Rechts- und Verfassungssysteme als gleichwertig betrachtet und keinem den Vorrang einräumt.

3. Primat der europäischen Legitimationsbasis?

Zum Teil wird vertreten, dass der Legitimationsquelle der Unionsbürgerinnen und -bürger über das Europäische Parlament ein Primat zu gewähren sei.[438] Aufgrund seiner stärkeren Position und Kompetenzen im Vergleich zu den staatlichen Parlamenten bilde das Europäische Parlament „nicht nur ein beliebiges Teilelement im Legitimationsprozeß der Union sondern steht in dessen Zentrum".[439] So sei „doch ungeachtet aller Schwächen das direkt gewählt EP *die* demokratische Institution

434 Tschechisches Verfassungsgericht, Pl. ÚS 19/08, Urteil vom 26. November 2008, Rn. 148, 153, 165 f., 173.

435 Tschechisches Verfassungsgericht, Pl. ÚS 19/08, Urteil vom 26. November 2008, Rn. 168 ff.

436 Tschechisches Verfassungsgericht, Pl. ÚS 19/08, Urteil vom 26. November 2008, Rn. 209, 217.

437 Tschechisches Verfassungsgericht, Pl. ÚS 19/08, Urteil vom 26. November 2008, Rn. 209 a.E.

438 Z.B. Schmitz, EuR 2003, 217, 225 ff.; Scholz, ZG 2002, 1, 7; Rumler-Korinek, EuR 2003, 327, 342; Bieber, ZEuS 1999, 141, 144 ff.; Zuleeg, JZ 1993, 1069, 1071 ff.; Bröhmer, ZEuS 1999, 197, 213; Ress, ZEuS 1999, 219, 221 ff.

439 Bieber, ZEuS 1999, 141, 144 ff.

der Gemeinschaft"[440] und vermittle „die einzige wirklich *direkte*, auf die Europäische Gemeinschaft bezogene demokratische Legitimation"[441]. Im Europäischen Parlament werden die Unionsbürgerinnen und -bürger repräsentiert, die als unmittelbar von der Unionsgewalt Betroffene das sachnähere Bezugssubjekt darstellen würden und somit auch das maßgebliche Legitimationssubjekt für die europäische Hoheitsgewalt bilden müssten.[442] Allein das Europäische Parlament vermittle der Hoheitsgewalt der Gemeinschaft mithin „echte demokratische Legitimation", weshalb seine Rechte notwendig weiterhin ausgebaut werden müssten, um diese wichtige Legitimationsquelle zu verstärken.[443]

Diese Auffassung zieht nicht selten die Rechtsprechung des EuGH als Argumentationsstütze heran, wonach gerade die Beteiligung des Europäischen Parlaments am Gesetzgebungsverfahren der Gemeinschaft „ein grundlegendes demokratisches Prinzip wider(spiegle), nach dem die Völker durch eine Versammlung ihrer Vertreter an der Ausübung der hoheitlichen Gewalt beteiligt sind".[444] Darin könnte ein Primat des Europäischen Parlaments in der Vermittlung demokratischer Legitimation auf Unionsebene gesehen werden.

Deutlicher macht der Europäische Gerichtshof für Menschenrechte seine Ansicht, dass das Europäische Parlament die Hauptrolle im Rahmen des unionalen Demokratieprinzips spiele, wenn er ausführt: „As to the context in which the European Parliament operates, the Court is of the view that *the European Parliament represents the principal form of democratic, political accountability in the Community system.* The Court considers that whatever its limitations, the European Parliament, which derives democratic legitimation from the direct elections by universal suffrage, must be seen as that part of the European Community structure which best reflects concerns as to 'effective political democracy."[445]

440 Bröhmer, ZEuS 1999, 197, 212 (Hervorhebung im Original).

441 Ress, ZEuS 1999, 219, 221 (Hervorhebung im Original).

442 Schmitz, EuR 2003, 217, 225 ff.

443 Zuleeg, JZ 1993, 1069, 1071 ff.; ähnlich: Ress, ZEuS 1999, 219, 229; Schmitz, EuR 2003, 217, 226 ff.; Scholz, ZG 2002, 1, 7.

444 EuGH, Rs. C-300/89, Slg. 1991, I-2867, 2900, Rn. 20 – Titandioxid; Rs. 138/79, Slg. 1980, 3333, 3360, Rn. 33 – Roquette Frères.

445 EGMR, Matthews v. The United Kingdom, No. 24833/94, Rn. 52 (Hervorhebung nicht im Original). Dazu: Ress, ZEuS 1999, 219, 226 ff.; Bröhmer, ZEuS 1999, 197, 198 ff.; von Bogdandy, KritV 2000, 284, 292.

4. Gleichwertigkeit der beiden Legitimationsquellen?

Etliche Stimmen negieren ein Rangverhältnis der Quellen und betrachten beide als gleichwertig.[446] Bedingt durch die Struktur der europäischen Staatengemeinschaft als Verfassungsverbund bestehe eine funktionelle Verzahnung der beiden Legitimationswege: In Form einer wechselseitigen Stützung und Ergänzung könne ein Legitimationszusammenhang dort greifen, wo der andere schwach ist.[447] Durch dieses Zusammenspiel der beiden Legitimationsquellen könnten mögliche Defizite gegenseitig ausgeglichen und kompensiert werden, um im Ergebnis ein hinreichendes Legitimationsniveau zu erreichen, so dass die gemeinschaftliche Hoheitsgewalt immer effektiv auf die Bürgerinnen und Bürger zurückgeführt werden könne.[448] „Insoweit besteht (auch) hinsichtlich der demokratischen Legitimationsvermittlung eine Komplementarität von unionaler und nationaler Teilverfassung."[449] Welche Quelle im konkreten Fall oder im gesamten System stärker ist, erscheine dabei irrelevant oder jedenfalls zweitrangig. Dem Kooperationsprinzip zwischen gemeinschaftlichen und nationalen Organen entsprechend bestehe somit ein „Kooperations- und Optimierungsgebot" zwischen den beiden möglichen Legitimationssträngen.[450]

5. Stellungnahme

Die Theorie der Gleichwertigkeit der beiden Legitimationsquellen ist überzeugend. Bereits die Analyse der Rechtsprechung verschiedener Verfassungsgerichte

---

446 Pernice, in: FS Zuleeg, 145, 154 ff.; Calliess, in: FS Ress, 399, 400 ff.; Brosius-Gersdorf, EuR 1999, 133, 166 ff.; Oeter, ZaöRV 55 (1995), 659, 681 f.; Dreier, in: ders., GG, Art. 20, Rn. 47 ff.; Stein, ZaöRV 64 (2004), 563, 567 f.; von Bogdandy, KritV 2000, 284, 293 f. (der auch das Maastricht-Urteil so versteht); Kirsch, Demokratie, 91 ff.

447 Zuleeg, in: Drexl/Kreuzer/Scheuing/Sieber, Europäische Demokratie, 12, 23 f.; ders., Vorzüge der EU-Verfassung, 939; Huber, Europäische Integration, § 5, Rn. 38, 41; Calliess, in: FS Ress, 399, 403 f.; ders., in: Bauer/Huber/Sommermann., Demokratie in Europa, 281, 287 f.; Dreier, in: ders., GG, Art. 20, Rn. 47; ähnlich: Stein, ZaöRV 64 (2004), 563, 568 ff.: „Prinzip der kommunizierenden Röhren".

448 Huber, in: Drexl/Kreuzer/Scheuing/Sieber, Europäische Demokratie, 27, 55 ff.; ders., in: Bauer/Huber/Sommermann, Demokratie in Europa, 491, 503 ff.; Schliesky, Souveränität und Legitimität, 715 ff.; Brosius-Gersdorf, EuR 1999, 133, 167 f.; Calliess, in: Bauer/Huber/Sommermann, Demokratie in Europa, 281, 287 f.

449 Huber, EuR 2003, 574, 595 mit Hinweis auf dens., Europäische Integration, § 5, Rn. 38 ff.; ebenso ders., in: Bauer/Huber/Sommermann, Demokratie in Europa, 491, 503 ff.

450 Huber, EuR 2003, 574, 594 ff.; ders., in: Drexl/Kreuzer/Scheuing/Sieber, Europäische Demokratie, 27, 55; ders., in: Bauer/Huber/Sommermann, Demokratie in Europa, 491, 503 ff.; von Bogdandy, in: ders., Europäisches Verfassungsrecht 2003, 173 f.; ähnlich: Bieber, ZEuS 1999, 141, 144 f., 155 f., obwohl er ansonsten ein Primat der Legitimation über das EP vertritt; eingehend zum Kooperationsprinzip zwischen nationalen und gemeinschaftlichen Verfassungsorganen: Huber, VVDStRL 60 (2001), 194, 228 ff.

hat gezeigt, dass ein Vorrang der nationalen Legitimationsbasis von diesen nicht notwendig vorgeschrieben wird. Die leichte Trendwende im Lissabon-Urteil des Bundesverfassungsgerichts führt im Ergebnis zu keiner anderen Bewertung. Allein die Tatsache, dass die Mitgliedstaaten die „Herren der Verträge" sind und bleiben, begründet keinesfalls einen grundsätzlichen Vorrang „nationaler Lösungen", sondern trifft zunächst nur eine Aussage darüber, in wessen Händen eine Änderung des Primärrechts vorrangig liegt. Auch der stetige Ausbau der Kompetenzen des Europäischen Parlaments von einer bloß beratenden Versammlung (Art. 137 EWG-Vertrag vom 25. März 1957) zu einem direkt gewählten Mit-Gesetzgeber der Union kann nicht als Indiz für einen Vorrang dieses Legitimationsweges angesehen werden. Mit dem letzten Vertragsreformwerk von Lissabon wurde das Europäische Parlament durch weitere Kompetenzzunahmen im institutionellen Gefüge zwar erneut maßgeblich aufgewertet[451], gleichzeitig erfolgte aber – wie bereits angesprochen – eine Stärkung der nationalen Parlamente im Organisations- und Kompetenzgefüge der EU. Diese Tatsache spricht vielmehr für den allgemeinen Trend der Union zu einer möglichst demokratischen, bürgernahen Ausgestaltung und unterstreicht die Dynamik der europäischen Demokratie und ihre Anpassungsfähigkeit im Laufe einer fortschreitenden Integration. Zudem gibt es in den maßgeblichen Unionsverträgen kein Anzeichen für ein Primat einer der beiden Quellen; im Gegenteil: Art. 9 ff. EU n.F. über die „demokratischen Grundsätze" in der Union legen vielmehr eine Gleichrangigkeit nahe. Es entspricht dem System der EU, neben dem Staaten- und Verfassungsverbund auch einen Demokratieverbund zu erblicken, innerhalb dessen eine Koordinierung und Optimierung der nationalen und gemeinschaftlichen Legitimationsmöglichkeiten erfolgt. Nationale und gemeinschaftliche Wege sollen in einem Verhältnis der gegenseitigen Zusammenarbeit und Stützung stehen, nicht in einem Konkurrenzverhältnis. Im Ergebnis besteht folglich auf europäischer Ebene eine duale Legitimationsbasis, innerhalb derer beide Quellen für die demokratische Legitimation der Unionsgewalt gleichwertig – ergänzend und kompensierend – fruchtbar gemacht werden können und sollen. Es handelt sich um einen dynamischen Prozess, der nicht auf ein konkretes, starres und ausnahmsloses Prinzip beschränkt werden kann.

Diese unionale Besonderheit der dualen Legitimationsbasis ist bei der Herstellung des Legitimationszusammenhanges insgesamt zu beachten. Sie sagt aber noch nichts über die genaue Ausgestaltung der einzelnen Legitimationswege aus, also die Herstellung des konkreten Zurechnungszusammenhanges für bestimmte Hoheitshandlungen. Hier ist exemplarisch auf die entsprechenden nationalen Legitimationsmodelle mit ihren verschiedenen Legitimationsformen zurückzu-

---

451 Dazu: Schwarze, EuR Beiheft 1 2009, 9, 12 f.; Ruffert, EuR Beiheft 1 2009, 31, 39 f., 47; Schoo, EuR Beiheft 1 2009, 51, 58 ff.; Lindner, BayVBl 2008, 421, 431; Terhechte, EuR 2008, 143, 162 f.

greifen.[452] Die verschiedenen Konzepte zur Begründung demokratischer Legitimation sollen im Folgenden untersucht und eine unionsspezifische Übertragung vorgenommen werden, bevor im 4. Teil der Arbeit die aktuelle Rechtslage im Hinblick auf die europäische Judikative en detail dargestellt und einer Bewertung unterzogen wird.

III. Die Herstellung des Legitimationszusammenhanges

Die genauen Ausgestaltungen und Anforderungen demokratischer Legitimation, mithin die konkrete Herstellung des Zurechnungszusammenhanges zwischen Legitimationsobjekt und -subjekt, sind – insbesondere bei der Dritten Gewalt – umstritten. Es existieren unterschiedliche Konzepte, die auf verschiedene Weise versuchen, einen Legitimationszusammenhang zu begründen. Dabei liegt der Schwerpunkt auf nationalen Modellen, die für den Staat konzipiert wurden und auf die europäische Ebene oft weitgehend übertragen werden. Zudem wurden in der Wissenschaft bereits einige „europäische Konzepte“ speziell für die Legitimation europäischer Hoheitsgewalt entwickelt. Diese verschiedenen Legitimationsmodelle sollen im Folgenden erläutert und – insbesondere im Hinblick auf die Legitimation der europäischen Judikative – einer Bewertung unterzogen werden.

1. Systematisierung der Legitimationskonzepte

Allgemein wird des besseren Verständnisses und der besseren Übersichtlichkeit halber versucht, die mittlerweile recht zahlreichen Legitimationskonzepte zu systematisieren. Dabei scheint sich in der Literatur die – insbesondere von *Fritz Scharpf* hervorgehobene und verbreitete – Kategorisierung zwischen einer input-orientierten und einer output-orientierten Perspektive der Legitimation von Hoheitsgewalt durchgesetzt zu haben.[453] Im Ergebnis geht es (vereinfacht) darum, welches Hauptziel mit dem Legitimationskonzept verfolgt werden soll: die bestmögliche Repräsentation der Bürger und deren größtmögliche politische Beteili-

452 Classen, AöR 119 (1994), 238, 244 ff.; kritisch: Schliesky, Souveränität und Legitimität, 702 ff.

453 Scharpf, Demokratietheorie, 21 ff.; Huber, in: Bauer/Huber/Sommermann, Demokratie in Europa, 491, 493 f.; Nettesheim, in: Bauer/Huber/Sommermann, Demokratie in Europa, 143, 176; Sommermann, DÖV 2003, 1009, 1010; Rumler-Korinek, EuR 2003, 327, 328 ff.; Tietje, DVBl 2003, 1081, 1095; Volkmann, AöR 127 (2002), 575, 607; Classen, Demokratische Legitimation, 27 f.; Höreth, Legitimationstrilemma, 82 ff., führt neben Input und Output eine dritte Legitimationskategorie an, die er als „Identitätsdimension“ (government *of* the people) im Sinne einer „sozialen Legitimität“ bezeichnet und deren Inhalte und Voraussetzungen in der Wissenschaft häufig als „demokratische Infrastruktur“ im Sinne einer gesellschaftlichen Vorbedingung für Demokratie eingeordnet werden (so auch im Ergebnis bei Höreth).

gung (Input) oder die bestmöglichen Ergebnisse und Nutzen der Hoheitsentscheidungen für die Bürger (Output). Ähnlich der Terminologie *Abraham Lincolns*, Demokratie sei „government of the people, by the people, for the people“[454], soll nach *Scharpf* mit Input die „Herrschaft *durch* das Volk“ (*by* the people) und mit Output die „Herrschaft *für* das Volk“ (*for* the people) betont werden[455]. Input-Legitimation liege vor, wenn Entscheidungen möglichst unverfälscht aus der gleichen Partizipation aller, also vom Willen des Volkes, abgeleitet werden.[456] Demgegenüber orientiere sich die Output-Legitimation an der Qualität, dem Ergebnis, der hoheitlichen Entscheidungen, die „auf wirksame Weise das allgemeine Wohl im jeweiligen Gemeinwesen fördern“ sollen.[457]

Entsprechend der Dichotomie in Input- und Output-Legitimation unterteilt *Anne Peters* die unterschiedlichen Legitimationsstrategien in „Ex-ante-Strategien“, d.h. solche, die auf die Entstehung der Herrschafts- oder Rechtsordnung abstellen (so wie der Input immer vor Inkrafttreten einer Hoheitsentscheidung liegt), und „Ex-post-Strategien“, d.h. solche, die erst nach Inkrafttreten der Norm bzw. des Hoheitsaktes an deren Ergebnisse anknüpfen (so wie der tatsächliche Output, die Leistung, immer erst nach Inkrafttreten vorliegen kann).[458] Auf einen wichtigen Unterschied zwischen den Begriffspaaren weist *Peters* allerdings hin: Teilweise wird Output-Legitimität auch ex ante angenommen, also hypothetisch, soweit „gute Ergebnisse“ erwartet werden.[459] Diese antizipierte Output-Legitimation könne jedoch nur provisorisch sein, da die tatsächliche Leistung einer Hoheitshandlung ausschließlich ex post feststellbar sei und eine diesbezügliche Prognose in unserer komplexen und schnelllebigen Gesellschaft nicht realistisch erscheine.[460] Diesem Hinweis ist zuzustimmen: Eine ex ante Berücksichtigung der zu erwartenden Ergebnisse kann eine endgültige Output-Legitimation nicht begründen. Vielmehr stellen derartige Berücksichtigungen gewisse Erwartungen des Legitimationssubjekts an die Amtsträger und deren Handlungen dar, die ihren Vorstellungen und ihrem Willen entsprechen sollen. Dieser Gedanke macht deutlich, dass die Grenzen zwischen Input- und Output-Legitimation fließend sein können und im Falle einer „ex-ante Output-Legitimation“ folglich zum Teil auch unterschiedlich gezogen werden.

Eine weitere, abweichende Terminologie ist die Unterscheidung zwischen faktischer Legitimität (im Sinne einer tatsächlichen Anerkennung von Herrschaft) und normativer Legitimität (im Sinne einer Anerkennungswürdigkeit), wobei

---

454 Abraham Lincoln, The Gettysburg Address, 19. November 1863.

455 Scharpf, Regieren in Europa, 16 ff.

456 Scharpf, Demokratietheorie, 25 ff.; ders., Regieren in Europa, 17; vgl. auch Höreth, Legitimationstrilemma, 82 ff.

457 Scharpf, Demokratietheorie, 21 ff.; ders., Regieren in Europa, 16, 20; vgl. auch Höreth, Legitimationstrilemma, 85 ff.

458 Peters, Verfassung Europas, 517 ff.

459 Peters, Verfassung Europas, 522 f.

460 Peters, Verfassung Europas, 522 f.

letztere sodann in prozedurale Legitimität (durch Verfahren) und substantielle Legitimität (durch Ergebnisse) unterschieden wird.[461] Während Input-Legitimation ausnahmslos prozedural verwirklicht werde, könne Output-Legitimation sowohl prozeduraler Natur sein – was der oben beschriebenen ex ante Bewertung der zu erwartenden Ergebnisse entspricht –, als auch substantieller – was den tatsächlichen, ex post festzustellenden Ergebnissen entspricht.[462]

Folglich geht es bei der „Input-Legitimation“, genau wie bei der „Ex-ante-Legitimation“, hauptsächlich um die Her- bzw. Ableitung der Hoheitsgewalt, die nur „prozedural“ hergestellt werden kann. Wenn im Rahmen dieser Sichtweise von einer „Rückkopplung“ der Hoheitsgewalt an das Legitimationssubjekt durch Verantwortlichkeit und/oder Kontrolle die Rede ist, geht es dabei um die Erneuerung und Aufrechterhaltung dieser Herleitung und den damit einhergehenden Schutz vor einer Verselbstständigung der Gewalten. Ein weitestgehend formales Band zwischen Legitimationsobjekt und -subjekt steht mithin im Vordergrund dieser Legitimationsperspektive. Währenddessen ziehen die „Output-Konzepte“ bzw. die „Ex-post-Legitimation“ oder die „substantielle Legitimation“ die Ergebnisse der Hoheitsakte zur Begründung ihrer Legitimation heran – zum Teil ausschließlich ex post und zum Teil darüberhinaus auch antizipiert. Um die verschiedenen Konzepte weitgehend „unvoreingenommen“ bewerten zu können, und nicht mit einer der oben genannten Systematisierungen in Konflikt zu geraten, werden zur Einteilung vorliegend die Kategorien der formalen „Herleitungs- und Rückkopplungslegitimation“ einerseits und der materiellen „Ergebnislegitimation“ andererseits gewählt. Diese Begriffe stellen – wie die oben genannten Begriffspaare ebenfalls – mit wenigen Ausnahmen Synonyme zu ihren Pendants in den unterschiedlichen Bezeichnungen dar, erlauben aber eine freiere Einordnung der unterschiedlichen Konzepte als es bei einer der bereits vorgezeichneten Begriffskategorien möglich wäre. Um die geläufigste Systematisierung dabei nicht aus den Augen zu verlieren, wird jedoch durchgehend auf die entsprechende Unterteilung in Input und Output verwiesen.

2. Formale Herleitungs- und Rückkopplungslegitimation

Verschiedene Modelle stellen bei der Legitimation von Herrschaftsgewalt allein – oder zumindest maßgeblich – auf die Entstehung, die Herleitung, der hoheitlichen Entscheidungsgewalt und die Aufrechterhaltung bzw. die Erneuerung dieser Ableitung durch eine gewisse Rückkopplung ab. Im Vordergrund dieser Legitimation stehen die Beteiligung der Bürgerinnen und Bürger an der Ausübung der Herrschaftsgewalt und die Rückführung derselben auf deren (mutmaßlichen) Willen. Das geläufigste Modell in dieser Hinsicht ist das der sogenannten „Le-

---

461 Petersen, Demokratie, 6 ff.; Lauth, in: Gabriel/Kropp, EU-Staaten im Vergleich, 33, 34 f.

462 Petersen, Demokratie, 12 ff.

gitimationskette" zwischen Hoheitsträger und Legitimationssubjekt. Von diesem Prinzip können sich nahezu alle (input-orientierten) Herleitungskonzepte – zumindest als Basis und Ausgangspunkt – nicht vollkommen lösen.

a) Das Modell der Legitimationsketten

Das Bild der „ununterbrochenen Legitimationsketten" ist in den europäischen Mitgliedstaaten nicht unbekannt. Ihre Herleitungs- und Rückkopplungsfunktion wird jedenfalls – mit verschiedenen Nuancen – sowohl im deutschen und französischen als auch im britischen Verfassungsgefüge fruchtbar gemacht.[463] Die Unterschiede zwischen den Legitimationsgründen dieser drei Rechtssysteme werden als „nur marginal" bezeichnet.[464] Zudem werden in der rechtsvergleichenden Literatur die gemeinsame historische Tradition und die Verwandtschaft des deutschen, österreichischen, spanischen und französischen Legitimationskonzepts – insbesondere aufgrund ihrer starken Input-Orientierung – betont.[465]

aa) Legitimationsketten in den staatlichen Demokratietheorien

Auch wenn die französische Verfassung in Art. 2 Abs. 5 ein „gouvernement du peuple, par le peuple et pour le peuple" festlegt, wird die drittgenannte, die materielle Ergebnis-Komponente des „Regierens für das Volk", in den einschlägigen französischen Demokratiedefinitionen und -lehren nicht aufgenommen, sondern es erfolgt eine Beschränkung auf die Beteiligung des Volkes, die reine Herleitung der Hoheitsgewalt über einen „Legitimationsstrang".[466] In der österreichischen Literatur werden die Legitimationsketten als „Vermittlungsstufen" zur Ab- und Weiterleitung von Legitimation bezeichnet: es bestehe eine „Abhängigkeit" aller übrigen staatlichen Organe vom gewählten Parlament, und zwar der Exekutive durch Verantwortlichkeit und Weisungen und der Judikative durch Gesetzesbindung.[467] Diese „Gesetzesbindung" als spezielle „Legitimationsquelle" für die Judikative wird für etliche nationale Legitimationskonzepte genannt.[468] Auch in Polen wird das Volk als permanente Quelle der Staatsgewalt betrachtet, das durch Wahl die legislative Staatsgewalt legitimiert, von der aus Legitimationsketten zur Exekutive und Judikative bestehen.[469]

---

463 Vgl. Schmidtchen, in: FS Ress, 787, 788; Ress, ZEuS 1999, 219, 222, spricht allgemein von „Legitimationsketten im modernen Verfassungsstaat".

464 Riedel, in: Müller-Graff, Verfassungsrecht in der EU, 77, 93.

465 Sommermann, in: Bauer/Huber/Sommermann, Demokratie in Europa, 191, 203 f.

466 Heuschling, in: Bauer/Huber/Sommermann, Demokratie in Europa, 33, 45 f. m.w.N.; Hecker, AöR 123 (1998), 577, 594.

467 Öhlinger, Verfassungsrecht, Rn. 343, 356, 373.

468 Allgemein: Stürner, in: FS Brohm, 153, 161; für Italien: Grossi, JöR 50 (2002), 361, 365 ff.

469 Biernat, in: Bauer/Huber/Sommermann, Demokratie in Europa, 79, 81 ff., 85.

Trotz dieser europäischen Überschneidungen findet sich eine etwas andere Gewichtung im britischen Demokratieprinzip: Hier steht die „sovereignty and supremacy of Parliament" im Mittelpunkt, mithin die vorherrschende Rolle des Parlaments und seine Stellung an der Spitze des Herrschaftsgefüges im Vereinigten Königreich.[470] Nicht bloß formale Legitimationsketten, sondern die Verantwortlichkeit und Rechenschaftspflicht der Regierung gegenüber dem Parlament und der Öffentlichkeit stellen die vorrangige Legitimation der Regierung dar.[471] Das Parlament verkörpere „the good sense of the British people" und handle deshalb ausschließlich im Interesse der Bevölkerung und drücke den Willen der Nation aus, was zu einer gewissen ergebnisorientierten Begründung seiner Machtstellung führe.[472] Dieses Beispiel des Vereinigten Königreichs macht besonders deutlich, dass eine eins zu eins Übertragung eines nationalen Legitimationskonzepts auf die EU unpassend wäre und zwangsweise nur zu einem Defizit führen kann; wie vorliegend beispielsweise bei einem Vergleich mit den britischen Besonderheiten aufgrund der nach wie vor verhältnismäßig schwächeren Stellung des Europäischen Parlaments im europäischen Institutionengefüge.[473]

Dem in Deutschland überwiegenden Demokratiekonzept der Legitimationsketten, dem sogenannten „organisatorisch-formalen Modell"[474] demokratischer Legitimation, wird im Vergleich zu den genannten verwandten Konzepten die stärkste dogmatische Ausgestaltung nachgesagt[475]. Aufgrund seiner häufigen Übertragung auf europäische Ebene soll dieses Konzept – insbesondere auch exemplarisch für den Grundgedanken der Legitimationsketten – nachfolgend genauer untersucht werden, vor allem im Hinblick auf dessen mögliche Fruchtbarmachung für die Legitimation der europäischen Judikative.

bb) Organisatorisch-formales Modell

Das aktuell überwiegend vertretene Legitimationskonzept in Deutschland zum Prinzip demokratischer Legitimation im Sinne des Art. 20 Abs. 2 GG wurde na-

---

470 Smith, in: Bauer/Huber/Sommermann, Demokratie in Europa, 69, 69; Sommermann, in: Bauer/Huber/Sommermann, Demokratie in Europa, 191, 204 f.; Riedel, in: Müller-Graff/Riedel, Verfassungsrecht in der EU, 77, 89; Bredt, Demokratische Legitimation, 111 ff.

471 Riedel, in: Müller-Graff/Riedel, Verfassungsrecht in der EU, 77, 88 ff.; Sommermann, in: Bauer/Huber/Sommermann, Demokratie in Europa, 191, 204 f.; Smith, in: Bauer/Huber/Sommermann, Demokratie in Europa, 69, 70 f., 76 f.

472 Riedel, in: Müller-Graff/Riedel, Verfassungsrecht in der EU, 77, 89 f.; Sommermann, in: Bauer/Huber/Sommermann, Demokratie in Europa, 191, 204 f.; Bredt, Demokratische Legitimation, 112 f.

473 Smith, in: Bauer/Huber/Sommermann, Demokratie in Europa, 69, 74 f.

474 So z.B. Tschentscher, Demokratische Legitimation, 17, m.w.N.

475 Sommermann, in: Bauer/Huber/Sommermann, Demokratie in Europa, 191, 203 f.

hezu gleichermaßen von *Ernst-Wolfgang Böckenförde*[476], *Roman Herzog*[477] und dem Bundesverfassungsgericht[478] begründet. Dem organisatorisch-formalen Modell demokratischer Legitimation hat sich mittlerweile der größte Teil der deutschen Lehre[479] angeschlossen und es wurde von etlichen Wissenschaftlern sogar weitgehend auf die europäische Ebene übertragen[480]. Dieses stark input-orientierte Modell hat zum Ziel, einen „effektiven Einfluss des Volkes auf die Ausübung der Staatsgewalt zu bewirken und sicherzustellen“[481], indem eine bestimmte, ausreichende Zurückführbarkeit der Ausübung hoheitlicher Befugnisse auf den Willen des Legitimationssubjekts und eine Verantwortung gegenüber diesem als Träger der Hoheitsgewalt, die sich auch nach ihrer einmaligen Einrichtung nicht verselbstständigen darf, geschaffen wird[482]. Zur Erreichung eines hinreichenden Gehalts an demokratischer Legitimation stehen innerhalb des Modells unterschiedliche Legitimationsformen zur Verfügung.[483]

Soweit nachfolgend vom „Volk“ als Legitimationssubjekt die Rede ist, hat dies den Hintergrund, dass im Rahmen des organisatorisch-formalen Legitimationsmodells eine traditionelle, monistische Auffassung weit verbreitet war bzw. größtenteils nach wie vor ist. Das ändert aber nichts an dem in der vorliegenden Arbeit vertretenen pluralen, individualistischen Demokratieverständnis mit den

---

476 Böckenförde, Demokratie, in: HStR II 2004, § 24; ders., Verfassungsfragen der Richterwahl, 71 ff.

477 Herzog, in: Maunz-Dürig, GG, Art. 20 II, Rn. 33 ff.

478 St. Rspr. BVerfGE 9, 268, 281 f.; 47, 253, 275 f.; 49, 89, 125; 83, 37, 50 ff.; 83, 60, 71 ff.; 89, 155, 182; 93, 37, 66 ff.; 107, 59, 86 ff.; 2 BvE 2/08 vom 30. Juni 2009, Rn. 211 ff., 268 ff.

479 Sachs, in: ders., GG, Art. 20, Rn. 35 ff.; Dreier, in: ders., GG, Art. 20, Rn. 113 ff.; Sommermann, in: Mangoldt/Klein/Starck, GG, Art. 20, Rn. 163 ff.; Schnapp, in: Münch/Kunig, GG, Art. 20, Rn. 18 ff.; Degenhart, Staatsrecht I, Rn. 24 f.; Badura, Parlamentarische Demokratie, in: HStR II 2004, § 25, Rn. 30; Jestaedt, JuS 2004, 649, 650, 653; Pieroth, EuGRZ 2006, 330, 331 ff.; Di Fabio, in: FS Badura, 77, 79 ff.; Kirchhof, in: FS Badura, 237, 256; Schmidt-Aßmann, AöR (116) 1991, 329, 355 ff.; Pottschmidt, NordÖR 2002, 397, 400 f.; Papier, NJW 2002, 2585, 2589; Lütgens, ZRP 2009, 82, 83; Sennekamp, NVwZ 2010, 213, 214 f.; Wittreck, Verwaltung, 121, bezeichnet das Modell als „alternativlos“ und korrigiert es nur in einem kleinen Detail, indem er bei Richterwahlausschüssen keine sog. doppelte Mehrheit verlangt. Stern, Staatsrecht, Bd. 1, 599, wählt mit „organisatorisch-institutionell“ und „materiell“ zwar eine abweichende Terminologie, stimmt im Ergebnis aber weitestgehend mit dem Konzept der herrschenden Meinung überein.

480 So z.B. Epping, Der Staat 1997, 349, 361 ff.; Classen, AöR 119 (1994), 238, 244 ff.; Mähner, Gerichtshof, 211 ff.; Pieper, Verfassungsrichterwahlen, 58 ff.; Kaufmann, Europäische Integration und Demokratieprinzip, 224 ff., 430 ff.; Zuleeg, JZ 1993, 1069, 1071 ff.; Kirsch, Demokratie, 97 ff.

481 Böckenförde, Demokratie, in: HStR II 2004, § 24, Rn. 14.

482 Vgl. BVerfGE 83, 60, 71 f.; 93, 37, 66; Böckenförde, Demokratie, in: HStR II 2004, § 24, Rn. 11.

483 BVerfGE 83, 60, 72; 93, 37, 66.

einzelnen Bürgerinnen und Bürgern als Legitimationssubjekt.[484] Dieses – bereits ausführlich erläuterte – Verständnis wird nachfolgend vorausgesetzt und steht deshalb nicht mehr gesondert im Fokus der Erörterungen. Es geht an dieser Stelle ausschließlich um die genaue Herstellung des konkreten Legitimationszusammenhanges zwischen Legitimationssubjekt und -objekt.

(1) Formen demokratischer Legitimation

Es wird zwischen folgenden Formen demokratischer Legitimation zur Herstellung des Legitimationszusammenhanges zwischen Bürgern und Hoheitsgewalt unterschieden: der funktionellen, der institutionellen, der sachlich-inhaltlichen und der organisatorisch-personellen demokratischen Legitimation.[485]

Die *funktionelle und institutionelle demokratische Legitimation* setzt voraus, dass der Verfassungsgeber selbst die drei Staatsgewalten der Legislative, Exekutive und Judikative als je eigene Organe mit eigenen Funktionen konstituiert hat, diese also in der Verfassung explizit vorgesehen und geregelt sind.[486] Diese Art demokratischer Legitimation beschränkt sich somit auf den einmaligen Einrichtungsakt der drei Gewalten im organisatorischen und funktionalen Sinne, und kann keine fortwährende Legitimation der jeweiligen Amtswalter und ihrer konkreten Handlungen schaffen. Da eine Verselbstständigung der Gewalten folglich auf diese Weise nicht ausgeschlossen werden kann, wird diese Art der Legitimation alleine als nicht ausreichend erachtet.[487] Es bedarf zusätzlich einer weiteren Form bzw. weiterer Formen demokratischer Legitimation.

Die *organisatorisch-personelle demokratische Legitimation* verlangt eine ununterbrochene, unmittelbare oder mittelbare, Legitimationskette zwischen den konkreten Amtswaltern und dem Legitimationssubjekt.[488] Das Bundesverfassungs-

---

484 Siehe oben, 3. Teil, B. I. 2.

485 St. Rspr. BVerfGE 83, 60, 72; 93, 37, 66 f.; 107, 59, 87 f.; Böckenförde, Demokratie, in: HStR II 2004, § 24, Rn. 14; bzgl. Frankreich vgl. Heuschling, EuGRZ 2006, 338, 342, 348. In seiner Entscheidung zum Vertrag von Lissabon, 2 BvE 2/08 vom 30. Juni 2009, Rn. 211 ff., 268, spricht das BVerfG davon, die öffentliche Gewalt „personell und sachlich" zu bestimmen bzw. „personell und sachlich" Einfluss auf diese zu nehmen; sein Demokratieverständnis distanziert sich insofern nicht von seiner bisherigen st. Rspr.

486 BVerfGE 49, 89, 125; Böckenförde, Demokratie, in: HStR II 2004, § 24, Rn. 15; Dreier, in: ders., GG, Art. 20, Rn. 114; Sommermann, in: Mangoldt/Klein/Starck, GG, Art. 20, Rn. 169; Tschentscher, Demokratische Legitimation, 56 ff.; Voßkuhle/Kaiser, JuS 2009, 803, 804; bzgl. Frankreich vgl. Heuschling, in: Bauer/Huber/Sommermann, Demokratie in Europa, 33, 59 f.

487 Böckenförde, Demokratie, in: HStR II 2004, § 24, Rn. 15; Tschentscher, Demokratische Legitimation, 186 m.w.N.

488 BVerfGE 47, 253, 275; 49, 89, 125; 83, 60, 72 f.; 107, 59, 87 f.; Böckenförde, Demokratie, in: HStR II 2004, § 24, Rn. 16; ders., Verfassungsfragen der Richterwahl, 73 ff.; Herzog, in: Maunz-Dürig, GG, Art. 20 II, Rn. 53; Dreier, in: ders., GG, Art. 20, Rn. 115; Sommermann, in: Mangoldt/Klein/Starck, GG, Art. 20, Rn. 164 ff.; Stern, Staatsrecht,

gericht führt aus, „ein Amtsträger ist uneingeschränkt personell legitimiert, wenn er sein Amt im Wege einer Wahl durch das Volk oder das Parlament oder durch einen seinerseits personell legitimierten Amtsträger oder mit dessen Zustimmung erhalten hat.“[489] Es handelt sich bei dieser Legitimationsform mithin um ein rein formales Zurechnungsprinzip: die jeweiligen Hoheitsträger müssen ihren Status konkret durch eine lückenlose – d.h. ohne Dazwischentreten nichtlegitimierter Dritter – Kette von Wahl-, Ernennungs- oder Berufungsakten auf die Bürgerinnen und Bürger zurückführen können. Die Berufung durch das Legitimationssubjekt kann dabei unmittelbar erfolgen – beispielsweise im Wege der direktdemokratischen „Volkswahl“ der nationalstaatlichen Parlamente in den EU-Mitgliedstaaten – oder mittelbar – wie beispielsweise bei einer Beamtenernennung durch ein parlamentarisch legitimiertes Regierungsmitglied.[490] Im System der repräsentativen Demokratie fungiert das direktdemokratisch legitimierte Parlament, das insofern personell-organisatorisch in der Regel einen „Legitimationsvorsprung“[491] gegenüber den anderen Gewalten genießt, als „Legitimationsspender“ oder „Legitimationsmittler“ und spielt in dieser Hinsicht mithin die entscheidende Rolle.[492]

Sachlich-inhaltliche demokratische Legitimation bedeutet schließlich, dass die inhaltliche, materielle Komponente der Hoheitsausübung dem Willen der Bürger entspringt und sich auch insofern vom Legitimationssubjekt ableitet.[493] Sie kann einerseits durch die Bindung aller Gewalten an die (vom direktdemokratisch legitimierten Parlament erlassenen) Gesetze erzielt werden und andererseits durch die demokratische Verantwortlichkeit und Kontrolle der Gewalten.[494] Insbesondere letzteres wird bei den verschiedenen Gewalten auf unterschiedliche Weise hergestellt. So kann beispielsweise für das Parlament demokratische Kontrolle durch den periodisch wiederkehrenden Wahlakt erzeugt werden, für die Regierung durch ihre Verantwortlichkeit gegenüber dem Parlament und für die nachgeordneten Exekutivbehörden insbesondere durch ihre Weisungsgebundenheit und

---

Bd. 1, 604 ff.; Tschentscher, Demokratische Legitimation, 52 ff.; Voßkuhle/Kaiser, JuS 2009, 803, 804.

489 BVerfGE 93, 37, 67; 107, 59, 88. Ähnlich in BVerfG, 2 BvE 2/08 vom 30. Juni 2009, Rn. 209.

490 Böckenförde, Demokratie, in: HStR II 2004, § 24, Rn. 16, 24; ders., Verfassungsfragen der Richterwahl, 74; zur personellen Legitimation der Verwaltung eingehend: Schmidt-Aßmann, AöR (116) 1991, 329, 360 ff.; Classen, Demokratische Legitimation, 51 ff.

491 Dreier, in: ders., GG, Art. 20, Rn. 119 m.w.N.

492 Böckenförde, Demokratie, in: HStR II 2004, § 24, Rn. 16; ders., Verfassungsfragen der Richterwahl, 74; Sachs, in: ders., GG, Art. 20, Rn. 38; Herzog, in: Maunz-Dürig, GG, Art. 20 II, Rn. 76 f.

493 Böckenförde, Demokratie, in: HStR II 2004, § 24, Rn. 21; ders., Verfassungsfragen der Richterwahl, 79 f.; Dreier, in: ders., GG, Art. 20, Rn. 116; Tschentscher, Demokratische Legitimation, 54 ff.; Voßkuhle/Kaiser, JuS 2009, 803, 804.

494 Böckenförde, Demokratie, in: HStR II 2004, § 24, Rn. 21; ders., Verfassungsfragen der Richterwahl, 79; Sommermann, in: Mangoldt/Klein/Starck, GG, Art. 20, Rn. 168.

das Aufsichtsrecht im Rahmen der Behördenhierarchie.[495] Auch in dieser Hinsicht muss mithin eine Legitimationskette in Form eines inhaltlichen Zurechnungs- und Verantwortungszusammenhanges von der konkreten hoheitlichen Maßnahme zur Wahlentscheidung vorliegen.[496]

Diese Kettensystematik wird zutreffend folgendermaßen erklärt: „Die personell-demokratische Legitimation und ihre lückenlose Kette stellt folglich nur die personalrechtliche Schiene dar, auf der die inhaltlichen Weisungsstränge laufen."[497] Innerhalb der sachlich-inhaltlichen Legitimation soll ein „korrelativer Zusammenhang" zwischen Gesetzesbindung einerseits und demokratischer Verantwortlichkeit andererseits bestehen: So sei beispielsweise in Bereichen, in denen der Exekutive Handlungs- und Ermessensspielräume vom Gesetz eingeräumt werden, die Weisungsabhängigkeit der Amtswalter umso wichtiger, während bei der weisungsunabhängigen Judikative grundsätzlich eine strengere Gesetzesbindung erforderlich sei.[498] Auch an dieser Stelle kommt der „legitimationstechnische Vorsprung" des Parlaments zum Ausdruck, denn die sachlich-inhaltliche Legitimation von Exekutive und Judikative wird maßgeblich durch deren Bindung an das parlamentarische Gesetz erzeugt.[499] Der Sonderfall der Judikative in diesem Zusammenhang wird anschließend noch eingehend behandelt.[500]

(2) Erforderliches Legitimationsniveau

„Aus verfassungsrechtlicher Sicht entscheidend ist nicht die Form der demokratischen Legitimation staatlichen Handelns, sondern deren *Effektivität*; notwendig ist ein *bestimmtes Legitimationsniveau*. Dieses kann bei den verschiedenen Erscheinungsformen von Staatsgewalt (...) unterschiedlich ausgestaltet sein."[501] Die unterschiedlichen Legitimationsformen können sich demnach gegenseitig ergänzen oder kompensieren, um gemeinsam ein ausreichendes, effektives Legiti-

---

495 Böckenförde, Demokratie, in: HStR II 2004, § 24, Rn. 21, 24; Petersen, Demokratie, 23; eingehend zur sachlich-inhaltlichen Legitimation der Verwaltung: Schmidt-Aßmann, AöR (116) 1991, 329, 357 ff.; Classen, Demokratische Legitimation, 49 ff.

496 Petersen, Demokratie, 15; Baumbach, Vertragswandel, 112, 139; Di Fabio, in: FS Badura, 77, 82.

497 Blanke, KJ 1998, 452, 466, der diese Tatsache sehr kritisch sieht; zustimmend: Schliesky, Souveränität und Legitimität, 280.

498 Böckenförde, Demokratie, in: HStR II 2004, § 24, Rn. 22; ders., Verfassungsfragen der Richterwahl, 79; Papier, NJW 2002, 2585, 2589; Sommermann, in: Mangoldt/Klein/Starck, GG, Art. 20, Rn. 168.

499 Dreier, in: ders., GG, Art. 20, Rn. 119.

500 Siehe unten, 3. Teil, B. III. 2. a) bb) (4).

501 St. Rspr. BVerfGE 83, 60, 72; 93, 37, 67; 107, 59, 87 (Hervorhebung nicht im Original). Auf das Merkmal des Legitimationsniveaus stellt das BVerfG ebenfalls in seiner Entscheidung zum Vertrag von Lissabon im Hinblick auf die demokratische Ausgestaltung der Europäischen Union ab, vgl. 2 BvE 2/08 vom 30. Juni 2009, Rn. 262 ff.

mationsniveau der einzelnen Staatsgewalten zu schaffen.[502] Dies gilt insbesondere für die sachlich-inhaltliche Legitimation einerseits und die organisatorisch-personelle Legitimation andererseits. So hat beispielsweise das Parlament durch seine direkte Volkswahl die vergleichsweise stärkste personelle Legitimation inne und genießt deshalb inhaltlich einen weitgehenden Freiraum bezüglich seiner Entscheidungen; „lediglich" bei Neuwahlen muss es sich gegenüber seinem Legitimationsgeber verantworten.[503]

Die personelle Legitimationskette der meisten Behörden – in Deutschland: Volkswahl des Parlaments, parlamentarische Wahl des Bundeskanzlers, Ernennung der Minister durch den Bundespräsidenten auf Vorschlag des Bundeskanzlers und erst anschließende Auswahl der nachgeordneten Beamten in den jeweiligen Ressorts – ist im Gegensatz dazu sehr lang und mithin in ihrer Rückführbarkeit auf den Willen des Legitimationssubjekts „ausgedünnt", was zum Erfordernis einer stärkeren inhaltlichen Bindung der Behörden durch Weisungs- und Aufsichtsrechte führt.[504]

Bei dieser gegenseitigen Kompensation ist jedoch zu beachten, dass grundsätzlich keine der einzelnen Legitimationsformen gänzlich fehlen darf; sie können sich nicht untereinander vollkommen ersetzen.[505] Denn die organisatorisch-personelle Legitimation bewirkt eine formale Legitimation der Person des Amtswalters, der sich nach Einsetzung jedoch autonom entwickeln und sich mithin gegenüber dem Legitimationssubjekt verselbstständigen könnte. Deshalb sei eine irgendwie geartete inhaltliche Legitimation immer erforderlich, um die Legitimationskette materiell ständig aufrecht zu erhalten.[506]

Wann das Legitimationsniveau jedoch insgesamt als „ausreichend" angesehen wird, um einen „effektiven" Einfluss des Legitimationssubjekts sicherzustellen, ist schwer zu bestimmen und wurde bisher keinen eindeutigen Kriteri-

---

502 St. Rspr. BVerfGE 83, 60, 72; 93, 37, 67 f.; 107, 59, 87; Böckenförde, Demokratie, in: HStR II 2004, § 24, Rn. 23; ders., Verfassungsfragen der Richterwahl, 79 f.; Voßkuhle/Kaiser, JuS 2009, 803, 804; Dreier, in: ders., GG, Art. 20, Rn. 117; Sommermann, in: Mangoldt/Klein/Strack, GG, Art. 20, Rn. 170; Jestaedt, JuS 2004, 649, 650; Pottschmidt, NordÖR 2002, 397, 400; Schmidt-Aßmann, AöR (116) 1991, 329, 366 ff.; Di Fabio, in: FS Badura, 77, 83 ff.; Tschentscher, Demokratische Legitimation, 58 ff.; aA: Baumbach, Vertragswandel, 139 f., demzufolge die sachlich-inhaltliche Legitimation die einzig wahre Legitimationsform sei und insbesondere die personelle Legitimation in dieser vollkommen aufgehe; das Legitimationsniveau müsse deshalb ausschließlich sachlich-inhaltlich erreicht werden.

503 Letzteres übersieht Sachs, in: ders., GG, Art. 20, Rn. 36, wenn er annimmt, das Parlament bedürfe neben der personellen Legitimation überhaupt keiner inhaltlichen Legitimation. Dazu: Dreier, in: ders., GG, Art. 20, Rn. 119.

504 Dazu: Dreier, in: ders., GG, Art. 20, Rn 123 ff.; Schmidt-Aßmann, AöR 116 (1991), 329, 357 ff.

505 Böckenförde, Demokratie, in: HStR II 2004, § 24, Rn. 23.

506 Böckenförde, Demokratie, in: HStR II 2004, § 24, Rn. 23; Di Fabio, in: FS Badura, 77, 81 f.; Stern, Staatsrecht, Bd. 1, 605.

en unterworfen.[507] Es wird lediglich „eine Korrelation zwischen dem Umfang und der Intensität der Amtsmacht und dem erforderlichen Niveau demokratischer Legitimation“[508] festgestellt: „Je höher die Bedeutung und Reichweite der zu treffenden Entscheidung ist, desto höher muss das Legitimationsniveau sein“[509]; das Maß demokratischer Legitimation muss „funktionsadäquat“ sein[510]. Ein höheres Legitimationsniveau werde durch eine größere Nähe zum Legitimationssubjekt erreicht; alle wesentlichen Entscheidungen sollen mithin vom Parlament als direktdemokratisch legitimiertes Organ getroffen werden.[511] Die Begriffe „Legitimationsniveau“ und „Effektivität“ könnten somit zwar eine Art Flexibilität und Offenheit in das ansonsten überaus formale Legitimationskonzept der herrschenden Meinung bringen[512], bergen aber gleichzeitig die Gefahr einer gewissen Unsicherheit, Konturenlosigkeit und damit einhergehenden Unpraktikabilität.

(3) „Lockerung“ des organisatorisch-formalen Modells?

Die Offenheit, die in dem Kriterium des „bestimmten Legitimationsniveaus“ bereits angelegt ist, wurde vom Bundesverfassungsgericht in seiner Entscheidung zur funktionalen Selbstverwaltung aus dem Jahre 2002 zu einer gewissen „Lockerungstendenz“ seines Legitimationskonzepts genutzt. So heißt es in der Entscheidung: „Aufgrund seines *Prinzipiencharakters* ist Art. 20 Abs. 2 GG *entwicklungsoffen*. Das ‚Ausgehen der Staatsgewalt‘ vom Volk muss für das Volk wie auch für die Staatsorgane jeweils *konkret erfahrbar und praktisch wirksam* sein. Bei veränderten Verhältnissen können *Anpassungen* notwendig werden.“[513] Durch die Betonung des Prinzipiencharakters, insbesondere anstelle einer „Dogmatisierung“[514], wird Raum für Ausnahmen und Fortentwicklungen des bis dahin sehr statischen, formalen Modells geschaffen. Für den Bereich der funktionalen Selbstverwaltung lässt das Gericht nunmehr eine Ersetzung der strengen, lückenlosen, personellen

507 Vgl. zu diesem Problem Schliesky, Souveränität und Legitimität, 302 ff., 715 ff.; Di Fabio, in: FS Badura, 77, 83 ff.; Blanke, KJ 1998, 452, 461, bezeichnet diese Kriterien als „derart unpräzise, daß sie jedes Ergebnis tragen“.

508 Di Fabio, in: FS Badura, 77, 85.

509 Sommermann, in: Mangoldt/Klein/Starck, GG, Art. 20, Rn. 186; Epping, Der Staat 1997, 349, 366; ähnlich: Böckenförde, Verfassungsfragen der Richterwahl, 74; Haltern, Der Staat 1996, 551, 567; Kröger, in: Starck, BVerfG, 76, 79; Siebert, Auswahl der Richter am EuGH, 72 ff.

510 Pieper, Verfassungsrichterwahlen, 19 ff., 66 ff.

511 Di Fabio, in: FS Badura, 77, 85; Sommermann, in: Mangoldt/Klein/Starck, GG, Art. 20, Rn. 186; Dreier, in: ders., GG, Art. 20, Rn. 98, 120; Stern, Staatsrecht, Bd. 1, 609; Tschentscher, Demokratische Legitimation, 133 ff.

512 Was laut Tschentscher, Demokratische Legitimation, 63, aufgrund des strengen Festhaltens an der personellen Legitimationskette aber leider nicht eintritt.

513 BVerfGE 107, 59, 91 f. (Hervorhebung nicht im Original).

514 So der Vorwurf von Blanke, KJ 1998, 452, 452 f.

Legitimation durch andere Legitimationsformen ausdrücklich zu.[515] Zudem stellt das Gericht nicht bloß auf die reine Her- bzw. Ableitung der Hoheitsgewalt ab, sondern ebenfalls auf deren „praktische Wirksamkeit". An späterer Stelle wird ausgeführt: „(...) der im Gesetz manifestierte Volkswille vollendet sich erst in der *praktischen Durchsetzung*".[516]

Diese beiden Passagen lassen eine gewisse Berücksichtigung der Ergebnisse der Hoheitshandlungen und somit eine leichte Tendenz zu einem Einbezug des Outputs der Hoheitsentscheidungen in das Legitimationskonzept erkennen. Es bleibt in dieser Hinsicht aber bei den genannten allgemeinen Andeutungen; eine konkrete, praktikable Abkehr vom bisherigen Modell ist im Ergebnis nicht konsequent zu erkennen; es wird lediglich der erste Schritt zu einem entwicklungsoffenerem Prinzip gemacht.[517]

Die „Offenheit" des Demokratieprinzips betont das Bundesverfassungsgericht zudem im Hinblick auf die europäische Integration in seinem Urteil zum Vertrag von Lissabon. Demnach sei das Demokratieprinzip „für die Erfordernisse einer supranationalen Organisation offen, (...) um gleichbleibende Wirksamkeit unter geänderten Umständen zu bewahren".[518] Das Bundesverfassungsgericht erkennt ausdrücklich neue, alternative Legitimationsfaktoren an, um die europäische Hoheitsgewalt demokratisch zu legitimieren: „Vielmehr steht es der Europäischen Union frei, mit zusätzlichen neueren Formen transparenter oder partizipativ angelegter politischer Entscheidungsverfahren nach eigenen Wegen demokratischer Ergänzung zu suchen. (...) Derartige Formen dezentraler, arbeitsteiliger Partizipation mit legitimitätssteigernden Potential tragen ihrerseits zur Effektivierung des primären repräsentativ-demokratischen Legitimationszusammenhanges bei."[519] Gleichzeitig schränkt das Gericht seine insofern erfolgten „Lockerungstendenzen" aber ein, indem es deutlich macht, dass derartige Faktoren allenfalls „ergänzende und keine tragende Funktion bei der Legitimation europäischer Hoheitsgewalt haben" und „den Legitimationszusammenhang von auf Wahlen und Abstimmungen und sich darauf stützender Regierung nicht ersetzen" können.[520] Durch diese Klarstellung verbleibt die formale personelle Legitimation nach wie vor im Mittelpunkt des Demokratieverständnisses des Bundesverfassungsgerichts. Zudem macht das Gericht deutlich, dass seine unionsspezifischen Ausführungen zu den demokratischen Anforderungen an die EU lediglich solange gelten, wie eine

515 BVerfGE 107, 59, 91; dazu: Dreier, in: ders., GG, Art. 20, Rn. 133.

516 BVerfGE 107, 59, 99 (Hervorhebung nicht im Original). Dazu: Classen, Demokratische Legitimation, 8 f.

517 Ähnlich dazu: Jestaedt, JuS 2004, 649, 651 ff.; Petersen, Demokratie, 15 f.; Sommermann, in: Mangoldt/Klein/Starck, GG, Art. 20, Rn. 194; Huber, in: Bauer/Huber/Sommermann, Demokratie in Europa, 491, 500 f.; Tschentscher, Demokratische Legitimation, 48 ff.; Bredt, Demokratische Legitimation, 60 ff.

518 BVerfG, 2 BvE 2/08 vom 30. Juni 2009, Rn. 267.

519 BVerfG, 2 BvE 2/08 vom 30. Juni 2009, Rn. 272.

520 BVerfG, 2 BvE 2/08 vom 30. Juni 2009, Rn. 295.

„ausgewogene Balance der Unionszuständigkeiten und der staatlichen Zuständigkeiten erhalten bleibt" und die Europäische Union in ihrer Ausgestaltung insbesondere nicht die „Schwelle zum Bundesstaat" überschreitet.[521] Demnach ändert das Gericht nichts an seinem allgemeinen, staatsrechtlichen Demokratiebegriff, sondern erkennt lediglich die Besonderheiten bei der demokratischen Ausgestaltung eines supranationalen Systems als Ausnahme an.

Im Ergebnis werden somit Sonderfälle – wie die funktionale Selbstverwaltung, die unionale Hoheitsgewalt und die im Folgenden erläuterten Besonderheiten bei der Dritten Gewalt – lediglich als Bereichsausnahmen im Rahmen des Demokratieverständnisses des Bundesverfassungsgerichts erklärt, ohne das Modell demokratischer Legitimation grundlegend neu zu überdenken und an die fortschreitenden Verhältnisse anzupassen.[522]

(4) Besonderheiten bei der Judikative

Aufgrund der – im zweiten Teil der Arbeit eingehend untersuchten – umfassenden Unabhängigkeit der Judikative ergibt sich bei der demokratischen Legitimation der Dritten Gewalt eine Besonderheit: Es existiert weder eine parlamentarische Kontrolle derselben noch eine Weisungsgebundenheit oder ein Aufsichtsrecht im Rahmen einer Hierarchie wie bei der Exekutive; insofern wird der Richter materiell sozusagen „von der Legitimationskette gelassen"[523]. Die sachlich-inhaltliche Legitimation kann deshalb allein über die strenge Gesetzesbindung der Gerichtsbarkeit hergestellt werden[524] – laut *Böckenförde* als „unerläßliches Korrelat" der Unabhängigkeit[525]. Infolgedessen erscheint die sachlich-inhaltliche Legitimation bei der rechtsprechenden Gewalt – im Gegensatz zur Exekutive – vergleichsweise schwach ausgeprägt zu sein, und manche rechnen der organisatorisch-personellen Legitimation bei der Judikative die entscheidende Bedeutung zu, um einen effektiven Einfluss des Legitimationssubjektes auf die judikative Hoheitsgewalt

521 BVerfG, 2 BvE 2/08 vom 30. Juni 2009, Rn. 263, 272.

522 Vgl. Tschentscher, Demokratische Legitimation, 49, 93 ff.

523 Wittreck, Verwaltung, 177; ähnlich: Tschentscher, Demokratische Legitimation, 74 („Durchbrechen der sachlichen Kontrollkette"), 155.

524 Dreier, in: ders., GG, Art. 20, Rn. 144; Voßkuhle/Kaiser, JuS 2009, 803, 804; Sommermann, in: Mangoldt/Klein/Starck, GG, Art. 20, Rn. 168, 171; Classen, Demokratische Legitimation, 20, 55 f.; Tschentscher, Demokratische Legitimation, 3, 74, 182 f., 185; Voßkuhle/Sydow, JZ 2002, 673, 678 ff.; Wittreck, Verwaltung, 132 ff.; Groß, DRiZ 2003, 298, 301; ders., ZRP 1999, 361, 362; Papier, NJW 2002, 2585, 2589; Busse, Verhandlungen des 64. DJT, Q 43, Q 50; Berlit, Betrifft Justiz 2002, 319, 319; bzgl. Italien: Grossi, JöR 50 (2002), 361, 365 ff.

525 Böckenförde, Verfassungsfragen der Richterwahl, 79; ders., Demokratie, in: HStR II 2004, § 24, Rn. 22, 24.

zu sichern.[526] So wird in der Wissenschaft zum Teil festgestellt, dass in Kontinentaleuropa insgesamt die Legitimation der Judikative durch Gesetzesbindung im Vordergrund stehe[527] – insbesondere in Abgrenzung zur personellen Legitimation durch Wahl – und deshalb eine Stärkung der parlamentarischen Mitwirkungsrechte bei der Richterwahl empfohlen[528].

Etliche Wissenschaftler erachten aufgrund der häufig sehr langen und zum Teil intransparenten Legitimationsketten im Rahmen der Richterbestellung deren personelle Legitimation gleichfalls als zu schwach. Zur Begründung eines hinreichenden Legitimationsniveaus bewerten diese Vertreter deshalb trotz der aufgezeigten Problematik die materielle Legitimation in Form der strengen Gesetzesbindung als den entscheidenden Legitimationsfaktor für die rechtsprechende Gewalt.[529] Um diesen Strang möglichst stark auszuprägen und die Gesetzesbindung weitgehend zusätzlich abzusichern, sprechen sich manche für alternative Kontroll- und Verantwortungszusammenhänge aus, etwa in Form der Kontrolle durch die Öffentlichkeit, den Instanzenzug oder die richterliche Amtshaftung, die unterschiedlichen Möglichkeiten der Kontrolle im Rahmen der Gerichtsverwaltung und die Schaffung von Vertrauen und Akzeptanz gegenüber der Rechtsprechung in der Allgemeinheit.[530] Diese beiden „Strömungen" speziell zur Judikative im Rahmen des organisatorisch-formalen Modells – einerseits Betonung der personellen Legitimation, andererseits Stärkung der sachlich-inhaltlichen Legitimation – werden noch einer gesonderten Bewertung unterzogen.[531]

Im Ergebnis wird das geschilderte „Manko" der demokratischen Legitimation der Judikative aber von der überwiegenden Meinung aufgrund der Besonderheit der richterlichen Unabhängigkeit als „Bereichsausnahme" zu dem oben erläuterten Legitimationskonzept akzeptiert und der Dritten Gewalt die demokratische

---

526 Böckenförde, Verfassungsfragen der Richterwahl, 72, 79; ders., Demokratie, in: HStR II 2004, § 24, Rn. 23; Epping, Der Staat 1997, 349, 355 f.; Pieper, Verfassungsrichterwahlen, 15 ff., 60 ff.; Pottschmidt, NordÖR 2002, 397, 401; Mähner, Gerichtshof, 52 f., 139 ff.; ähnlich: Wassermann, Der politische Richter, 98.

527 Möllers, Die drei Gewalten, 100 ff.

528 Stürner, in: FS Brohm, 153, 161, 165 f. Auf die konkreten Richterwahlsysteme in den EU-Mitgliedstaaten und die Konsequenzen, die sich daraus für die europäische Ebene ableiten lassen, wird im 4. Teil der Arbeit ausführlich eingegangen. An dieser Stelle soll vorerst der theoretische, dogmatische Hintergrund geklärt werden.

529 Classen, JZ 2003, 693, 695, 699; Tschentscher, Demokratische Legitimation, 224 ff.; Görisch, Recht und Politik 2006, 86, 87; Sennekamp, NVwZ 2010, 213, 215 f.; bzgl. Italien: Grossi, JöR 50 (2002), 361, 365 ff.

530 Voßkuhle/Sydow, JZ 2002, 673, 680 ff.; Wittreck, Verwaltung, 140 ff., 163 ff., 173 f.; Dreier, in: ders., GG, Art. 20, Rn. 145; Görisch, Recht und Politik 2006, 86, 88 f.

531 3. Teil, B. III. 2. a) cc) und dd).

Legitimation deshalb keinesfalls abgesprochen.[532] Trotzdem wird auch von diesen Vertretern nicht geleugnet und bleibt hervorzuheben:

> *„Das Verhältnis zwischen Demokratie und Rechtsprechung ist eine – wenn auch durch Tradition und Gewohnheit gut versorgte – Wunde der Staatstheorie."*[533]

Schließlich ist im Zusammenspiel von richterlicher Unabhängigkeit und demokratischer Legitimation der Auffassung Beachtung zu schenken, die gerade in der Unabhängigkeit der Richter deren Legitimation erblickt: „C'est cette indépendance qui constitue la »légitimation« du juge".[534] Nach dieser Ansicht wirkt sich die Unabhängigkeit mithin gerade nicht negativ, sondern positiv auf die Legitimation der Richter aus, und es wird somit ein weitgehend komplikationsfreier Ausgleich zwischen den beiden Verfassungsprinzipien geschaffen. Auf diese These wird an späterer Stelle zurückzukommen sein.[535]

(5) Übertragung auf die EU

Das Erfordernis der ununterbrochenen Legitimationsketten im Allgemeinen und/oder die genaue dogmatische Ausgestaltung des organisatorisch-formalen Modells im Besonderen dienen in der Wissenschaft häufig als Basis, Orientierung oder Maßstab für die demokratische Ausgestaltung der Europäischen Union.[536] Dabei finden die Besonderheiten der EU – darunter vor allem die bereits dargestellte Möglichkeit zweier Legitimationswege – entweder explizit Berücksichtigung, was in der Regel zu einer Anpassung oder unterschiedlichen Schwerpunkt-

532 Sachs, in: ders., GG, Art. 20, Rn. 45; Dreier, in: ders., GG, Art. 20, Rn. 143; Sommermann, in: Mangoldt/Klein/Starck, GG, Art. 20, Rn. 171; ähnlich: Baumbach, Vertragswandel, 172 f.; vgl. dazu auch Tschentscher, Demokratische Legitimation, 101 ff.

533 Roellecke, in: FS Leisner, 553, 554.

534 Kakouris, in: FS Everling, 629, 637 ff., ähnlich: Schockweiler, Rivista di diritto europeo 1993, 671, 678 m.w.N.; Höreth, Legitimationstrilemma, 223; ders., Stille Revolution, 41; Classen, Demokratische Legitimation, 41, 43, 54 ff.

535 Insbesondere als Faktor im Rahmen der Konzepte zur Ergebnislegitimation, 3. Teil, B. III. 3., und der „gemischten" Legitimationsmodelle, 3. Teil, B. III. 4.

536 So z.B. bei Epping, Der Staat 1997, 349, 361 ff.; Classen, AöR 119 (1994), 238, 244 ff.; Everling, JZ 2000, 217, 221 f.; Mähner, Gerichtshof, 153, 211 ff.; Pieper, Verfassungsrichterwahlen, 58 ff.; Di Fabio, in: FS Badura, 77, 93 ff.; ders., Das Recht offener Staaten, 144; Herzog, in: Maunz-Dürig, GG, Art. 20 II, Rn. 111; Kaufmann, Europäische Integration und Demokratieprinzip, 224 ff., 430 ff.; Schliesky, Souveränität und Legitimität, 677, 698 ff.; Zuleeg, JZ 1993, 1069, 1071 ff.; Rumler-Korinek, EuR 2003, 327, 337; Kirsch, Demokratie, 97 ff.; Henke, EuR 2010, 118, 118 ff.; Mross, Bürgerbeteiligung, 65 ff.; siehe als kritische Stimme dazu Bredt, Demokratische Legitimation, 333 ff. Auch in der Presse wird das Bild der Legitimationskette aufgegriffen: So berichtete beispielsweise Heribert Prantl, Süddeutsche Zeitung Nr. 33 vom 10. Februar 2009, S. 2, über die Verhandlungen zum Lissabon-Vertrag vor dem BVerfG: „... es wird über Hoheitsrechte gerechtet und mit juristischen Ketten geklirrt – mit der Legitimationskette".

setzung im Rahmen des Modells führt.[537] Oder es erfolgt eine nahezu lückenlose Übertragung, was regelmäßig zu der Entdeckung von „Defiziten" – insbesondere im Hinblick auf die Legitimation der europäischen Legislative und dem damit einhergehenden Vergleich des Europäischen Parlaments mit nationalstaatlichen Parlamenten[538] sowie die Existenz ununterbrochener Legitimationsketten[539] bzw. die zum Teil als problematisch bewertete übermäßige Länge dieser Ketten zu den europäischen Amtswaltern[540] – auf Unionsebene führt.[541]

Auffallend ist, dass allein die Besonderheit der dualen Legitimationsmöglichkeit europäischer Hoheitsgewalt – zum einen „national" über die Mitgliedstaaten durch die nationalen Staatsbürgerinnen und -bürger und zum anderen „genuin europäisch" durch die Unionsbürgerinnen und -bürger[542] – häufig als spezielles, für sich allein hinlängliches Legitimationskonzept für die EU verstanden und/oder vermittelt wird.[543] Dabei sagt – wie bereits klargestellt – das europäische Spezifikum einer dualen Legitimationsbasis noch nichts über die konkrete Herstellung des Legitimationszusammenhanges aus, sondern lediglich, dass es grundsätzlich zwei Wege für einen derartigen Zusammenhang gibt, die in ihrem Zusammenwirken fruchtbar gemacht werden können. Bei diesen beiden Wegen handelt es sich aber zunächst noch sozusagen um „hohle Röhren", die mit Inhalten gefüllt werden

537 Nettesheim, in: Bauer/Huber/Sommermann, Demokratie in Europa, 143, 177 f., bezeichnet diese als „moderate Fraktion", zu der auch das BVerfG mit seiner Maastricht-Entscheidung gehöre. So stellen z.B. maßgeblich auf die funktionell-institutionelle Legitimation der europäischen Judikative ab: Everling, in: Weidenfeld, Reform der EU, 256, 256; ders., JZ 2000, 217, 221 f.; Pernice, EuR 1996, 27, 36 f. Die personelle Legitimation rückt in den Vordergrund bei: Epping, Der Staat 1997, 349, 356 ff., Pieper, Verfassungsrichterwahlen, 58 ff. Ausdrücklich gegen ein vermeintliches Demokratiedefizit aufgrund der Besonderheiten der EG auch Badura, Parlamentarische Demokratie, in: HStR II 2004, § 25, Rn. 65 ff. und Schmidtchen, in: FS Ress, 787, 794 ff. Schliesky, Souveränität und Legitimität, 698 ff., nimmt die Legitimationsformen des organisatorisch-formalen Modells als Ausgangspunkt und Basis seines pluralen Legitimitätsmodells, ergänzt diese aber um weitere Legitimationsfaktoren und -stränge; siehe dazu im Detail unten, 3. Teil, B. III. 4. b).

538 Vgl. dazu Kaufmann, Europäische Integration und Demokratieprinzip, 226 ff.; Schliesky, Souveränität und Legitimität, 400 ff.; Calliess, in: Bauer/Huber/Sommermann, Demokratie in Europa, 281, 289 ff.; Zuleeg, JZ 1993, 1069, 1073. Relativierend zu diesem „klassischen" Kritikpunkt: Bryde, in: FS Zuleeg, 131, 134 ff.

539 Dazu: Schliesky, Souveränität und Legitimität, 394 ff.

540 So z.B. Classen, AöR 119 (1994), 238, 252; DiFabio, Das Recht offener Staaten, 144; Henke, EuR 2010, 118, 125 ff.

541 Nettesheim, in: Bauer/Huber/Sommermann, Demokratie in Europa, 143, 176 f., bezeichnet diese als „Hard-Core"-Fraktion. So beispielsweise Mähner, Gerichtshof, 211 ff., 230 f.; Schachtschneider, in: FS Hankel, 119, 121 ff., dazu: Schliesky, Souveränität und Legitimität, 389 ff.; Haltern, Europarecht, Rn. 259 ff.; Mross, Bürgerbeteiligung, 65 ff.

542 Siehe oben, 3. Teil, B. II.

543 So erscheint es zunächst bei Peters, Verfassung Europas, 556 ff.; Calliess, in: FS Ress, 399, 403 f.; Stein, ZaöRV 64 (2004), 563, 567 f.

müssen. Erst diese Inhalte können eine Aussage darüber treffen, inwiefern auf europäischer Ebene der konkrete Zusammenhang zwischen der Hoheitsgewalt und den beiden potentiellen Legitimationsbasen hergestellt wird. Diejenigen, die das „Modell der dualen Legitimation" als Legitimationskonzept der EU bezeichnen, scheinen damit nicht selten implizit das oben dargestellte Legitimationskettenmodell zu meinen – eventuell etwas „aufgelockert" oder mit abweichender Schwerpunktsetzung –, wobei die europäische Hoheitsgewalt dann „an zwei Ketten liegt bzw. liegen kann".

Auch das Bundesverfassungsgericht, von dem die duale Legitimationsbasis ausdrücklich anerkannt wird[544], füllt die beiden Legitimationswege mit Erfordernissen des nationalen Modells aus: dabei geht es beispielsweise um bekannte Begriffe wie einen „Verantwortungs- und Zurechnungszusammenhang", einen „hinreichend effektiven Gehalt an Legitimation", ein „bestimmtes Legitimationsniveau", eine „ausreichende Einflussnahme des Volkes" bzw. der Unionsbürger, eine Legitimation über die direkt gewählten nationalen Parlamente bzw. das Europäische Parlament und um demokratische Kontrolle.[545] Im Rahmen der mündlichen Verhandlungen über den Vertrag von Lissabon vor dem Bundesverfassungsgericht sprach der Senat ausdrücklich von einer anzustrebenden „Legitimationskette".[546]

(6) Kritik an dem organisatorisch-formalen Modell

Das soeben dargestellte organisatorisch-formale Konzept wurde in den letzten Jahren in der Literatur etlicher Kritik unterzogen. Diese Kritik betrifft zum Teil das organisatorisch-formale Konzept demokratischer Legitimation in seiner Gesamtheit, zum Teil speziell den Sonderfall der Judikative – wie oben bereits angedeutet – und häufig das Problem der Nichtübertragbarkeit des Modells auf die Legitimation europäischer Hoheitsgewalt. In seiner Schärfe wohl unübertroffen – mit Ausnahme des Vorwurfs des „Legitimationskettenfetischismus" seitens *Bryde*[547] – ist die umfassende Kritik von *Blanke* an dem „Böckenförde-Konzept", wenn er ausführt: „Diese Lesart des Demokratiekonzepts des GG nimmt in ihrer dogmatisierenden Gestalt zunehmend fundamentalistische Züge an".[548] Er plädiert für eine „Wiedergewinnung der Offenheit demokratischer Prozesse" und eine Ab-

544 Siehe oben, 3. Teil, B. II. 2. b) aa).

545 BVerfGE 89, 155, 182 ff. – Maastricht. So auch die diesbezügliche Analyse von Schliesky, Souveränität und Legitimität, 277 ff., und von Bogdandy, KritV 2000, 284, 288, 293, dem diese Übertragung durch das BVerfG begründungsbedürftig erscheint und der in dieser Hinsicht zudem eine Rechtsvergleichung als wünschenswert erachtet hätte.

546 Vgl. „Bedenken in Karlsruhe", Süddeutsche Zeitung Nr. 35 vom 12. Februar 2009, S. 7.

547 Bryde, Staatswiss. und -praxis 1994, 305, 324.

548 Blanke, KJ 1998, 452, 452, der in diesem Zusammenhang sogar von „radikalisieren" spricht, S. 453.

kehr vom „nationalstaatszentrierten, kollektiv-identitären Demokratiekonzept".[549] Das Kriterium der „Effektivität" bzw. des „Legitimationsniveaus" verwirft er als zu unpräzise und setzt sich äußerst kritisch mit den Legitimationsformen der personellen und der sachlich-inhaltlichen Legitimation auseinander.[550] Im Ergebnis macht er insbesondere für den Bereich der Verwaltung deutlich, dass diese beiden Legitimationsformen des formal-organisatorischen Konzepts allein auf die Weisungsgebundenheit aller Amtswalter hinauslaufen würden und diese Reduzierung auf „obrigkeitlichen Befehl, Ernennung und Weisung" eher zu einem Legitimationsverlust gegenüber den tatsächlich Betroffenen führe.[551] *Blanke* schließt mit der – nahezu theatralischen aber in seiner Argumentation konsequenten – Konklusion ab: „So wird das Demokratieprinzip zur Fessel der Demokratie."[552]

Insbesondere mit dem Vorwurf der Unschärfe des Erfordernisses eines „bestimmten Legitimationsniveaus" und der damit einhergehenden Unsicherheiten im Rahmen des formalen Modells sowie der Frage nach der Entwicklungsoffenheit und der Möglichkeit einer Heranziehung zusätzlicher Legitimationsfaktoren steht *Blanke* keinesfalls alleine da.[553] Zudem wird in der deutschen Wissenschaft zum Teil hervorgehoben, dass das Demokratieprinzip des Art. 20 Abs. 2 GG in seiner konkreten Ausgestaltung flexibel sei; es bedürfe lediglich eines effektiven Zurechnungszusammenhanges, wobei dem Grundgesetz insbesondere kein Gebot einer ununterbrochenen Legitimationskette zwischen Legitimationssubjekt und -objekt zu entnehmen sei.[554] Dementsprechend wurden Gegenmeinungen und Alternativmodelle zu dem formalen Konzept entwickelt; je nach Schwerpunktsetzung bei dessen Kritik teilweise speziell für die rechtsprechende Gewalt und zum Teil speziell für die Unionsgewalt. Dabei fällt auf, dass sich einige angebliche Alternativmodelle trotz ausdrücklicher Ablehnung des formalen Legitimationskettenmodells im Grunde dennoch (maßgeblich) an gerade dieses streng input-orientierte Konzept anlehnen und sich nicht nachhaltig von ihm lösen. Aufgrund der daraus resultierenden Ähnlichkeiten und Parallelen sollen diese Konzepte in unmittelbarem Zusammenhang zu dem soeben dargestellten Modell behandelt werden, bevor anschließend die Legitimationskonzepte mit größerem Abstand zu den strengen Input-Modellen und anderen Ausgangspunkten untersucht werden.

549 Blanke, KJ 1998, 452, 455 f., 459 f. Zur damit verbundenen Diskussion um das Volk als Legitimationssubjekt bereits oben, 3. Teil, B. I. 2.

550 Blanke, KJ 1998, 452, 461 ff.

551 Blanke, KJ 1998, 452, 463 ff.; ebenso: Bryde, Staatswiss. und -praxis 1994, 305, 315; Schliesky, Souveränität und Legitimität, 280.

552 Blanke, KJ 1998, 452, 470.

553 Vgl. Huber, in: Bauer/Huber/Sommermann, Demokratie in Europa, 491, 499 ff.; Nettesheim, in: Bauer/Huber/Sommermann, Demokratie in Europa, 143, 178 ff.; ähnlich: Petersen, Demokratie, 19 ff., 23.

554 Unger, Demokratie, 227 ff.; Classen, Demokratische Legitimation, 2.

cc) Rein personelle Legitimation der Judikative

Zu einem entschiedenen Vertreter der bereits genannten „Strömung“ innerhalb des organisatorisch-formalen Modells, die im Sonderfall der Judikative – auf nationaler und europäischer Ebene – entscheidend auf die personelle Legitimation setzen wollen, gehört *Tobias Mähner*. Ihm zufolge kann dem Legitimationskonzept der herrschenden Meinung im Hinblick auf den Sonderfall der Judikative nicht zugestimmt werden und dieses keine ausreichende Legitimation der Dritten Gewalt begründen.[555] Die sachlich-inhaltliche Legitimation allein durch Bindung an das Gesetz ist nach seiner Auffassung aus verschiedenen Gründen lückenhaft und reiche als Legitimationsform nicht aus: So fehle es zum einen im Rahmen der Gesetzesbindung (gemäß Art. 97 Abs. 1 GG) an einem explizit geregelten Einbezug verschiedener wichtiger Rechtsquellen, wie des Richterrechts, des Gewohnheitsrechts und der allgemeinen Rechtsgrundsätze.[556] Zum zweiten werde eine Relativierung und Verwässerung der Gesetzesbindung durch weitreichende richterliche Prüfungskompetenzen erzeugt.[557] Dies gelte umso mehr für das äußerst lückenhafte und auslegungsbedürftige Gemeinschaftsrecht.[558] Und bezüglich der europäischen Judikative stoße die sachlich-inhaltliche Legitimation – zum dritten – spätestens dann an ihre Grenzen, wenn die Richter ultra vires rechtssetzend tätig werden und infolgedessen die Verfassungshoheit der Mitgliedstaaten tangieren.[559] Das erforderliche Legitimationsniveau könne schließlich auch nicht durch alternative Legitimationsansätze – wie eine Legitimation durch Verfahren, durch Wahrheit oder durch eine Kombination verschiedener materieller und verfahrensrechtlicher Faktoren – erreicht werden.[560] „Am geeignetsten, die erforderliche demokratische Legitimation der Gerichte zu bewirken“ erscheint *Mähner* mithin das Element der organisatorisch-personellen Legitimation.[561] Dabei favorisiert er im Hinblick auf den EuGH die Richterwahl auf nationaler Ebene durch einen (rein) parlamentarischen Ausschuss – gegebenenfalls mit Richterschaft in beratender Funktion – nach einem bestimmten, gesetzlich explizit geregelten Verfahren und auf europäischer Ebene durch ein „richtiges“ europäisches Parlament.[562]

555 Mähner, Gerichtshof, 52 f., 128 ff., 139 f., 211 ff.
556 Mähner, Gerichtshof, 128 ff., 133 ff.
557 Mähner, Gerichtshof, 131 ff.
558 Mähner, Gerichtshof, 213.
559 Mähner, Gerichtshof, 213 ff.
560 Mähner, Gerichtshof, 134 ff.
561 Mähner, Gerichtshof, 140.
562 Mähner, Gerichtshof, 149 ff., 218 ff.; ähnlich: Schachtschneider, in: FS Hankel, 119, 139.

dd) Erweiterte sachlich-inhaltliche Legitimation

Zur anderen „Strömung" im Hinblick auf den Sonderfall der Judikative innerhalb des organisatorisch-formalen Modells gehören diejenigen, die zur Schaffung eines ausreichenden Legitimationsniveaus zusätzliche Faktoren zur Stärkung der sachlich-inhaltlichen Legitimation heranziehen wollen. Ohne sich prinzipiell gegen die herrschende Meinung zu stellen, sprechen sich diese Vertreter für die Anerkennung alternativer Kontroll- und Verantwortungszusammenhänge aus.[563] So äußert *Fabian Wittreck* unter Hinweis auf das Problem des „Richterrechts" und einiger „Verselbstständigungstendenzen in der Rechtsprechung" Bedenken im Hinblick auf die Gesetzesbindung der Judikative und führt mögliche Kontrollfaktoren an, die die sachlich-inhaltliche Legitimation der Judikative stärken sollen.[564] In dieser Hinsicht kämen sowohl Faktoren in Form von Rechtsinstrumenten (prozessrechtliche Verantwortung der Richter durch Rechtsmittel und Befangenheitsregelungen; öffentlich-rechtliche Verantwortung der Richter durch das Dienst- und Disziplinarrecht; zivilrechtliche Verantwortung durch Amtshaftung; strafrechtliche Verantwortung durch die Regelungen zur Rechtsbeugung; verfassungsrechtliche Verantwortung durch die Möglichkeit der Richteranklage)[565] als auch in nicht-rechtlicher Form (Kontrolle der Richter durch Medien- und Fachöffentlichkeit)[566] in Frage.

Auch *Horst Dreier* spricht sich allgemein für mehr „Spielraum für Substitutionsmöglichkeiten" im Rahmen der Legitimationsformen der herrschenden Meinung aus („Akzeptanz, Partizipation, Garantie von Entscheidungsrichtigkeit, Öffentlichkeit, Effizienz und weitere Faktoren"), um eine zu schematische Handhabung des Prinzips demokratischer Legitimation zu vermeiden und den unterschiedlichen Formen der Hoheitsausübung angemessen Rechnung tragen zu können.[567] Speziell für den Fall der Judikative nennt er als zusätzliche Faktoren: Kontrolle durch die Öffentlichkeit, den Instanzenzug, die richterliche Amtshaftung, die Dienstaufsicht, die Disziplinargewalt und die Richteranklage.[568]

Ähnlich diskutieren *Andreas Voßkuhle* und *Gernot Sydow* unter dem Faktor der sachlich-inhaltlichen Legitimation der Judikative neben der Gesetzesbindung die gewalteninterne Kontrolle durch den Instanzenzug und das Kollegialprinzip.[569] Zusätzlich sprechen sie sich für „weiche" Legitimationsfaktoren wie Öf-

563 Voßkuhle/Sydow, JZ 2002, 673, 680 ff.; Wittreck, Verwaltung, 132 ff., 140 ff., 163 ff., 173 f.; Dreier, in: ders., GG, Art. 20, Rn. 145; Görisch, Recht und Politik 2006, 86, 88 f.

564 Wittreck, Verwaltung, 135 ff.

565 Wittreck, Verwaltung, 140 ff.

566 Wittreck, Verwaltung, 163 ff.

567 Dreier, in: ders., GG, Art. 20, Rn. 117 m.w.N.

568 Dreier, in: ders., GG, Art. 20, Rn. 145.

569 Voßkuhle/Sydow, JZ 2002, 673, 679.

fentlichkeitskontrolle, Professionalisierung, Akzeptanz[570] und Partizipation der Betroffenen[571] aus, um eine Anbindung der Rechtsprechung an die Gesellschaft zu erzeugen.[572]

ee) Zwischenergebnis

Das organisatorisch-formale Legitimationskonzept kann in Deutschland noch immer als herrschende Meinung bezeichnet werden. In seinem Mittelpunkt steht – wie in etlichen nationalen Legitimationsmodellen – das Bild der Legitimationsketten. Dieses wird nicht selten auch für die EU herangezogen. Gerade im Hinblick auf die Unionsgewalt ist das Modell jedoch umstritten. Zudem herrscht Uneinigkeit bezüglich des Sonderfalls der Judikative, deren demokratische Legitimation anhand des formalen Konzepts Schwierigkeiten bereitet, was zu unterschiedlichen Strömungen innerhalb des Kettenmodells geführt hat.

b) Das Kontrollmodell Tschentschers

Insbesondere um die demokratische Legitimation der unabhängigen Judikative nicht als Bereichsausnahme innerhalb des Demokratieprinzips behandeln zu müssen, hat *Axel Tschentscher* sein „Kontrollmodell" als Alternative zum organisatorisch-formalen Modell entwickelt.[573] Dabei konzentriert er sich weniger auf die Akteure hoheitlicher Gewalt – mithin deren personell-organisatorische Legitimation –, sondern vielmehr auf die legitimationsbedürftigen einzelnen Hoheitshandlungen.[574] Konsequent stellt er die sachlich-inhaltliche Legitimation – und zwar in Form der „potentiellen Inhaltskontrolle" der einzelnen Hoheitshandlungen durch die Betroffenen – in den Mittelpunkt seines Konzepts[575]: „Demokratisch legitim ist eine Entscheidung dann, wenn sie der Inhaltskontrolle durch die von ihr Betroffenen unterliegt."[576] Diese Inhaltskontrolle kann sowohl nachträglich erfolgen – mit korrigierender Wirkung für die Zukunft – als auch lediglich erwartet werden – und somit eine disziplinierende Vorwirkung entfalten – oder mitgestal-

570 Im Rahmen der Verwaltungslegitimation spricht sich Schmidt-Aßmann, AöR (116) 1991, 329, 369 ff., explizit gegen eine legitimatorische Wirkung des Faktors „Akzeptanz" aus.

571 Für eine mögliche, rechtlich beachtliche Verbesserung der sachlich-inhaltlichen Legitimation durch Partizipation der Betroffenen spricht sich auch Schmidt-Aßmann, AöR (116) 1991, 329, 371 ff., im Rahmen der Verwaltungslegitimation aus; verwehrt sich dabei aber ausdrücklich, dies als zusätzliche, neue Art der Legitimation aufzufassen, vgl. S. 373.

572 Voßkuhle/Sydow, JZ 2002, 673, 680 ff.

573 Tschentscher, Demokratische Legitimation, 74 f., 101 ff., 113 ff., 145 ff., 188 ff.

574 Tschentscher, Demokratische Legitimation, 2 ff., 113.

575 Tschentscher, Demokratische Legitimation, 2 ff., 125 ff., 137, 189 f., 224 ff., 377.

576 Tschentscher, Demokratische Legitimation, 126.

tend im Entscheidungszeitpunkt zur Geltung kommen; wobei es immer um die potentielle, nicht tatsächlich-aktuelle Kontrolle geht.[577]

Diese neue Gewichtung im Rahmen der demokratischen Legitimation wendet er auf die Legitimationsformen und das Konzept des organisatorisch-formalen Modells an.[578] Dabei betrachtet er die konkrete Form der demokratischen Legitimation insgesamt weniger streng und macht für sich die Offenheit und Flexibilität des Begriffs „Legitimationsniveau“ fruchtbar: „In jeder Gewalt kommt es für die Verwirklichung von Demokratie auf das Funktionieren des inhaltlichen Kontrollzusammenhangs zwischen Volk und Entscheidungsträger an. Wie aber dieser Zusammenhang hergestellt wird, lässt das Demokratieprinzip offen.“[579] So sei dies im Fall der Legislative maßgeblich durch personelle Legitimation zu erreichen, im Fall der Judikative hingegen überwiegend inhaltlich; im Einzelfall könne eine Legitimationskomponente somit sogar völlig wegfallen.[580]

Der wichtigste Beitrag zur demokratischen Legitimation der Judikative ist nach seiner Meinung die richterliche Gesetzesbindung – abgesichert und ergänzt durch die fachliche Qualifikation und persönliche Eignung der Richter, ihre Unabhängigkeit von anderen Organen und/oder Institutionen und zudem die Begründungspflicht sowie das Öffentlichkeitsprinzip.[581] Die richterliche Gesetzesbindung sieht *Tschentscher* auch nicht durch (unvermeidliche) subjektive Elemente der Rechtsanwendung oder die Schließung von Gesetzeslücken durch Richterrecht gefährdet, und zwar maßgeblich aus drei Gründen: zum einen werde die Professionalität der Richter durch ihre fachliche und persönliche Qualifikation abgesichert, zum zweiten bestehe auch bei Lücken eine Gesetzesbindung an das gesamte System weiter fort und zum dritten könne der Gesetzgeber nachträglich eine abweichende gesetzliche Regelung treffen und habe somit eine (potentielle) Inhaltskontrolle inne.[582] Die personelle Legitimation könne daneben – in Abhängigkeit vom Bestellungsmodus – ergänzend einen (geringen) Beitrag zur demokratischen Legitimation der Richter leisten, beschränke sich aber maßgeblich auf den Zweck der „Eignungssicherung“ der Kandidaten.[583]

Tschentscher schafft durch sein „neues“ Kontrollmodell keine große Distanz zum organisatorisch-formalen Modell.[584] Er bleibt der streng herleitungs-orientierten Legitimationskette verhaftet – wenn auch mit Schwerpunktsetzung auf dem inhaltlichen Kontroll- und Verantwortungszusammenhang, mithin der „Rück-

577 Tschentscher, Demokratische Legitimation, 127.

578 Tschentscher, Demokratische Legitimation, 129 ff.

579 Tschentscher, Demokratische Legitimation, 143.

580 Tschentscher, Demokratische Legitimation, 143, 146 f.

581 Tschentscher, Demokratische Legitimation, 189 ff., 224 ff., 266.

582 Tschentscher, Demokratische Legitimation, 191 ff.

583 Tschentscher, Demokratische Legitimation, 147, 233 ff.; zu den Bestellungsmodi vgl. S. 241 ff.

584 Laut Classen, Demokratische Legitimation, 28, 33 f., bedeutet das Modell Tschentschers „keinen qualitativen, sondern nur einen quantitativen Sprung“.

kopplung". Gerade im Bereich der Judikative läuft sein Modell damit nahezu auf das gleiche Ergebnis wie das formale Modell hinaus, bei dem genauso die Gesetzesbindung im Mittelpunkt der Legitimationserzeugung steht. Einen Unterschied schafft *Tschentscher* allein dadurch, dass es sich in seinem Modell dabei nicht um eine Bereichsausnahme handeln muss.

c) Bewertung der (reinen) Herleitungslegitimation

Wie bereits zum Ausdruck gebracht, weisen alle dargestellten Herleitungs- und Rückkopplungslegitimationsmodelle grundlegende Übereinstimmungen auf, da für diese „Alternativmodelle" das organisatorisch-formale Konzept als Ausgangspunkt bzw. Basis herangezogen wird. Auch wenn manche Kritiker des formalen Konzepts unterschiedliche Terminologien und Begründungen benutzen, erscheinen im Ergebnis – insbesondere bei der Judikative – hauptsächlich das Verhältnis, die Gewichtung und die genaue Ausgestaltung von „organisatorisch-personeller Legitimation" einerseits und „sachlich-inhaltlicher Legitimation" andererseits umstritten zu sein. Im Rahmen dieser Strömungen innerhalb der Herleitungslegitimation sind alle Sichtweisen vertreten: Während sich *Tschentscher* mit seinem Kontrollmodell gänzlich auf die „sachlich-inhaltliche Legitimation" konzentriert und die „personelle Legitimation" nahezu völlig ausblenden möchte, sieht *Mähner* in dieser Legitimationsform das einzig wahre Kriterium. Zudem machen sich etliche Autoren für alternative Legitimationszusammenhänge innerhalb der „sachlich-inhaltlichen Legitimation" stark.

Die Notwendigkeit der organisatorischen Festlegung der Gewalten, ihrer Funktionen und Institutionen in der Verfassung eines Rechtssystems („institutionelle-funktionelle Legitimation" im Sinne des organisatorisch-formalen Modells) ist als grundsätzliche Voraussetzung ihrer demokratischen Legitimation unbestritten, auch wenn diese allein aufgrund der oben genannten Verselbstständigungsgefahr nicht ausreichen kann. So finden sich in allen Verfassungen der EU-Mitgliedstaaten die grundlegenden Regelungen zur Judikative, ihren jeweiligen Institutionen und Funktionen.[585]

Insgesamt erscheint die bloße Konzentration auf die Herleitung der Hoheitsgewalt in Form der personellen Legitimationsketten – ebenso wie die Weisungs- und Aufsichts-Hierarchien – veraltet und überholt zu sein. Sie erinnert an die nicht mehr zeitgemäße „blinde" Ableitung der Herrschaftsgewalt von Gottesgnadentum oder einem (Erb-) Monarchen, ohne diese zu hinterfragen und/oder einer

---

585 Vgl. Art. 142 belg. Verf.; Art. 147 ff. bulgar. Verf.; § 59 ff. dän. Verf.; Art. 92 ff. GG; § 146 ff. estn. Verf.; § 98 ff. finn. Verf.; Art. 56 ff. frz. Verf.; Art. 87 ff. griech. Verf.; Art. 34 ff. irische Verf.; Art. 134 ff. ital. Verf.; Ziff. 82. ff. lett. Verf.; Art. 102 ff. litau. Verf.; Art. 84 ff. luxem. Verf.; Ziff. 95. ff. malt. Verf.; Art. 112 ff. niederl. Verf.; Art. 137 ff. öster. B-VG; Art. 188 ff. poln. Verf.; Art. 202 ff. portug. Verf.; Art. 140 ff. rumän. Verf.; Kapitel 11 schwed. Verf.; Art. 124 ff. slowak. Verf.; Art. 160 ff. slowen. Verf.; Art. 159 ff. span. Verf.; Art. 81 ff. tschech. Verf.; Art. 32a ungar. Verf.; Art. 133 ff. zypr. Verf.

sachlichen Rechtfertigung zu unterziehen. Dieses Legitimationskettenmodell ist zu streng und statisch, um den modernen Anforderungen der heutigen komplexen, pluralen Mehrebenen-Demokratien gerecht zu werden. Trotz etlicher Kritik und ersichtlicher Lockerungstendenzen schafft es die überwiegende Meinung in Deutschland nicht, sich von diesem Konzept zu lösen. Auf Unionsebene – wie allgemein in internationalen Organisationen – ist eine effektive Rückkopplung an den Willen des Einzelnen noch schwieriger und zum Teil unsachgemäßer als im Nationalstaat.[586] Häufig sind die Legitimationsketten hier länger – wenn sie über die nationalen Parlamente und Regierungen bis zu den europäischen Amtswaltern reichen sollen – und deshalb schwächer oder aufgrund anderer Gegebenheiten ausgedünnt – beispielsweise rein rechnerisch aufgrund größerer Wahlkreise.[587] Zudem sind die Regelungsstrukturen komplexer, so dass eine klare Zuordnung der Entscheidungen – eine Voraussetzung des Kettenmodells – nicht selten schwer fällt.[588] Die traditionelle Input-Legitimation anhand des Kettenmodells ist für die europäische Ebene mithin unpassend und reicht in dieser Form für sich nicht aus, um deren Legitimität sachgemäß zu begründen.

Die grundsätzliche dogmatische Strenge des organisatorisch-formalen Modells kollidiert schließlich mit dem Rückgriff auf „Ausnahmetatbestände" im Hinblick auf die demokratische Rechtfertigung der Dritten Gewalt und der unionalen Hoheitsgewalt. Insofern kann dem Modell Inkonsequenz und eine verunsichernde Unschärfe vorgeworfen werden. Gerade im Hinblick auf die Judikative wird besonders deutlich, dass das Modell in dieser Form unhaltbar ist: Während die einen aufgrund des Spannungsverhältnisses zur Unabhängigkeitsgarantie erst recht auf die kritisierten „formal-personellen Legitimationsketten" pochen, konzentrieren sich andere verstärkt auf die „sachlich-inhaltliche Legitimation"; gänzlich zufrieden ist mit dem vorliegenden Konzept in dieser Hinsicht somit niemand. Interessant erscheinen jedoch die Alternativfaktoren, die zum Teil zur Stärkung der sachlich-inhaltlichen Legitimation genannt werden; und außer Acht gelassen werden kann in dieser Hinsicht keinesfalls die – vor allem von *Tschentscher* betonte und als gemeineuropäisch zu bezeichnende – Gesetzesbindung der Judikative als Ausgleich ihrer Unabhängigkeit.

Erstrebenswert erscheint mithin ein neues Legitimationssystem, bestehend aus bewährten und alternativen Legitimationsfaktoren, die den tatsächlichen Gegebenheiten Rechnung tragen. Das betrifft auf der einen Seite speziell den Bereich der Dritten Gewalt und auf der anderen Seite speziell den Bereich der unionalen Hoheitsgewalt – mithin in beiden Facetten die europäische Judikative. Es bedarf eines entwicklungsoffenen, dynamischen Legitimationskonzepts, das sich

586 So auch Huber, in: Bauer/Huber/Sommermann, Demokratie in Europa, 491, 508 ff.; Nettesheim, in: Bauer/Huber/Sommermann, Demokratie in Europa, 143, 178 f.

587 Vgl. dazu Bredt, Demokratische Legitimation, 343 ff.; Peters, Verfassung Europas, 645 ff.

588 Vgl. dazu Tietje, DVBl 2003, 1081, 1095.

in einem „permanenten Lern- und Anpassungsprozess“[589] befinden muss – ohne jedoch den Kern des gemeineuropäischen Demokratieverständnisses zu tangieren.

Dabei sollte keinesfalls davon ausgegangen werden, dass es sich bei der Legitimation von Hoheitsgewalt um einen ergebnisoffenen Prozess handelt – wie es die reinen Herleitungs-Modelle tun. Diese Annahme liefe darauf hinaus, dass die Hoheitsinhaber eine unreflektierte „Blanko-Ermächtigung“ erhalten und die Ergebnisse ihrer Entscheidung legitimationstechnisch keine Rolle spielen. Davon kann aber – vor allem rechtspolitisch, aber realitätsentsprechend – in einer leistungs- und effizienzorientierten Gesellschaft nicht die Rede sein. Die Ergebnisse der Hoheitshandlungen dürfen nicht unberücksichtigt bleiben und können zu ihrer Legitimation – dynamisch und entwicklungsoffen – beitragen. Gerade für die europäische Ebene zeichnet sich eine Tendenz zur Anerkennung und Berücksichtigung sogenannter Output-Legitimationsfaktoren ab.[590]

Ein Hinweis auf die Ergebnisse der Hoheitsausübung wird sogar in einigen Verfassungen der EU-Mitgliedstaaten normiert: So umfasst der bereits genannten Art. 2 Abs. 5 der französischen Verfassung das „gouvernement *pour* le peuple“ und auch gemäß Art. 1 Abs. 3 der griechischen Verfassung besteht alle Gewalt „*für* das Volk und die Nation (...)“.

3. Ergebnislegitimation

Einige Legitimationskonzepte beschränken sich – oder setzen zumindest auf europäischer Ebene einen deutlichen Schwerpunkt – auf eine Legitimation durch Leistung und Effizienz, also die Ergebnisse des hoheitlichen Handelns (den sog. Output), und entfernen sich durch diesen Ansatzpunkt grundlegend von dem oben dargestellten formalen Legitimationskettenmodell. Dabei können die Ergebnisse der Hoheitshandlungen entweder hypothetisch, ex ante, zur Anwendung kommen, oder tatsächlich, ex post, Berücksichtigung finden.

a) „Europäische“ Output-Legitimation nach Scharpf

Input-Legitimation („Herrschaft *durch* das Volk“) liegt laut *Fritz Scharpf* vor, wenn Entscheidungen vom Willen des Volkes abgeleitet werden, was – wie bei den oben dargestellten Input-Konzepten zum Ausdruck kam – vor allem durch Partizipation und Konsens erreicht werden soll.[591] Um insbesondere die innerhalb der Konsensherstellung notwendigen Mehrheitsentscheidungen rechtfertigen zu

589 Huber, in: Bauer/Huber/Sommermann, Demokratie in Europa, 491, 509.

590 Vgl. z.B. Nettesheim, in: Bauer/Huber/Sommermann, Demokratie in Europa, 143, 178 f.; Tietje, DVBl 2003, 1081, 1095.

591 Scharpf, Demokratietheorie, 25 ff.; ders., Regieren in Europa, 17; ders., Legitimationskonzepte, in: Folke Schuppert/Pernice/Haltern, Europawissenschaft, 705, 709 ff., 717 ff.

können, bedarf es laut *Scharpf* einer gewissen „kollektiven Identität“ (d.h. geschichtliche, sprachliche, kulturelle oder ethnische Gemeinsamkeiten). Diese sei in etablierten Nationalstaaten grundsätzlich durch entsprechende soziokulturelle Vorbedingungen anzutreffen, aber derart noch nicht in der Europäischen Union verwirklicht – insbesondere seit der letzten großen Erweiterungsrunde in den Jahren 2004 und 2007 mit dem Beitritt von insgesamt zwölf mittel- und osteuropäischen Staaten.[592] Demnach sei in dem – sich grundlegend von nationalen Demokratien unterscheidenden – politischen System der Gemeinschaft eine originär europäische Legitimation durch Input-Faktoren nicht möglich.[593]

Im Gegensatz zum Input seien nach der output-orientierten Perspektive („Herrschaft *für* das Volk“) Entscheidungen legitim, „wenn und weil sie auf wirksame Weise das allgemeine Wohl im jeweiligen Gemeinwesen fördern“, wofür keine kollektive Identität, sondern „lediglich ein Bestand gemeinsamer Interessen, der hinreichend groß und dauerhaft erscheint, um institutionelle Arrangements für kollektives Handeln zu rechtfertigen“, Voraussetzung sei.[594] Diese gemeinsamen Interessen seien – im Gegensatz zur oben genannten gemeinsamen Identität – auf europäischer Ebene durchaus wiederzufinden, so dass dort (nur) eine Output-Legitimation möglich sei, während im Nationalstaat beide Legitimitätsperspektiven koexistierten, sich gegenseitig verstärkten, ergänzten und ersetzten.[595] Als Mechanismen output-orientierter Legitimation zur Verhinderung eines Missbrauchs öffentlicher Macht einerseits und zur Erleichterung einer effektiven Problemlösung andererseits werden insbesondere die Verantwortung gegenüber dem Wähler, eine unabhängige „Expertokratie“[596], korporatistische und intergouvernementale Vereinbarungen und pluralistische Politiknetzwerke diskutiert, wobei auf europäischer Ebene die Expertokratie und die intergouvernementalen Verhandlungen dominieren.[597] Das Kriterium der Verantwortung gegenüber den Wählern werde vordergründig durch allgemeine, freie, gleiche und regelmäßige

592 Scharpf, Regieren in Europa, 18 ff., 167; ders., Staatswiss. und -praxis 1992, 293, 296 f.; nicht grundsätzlich negierend bezüglich der EU: Höreth, Legitimationstrilemma, 88 ff., insbes. 91.

593 Scharpf, Regieren in Europa, 19 f., 21, 167 ff.; aber bereits weniger strikt ders., Multilevel Legitimacy, 9; aA: Höreth, Legitimationstrilemma, 88 ff., insbes. 91.

594 Scharpf, Regieren in Europa, 16, 20; ders., Demokratietheorie, 21 ff.; ders., in: Folke Schuppert/Pernice/Haltern, Europawissenschaft, 705, 711 ff., 716 f.; ebenso Höreth, Legitimationstrilemma, 88; zustimmend bezüglich der Berücksichtigung des Outputs: Oppermann/Classen/Nettesheim, Europarecht, § 16, Rn. 14 ff.

595 Scharpf, Regieren in Europa, 21.

596 Der Begriff „Expertokratie“ hat sich in der neueren Literatur in Anlehnung an die „Technokratie“ als Bezeichnung der Entscheidungsfindung auf der Grundlage von speziellen Sachkenntnissen innerhalb entsprechender Expertengremien für bestimmte Fachbereiche durchgesetzt.

597 Scharpf, Regieren in Europa, 22 ff., 29 f.

Wahlen innerhalb eines Systems von checks and balances und einer ausgeprägten kommunizierenden Öffentlichkeit hergestellt.[598]

Im Gegensatz zur Funktion der Wahlen im Rahmen der Input-Legitimation gehe es vorliegend aber nicht um die Ableitung der Hoheitsgewalt vom Willen des Legitimationssubjekts, sondern um die Verantwortlichkeit und Kontrolle der Amtsinhaber, die ihr Verhalten aufgrund des regelmäßig wiederkehrenden Wahlaktes am Gemeinwohl ausrichten würden.[599] Hier werden die Grenzen zwischen Input- und Output-Faktoren fließend, ihre Einordnung kann zum Teil – je nach Blickwinkel – so oder so erfolgen. Für die Judikative spielt vor allem das Kriterium der unabhängigen Expertokratie eine große Rolle. Anstelle von Verantwortlichkeit und Kontrolle soll ein möglicher Missbrauch der Richtermacht mit Hilfe von bestimmten Verfahrensregeln, Rechtsbehelfen innerhalb des Gerichtssystems und Fachdiskussionen verhindert werden.[600]

Zur Legitimation unabhängiger Expertengremien zieht *Scharpf*, in Anlehnung an *Majone*, drei Argumente heran: erstens die teilweise Ungeeignetheit „traditioneller demokratischer Verfahren" zur gemeinwohldienlichen Entscheidungsfindung; zweitens die Sachkenntnisse, die für „gute Entscheidungen" in bestimmten Aufgabenbereichen erforderlich seien, wobei die Entscheidungen dann der Kontrolle im Rahmen von Fachdiskussionen unterliegen; und drittens die Möglichkeit der dem Wähler verantwortlichen Institutionen, sich über die Expertenentscheidungen notfalls hinwegzusetzen.[601] Insbesondere bei unabhängigen europäischen Institutionen fehle es aber an der letztgenannten Interventionskompetenz einer vom Wähler mehrheitlich legitimierten Legislative als majoritäres Korrektiv: So können beispielsweise Entscheidungen des Gerichtshofs allenfalls durch einstimmige Primärrechtsänderungen (nach aufwendigen Ratifikationen in allen 27 Mitgliedstaaten) korrigiert werden.[602] Diese gesteigerte Unabhängigkeit der Rechtsprechung schwäche die Legitimation ihrer Entscheidungen, was wiederum die Effektivität der europäischen Politik – vor allem die größtmögliche Vermeidung politischer Opposition – ins Zentrum der Legitimation rücke.[603] Vermeidung von Opposition könne dadurch erzeugt werden, dass Politik unterhalb der Wahrnehmungsschwelle bleibe, oder indem sie sich auf konfliktmindernde Lösungen beschränke, wobei die Judikative allein aufgrund ihrer inter-partes-Wirkung diesbezüglich im Vorteil sei.[604] Die Tätigkeit der europäischen Gerichtsbarkeit konzentriert sich laut *Scharpf* – differenziert nach Politikfeldern – vor allem auf die negative Integration (Beseitigung von Zöllen, Handelsbeschränkungen und Wett-

598 Scharpf, Regieren in Europa, 22.
599 Scharpf, Regieren in Europa, 23.
600 Scharpf, Regieren in Europa, 23 f.
601 Scharpf, Regieren in Europa, 24 m.w.N.
602 Scharpf, Regieren in Europa, 29 f.; ders., Multilevel Legitimacy, 11 f.; ders., Legitimationskonzepte, in: Folke Schuppert/Pernice/Haltern, Europawissenschaft, 705, 728.
603 Scharpf, Regieren in Europa, 30.
604 Scharpf, Regieren in Europa, 30 ff.

bewerbsbehinderungen) und sei in diesem Bereich aufgrund der internen Kontrollmechanismen des Rechtssystems und der fachspezifischen Diskussionen durchaus output-legitimiert, wobei der Output sowohl ex ante als auch ex post Berücksichtigung finde.[605] Reiche die originär europäische Output-Legitimation im Einzelfall auf supranationaler Ebene aber nicht aus, so müsse auf die nationalstaatliche Legitimation über die Mitgliedstaaten zurückgegriffen werden.[606]

In einem Beitrag aus dem Jahre 2007 geht *Scharpf* sogar davon aus, die Legitimität der EU-Herrschaft „depends entirely on the legitimacy resources of its member states“, weil das Europarecht maßgeblich von den Mitgliedstaaten und deren Gerichten umgesetzt werde.[607] Deshalb verstehe er die EU auch nicht als „a government of citizens“, sondern vielmehr als „a government of governments“, so dass die Beziehung zwischen der Union und den Mitgliedstaaten, die die EU-Regeln vorrangig befolgen müssen, für Legitimitätsfragen prinzipiell die Entscheidende sei.[608] In diesem Zusammenhang äußert er sich zudem um einiges kritischer als zuvor im Hinblick auf die Legitimität der europäischen Gerichtsbarkeit, die als nicht verantwortliche Instanz eine aggressive Integrationspolitik betreibe, und dadurch die nationale Legitimation schwächen könne.[609]

b) Legitimation durch Bewährung nach Peters

Anne Peters kritisiert die (reinen) „Ex-ante-Legitimationsmodelle“ der Vertragslegitimation, der diskurstheoretischen Legitimation, der Legitimität durch Zustimmung und der doppelten Legitimation der europäischen Verfassung zunächst im Einzelnen und daraufhin insbesondere unter dem gemeinsamen Problempunkt des „Wissensfaktors“.[610] Alle diese Konzepte hätten den großen Unsicherheitsfaktor des „Umgangs mit der ungewissen Zukunft und der Nichterfüllung von Prognosen“ gemeinsam, was vor allem auf europäischer Ebene aufgrund fehlender Erfahrungen und vergleichbarer Fallkonstellationen akut sei.[611] Zudem seien die Ex-ante-Modelle insofern statisch, „als sie keine Legitimation für Abweichungen vom Ex-ante-Urteil vorsehen“.[612] Vor diesem Hintergrund entwickelt *Peters* ihr Ex-post-Konzept der „Legitimation durch Bewährung“, das sowohl für die europäische Verfassung als auch für die Ausübung der europäischen Hoheitsgewalt gelten solle.[613]

605 Scharpf, Regieren in Europa, 47 ff., 169; aber schon kritischer ders., Multilevel Legitimacy, 12 ff.
606 Scharpf, Regieren in Europa, 30 f.
607 Scharpf, Multilevel Legitimacy, 8.
608 Scharpf, Multilevel Legitimacy, 9.
609 Scharpf, Multilevel Legitimacy, 10 ff.
610 Peters, Verfassung Europas, 517 ff., 524 ff., 539 ff., 552 ff., 556 ff, 586 ff.
611 Peters, Verfassung Europas, 587.
612 Peters, Verfassung Europas, 582.
613 Peters, Verfassung Europas, 580 ff., 615 ff., 647 ff.

Demnach sei eine Verfassung – und auch eine Hoheitshandlung – gerechtfertigt, wenn sie tatsächlich – d.h. real in einer nachträglichen Bewertung durch die Bürgerinnen und Bürger – „durch ihre (weitgehend indirekten) Leistungen, also ihren Output, zum Wohlergehen (einschließlich Selbstbestimmung) der Bürger beiträgt".[614] Der Bewährungsgedanke könne zwar schon ex ante eine Rolle spielen, in Form der Berücksichtigung eigener Erfahrungen und Erfahrungen anderer Rechtssysteme, entfalte insofern aber nur vorläufige Legitimationskraft.[615] Insbesondere auf Gemeinschaftsebene fehle es dafür jedoch häufig an einer eigenen Tradition und an vergleichbaren Fällen, so dass lediglich ein System von „Versuch und Irrtum" in Frage komme.[616] Der Faktor der Bewährung ermögliche eine anpassungsfähige und etappenweise Legitimation nach variablen Kriterien.[617] Sie zeige sich beispielsweise in der Akzeptanz der Bevölkerung durch Wiederwahl und durch Zustimmung in der öffentlichen Meinung.[618] Dabei erkennt *Peters* durchaus selbst die praktischen Schwierigkeiten ihres Konzepts: die Festlegung der Regelungsziele innerhalb komplexer politischer Prozesse, die Messbarkeit der Zielerreichung und ihrer Nebenwirkungen, die Festlegung der Bewertungsmaßstäbe bei der Folgenevaluierung und die Frage danach, „wer die Bewertungskriterien festlegt, wer die Evaluierung durchführen soll und wer zu beteiligen ist" – unter Garantie der notwendigen Objektivität innerhalb aller dieser Prozesse.[619] Nichtsdestotrotz rechtfertigt sie ihr Konzept unter anderem mit dem oben genannten „Wissensfaktor", der Verständlichkeit ihres Konzepts für die Bürger als entscheidendes Legitimationssubjekt und seiner Flexibilität.[620] Dabei erkennt sie gleichzeitig an, dass „Funktionalität (…) allein nicht legitimiert" und dass das Herleitungselement, also der Input, mithin zum Teil trotzdem unverzichtbar sei – auch wenn dieses allein keinesfalls eine ausreichende Legitimation begründen könne.[621]

Im Rahmen des europäischen Demokratieprinzips wird die Judikative von *Peters* nicht behandelt; die Frage nach der demokratischen Legitimation des Gerichtshofs kommt jedoch im Zusammenhang mit der Befugnis des EuGH zur Verfassungsentwicklung auf. Demnach sei „die Tätigkeit des Gerichtshofs nur äußerst *schwach durch demokratische Ernennung seiner Mitglieder gerechtfertigt*".[622] Nach *Peters'* Legitimationskonzept muss aber „die Ausübung europäischer Hoheitsgewalt (und so auch die des Gerichtshofs) in erster Linie durch Leistung

614 Peters, Verfassung Europas, 580, 647; ähnlich: Kimmel, in: Gabriel/Kropp, EU-Staaten im Vergleich, 62, 65 f.
615 Peters, Verfassung Europas, 580 f.
616 Peters, Verfassung Europas, 616.
617 Peters, Verfassung Europas, 582.
618 Peters, Verfassung Europas, 582.
619 Peters, Verfassung Europas, 583 f.
620 Peters, Verfassung Europas, 586 ff.
621 Peters, Verfassung Europas, 591, 593, 648.
622 Peters, Verfassung Europas, 411 (Hervorhebung im Original).

und Bewährung, also funktional gerechtfertigt werden".[623] Eine direkte demokratische Rückkopplung würde der Erfüllung der richterlichen Aufgaben eher entgegenstehen.[624] So sieht *Peters* eine spezielle funktionale Legitimation in der Rolle des EuGH als Verfassungsgericht, da er als solches die Demokratie schütze und in diesem „*demokratieschützenden Output*" liege eine gewisse Kompensation der defizitären demokratischen Input-Legitimation.[625] Abschließend wird festgestellt: „Im Endeffekt ist die Tätigkeit der Verfassungsrichter primär durch Sachkunde und Unparteilichkeit der Richter sowie ihre Unterworfenheit unter das Recht, nicht aber durch demokratische Wahl zu rechtfertigen (…)."[626]

c) Bewertung der (reinen) Ergebnislegitimation

Im Rahmen der Beurteilung der Ergebnislegitimation stellt sich zunächst die Frage nach der grundsätzlichen Legitimationsfähigkeit von Output-Faktoren im Rahmen des Demokratieprinzips. Sodann bieten die zuvor genannten Auffassungen verschiedene Ansatzpunkte der Kritik und Bewertung.

aa) Output als Faktor demokratischer Legitimation?

Zunächst gibt es etliche Stimmen, die den Output-Kriterien grundsätzlich eine Legitimationsfähigkeit im Rahmen des Demokratieprinzips absprechen wollen, und somit eine ergebnisorientierte demokratische Legitimation überhaupt nicht anerkennen. Dabei belassen es manche bei der kritischen Frage: „Ist diese Herrschaft ‚für' das Volk noch Demokratie oder schon die wohlklingende Umschreibung für eine Herrschaft der Experten, die an ihre Stelle getreten ist?"[627] Deutlichere Worte dazu erklingen in der Wissenschaft, wenn der Output gar nicht als Bestandteil des Demokratieprinzips, sondern vielmehr „als ‚Trick', ein ‚Demokratiedefizit wegzudefinieren'" angesehen wird.[628] Derselben Auffassung folgend wird zudem ausgeführt: „Im Rahmen des demokratischen Prinzips aber sind nur *input*-orientierte Momente zur Legitimationsstiftung fähig. (…) *Im Rahmen des Demokratieprinzips* spielen materielle Voraussetzungen wie die Effizienz des Hoheitshandelns hingegen keine Rolle. Es handelt sich um ein rein formales, also prozedurales und inhaltsoffenes Prinzip."[629] In der Output-Legitimation wird zum Teil sogar eine

623 Peters, Verfassung Europas, 412, 580 ff., 647 ff.

624 Peters, Verfassung Europas, 412.

625 Peters, Verfassung Europas, 413 (Hervorhebung im Original).

626 Peters, Verfassung Europas, 414.

627 Volkmann, AöR 127 (2002), 575, 607 m.w.N.

628 von Bogdandy, ZaöRV 63 (2003), 853, 866, unter Verweis auf die entsprechende Formulierung von Peter M. Huber. Zustimmend: Baumbach, Vertragswandel, 135 f.

629 Baumbach, Vertragswandel, 137 f. (Hervorhebung im Original). Ähnlich: Voßkuhle/Kaiser, JuS 2009, 803, 803; Kirsch, Demokratie, 87 ff.; Unger, Demokratie, 278 ff.; Classen, Demokratische Legitimation, 28 f., 37 ff., charakterisiert die Output-Faktoren

„Souveränitätsbeschränkung durch die Hintertür" gesehen.[630] Schließlich betonen andere in diesem Zusammenhang, dass „ein legitimes und gemeinwohlorientiertes politisches System nicht automatisch ein demokratisches System ist"[631] und dass „in einer Demokratie die Ausübung von Herrschaftsgewalt gekennzeichnet sein muss durch ihr Getragensein vom Volk."[632] Diese Rückführung auf den Willen der Bürger könne allein durch Input-Mechanismen gesichert werden, und zwar mit Hilfe der – bekannten – „durchgehenden Legitimationskette".[633] Dabei wird jedoch gleichzeitig anerkannt, dass der Bezug zum Volk auch beinhalte, dass die hoheitlichen Entscheidungen dem Interesse des Volkes entsprechen, so dass im Rahmen des „traditionellen" Demokratieverständnisses angeblich nicht nur eine formale Herleitung liege, sondern auch eine Leistungsberücksichtigung, die sich in Form der periodisch wiederkehrenden Wahlen zeige.[634]

Bei dieser zuletzt genannten Schlussfolgerung wird übersehen, dass im Rahmen des „traditionellen" Input-Demokratieverständnisses die Rückkopplung der Hoheitsgewalt an das Legitimationssubjekt durch periodisch wiederkehrende Wahlen primär der wiederholten Herleitung der Hoheitsgewalt, ihrer Erneuerung und einer Vorbeugung gegen eine mögliche Verselbstständigung der Herrschaft dienen soll. Tatsächlich fließt dabei aber naturgemäß die Berücksichtigung der bisherigen Leistungen der Amtswalter zwangsläufig in die Interessenartikulierung der Legitimationssubjekte ein. Aus welcher Motivation sich der Wille der Bürgerinnen und Bürger bildet, ist aus Sicht der strengen „Input-Vertreter" aber gerade irrelevant. Es kommt ihnen nur auf die formale Herleitung an. Durch die oben genannte Perspektive wird mithin richtigerweise anerkannt, dass man bei der Legitimation von Hoheitsgewalt ergebnisorientierte Faktoren nicht gänzlich ausschließen kann, was die anderen genannten Output-Kritiker übersehen. Die Beteiligung der Bürgerinnen und Bürger an der Kreation der Hoheitsgewalt, mithin der Input, kann nie als vollkommen ergebnisoffen bezeichnet werden, da die Bürger einen Willen naturgemäß immer aufgrund ihrer Interessen artikulieren, und sich davon gewisse Ergebnisse versprechen.[635] Warum der effizienten Erreichung der Ergebnisse und Ziele, die die Bürger als Legitimationssubjekt erwarten, jede Legitimationswirkung abgesprochen werden soll, ist deshalb nicht nachvollziehbar. Die Annahme der völligen „Ergebnisoffenheit oder -irrelevanz" demokratischer Entscheidungsprozesse erscheint jedenfalls realitätsfern.

---

als „rechtsstaatlicher Natur", die dann aber im Rahmen des Rechtsstaatsprinzips als Anforderungen an die demokratische Legitimation eine bedeutsame Rolle spielen, und somit trozdem Beachtung finden müssen.

630 Baumbach, Vertragswandel, 137.

631 Rumler-Korinek, EuR 2003, 327, 337.

632 Rumler-Korinek, EuR 2003, 327, 337.

633 Rumler-Korinek, EuR 2003, 327, 337.

634 Rumler-Korinek, EuR 2003, 327, 337.

635 Ähnlich: Peters, Verfassung Europas, 588; Classen, Demokratische Legitimation, 37 ff.

Schließlich kann auch nicht der Vorwurf der „Herrschaft der Experten“ und der „Souveränitätsbeschränkung“ durch eine Ergebnislegitimation überzeugen: Bezugspunkt der Output-Legitimation bleibt der einzelne, individuelle Bürger, und wird nicht durch Experten und Sachverständige ersetzt. Er selbst soll bestimmen, welche Ergebnisse gut und erwünscht sind und welche als schlecht und unerwünscht einzuordnen sind. Lediglich zur Erreichung der Ziele kann es in einigen Bereichen sinnvoll sein, Expertengremien und Sachverständige einzusetzen, was wiederum nur legitim ist, wenn es dem Willen der Bürger entspricht und zu „guten Ergebnissen“ führt. Die Delegation bestimmter Aufgaben an Sachkundige kann in etlichen Fällen durchaus im Interesse der Bürger liegen. Gerade diese Entwicklungsoffenheit und Anpassungsfähigkeit ermöglicht es der Ergebnislegitimation, für die komplexe Unionsebene einerseits und für die Legitimation unabhängiger Institutionen andererseits, sachgemäße Maßstäbe zu finden.[636] Dies sind mithin genau die Bereiche, in denen die (reine) Herleitungslegitimation an ihre Grenzen stößt. Zur Vermeidung derartiger Schwachpunkte bedarf es eines dynamischen Prinzips. Gegen eine demokratische Legitimation durch Output bestehen deshalb prinzipiell keine Einwände.

bb) Europäische Hoheitsgewalt nur output-legitimationsfähig?

Scharpfs These, bezüglich der Gemeinschaft ausschließlich eine reine Output-Legitimation begründen zu können, ist nach dem heutigen Integrationsstand nicht mehr nachvollziehbar. Wie bereits im Rahmen der Diskussion um das Legitimationssubjekt gezeigt wurde, ist eine Loslösung von Vorbedingungen wie einer „kollektiven Identität“ – sowohl im Nationalstaat und erst Recht auf europäischer Ebene – erforderlich. Sie ist in unserer pluralen, interessendivergierenden und multikulturellen Gesellschaft nicht mehr zeitgemäß und deshalb unhaltbar. Der Input kann durchaus auch auf europäischer Ebene – mit einer Herleitung der Hoheitsgewalt von den einzelnen Unionsbürgerinnen und -bürgern – fruchtbar gemacht werden. Dies zeigen die oben genannten Konzepte, die sogar ausschließlich auf den Input setzen. Zudem gesteht auch *Scharpf* selbst ein, dass eine Legitimation vollkommen ohne Input teilweise schwer zu begründen sei.[637] Das muss auch für die europäische Ebene gelten; eine unionsspezifische Kombination aus Output- und Input-Faktoren erscheint sachgemäß – wie *Scharpf* es bereits für Nationalstaaten annimmt.

636 Ähnlich: Tietje, DVBl 2003, 1081, 1095.
637 Scharpf, Regieren in Europa, 33.

Ein äußerst wichtiger Faktor der Ergebnislegitimation wird von Scharpf für die (europäische) Judikative angeführt: die unabhängige Expertokratie. Dieses Kriterium wird häufiger in diesem Zusammenhang genannt.[638]

cc) „Government of governments“?

Scharpfs neuere These des „government of governments“ mit der entscheidenden „Legitimationsbeziehung“ zwischen EU und Mitgliedstaaten erscheint unhaltbar: Die einzelnen Unionsbürgerinnen und -bürger können im europäischen System nicht ausgeblendet werden. Sie werden durchaus auch direkt mit der EU konfrontiert, wie zum Beispiel kürzlich in den verschiedenen Referenden zur EU-Vertragsreform, oder ganz einfach bei einer Individualklage vor einem europäischen Gericht. Der ständige Trend und das Bemühen der Union gehen hin zu einem bürgernahen Europa, beispielsweise durch die Gewährung eines Petitionsrechts zum Europäischen Parlament[639], die Einsetzung eines Bürgerbeauftragten[640] und die durch den Vertrag von Lissabon neu eingeführte Möglichkeit einer Bürgerinitiative[641]. Zudem bedürfen beispielsweise Verordnungen gemäß Art. 288 Abs. 2 AEUV (ex-Art. 249 Abs. 2 EG) keiner Umsetzung in nationales Recht, sie wirken unmittelbar ohne Dazwischentreten eines nationalen Transformationsaktes der Mitgliedstaaten. Eine direkte Beziehung zwischen Union und Unionsbürgern kann somit nicht negiert werden. In diesem Zusammenhang wird zu Recht kritisch hinterfragt, ob die Konsequenz von *Scharpfs* These sei: „a government of governments, by governments – and for governments“[642]? Aber das kann keinesfalls Ziel und Zweck der supranationalen – gerade in den meisten Bereichen über die rein intergouvernementale Ebene herausgewachsenen – Union sein, die stetig und umfassend um Bürgernähe bemüht ist.

dd) Legitimation durch Bewährung?

Der Bewährungsgedanke von *Peters* erscheint durchaus logisch und nachvollziehbar, aber – wie *Peters* selbst einräumt – problematisch in der praktischen Handhabung. Zudem kann die Bewährung ex post als Legitimationsfaktor keinesfalls ausreichen: Irgendwie muss die Hoheitsgewalt – zumindest vorübergehend – le-

---

638 So z.B. auch Petersen, Demokratie, 26 ff.: „Expertise und Sachverstand“; Höreth, Legitimationstrilemma, 87: „technokratisch-utilitarische Begründung europäischer Hoheitsgewalt“; Nettesheim, in: Bauer/Huber/Sommermann, Demokratie in Europa, 143, 179: „Expertokratie“.

639 Art. 24 Abs. 2, 227 AEUV (ex-Art. 21 Abs. 1, 194 EG).

640 Art. 24 Abs. 3, 228 AEUV (ex-Art. 21 Abs. 2, 195 EG).

641 Art. 11 Abs. 4 EU n.F., Art. 24 Abs. 1 AEUV. Dazu: Ruffert, EuR Beiheft 1 2009, 31, 47; Schoo, EuR Beiheft 1 2009, 51, 54 f.; Lindner, BayVBl 2008, 421, 425.

642 Schmidt, Demokratietheorien, 286.

gitim entstehen können (d.h. ex ante bzw. durch Input-Legitimation), um dann nachträglich endgültig bewertet werden zu können (ex post anhand des Outputs). In der Zwischenzeit darf kein „legitimationsfreier Raum" entstehen. Die Legitimation durch Bewährung kann demnach eine sinnvolle Ergänzung weiterer Legitimationsfaktoren darstellen, aber allein als Konzept keinen Bestand haben – wie *Peters* wiederum selbst einsieht. Nachvollziehbare (und bekannte) Gedanken werden zur Legitimation der europäischen Judikative angeführt: Sachkunde (Expertokratie, vgl. *Scharpf*), Unparteilichkeit (Unabhängigkeit), Gesetzesunterworfenheit (Gesetzesbindung) und insbesondere ihr „demokratieschützender Output" sollen die Legitimation der Dritten Gemeinschaftsgewalt begründen.

ee) Ergebnis

Die demokratische Legitimation von Hoheitsentscheidungen anhand ihrer Ergebnisse ist ein sach- und zeitgemäßer Ansatzpunkt, insbesondere für die Unionsgewalt und für unabhängige Institutionen. Sie ist als „Herrschaft *für* das Volk" ein wichtiger Bestandteil der Demokratie, kann aber alleine nicht ausreichen, um durchgehend hinreichend Legitimation zu vermitteln. Keinesfalls kann in einem demokratischen System im Hinblick auf die Legitimation der Hoheitsgewalt so zu sagen „der Zweck (Ergebnisse/Output) die Mittel (Herleitung/Input) heiligen". Die Hoheitsgewalt muss von Anfang an legitimiert werden können; mithin bedarf es ihrer demokratischen Herleitung. Denn – in rechtspolitischer Hinsicht – wird spätestens, wenn in einem Rechtsstreit eine Partei mit dem Ergebnis eines Urteils nicht zufrieden ist, höchstwahrscheinlich sinngemäß die Frage aufgeworfen, „wer das denn da in Luxemburg überhaupt ist, dass man so etwas bestimmen könne…?" Die ex ante Legitimation kann deshalb nicht völlig wegfallen. Dadurch wird einer Entfremdung der „Herrschenden" von den „Beherrschten" zumindest ansatzweise entgegengewirkt – eine Gefahr, die auf supranationaler Ebene und bei unabhängigen Institutionen naturgemäß besonders akut ist.

4. Kombination von Herleitungs- und Ergebnis-Legitimation

Im Folgenden sollen Legitimationskonzepte dargestellt werden, die Herleitungs- und Ergebnislegitimation bzw. Input- und Output-Legitimation kombinieren, um eine optimale Legitimation der Hoheitsgewalt zu begründen. Nach deren Bewertung und vor diesem Hintergrund soll abschließend ein eigenes Modell vorgestellt werden – insbesondere für die europäische Judikative.

a) Das politikfeldbezogene Legitimationsmodell

Von *Stephan Bredt* wird das eingangs dargestellte „organisatorisch-formale" Modell als „funktionales Legitimationsmodell" bezeichnet, da es den drei Gewalten jeweils einen funktionenbezogenen „organisatorischen Idealtypus“ zuordne: „die unmittelbar gewählte Legislative, die unabhängige Judikative und die möglichst hierarchische Exekutive“.[643] Dieses vorherrschende Modell, das Freiheit und Gleichheit aller Bürger maßgeblich durch die Anwendung des Mehrheitsverfahrens und eine damit einhergehende Konzentration auf die personelle Legitimation herstelle, akzeptiere die demokratische Legitimation unabhängiger Institutionen nur in wenigen, explizit anerkannten Fällen – darunter vor allem die unabhängige Judikative – und erkläre diese lediglich durch Ausnahmetatbestände.[644]

Diese dogmatische Schwäche und die fehlende Möglichkeit der Legitimation unabhängiger Institutionen in anderen Bereichen haben *Bredt* dazu veranlasst, insbesondere für unabhängige Institutionen ein „politikfeldbezogenes Legitimationsmodell“ zu entwickeln.[645] Demnach soll die demokratische Legitimation einer Institution nach dem Politikfeld, dem Aufgabenbereich, in dem sie tätig ist, bewertet werden, wobei „Politikfeld“ den inhaltlichen, materiellen Aspekt der Politik bezeichne.[646] Bei der Entwicklung seines Konzepts stützt *Bredt* sich maßgeblich auf die traditionelle Vertragstheorie – den Gesellschaftsvertrag – und verschiedene, zum Teil abgewandelte, ökonomische Demokratietheorien: „Mit einem vertragstheoretisch begründeten, politikfeldbezogenen Legitimationsverständnis, das methodisch auf *Buchanans* Konstitutionalismustheorie und *Majones* Regulierungstheorie aufbaut, können unabhängige Institutionen hingegen nicht nur wie bisher in der Judikative als demokratisch legitim angesehen werden und es kann ein Maßstab für die Bildung unabhängiger Institutionen in weiteren Politikbereichen entwickelt werden“.[647] Die Legitimation unabhängiger Institutionen hänge demnach davon ab, „ob ihre Festlegung in einem konstitutionellen Vertrag unter Einbeziehung der Kenntnisse der postkonstitutionellen Entscheidungsverfahren konsensfähig ist. Normativer Maßstab für die Konsensfähigkeit ist das Kriterium der gleichwertigen Interessenberücksichtigung. Die demokratische Legitimation der Institution ergibt sich damit aus der Analyse der Entscheidungsprozesse je nach Politikfeld.“[648]

Anwendungs- und Legitimationsbereiche für unabhängige Institutionen bestehen nach diesem Modell in Politikfeldern, in denen entweder die „Kosten kollektiven Handelns weit verbreitet sind, während der Nutzen einer kleinen Gruppe zugute kommt“ (Beispiel: Subventionierung volkswirtschaftlich ineffizienter Industriezweige), oder genau umgekehrt „der Nutzen kollektiven Handelns weit

643 Bredt, Demokratische Legitimation, 40 ff., 47 ff., 171, 469.

644 Bredt, Demokratische Legitimation, 1 ff., 40 ff., 60 ff., 76 ff., 173 ff., 470 f.

645 Zur Kritik des funktionalen Modells im Allgemeinen: Bredt, Demokratische Legitimation, 173 ff.; zu dem Sonderfall der Judikative im Rahmen dieses Modells und insbesondere dem Problem des „Richterrechts“: S. 82 ff., 471; zu seinem „politikfeldbezogenem Legitimationsprinzip“: 280 ff., 473 f.

646 Bredt, Demokratische Legitimation, 44 m.w.N.

647 Bredt, Demokratische Legitimation, 3, 205 ff., 280 ff.

648 Bredt, Demokratische Legitimation, 282.

verbreitet ist, die Kosten aber bei einer kleineren Gruppe konzentriert sind" (Beispiel: Währungsstabilität und Wettbewerbsschutz).[649] In diesen Bereichen bestehe nämlich die Gefahr, dass sich die kleinere Gruppe organisiere, um Einfluss auszuüben und ihre Interessen durchzusetzen, so dass die Bildung einer unabhängigen Institution zur Sicherung gleichwertiger Interessenwahrnehmung erstrebenswert erscheine.[650] Gerichte als unabhängige Institutionen zur Durchsetzung und Sicherung des Rechts und individueller Ansprüche können bereits nach der – gegenüber *Bredts* Modell engeren – ökonomischen Theorie unproblematisch als demokratisch legitimiert eingestuft werden, was auch von *Bredt* nicht in Frage gestellt wird.[651]

Unter nachhaltiger Kritik an einer Übertragung des funktionalen Modells auf die demokratische Legitimation der EU wendet *Bredt* sein politikfeldbezogenes Modell auch auf die europäische Ebene an.[652] Als Grundlage dient demnach ein europäischer Gesellschaftsvertrag, wiederum mit ökonomischem Vertragsansatz auf der Basis hypothetischer Zustimmungen nach einem individuellen Kosten-Nutzen-Kalkül und gleichwertiger Interessenberücksichtigung.[653] Eine Aufteilung nach Politikfeldern ergibt laut *Bredt*, dass die Bildung unabhängiger europäischer Institutionen legitim sei für diejenigen Politikfelder, in denen eine große Gefahr des Lobbying zu Lasten der allgemeinen Interessen bestehe: dies seien wiederum einerseits solche Felder, bei denen die Kosten weit verbreitet sind, der Nutzen aber auf wenige konzentriert ist (Beispiel: wettbewerbspolitische Kontrolle des privaten Sektors) und andererseits solche Politikfelder, in denen genau umgekehrt der Nutzen weit verbreitet ist, die Kosten aber in der Regel von einer kleinen Gruppe getragen werden (Beispiel: Umweltpolitik, Verbraucherschutz und Nahrungsmittelsicherheit).[654] Auf die Legitimation der unabhängigen europäischen Gerichte geht *Bredt* innerhalb seines Modells nicht explizit ein; von deren konsequenter Bejahung muss aber implizit – unter Anwendung seines Konzepts – ausgegangen werden.

Die Einordnung von *Bredts* Modell in eine der vorliegend verwendeten Kategorien der Herleitungs- und Ergebnislegitimation fällt nicht leicht.[655] Im Mittelpunkt seines Konzepts steht der Gesellschaftsvertrag, mithin geht es maßgeblich um einen hypothetischen Konsens, eine vermeintliche Zustimmung des Legitimationssubjektes zur Konstituierung der Hoheitsgewalten ex ante, und somit um die

---

649 Bredt, Demokratische Legitimation, 283 f.

650 Bredt, Demokratische Legitimation, 283 f.; ähnlich: Petersen, Demokratie, 26.

651 Bredt, Demokratische Legitimation, 213, 245, 315.

652 Bredt, Demokratische Legitimation, 331 ff.

653 Bredt, Demokratische Legitimation, 428 ff.

654 Bredt, Demokratische Legitimation, 437 f.

655 Bredt, Demokratische Legitimation, 276, ordnet die ökonomische Theorie selbst als „input/output-gemischtes Modell" ein, wobei er dieser Einteilung aber insgesamt sehr kritisch gegenübersteht, 273 ff.

Herleitung der Herrschaftsgewalt vom Legitimationssubjekt.[656] Zudem greift er in Politikfeldern, in denen unabhängige Institutionen nach seinen Bewertungskriterien nicht von Nöten sind, auf die bisherigen „parlamentarisch-demokratischen Verfahren“ zurück[657], also scheinbar das vorherrschende Input-Konzept. *Bredts* Konzept basiert jedoch genauso maßgeblich auf den Entscheidungsprozessen, -inhalten und -ergebnissen der Hoheitshandlungen. Er analysiert und betrachtet diese ex ante, um eine Legitimation der Institutionen zu begründen. Es handelt sich mithin um einen der bereits angesprochenen Fälle, bei denen die zu erwartenden Ergebnisse, der antizipierte Output, in die Willensentscheidung des Legitimationssubjektes einfließen soll. Von diesen vermeintlichen und voraussichtlichen Ergebnissen lebt *Bredts* Modell in gleichem Maße wie von dem Institut des Gesellschaftsvertrages, weshalb es als „gemischtes Konzept“ einzuordnen ist.

b) Das plurale Legitimationssystem

Utz Schliesky beginnt die Entwicklung eines Konzepts der „Legitimität durch plurale Legitimation“ mit einer ausführlichen Darstellung des Legitimationskonzepts des deutschen Bundesverfassungsgerichts und einer detaillierten Kritik desselben.[658] So mache die Verengung auf eine statische Input-Legitimation – mit dem streng formalen Zurechnungskriterium einer ununterbrochenen personellen Legitimationskette – insbesondere einen Einbezug des notwendigen demokratischen Output-Faktors, eines Regierens *für* das Volk, unmöglich und berücksichtige mithin die inhaltliche Richtigkeit und die Ergebnisse der Entscheidungen der Amtsträger nicht in ausreichendem Maße.[659] Aber „Herrschaftsgewalt darf in einer demokratischen Herrschaftsordnung kein Selbstzweck sein, sondern ist an bestimmten Zwecken auszurichten“.[660] Der *Inhalt* staatlicher Entscheidungen trete im Rahmen des Legitimationskettenmodells zu Unrecht hinter den *Inhabern* der Entscheidungsmacht zurück.[661] So sei beispielsweise ein Zugewinn „inhaltlicher Richtigkeit durch die Hinzuziehung fachkompetenter, aber demokratisch nicht legitimierter Personen“, Sachverständigen, Verbänden oder Gruppen ausgeschlossen.[662]

Speziell bei weisungsunabhängigen Institutionen – wie der Judikative – komme das organisatorisch-formale Modell mit seinen ununterbrochenen personel-

---

656 Scharpf, Europäisches Regieren, 16, bezeichnet den Gesellschaftsvertrag als „Spezifizierung der logisch notwendigen Voraussetzungen input-orientierter Legitimität“. Ebenso ordnet Peters, Verfassung Europas, 524 ff., die Vertragstheorie als „älteste Ex-ante-Legitimation“ ein.

657 Bredt, Demokratische Legitimation, 283.

658 Schliesky, Souveränität und Legitimität, 230 ff.

659 Schliesky, Souveränität und Legitimität, 281 ff., 292 ff.

660 Schliesky, Souveränität und Legitimität, 282.

661 Schliesky, Souveränität und Legitimität, 282.

662 Schliesky, Souveränität und Legitimität, 281.

len Legitimationsketten und dem strengen Hierarchieprinzip in Erklärungsnot.[663] Schließlich laufe die personelle Legitimationskette „in vielen Fällen auf einen sehr ausgedünnten, eine effektive demokratische Rückbindung kaum gewährleistenden Zurechnungsakt“ hinaus, „der einer Fiktion nahekommt“.[664] Durch eine Überprüfung der Gemeinschaftsgewalt an den Maßstäben des organisatorisch-formalen Modells macht *Schliesky* deutlich, dass eine Übertragung dieses Konzepts auf die supranationale Gewalt nicht sachgemäß und letztendlich auch nicht möglich sei.[665] So fehle es zum einen häufig an den ununterbrochenen Legitimationsketten – z.B. bei Mitgliedern anderer Staatsangehörigkeit in einem europäischen Kollegialorgan oder durch eine Unterbrechung der Kette im Wege des „Überstimmtwerdens“ –, zum anderen führe die nationale Schablone bezüglich der Legitimation der Legislative auf europäischer Ebene zwangsläufig zu Defiziten im Hinblick auf die gemeinsame Rechtsetzung durch Rat und Europäisches Parlament.[666] Zudem könne die Pluralität der Legitimationssubjekte auf europäischer Ebene mit dem nationalen Modell nicht erfasst werden.[667]

Trotzdem nimmt *Schliesky* – ausdrücklich auch für die supranationale Herrschaftsgewalt – das Legitimationskonzept des deutschen Bundesverfassungsgerichts als Ausgangspunkt für den Input-Strang seines Konzepts der „Legitimität durch plurale Legitimation“ und knüpft insgesamt an den entwicklungsoffenen Begriff des „Legitimationsniveaus“ an, indem er ihn einerseits als Einfallstor für zusätzliche Output-Legitimationsstränge nutzt und andererseits als Faktor der Zusammenführung der verschiedenen Legitimationsstränge.[668] Sein Konzept der „Legitimität durch plurale Legitimation“ bezeichnet er als eine für das Mehrebenensystem strukturadäquate „Bausteinlegitimation“, die auf einem Output- und einem Input- Legitimationsstrang beruhe, die sich wiederum jeweils aus verschiedenen Legitimationssträngen zusammensetzen können, um im Ergebnis ein höchstmögliches Legitimationsniveau zu erreichen.[669]

Zum Output führt *Schliesky* aus: „Ex ante und ex post“ ist „eine objektiv-normative Bewertung am Maßstab der Herrschaftszwecke und Herrschaftsziele, vor allem mit Hilfe einer Beurteilung der Richtigkeit von Maßnahmen der Herrschaftsgewalt, vorzunehmen“.[670] Neben diesen ersten Legitimationsstrang des „output-orientierten Kontroll- und Verantwortungszusammenhangs“ trete ein Input-Strang, der auf personeller, sachlich-inhaltlicher und institutionell-funktioneller Legitimation beruhe (als deren gemeinsamen Kern *Schliesky* die Verantwortungszurechnung ansieht), die jedoch an die supranationalen Bedürfnisse

663 Schliesky, Souveränität und Legitimität, 257, 285 f.
664 Schliesky, Souveränität und Legitimität, 295.
665 Schliesky, Souveränität und Legitimität, 389 ff.
666 Schliesky, Souveränität und Legitimität, 394 ff., 400 ff.
667 Schliesky, Souveränität und Legitimität, 403.
668 Schliesky, Souveränität und Legitimität, 302 ff., 677, 698 ff., 715 ff.
669 Schliesky, Souveränität und Legitimität, 656 ff., 715 ff.
670 Schliesky, Souveränität und Legitimität, 659 ff., insb. 666.

angepasst werden, was insbesondere zu einer Abkehr von dem strengen Legitimationskettenmodell führe.[671] Über das verbreitete Bild der *dualen* Legitimation europäischer Hoheitsgewalt geht *Schliesky* hinaus, indem er sogar von einer *pluralen* Input-Legitimation durch die verschiedenen Legitimationssubjekte ausgeht.[672] Das Beispiel der europäischen Kommission veranschaulicht sein Konzept: Die Kommissare erhalten demnach personelle Legitimation zum einen aufgrund ihrer Ernennung durch die Regierungen der Mitgliedstaaten und zum anderen aufgrund der Zustimmung des Europäischen Parlaments (gemäß ex-Art. 214 Abs. 2 EG), mithin durch 27 nationale Legitimationsstränge und einen supranationalen Input-Strang; hinzu trete dann der unverzichtbare Output-Legitimationsstrang.

Schliesky bleibt damit bezüglich seines Input-Stranges – trotz aller Kritik und einer ausdrücklichen Ablehnung des Legitimationskettenmodells – relativ stark dem organisatorisch-formalen Modell verhaftet. Er handhabt es nur weniger strikt und erkennt zudem eine Pluralität von Legitimationssubjekten an. Was den Output-Strang angeht, so distanziert er sich ausdrücklich von *Peters*, indem er neben der nachträglichen Bewertung der Ergebnisse auch eine ex ante Berücksichtigung – wie in *Bredts* Modell – für erforderlich hält, da nur so der Output normativ erfasst werden könne.[673] Wie bei allen Output-Modellen sieht auch *Schliesky* ein Problem in der Messbarkeit der Ergebnisse.[674]

c) Systeme komplexer Demokratie

Verschiedene Autoren vertreten komplexe demokratische Systeme, deren grundlegende Kriterien in der Regel aus einer Synthese unterschiedlicher Legitimationsmodelle gewonnen werden und die damit sowohl Herleitungs- als auch Ergebnislegitimations-Faktoren umfassen.

aa) Demokratiemodell der epistemischen Deliberation

So konzipiert *Niels Petersen* – vornehmlich aus Sicht des Grundgesetzes und in Weiterentwicklung des deutschen Legitimationskonzepts aufgrund der zunehmenden Internationalisierung und notwendigen Einschaltung externer Sachverständiger – ein komplexes Legitimationsmodell, das verschiedene Legitimationsperspektiven (substantiell und prozedural sowie input- und output-orientiert) zu-

---

671 Schliesky, Souveränität und Legitimität, 667, 673 ff.; ähnlich: Höreth, Legitimationstrilemma, 93 ff., dem zufolge drei Legitimationsstränge existieren (Input, Output und über die Mitgliedstaaten), die in einem Konflikts- und Kompensationsverhältnis zueinander stehen.

672 Schliesky, Souveränität und Legitimität, 675, 698 ff.

673 Schliesky, Souveränität und Legitimität, 663 ff.

674 Schliesky, Souveränität und Legitimität, 670 ff.

sammenführt.[675] „Ausgangspunkt ist dabei das Ziel, Entscheidungen im Interesse der Staatsbürger zu garantieren.“[676] Um dies zu gewährleisten, müsse zum einen ein Machtmissbrauch durch die Repräsentanten verhindert und zum anderen eine gewisse Entscheidungsqualität durch Fachkompetenz garantiert werden.[677] Ersteres erfordere dabei eine ausreichende Verantwortlichkeit der Entscheidungsträger gegenüber dem Legitimationssubjekt, die aber nicht notgedrungen durch eine formale Rückbindung (Legitimationsketten), sondern auch durch informelle Maßnahmen erzeugt werden könne.[678]

Insgesamt führt *Petersen* die Stärken aus drei verschiedenen Demokratietheorien in einem Modell zusammen: „So stellt die Konkurrenzdemokratie die politische Verantwortlichkeit in den Vordergrund, um Machtmissbrauch entgegenzuwirken. Das expertokratische Modell weist auf die Bedeutung von Sachverstand für politische Entscheidungen hin. Die deliberative Demokratiekonzeption betont schließlich den rationalen Diskurs, um politische Entscheidungen nicht durch die bloße Mehrheit der Stimmen, sondern die Qualität der für sie sprechenden Argumente zu legitimieren.“[679]

Eine Synthese dieser unterschiedlichen Modelle führt *Petersen* zu vier Kriterien, die die Rechtmäßigkeit der Delegation von Entscheidungskompetenzen in ihrem Zusammenspiel (als Optimierungsgebot[680]) begründen können: Zunächst müsse die *Verantwortlichkeit* der Entscheidungsträger durch ausreichende Kontrollfaktoren (hierarchisch, elektoral oder informell) gesichert sein.[681] Zum zweiten seien „Entscheidungsmechanismen möglichst deliberativ auszugestalten“, und zwar durch interne *Deliberation* in nichthierarchischen Kollegialorganen und durch externe Deliberation innerhalb der allgemeinen und Fach-Öffentlichkeit.[682] Das dritte Kriterium sei das der *Pluralität* innerhalb von Entscheidungsorganen, da diese einer Polarisierung entgegenwirke und für einen besseren diskursiven Input sorge.[683] Zuletzt soll die Entscheidungsqualität durch *Expertise* verbessert werden, d.h. beispielsweise durch den Einbezug von Expertengremien in die Entscheidungsprozesse.[684] Während die ersten drei Kriterien – Verantwortlichkeit, Deliberation und Pluralität – sowohl einen partizipativen Herleitungs- und Rückkopplungsfaktor als auch eine (ex ante und ex post) Ergebnisorientierung enthalten, zielt das vierte Kriterium der Expertise, welches insbesondere bei der unab-

675 Petersen, Demokratie, 1 ff., 7 ff., 12 ff.

676 Petersen, Demokratie, 22.

677 Petersen, Demokratie, 22 f.; so bereits Scharpf, Regieren in Europa, 22, 168, siehe oben 3. Teil, B. III. 3. a).

678 Petersen, Demokratie, 23 f.

679 Petersen, Demokratie, 30 f.; zu einer ähnlichen Synthese kommt Nettesheim, in: Bauer/Huber/Sommermann, Demokratie in Europa, 143, 179 ff.

680 Petersen, Demokratie, 33.

681 Petersen, Demokratie, 31 f.

682 Petersen, Demokratie, 32.

683 Petersen, Demokratie, 32.

684 Petersen, Demokratie, 32 f.

hängigen Judikative eine Rolle spielt[685] – allein auf die inhaltliche Qualität der Ergebnisse der Hoheitshandlungen ab.

bb) Komplexe Demokratietheorie von Benz

Ein weiterer Vertreter einer komplexen (europäischen) Demokratietheorie ist *Arthur Benz*. Er betont, dass mangels eigener Entscheidungs- und Handlungsfähigkeit des Legitimationssubjektes eine „Selbstregierung durch das Volk nicht möglich ist“, dieses vielmehr nur widerspruchsfähig sei, also nachträglich auf Entscheidungen der Hoheitsinhaber durch Vetorechte in Form von Wahlen, Abstimmungen und gerichtlichem Rechtsschutz reagieren könne.[686] Es bedürfe mithin einerseits „Institutionen, die Herrschaftsmacht effektiv ausüben können“ und andererseits einer „Begrenzung dieser durch Vetomacht“.[687] Dabei stößt *Benz* auf die Problematik der ex post und ex ante Beurteilung von Ergebnissen, da „sich das Gemeinwohl erst als Ergebnis des demokratischen Prozesses bilden kann, indem die Politik der zuständigen Organe dem Test der Zustimmungsfähigkeit durch die Repräsentierten unterworfen wird, dieser Prozess aber Gemeinwohldefinitionen der Repräsentanten schon voraussetzt“.[688] Diesen Widerspruch möchte Benz mit einem „Lernprozess“ in Form einer „schrittweisen und wechselseitigen Annäherung von Entscheidungen durch Herrschaftsträger und von Präferenzen der Bürger“ lösen.[689] Dieses Vorgehen erinnert an das Prinzip des „trial and error“, auf das auch *Peters* in ihrem Modell der Legitimation durch Bewährung zurückgreift.

cc) Ergänzung des traditionellen Modells um neue Output-Faktoren

Eine weitere Möglichkeit zur Begründung eines komplexen Legitimationskonzepts ist die Ergänzung des traditionellen Inputs durch neue Output-Faktoren. Es wurde bereits erläutert, dass sich im Rahmen des organisatorisch-formalen Modells einige Vertreter für eine Ergänzung durch alternative Legitimationsfaktoren aussprechen.[690] Diese zusätzlichen Faktoren werden meist im Rahmen der sachlich-inhaltlichen Legitimation verortet und diskutiert. Es ist aber nicht zu übersehen, dass einige der aufgeführten Faktoren – wie beispielsweise die Akzeptanz der Hoheitsausübung, die nicht nur durch Beteiligung, sondern genauso durch Er-

---

685 Petersen, Demokratie, 27; so auch schon in einigen anderen ergebnisorientierten Legitimationsmodellen, z.B. bei Scharpf und Peters, siehe oben, 3. Teil, B. III. 3 a) und b).

686 Benz, in: Bauer/Huber/Sommermann, Demokratie in Europa, 253, 277 f. m.w.N.

687 Benz, in: Bauer/Huber/Sommermann, Demokratie in Europa, 253, 278.

688 Benz, in: Bauer/Huber/Sommermann, Demokratie in Europa, 253, 278.

689 Benz, in: Bauer/Huber/Sommermann, Demokratie in Europa, 253, 278 f.

690 Siehe oben, 3. Teil, B. III. 2. a) dd).

gebnisse erzeugt werden kann bzw. muss[691] – ebenso als Output-Legitimationsfaktoren eingestuft werden können. Dies macht ein weiteres Mal deutlich, dass die Grenzen teilweise fließend sind und letztendlich vom Auge des Betrachters abhängen.[692]

Jedenfalls kann sich auch auf diesem Wege – Öffnung des traditionellen Input-Systems für neue output-orientierte Faktoren und Ergänzung desselben durch diese (ähnlich *Schliesky*) – ein „gemischtes Modell" demokratischer Legitimation ergeben. Einige sprechen sich explizit – insbesondere bezüglich der europäischen bzw. globalen Ebene – für eine derartige mögliche Ergänzung durch materielle Output-Kriterien wie Effektivität, Gemeinwohlorientierung und (zivilgesellschaftliche) Akzeptanz aus, wobei teilweise jedoch betont wird, dass dadurch der Kern individueller Selbstbestimmung des Einzelnen nicht tangiert werden darf und dass bezweifelt werden kann, ob die Output-Legitimation tatsächlich unter demokratischen Gesichtspunkten einzuordnen ist.[693] Andere nennen ausdrücklich die Möglichkeit der Legitimierung durch Erfolg auf supranationaler Ebene, trennen dies aber scharf von einer Legitimierung durch Demokratie.[694] Demnach wird Output-Legitimation (Erfolg als Ergebnis der Hoheitshandlung) nicht als Unterfall der demokratischen Legitimation, sondern als zusätzliche Möglichkeit der Legitimation außerhalb von Demokratie verstanden. Wie bereits umfassend dargestellt, kann eine Hoheitshandlung aber nur als erfolgreich eingestuft werden, wenn sie dem Interesse und Wohl der Betroffenen – als Herrschaft *für* das Legitimationssubjekt – entspricht und für diese förderlich ist, so dass eine Trennung zwischen Demokratie und Output-Legitimation unmöglich erscheint.[695]

Ohne ausdrücklich von einem Modell komplexer Demokratie oder einer Ergänzung durch Output-Legitimation zu sprechen, greifen andere zur Legitimationsbegründung – konkret im Hinblick auf den Europäischen Gerichtshof – neben der Konstituierung und Funktionszuweisung in den Gemeinschaftsverträgen und der traditionellen Herleitung und Rückbindung der Hoheitsgewalt an das Legitimationssubjekt in Form einer „Legitimationskette" auf alternative Faktoren zurück. So verwirkliche Demokratie sich beispielsweise zugleich durch „Gewaltenteilung, Transparenz, Bürgerrechte und effektiven Rechtsschutz".[696] Im Ergebnis erreiche der Gerichtshof *„seine Autorität vor allem aus seiner im Vertrag begrün-*

---

691 Benz, in: Bauer/Huber/Sommermann, Demokratie in Europa, 253, 267 m.w.N.; vgl dazu auch Mross, Bürgerbeteiligung, 100 ff.

692 So erblickt Rumler-Korinek, EuR 2003, 327, 337, auch in dem „traditionellen" Demokratieverständnis Output-Aspekte und keine reine „Herleitungslegitimation", siehe oben, 3. Teil, B. III. 3. c) aa).

693 Huber, in: Bauer/Huber/Sommermann, Demokratie in Europa, 491, 508, 511 f.; Nettesheim, in: Bauer/Huber/Sommermann, Demokratie in Europa, 143, 164 ff., insbesondere 178 ff.; ähnlich: Voßkuhle/Kaiser, JuS 2009, 803, 803; Classen, Demokratische Legitimation, 37 ff.

694 Stein, ZaöRV 64 (2004), 563, 570.

695 Siehe oben, 3. Teil, B. III. 3. c) aa).

696 Everling, JZ 2000, 217, 221.

deten Aufgabe, aus seiner Stellung und selbstständigen Ausgestaltung im Verfassungssystem der Gemeinschaft, aus seiner justizförmigen, auf der gemeinsamen Tradition der Mitgliedstaaten beruhenden Entscheidungsfindung in festgelegten Verfahren, aus der Unabhängigkeit, Unparteilichkeit und Neutralität seiner Mitglieder und aus der Überzeugungskraft seiner auf Recht und Gerechtigkeit gerichteten Urteile, die Akzeptanz durch die Rechtsgenossen fordern".[697] Die Ergebnisorientierung einiger der genannten Faktoren kann wiederum nicht übersehen werden.

d) Legitimation der (Verfassungs-) Gerichtsbarkeit nach Höreth

Interessant sind in diesem Zusammenhang schließlich die demokratietheoretischen Überlegungen, die *Marcus Höreth* in seiner politikwissenschaftlichen Abhandlung *Die Selbstautorisierung des Agenten* speziell zur Verfassungsgerichtsbarkeit und dem dazugehörigen EuGH anführt. Er räumt ein, dass Verfassungsgerichtsbarkeit und Demokratieprinzip grundsätzlich in einem Spannungsverhältnis zueinander stehen, bringt diese beiden Prinzipien dennoch in einen „harmonischen Gleichklang", denn es sei gerade das Verfassungsgericht, „das in seiner Rechtsprechung die Souveränität des Volkes durch fortwährende Aktualisierung des Verfassungswillens des Volkes zur Geltung bringt".[698] Insofern bezeichnet er das Verfassungsgericht als „gewissermaßen superdemokratisch".[699]

Dieser Gedanke sei jedoch rein theoretischer Natur und könne nur solange gelten, wie sich das Gericht streng auf die Wiederholung bereits vom Verfassungsgeber getroffener Entscheidungen beschränke, und nicht selbstständig die Verfassung durch seine Rechtsprechung auslege und weiterentwickle, wie es jedoch regelmäßig der Fall und sogar die Aufgabe der Verfassungsgerichtsbarkeit sei.[700] Soweit reicht nach dieser Auffassung sozusagen nicht der „Input", den das Legitimationssubjekt dem Verfassungsgericht durch die Verfassung selbst und ihre bloße Wiedergabe gibt. Laut *Höreth* ist eine quasi verfassungsgebende Tätigkeit eines Verfassungsgerichts demokratietheoretisch höchst problematisch, da es sich bei der Verfassungsgerichtsbarkeit um eine „an sich undemokratische, weil nicht mit dem Volkssouverän rückgebundene Institution" handele.[701] Um trotzdem eine Legitimität der Verfassungsgerichtsbarkeit zu erzeugen, greift *Höreth* auf andere Faktoren zurück: „die Akzeptanz, ihre Anerkennung, die sie in der Öffentlichkeit

---

697 Everling, JZ 2000, 217, 222; ähnlich bereits ders., in: Weidenfeld, Reform der EU, 256, 256; ders., EuR 1994, 127, 131.

698 Höreth, Selbstautorisierung des Agenten, 161 m.w.N.

699 Höreth, Selbstautorisierung des Agenten, 161.

700 Höreth, Selbstautorisierung des Agenten, 161 f. Als Hauptaufgabe der Verfassungsgerichtsbarkeit betrachtet Höreth die Streitschlichtungs- und die Integrationsfunktion, zu der vor allem die Lösung des „incomplete-contracting"-Problems gehört, das Lückenschließen und Weiterentwickeln der Verfassung, vgl. S. 114 f., 123 ff., 191 ff.

701 Höreth, Selbstautorisierung des Agenten, 162.

genießt".[702] Und diese Akzeptanz wird vor allem durch die Ergebnisse, die die Verfassungsgerichtsbarkeit mit ihrer Rechtsprechung erzielt, erzeugt: sie übernehme eine Verantwortung für das „Gemeinwohl" und mache insgesamt schlicht einen „guten Job" – so auch der EuGH.[703] Mithin zieht *Höreth* ergänzend die Ergebnisse der Rechtsprechung als Legitimationskriterium heran. Die Legitimation des EuGH sehe im Rahmen der sogenannten Prinzipal-Agenten-Theorie konkret folgendermaßen aus[704]: Die Mitgliedstaaten (Prinzipal) haben als Herren der Verträge gewisse Aufgaben an supranationale Institutionen (Agenten) delegiert – und zwar in der Erwartung, dass der Agent Ergebnisse produziert, die den Interessen des Prinzipals entsprechen. Im Falle des Gerichtshofs handelt es sich bei der übertragenen Aufgabe um die Jurisdiktionsmacht. Es gebe drei Hauptmotive für die konkrete Delegation:[705]

(1) Die Gemeinschaft funktioniere nur, wenn sich alle Vertragspartner an die vereinbarten Regeln halten. Der „Agent" Gerichtshof soll – ausgestattet mit einer gewissen Sanktions- und Erzwingungsmacht – für die Regeleinhaltung sorgen. Dies sei im Interesse aller Mitgliedstaaten als Prinzipale.
(2) Bei dem Agenten Gerichthof handele es sich um einen Sachverständigen, der unter Bereitstellung seiner „Expertise" politische Entscheidungen in die entsprechenden rechtlichen Konsequenzen umwandeln könne. Dies stelle eine Entlastung des Prinzipals dar.
(3) Durch die Konkretisierung und Auslegung der Verträge trage der Gerichtshof zur Effizienzsteigerung der Entscheidungsfindung bei, insbesondere durch das Schließen von Lücken, die durch mangelnde Einigung unter den politischen Akteuren entstanden seien (Lösung des „incomplete contracting"-Problems); dadurch werde das Vertragswerk stabilisiert.

Problematisch sei jedoch das institutionelle Arrangement zwischen Prinzipal und Agenten; es bestehe das Spannungsverhältnis zwischen zwei Zielsetzungen: Der Agent müsse einerseits mit genügend Machtmitteln und Unabhängigkeit ausgestattet werden, um seine Funktion zufriedenstellend erfüllen zu können und solle andererseits noch derart der Kontrolle des Prinzipals unterliegen, dass dieser die Entscheidungsgewalt bei unerwünschtem Verhalten des Agenten wieder übernehmen könne.[706] Im Fall des EuGH habe dieser im Laufe seiner Rechtsprechung bereits etliche aus Sicht mancher Mitgliedstaaten unliebsame Entscheidungen getroffen und sich „in einem Akt der Selbstautorisierung zum Verfassungsgericht aufgeschwungen", ohne dass diese ihm daraufhin Kompetenzen entzogen haben oder dies nur wollten – so werde er im Gegenteil bei jeder Vertragsreform mit

702 Höreth, Selbstautorisierung des Agenten, 162.
703 Höreth, Selbstautorisierung des Agenten, 162 f., 189.
704 Höreth, Selbstautorisierung des Agenten, 108 ff.
705 Höreth, Selbstautorisierung des Agenten, 112 f., 113 f., 114 f.
706 Höreth, Selbstautorisierung des Agenten, 115 f.

mehr Kompetenzen ausgestattet.[707] Hier kommt wieder der oben genannte Faktor der Akzeptanz und des „guten Jobs", mithin die Ergebnisse der Rechtsprechungsgewalt, ins Spiel.

In älteren Veröffentlichung hat *Höreth* die Legitimität des EuGH – in Anlehnung an die bereits genannte Auffassung *Everlings* – folgendermaßen erklärt[708]: Zunächst beziehe er eine formale Legitimation aus den von den Mitgliedstaaten anerkannten europäischen Vertragswerken; zudem liege eine ausreichende – aber verbesserbare – demokratische Legitimation in der Bestellung der Richter; und schließlich legitimiere sich der EuGH zusätzlich aus der Rationalität und Regelhaftigkeit der Entscheidungsfindung, aus gerichtlicher Tradition, Neutralität, Unabhängigkeit, Plausibilität der Urteilsbegründung und Übereinstimmung der Urteile mit dem Gerechtigkeitsgefühl der Adressaten. Die Verbindung von Herleitungs- und Ergebnislegitimations-Faktoren kommt auch hier deutlich zum Ausdruck.

e) Bewertung der „gemischten" Konzepte

aa) Zum politikfeldbezogenen Legitimationsmodell

Bredts politikfeldbezogenes Legitimationsmodell beschränkt sich durch Zugrundelegung der Vertragslegitimation auf den Einsetzungsakt der Institutionen als Legitimationsbasis, vergleichbar mit der „funktionell-institutionellen Legitimation" des organisatorisch-formalen Modells. Dies erscheint für unabhängige Institutionen, bei denen eine gewisse Verselbstständigung zwangsläufig der Fall und gerade erwünscht ist, zunächst nicht unsachgemäß. Bei anderen Institutionen (bzw. Politikfeldern) kommt dieses Modell jedoch nicht alleinstehend aus und braucht ein „traditionell demokratisches Legitimationskonzept", um einer Verselbstständigung der Herrschaftsgewalt entgegenzuwirken. Darin kann eine dogmatische Schwäche des Systems gesehen werden. Praktische Probleme ergeben sich bei der Anwendung seines Modells insofern, als schwierig zu bestimmen ist, was genau hypothetisch konsensfähig ist, wo die (mutmaßlichen) Interessen der Individuen liegen und welche Maßstäbe dabei angelegt werden sollen.[709]

Zudem setzt *Bredt* implizit ein extrem ausgeprägtes und verbreitetes Verständnis seitens des Legitimationssubjektes für die nachkonstitutionellen Entscheidungsprozesse und Regelungssysteme voraus, was vor allem auf der komplexen europäischen Handlungsebene (noch) eher unrealistisch erscheint.

Komplizierter wird die Umsetzung des Konzepts zudem dadurch, dass es bei *Bredts* politikfeldbezogenem Konzept schließlich nicht nur um die Legitimati-

707 Höreth, Selbstautorisierung des Agenten, 118 f.

708 Höreth, Stille Revolution, 40 f.; ders., Legitimationstrilemma, 222 f.

709 Dieses Problem erkennt auch Bredt selbst, vgl. Demokratische Legitimation, 317 ff., 458 ff., 474.

on von Institutionen, sondern um die Legitimation von Kompetenzen geht. So müsste beispielsweise die Legitimation der Europäischen Kommission je nach Aufgabenbereich und antizipiertem Output unterschiedlich beurteilt werden.[710] In der Theorie erscheint dies vielleicht als ein nachvollziehbarer und richtiger Ansatzpunkt, in der Praxis erweist es sich aber im Rahmen einer Ex-ante-Vertragslegitimation als unpraktikabel. Dies muss wiederum erst recht auf europäischer Ebene gelten, wo die Aufgabenbereiche, Handlungsmodalitäten und Prozesse für die Bürgerinnen und Bürger in der Regel noch „weiter weg", undurchsichtiger und schwieriger nachvollziehbar erscheinen.[711] Allein im Sonderfall der Judikative könnte aufgrund eines anzunehmenden breiten Konsenses bezüglich der Notwendigkeit unabhängiger, fachkundiger Richter zur Rechtsanwendung, -auslegung und -überwachung sowie zur unparteilichen Streitschlichtung eine derartige ex ante Legitimation angenommen werden.

bb) Zum pluralen Legitimationssystem

Schlieskys Konzept der pluralen Legitimation bleibt im Rahmen des Input-Stranges unnötig stark der Terminologie und Systematisierung des organisatorisch-formalen Modells verhaftet. Zudem erscheint es nicht nachvollziehbar, warum er für sein Konzept insgesamt das Kriterium des „Legitimationsniveaus" (ebenfalls in Anlehnung an das Bundesverfassungsgericht) als „Einfallstor" heranzieht. So entsteht trotz des richtigen Ansatzes eines neuen, dynamischen Legitimationskonzepts für die europäische Hoheitsgewalt der falsche Eindruck, ein derartiges Konzept müsse seinen Ausgangspunkt – und in einer gewissen Weise auch seine dogmatische Rechtfertigung – in dem traditionellen Input-Modell finden. Im Rahmen des Output-Stranges ist es begrüßenswert, dass *Schliesky* ausdrücklich sowohl eine ex ante als auch eine ex post Berücksichtigung der Ergebnisse heranzieht. Es erscheint nämlich nicht nachvollziehbar, auf eine der beiden Perspektiven zu verzichten – so wie *Peters* auf die Ex-ante- und *Bredt* auf die Ex-post-Ergebnis-Legitimation – und somit eine mögliche Quelle demokratischer Legitimation von Anfang an auszuschließen.

cc) Zu den sonstigen komplexen Legitimationsmodellen

Durch die weiteren komplexen Legitimationsmodelle wird immer deutlicher, dass eine Synthese verschiedener Konzepte für die Legitimation von Hoheitsgewalt mittlerweile unumgänglich ist. Die immer größer und komplexer werdenden Organisationen und Strukturen verschiedener Rechts- und Regierungssysteme sowie die zunehmenden internationalen Verknüpfungen machen eine Abkehr von den traditionellen Modellen in der Regel dringend notwendig. Im Rahmen der kom-

710 Vgl. Bredt, Demokratische Legitimation, 331.
711 Wie Bredt, Demokratische Legitimation, 343 ff., selbst andeutet.

binierten Modelle werden interessante Legitimationskriterien genannt, bezüglich derer zum Teil im Ergebnis schon ein breiter Konsens besteht. Dazu gehören jedenfalls die Akzeptanz der Hoheitsentscheidungen und Amtsträger, die Effektivität der Hoheitsausübung und die Gemeinwohlorientierung. Zudem ist die Expertise ein wichtiger Faktor für unabhängige Institutionen.

Petersen überträgt sein Modell zwar nicht auf die supranationale Hoheitsgewalt, mithin auch nicht auf die europäische Judikative; eine erste Anwendung seiner Kriterien ergibt jedoch ein sachgemäßes Bild: *Deliberation* erfolgt gerichtsintern immer in den – nicht hierarchisch organisierten – Spruchkörpern und extern durch die juristische Fachöffentlichkeit und bei brisanten Urteilen in der Medienöffentlichkeit (insbesondere der betroffenen Mitgliedstaaten). *Pluralität* liegt innerhalb der europäischen Gerichte naturgemäß dadurch vor, dass sie sich aus einem Richter pro Mitgliedstaat zusammensetzen, so dass die unterschiedlichsten Rechtskulturen aufeinandertreffen und voneinander profitieren können. *Expertise* kann aufgrund der hohen Qualifikation der Richterinnen und Richter kaum in Zweifel gezogen werden. Lediglich die *Verantwortlichkeit* ist – wie bei allen unabhängigen Institutionen – ein schwieriger Faktor, der der genaueren Prüfung der Rechtslage – insbesondere der Wahl- und Ernennungsregelungen – bedarf. Dies wird im vierten Teil der Arbeit erfolgen.

dd) Ergebnis

Auch wenn an den dargestellten „komplexen Legitimationssystemen“ noch einzelne Kritikpunkte bestehen, ist im Ergebnis einer derartige Kombination von Legitimationsfaktoren, die die Herleitung der Hoheitsgewalt betreffen, und solcher, die die Ergebnisse der Entscheidungen berücksichtigen, insbesondere für die europäische Hoheitsgewalt einzig sachgemäß. Es bedarf einer angemessenen Synthese aus bewährten und neuartigen Legitimationsfaktoren, um ein dynamisches, zeitgemäßes Legitimationskonzept zu entwickeln. Dabei können die Besonderheiten der europäischen Hoheitsgewalt und die der unabhängigen Judikative ausreichend Berücksichtigung finden. Zudem ist zu beachten, dass die Verbindung der beiden Legitimationsperspektiven – formale Herleitung und materielle Ergebnisse – in der Demokratiegeschichte nicht fremd ist. So vertrat bereits Aristoteles ein komplexes Modell mit einer Input- und einer Output-Dimension.[712]

5. Fazit zur Herstellung des Legitimationszusammenhanges

Die dargestellten und bewerteten Legitimationsmodelle machen deutlich, dass es unmöglich ist, ein absolut geltendes und makelloses Konzept zu finden. In einzelnen Punkten können bei bestimmten Anwendungsfällen immer Schwächen offen-

---

712 Vgl. dazu Schmidt, Demokratietheorien, 46 f. m.w.N.

sichtlich werden und Anlass zur Kritik geben. Im Folgenden werden die Kriterien dargestellt, die vor dem Hintergrund der bewerteten Konzepte und der vorliegend vertretenen Auffassung zur Legitimation supranationaler judikativer Hoheitsgewalt herangezogen werden können. In Abhängigkeit der konkreten Institution können diese einzelnen Kriterien in unterschiedlicher Gewichtung zum Einsatz kommen. Sie sollen gerade nicht als strenges, ausnahmsloses Konzept, sondern als flexibles Optimierungs- und Anpassungsgebot verstanden werden – im Sinne einer Legitimationsbündelung.

a) Kriterien der Herleitungs- und Rückkopplungslegitimation

Im Rahmen der Herleitungs- und Rückkopplungslegitimation spielt das Spannungsverhältnis zwischen demokratischer Legitimation und Unabhängigkeit der Dritten Gewalt eine große Rolle. Letztere darf grundsätzlich nicht durch Faktoren der demokratischen Legitimation unterlaufen werden. Es kann jedoch auch genau andersherum betrachtet werden. So führt beispielsweise der Berichterstatter des türkischen Verfassungsgerichts über die elf türkischen Verfassungsrichter aus: *„Unsere Richter pochen auf die ‚Unabhängigkeit der Justiz'. (...) Damit entziehen sie sich der demokratischen Legitimation: Sie wollen sich und ihre Ideologie weiter selbst reproduzieren."*[713] Die beiden Prinzipien beeinflussen sich mithin maßgeblich gegenseitig und stehen in einem Spannungsverhältnis zueinander. Dass zwei zum Teil gegensätzliche Grundprinzipien miteinander in Einklang gebracht werden müssen, ist im Staats- und Verfassungsrecht jedoch keine Ungewöhnlichkeit und insbesondere kein Hindernis, beide Prinzipien – im Wege der praktischen Konkordanz – in einer gewissen, zufriedenstellenden Weise zu verwirklichen. So liegt es nahe, bei der Begründung der Richtermacht, ihrer Einsetzung, die demokratische Legitimation der Richter in den Vordergrund zu stellen, während im Rahmen der Ausübung der Richtermacht die Unabhängigkeit derselben überwiegen muss. Zudem darf nicht übersehen werden, dass die Unabhängigkeit der Richter sich auch positiv auf deren Legitimation auswirken kann.

Folgende Kriterien demokratischer Herleitungslegitimation sind somit trotz des Spannungsverhältnisses unverzichtbar:

Zunächst liegt ein unumstrittener und notwendiger Legitimationsfaktor in der Konstituierung der Gewalten mit ihren jeweiligen grundlegenden Institutionen und Funktionen in der „Verfassung" eines Rechtssystems. So ist es bezüglich der Rechtsprechung in allen Mitgliedstaaten der Union der Fall. Dieser einmalige Gründungsakt legt das Fundament jeglicher Organisation und Ausübung von Hoheitsgewalt und darf auch in den Gründungsverträgen der supranationalen Rechtsgemeinschaft keinesfalls fehlen.

---

713 Osman Can, Süddeutsche Zeitung Nr. 271 vom 21. November 2008, S. 3: „Mittler zwischen Recht und Richtern".

Sodann darf – trotz aller Kritik an den personellen Legitimationsketten – die Art und Weise der personellen Besetzung der Ämter nicht aus dem Blick geraten. Gerade die Wahl der Hoheitsträger ist ein urdemokratisches, auch heute unverzichtbares Element jeder Demokratie. Auch wenn dieses allein in einem pluralen Mehrebenensystem nicht mehr ausreichen kann, um sämtliche Hoheitshandlungen hinreichend zu legitimieren, darf dieser Kern demokratischer Legitimation nicht berührt werden. Zudem ist hervorzuheben, dass der zum Teil völlige Verzicht auf das Erfordernis der personellen Legitimation vor dem Hintergrund der rechtspolitischen Debatten um die Richterämter und die diesbezüglichen Kandidaten – sowohl auf nationaler als auch auf europäischer Ebene – realitätsfern erscheint. Die Person des Amtswalters ist durchaus wichtig und zu berücksichtigen. Ohne eine irgendwie geartete personelle Legitimation kann von einer hypothetischen allgemeinen Anerkennungswürdigkeit einer Hoheitsentscheidung kaum gesprochen werden. Und es gilt zu beachten:

> *„Nichts schadet dem Recht und der Rechtspflege mehr als die Entwicklung zur Entfremdung des Bürgers von Recht und Richtern, das Gefühl der Ohnmacht und fehlender Gestaltbarkeit. Demokratie ohne ein Mindestmaß an Überschaubarkeit ist undenkbar, denn der Gedanke bürgerlicher Mitwirkung bleibt ohne Resonanz, wenn bürgerlichem Handeln sichtbare Wirkung versagt bleibt. Auch die Rechtsprechung darf diese einfachen Grundweisheiten demokratischer Verfassung nicht missachten.“*[714]

So soll einer Entfremdung der Entscheidungsträger vom Bürger möglichst entgegengewirkt werden; eine Gefahr, die gerade auf der komplexen unionalen Ebene und bei unabhängigen Institutionen besonders akut erscheint – mithin extrem bei der europäischen Judikative. Die Legitimation der jeweiligen Amtswalter muss aber keinesfalls über das strenge und formale Erfordernis der ununterbrochenen Legitimationsketten erfolgen. Die genaue Ausgestaltung der personellen Ämterbesetzung hängt vor allem von dem konkreten Posten und seiner Funktion ab. So bedarf die Ausübung der Richtergewalt einer besonderen Fach- und Persönlichkeitsqualifikation und soll gerade keine politische Entscheidung sein. Die meisten Bürgerinnen und Bürger können das Fachwissen der nötigen Rechts-Experten aber nicht beurteilen, so dass beispielsweise eine direkte Volkswahl im Rahmen der Judikative unsachgemäß erscheint. Näher würde zum Beispiel eine Parlamentswahl bzw. eine Wahl im Parlamentsausschuss mit richterlicher Fach-Beratung liegen. Entscheidend für die Auswahl und Ernennung der EU-Richter muss aber ein Vergleich mit den entsprechenden Verfahren bei ähnlichen Institutionen in den EU-Mitgliedstaaten bleiben. Deren gemeinsame Anforderungen und Traditionen müssen sich auf Unionsebene – so weit es innerhalb des supranationalen Systems möglich ist – widerspiegeln, um als anerkennungswürdig eingestuft werden zu können. Darauf ist im vierten Teil der Arbeit genauer einzugehen.

---

714 Stürner, in: FS Brohm, 153, 166.

Schließlich bedarf es einer gewissen Verantwortlichkeit und Kontrolle der Entscheidungsinhaber, damit die Gefahr eines Machmissbrauchs durch diese möglichst minimiert wird. Aufgrund der richterlichen Unabhängigkeit dürfen grundsätzlich keinerlei Kontroll- und Weisungsrechte anderer Organe oder Institutionen gegenüber der Judikative bestehen, so dass die demokratischen Kontrollmöglichkeiten bei der Dritten Gewalt stark eingeschränkt sind und dies auch sein müssen. Das unverzichtbare Element bei der Judikative in diesem Zusammenhang ist die Gesetzesbindung, mithin die inhaltliche Vorgabe der Entscheidungsgrundlagen durch die Legislative. Alle darüberhinausgehenden Kontrollfaktoren stehen in einem potenziellen Konfliktverhältnis zur richterlichen Unabhängigkeit. Ansonsten könnte dieser Grundsatz nahezu ins Leere laufen. Notwendig ist lediglich eine Entgegnung auf die Gefahr eines Missbrauchs der Richtermacht. Doch dafür gibt es „weiche" Faktoren, die mit der Unabhängigkeitsgarantie nicht erheblich in Konflikt geraten, z.B. die gewalteninternen Kriterien des Instanzenzugs, der Befangenheitsregelungen, des Kollegialprinzips und der genau bestimmten Verfahrensregelungen. Zudem spielt die Transparenz der Entscheidungsverfahren und die fachliche und persönliche Eignung der Richterinnen und Richter in diesem Zusammenhang eine große Rolle. Auch die Unabhängigkeitsgarantie selbst schützt vor Machtmissbrauch – und zwar vor solchem aufgrund einer Einflussnahme Dritter. Schließlich ist auch die disziplinierende Wirkung der (allgemeinen) Medienöffentlichkeit und der Fachöffentlichkeit nicht zu unterschätzen. Diese Faktoren können der Gefahr eines Machtmissbrauchs effektiv entgegenwirken, ohne die richterliche Unabhängigkeit nachhaltig zu berühren. Problematisch ist in dieser Hinsicht aber das Kriterium der Wiederwahlmöglichkeit. Dieser demokratische Kontrollfaktor steht – wie im zweiten Teil der Arbeit ausgeführt – in einem eindeutig beachtlichen Konflikt zur Unabhängigkeitsgarantie.

Bei der genauen Ausgestaltung und tatsächlichen Erfüllung der genannten „weichen" Kontrollfaktoren wird zu prüfen sein, ob das Mittel der Wiederwahl für eine Verhinderung von Machtmissbrauch überhaupt noch notwendig ist, oder ob aufgrund ausreichender Sicherheit in dieser Hinsicht die Wiederwahlmöglichkeit der Unionsrichter in keiner Weise mehr gerechtfertigt werden kann.

b) Kriterien der Ergebnislegitimation

Die legitimatorische Kraft der materiellen, inhaltlichen Seite der Hoheitsausübung kommt über die Ergebnislegitimation, das „Regieren *für* das Volk", zur Geltung. Die Entscheidungen müssen dem Gemeinwohl möglichst effektiv dienen. Dabei können die Ergebnisse der Hoheitshandlungen sowohl ex ante, also hypothetisch, als auch ex post, mithin durch ihre tatsächlichen Erfolge, Berücksichtigung finden.

Im Rahmen der Judikative spielt bei der Ex-ante-Ergebnislegitimation die Expertokratie eine entscheidende Rolle. Es ist durchaus im Interesse der Bürger, Aufgaben in bestimmten Bereichen an Experten zu delegieren, die Entscheidungen gerade nicht politisch, sondern anhand ihres Sachverstandes treffen. Diese liefern in der Regel die besten Ergebnisse innerhalb ihres Fachgebietes, was auch auf die rechtsgelehrten unabhängigen Richter zutrifft, die speziell auf die Rechtsanwendung und -auslegung geschult sind. Eine unabhängige, kompetente Justiz ist wahrscheinlich einer der wenigen allgemeingültigen Gemeinwohlfaktoren, die nicht bestritten werden können. Aufgrund der zu erwartenden „guten Ergebnisse“, die fachkundige, unabhängige Richter mit hoher Wahrscheinlichkeit liefern, wird in der Regel von einer allgemeinen Zustimmung der Bürgerinnen und Bürger zur Konstituierung einer unabhängigen Justiz auszugehen sein.

Erst ex post kann sodann die tatsächliche Gemeinwohldienlichkeit der Entscheidungen, die sich durch Akzeptanz, Anerkennung, Bewährung und Vertrauen zeigt, abschließend beurteilt werden. Diese liefert dann einerseits eine nachträgliche, rückwirkende Legitimation für die getroffenen Entscheidungen und andererseits eine aktuelle Legitimation der Entscheidungsträger und -organe.

Beide Ergebnisperspektiven bergen naturgemäß Unsicherheitsfaktoren: So bestehen bei einer ex ante Berücksichtigung Unsicherheiten im Rahmen der vorzunehmenden Prognose bezüglich des zu erwartenden Outputs und bei der ex post Beurteilung Probleme bei der Messbarkeit der konkreten Erfolge. Ein eindeutiger Faktor in dieser Hinsicht ist eigentlich die Wiederwahl der Amtsträger. Gerade dieses Kriterium ist aber nach dem oben Gesagten im Rahmen der europäischen Judikative sehr problematisch und in seiner Existenz vielleicht nicht mehr zu rechtfertigen. Auch auf diese Problematik wird im nächsten Teil der Arbeit bei der Anwendung der abstrakten Legitimationsfaktoren auf den Fall der unionalen Judikative einzugehen sein.

C. Ergebnis: Legitimationsfaktoren für die europäische Judikative

Die demokratische Legitimation ist, genau wie die richterliche Unabhängigkeit, eine unverzichtbare Anforderung an die Dritte Gewalt. Diese – ursprünglich staatsrechtlichen – Prinzipien gelten gleichfalls für die europäische Judikative und sind den EU-Besonderheiten unionsspezifisch anzupassen. Das Prinzip demokratischer Legitimation ist nicht nur in seiner allgemeinen Ausformung und seiner Ausgestaltung auf Unionsebene umstritten, sondern insbesondere im Sonderfall der Judikative. Diese Besonderheit resultiert vor allem aus dem Spannungsverhältnis, das zwischen demokratischer Legitimation und richterlicher Unabhängigkeit besteht.

Auf Unionsebene stellen die einzelnen Unionsbürgerinnen und Unionsbürger das Legitimationssubjekt der supranationalen Hoheitsgewalt dar. Neben diesem genuin europäischen Legitimationsweg besteht zudem die Möglichkeit der Legitimation von Unionshandlungen über die Mitgliedstaaten – in der Regel deren Parlamente – und somit die nationalen Staatsbürgerinnen und -bürger. Die beiden Legitimationswege können sich gegenseitig ergänzen und kompensieren, so dass beide in jeder Hinsicht genutzt und fruchtbar gemacht werden sollten, also auch bei der Legitimation der unionalen Judikative. Dies gilt potenziell für alle herausgearbeiteten Legitimationskriterien, die in Form einer Legitimationsbündelung wirken:

- Konstituierung der Rechtsprechungsorgane und ihrer Funktionen im Primärrecht;
- personelle Besetzung der Richterstellen in einem angemessenen, den Anforderungen der Mitgliedstaaten genügenden Verfahren;
- Gesetzesbindung der Gerichte;
- Eindämmung der Gefahr des Missbrauchs der Richtermacht durch „weiche" Kontroll- und Verantwortungszusammenhänge – ohne die Unabhängigkeitsgarantie zu unterlaufen;
- Sachverstand und Expertise;
- gemeinwohlfördernde und allgemein anerkannte Entscheidungen und Ergebnisse, Akzeptanz und Bewährung.

Inwiefern diese Faktoren bei der europäischen Judikative tatsächlich wiederzufinden sind und verwirklicht werden, ist im nächsten Teil der Arbeit im Rahmen einer eingehenden Untersuchung der Gesetzeslage, der konkreten Verhältnisse und Regelungen sowie der aktuellen, praktischen Situation auf Unionsebene zu prüfen.

4. Teil: Demokratische Legitimation von EuGH und EuG de lege lata und im Rechtsvergleich

Im folgenden Teil wird vor dem Hintergrund der zuvor abstrakt dargestellten möglichen Legitimationsfaktoren für die Judikative der EU deren Verwirklichung auf europäischer Ebene anhand der aktuellen Rechtslage und -praxis untersucht.

A. Demokratische Herleitungslegitimation von EuGH und EuG

Die Vertragsnormen und die „Vertragsrealität" sind zunächst im Hinblick auf die im 3. Teil der Arbeit erläuterten Faktoren der Herleitungslegitimation zu untersuchen.

I. Konstituierung der Gerichtsbarkeit durch die Gründungsverträge

Die Existenz der Unionsgerichtsbarkeit als Organ bzw. Institution der EU und ihre grundlegende Rechtsprechungsfunktion als Dritte Gewalt im Institutionengefüge der Union wird primärrechtlich in den europäischen Gründungsverträgen festgelegt. So benennt Art. 13 Abs. 1 EU n.F. (ex-Art. 5 EU, ex-Art. 7 Abs. 1 EG) den Gerichtshof ausdrücklich als Organ der Union. Art. 19 Abs. 1 EU n.F. (ex-Art. 220 Abs. 1 EG) formuliert den entsprechenden Rechtsprechungsauftrag und die Rechtsschutzfunktion: „Er sichert die Wahrung des Rechts bei der Auslegung und Anwendung der Verträge." In Art. 251 ff. AEUV (ex-Art. 220 ff. EG) werden schließlich die genauen organisatorisch-institutionellen Regelungen und die Zuständigkeiten der Gerichte aufgestellt.[715] Diese primärrechtlichen Regelungen, die die Unionsgerichtsbarkeit in institutioneller, organisatorischer und funktioneller[716] Hinsicht ins Leben rufen, wurden von allen EU-Mitgliedstaaten als „Herren der Verträge" unterzeichnet und innerstaatlich ratifiziert – sei es als Gründungsverträge, in Form eines Reformvertrags oder eines Beitrittsvertrags. Im Rahmen der innerstaatlichen Ratifikation haben die Parlamente der Mitgliedstaa-

---

715 Dazu bereits ausführlich im 1. Teil der vorliegenden Arbeit.

716 Pernice, EuR 1996, 27, 36 f., misst der „funktionalen Legitimation" die entscheidende Bedeutung zu. Everling, JZ 2000, 217, 221 f., spricht von dem im Vertrag begründeten „materiellen Auftrag".

ten – und zum Teil sogar direkt die nationalen Bürgerinnen und Bürger in Form eines Referendums – ihre Zustimmung zur Konstituierung der Unionsorgane im Sinne des Primärrechts erteilt. In den Gründungsverträgen als die von den Mitgliedstaaten und deren Parlamenten bzw. Bürgern angenommene verfassungsmäßige Grundlage der Union liegt eine wesentliche und – außer in der Terminologie und Gewichtung – unumstrittene demokratische Legitimation der Unionsorgane, mithin auch der Judikative.[717]

Die Konstituierung der Unionsgerichtsbarkeit durch die Gründungsverträge kann somit als erster Legitimationsfaktor festgehalten werden. Im vorhergehenden Teil der Arbeit wurde aber bereits deutlich gemacht, dass dies allein nicht ausreichen kann, um die Gefahr einer – selbst bei unabhängigen Organen unerwünschten – Verselbstständigung der einmal begründeten Hoheitsgewalt auszuschließen.[718] Für eine Legitimation der konkreten Organwalter und ihrer jeweiligen Handlungen bedarf es weiterer Faktoren im Rahmen der Herleitungslegitimation, wie insbesondere die demokratische Besetzung der Richterämter und eine organspezifische Kontrolle und Verantwortlichkeit der Richter.

II. Besetzung der Richterämter durch Wahl und Ernennung

Es sind die rechtlichen Regelungen und die Praxis der Auswahl und Ernennung der Unionsrichter zu untersuchen. Dabei soll die Darstellung zunächst diejenigen Regelungen umfassen, nach denen die zurzeit amtierenden Richterinnen und Richter ausgewählt und ernannt wurden.[719] Die organisatorischen Veränderungen durch den Vertrag von Lissabon im Hinblick auf die Unionsgerichtsbarkeit sind – bis auf eine Ausnahme – eher marginal. Wie im ersten Teil der Arbeit bereits angesprochen, haben die Gerichte durch die Vertragsreform neue Bezeichnungen erhalten und die Regelung zu den Generalanwälten wurde geändert. Ansonsten übernehmen die Art. 251 ff. AEUV weitestgehend die Regelungen und den Wortlaut der ex-Art. 220 ff. EG, wobei lediglich diejenigen Bestimmungen

717 Everling, in: Weidenfeld, Reform der EU, 256, 256; ders., EuR 1994, 127, 131; Epping, Der Staat 1997, 349, 353; Pernice, EuR 1996, 27, 36 f.; Classen, AöR 119 (1994), 238, 244; Scharpf, Staatswiss. und -praxis 1992, 293, 297; Höreth, Legitimationstrilemma, 222; ders., Stille Revolution, 40; ders., Selbstautorisierung des Agenten, 108 ff.; Schliesky, Souveränität und Legitimität, 299 ff., 708 f.; Mähner, Gerichtshof, 214 f.

718 Ähnlich: Epping, Der Staat 1997, 349, 353; Mähner, Gerichtshof, 212; Schliesky, Souveränität und Legitimität, 299 ff., 708 f. Ebenfalls kritisch bezüglich einer Reduzierung auf diese Legitimation: Bredt, Demokratische Legitimation, 418 f. Anderer Auffassung sind Pernice, EuR 1996, 27, 36 f., und Höreth, Legitimationstrilemma, 222 f., der aber trotzdem weitere Legitimationsfaktoren anfügt.

719 Dabei wird – wie bisher auch – auf die entsprechenden Artikel der konsolidierten Verträge nach dem Vertrag von Lissabon ebenso hingewiesen wie auf die ex-Artikel der Gemeinschaftsverträge, da sich an diesen Regelungen keine inhaltlichen Veränderungen vollzogen haben.

der ex-Art. 220 ff. EG gestrichen wurden, die durch den neu eingeführten Art. 19 EU n.F. wegen gleichen Regelungsinhaltes obsolet geworden sind. Die entscheidende und interessante Änderung im Hinblick auf die Unionsgerichte wird in Art. 255 AEUV durch die Schaffung eines neuen „beratenden Ausschusses“ bei der Richterauswahl vorgenommen. Da sich die aktuelle Zusammensetzung der Gerichte aber noch nicht nach diesem neuen Verfahren vollzogen hat, und ansonsten keine Änderungen vorgenommen wurden, wird diese Neuerung erst im Anschluss an die bisherige – und insoweit unveränderte – Rechtslage behandelt.[720]

Bei der Art und Weise der Besetzung der Richterämter ist zu beachten, dass das Verfahren an sich nicht nur unter herleitungs-demokratischen Gesichtspunkten zu bewerten ist, sondern der Bestellmodus auch auf die Unabhängigkeit der Richter beträchtliche Auswirkungen haben kann, beispielsweise bei einer etwaigen Zugrundelegung politisch motivierter Auswahlkriterien. Zudem sind bei der Besetzung der Richterposten die fachlichen Kompetenzen der Kandidaten zu bewerten, so dass hier die Weichen für die tatsächliche Qualifikation der Richter und die spätere Qualität ihrer Rechtsprechung gestellt werden. Sowohl Unabhängigkeit als auch Sachverstand und sonstige Kompetenzen sind Faktoren, die für „gute Ergebnisse“ im Rahmen der Rechtsprechung sorgen, und somit eine Ergebnislegitimation begründen können. Das Verfahren zur Besetzung der Richterposten ist somit unter mehreren Gesichtspunkten für die Legitimation der Richter von Interesse.[721]

1. Zweistufigkeit der Ämterbesetzung

Grundsätzlich kann bei allen internationalen Gerichten die Besetzung der Richterstellen in zwei Phasen eingeteilt werden: das Verfahren auf nationaler Ebene einerseits und das Verfahren auf internationaler Ebene andererseits. So ist auch bei der Bestellung der Unionsrichter zwischen dem Prozess auf europäischer, supranationaler Ebene mit dem formalen Beschluss der endgültigen Richterernennung und dem Verfahren auf nationaler Ebene mit der konkreten Kandidatenauswahl zu unterscheiden. Art. 19 Abs. 2 EU n.F., Art. 253 Abs. 1, 254 Abs. 2 AEUV (ex-Art. 223 Abs. 1, 224 Abs. 2 EG) bestimmen, dass die Richter und Generalanwälte von den Regierungen der Mitgliedstaaten im gegenseitigen Einvernehmen auf sechs Jahre ernannt werden.

---

720 Siehe unten 4. Teil, A. II. 6. c).

721 So auch Chope, in: Parliamentary Assembly, Doc. 11767, B. I. 3. zum EGMR. Insbesondere aufgrund der weitreichenden Relevanz und Auswirkungen wurde vom „Centre for International Courts and Tribunals der UCL Faculty of Laws“ ein dreijähriges Research Project mit dem Thema „Process and legitimacy in the nomination, election and appointment of international judges“ eingerichtet, wobei der Forschungsschwerpunkt beim International Court of Justice (ICJ) und beim International Criminal Court (ICC) liegen soll, vgl. http://www.ucl.ac.uk/laws/cict/.

Als Qualifikation wird für die EuGH-Richter gemäß Art. 253 Abs. 1 AEUV (ex-Art. 223 Abs. 1 EG) lediglich gefordert, dass es sich um Persönlichkeiten handelt, „die jede Gewähr für Unabhängigkeit bieten und in ihrem Staat die für die höchsten richterlichen Ämter erforderlichen Voraussetzungen erfüllen oder Juristen von anerkannt hervorragender Befähigung sind". Art. 254 Abs. 2 AEUV (ex-Art. 224 Abs. 2 EG) bestimmt dieselben „Ernennungsvoraussetzungen" für die Mitglieder des EuG, wobei lediglich die Qualifikationsanforderungen leicht variieren („Ausübung *hoher* richterlicher Tätigkeit", keine Alternative der „anerkannt hervorragenden Befähigung").

Am 6. Oktober 2009 lief die Amtszeit von 13 Richtern und vier Generalanwälten aus, so dass eine teilweise Neubesetzung dieser Ämter zu Beginn des neuen Gerichtsjahres zum 7. Oktober 2009 erforderlich gewesen ist.[722] Betroffen waren die von den Mitgliedstaaten Belgien, Dänemark, Estland, Finnland, Griechenland, Irland, Luxemburg, Polen, Rumänien, der Slowakischen Republik, der Slowenischen Republik, Spanien und Ungarn besetzten Richterstellen sowie Generalanwälte aus Deutschland, Spanien, Finnland und dem Vereinigten Königreich. Das diesbezügliche Auswahlverfahren hat sich – nahezu unbemerkt von der Öffentlichkeit und den Medien – bereits zwischen Oktober 2008 und März 2009 vollzogen. Die entsprechenden, vor allem interinstitutionellen und organisatorischen Vermerke und Dokumente bieten einen Einblick über den Ablauf dieses ansonsten nicht normierten Verfahrens.

2. *Organisatorischer Ablauf*

Das Verfahren zur Besetzung der Richterstellen beginnt mit einem Schreiben des Präsidenten des Gerichtshofs an den Präsidenten des Rates der Europäischen Union – in seiner Eigenschaft als Präsident der Konferenz der Vertreter der Regierungen der Mitgliedstaaten –, in dem dieser von dem baldigen Ablauf der Amtszeiten der betroffenen Richter und/oder Generalanwälte informiert wird.[723] In dem entsprechenden Schreiben vom 29. September 2008 hat der EuGH-Präsident Vassilios Skouris zudem um eine schnellstmögliche Entscheidung bezüglich der Neubesetzung gebeten, um das reibungslose Funktionieren und den geordneten, zügigen Arbeitsablauf beim Gerichtshof nicht zu gefährden. Darüberhinaus hat er in diesem Zusammenhang überraschend deutlich gemacht, dass von ihm eine Wiederernennung der derzeitigen Richterinnen und Richter favorisiert wird und er dies den Mitgliedstaaten nahelegen möchte: „In Anbetracht der genannten Umstände würde es der Gerichtshof zudem sehr begrüßen, wenn bei den bevorstehenden Ernennungen berücksichtigt würde, dass die *Stabilität seiner Zusammenset-*

722 Vgl. Pressemitteilung Nr. 88/09 des Gerichtshofs der Europäischen Gemeinschaften vom 6. Oktober 2009.

723 Vgl. Dok. 13740/08 INST 116 JUR 380 COUR 39 vom 2. Oktober 2008.

zung für die wirksame Erfüllung der ihm durch die Verträge übertragenen Aufgaben von entscheidender Bedeutung ist".[724]

Über dieses Schreiben informiert das Generalsekretariat des Rates in einem informatorischen Vermerk den Ausschuss der Ständigen Vertreter der Mitgliedstaaten mit der Bitte an die Mitgliedstaaten, innerhalb einer bestimmten Frist die notwendigen Bewerbungen (in einer fest vorgeschriebenen Form) vorzulegen.[725] Sobald innerstaatlich eine Einigung über den jeweils zu benennenden Kandidaten erzielt wurde, richten die Mitgliedstaaten – über ihre Ständigen Vertreter – die jeweiligen Kandidatenvorschläge mit Lebenslauf der Kandidatin bzw. des Kandidaten an den Generalsekretär/Hohen Vertreter.[726] Sind diese beim Rat eingegangen, ersucht das Generalsekretariat des Rates den Ausschuss der Ständigen Vertreter um die Einberufung einer Konferenz der Vertreter der Regierungen der Mitgliedstaaten, die dem Beschluss zur Ernennung der Richterinnen und/oder Richter – der dem Schreiben im Entwurf mit den vorgeschlagenen Kandidaten der Mitgliedstaaten beiliegt – zustimmen soll.[727] Ist diese Konferenz einberufen, richtet das Generalsekretariat seinen Entwurf des Beschlusses noch einmal als Vorschlag direkt an diese Konferenz, die die Ernennung dann formal beschließt.[728]

In dem letzten „Ernennungsdurchgang", den die genannten Dokumente konkret betreffen, gab es von den insgesamt 13 zu besetzenden Richterposten elf Wiederernennungen und zwei neue Amtswalter (aus Polen und der Slowakischen Republik). Der slowakische Kandidat Daniel Šváby war zuvor als Richter am Gericht erster Instanz tätig und ist somit innerhalb der europäischen Judikative bereits bekannt und hat sich offensichtlich bewährt. Der neue Kandidat aus Polen, Marek Safjan, scheint auf der europäischen Ebene zuvor nicht maßgeblich in Erscheinung getreten zu sein.

3. Ernennungsbeschluss auf Unionsebene

Die Ernennung der Richter „von den Regierungen der Mitgliedstaaten im gegenseitigen Einvernehmen" erfolgt durch einen sogenannten „uneigentlichen Ratsbeschluss"[729]. Dies bedeutet, dass es sich – wie der oben dargestellte organisatorische Ablauf bereits zeigt – um eine Entscheidung der im Rat vereinig-

724 Dok. 13740/08 INST 116 JUR 380 COUR 39 vom 2. Oktober 2008, Seite 2 (Hervorhebung nicht im Original).

725 Vgl. Dok. 14417/08 INST 155 JUR 429 COUR 41 vom 20. Oktober 2008.

726 Bsp.: Dänemark: Dok. 5463/09 INST 4 JUR 11 COUR 4 vom 26. Januar 2009; Irland: Dok. 5375/09 INST 2 JUR 9 COUR 2 vom 21. Januar 2009; Polen: Dok. 5546/09 INST 11 JUR 20 COUR 7 vom 23. Januar 2009.

727 Vgl. Dok. 5992/09 INST 17 JUR 53 COUR 14 vom 4. Februar 2009.

728 Vgl. Dok. 6284/09 INST 23 JUR 68 COUR 18 vom 17. Februar 2009 und den Beschluss in Dok. 6281/09 INST 21 JUR 66 COUR 16 vom 24. Februar 2009.

729 Karpenstein/Langner, in: Grabitz/Hilf, EUV/EGV, Art. 223, Rn. 8; Wegener, in: Calliess/Ruffert, EUV/EGV, Art. 223, Rn. 1; Riedl, in: Mayer, Art. 223, Rn. 13 ff.

ten Vertreter der Mitgliedstaaten handelt, und nicht um eine Entscheidung des Gemeinschaftsorgans.[730] Die Rechtsnatur dieser Beschlussart „ist umstritten, da sie einerseits zwar ‚im Dunstkreis' der EG-Kompetenzen (steht), andererseits jedoch völkervertragsrechtliche Züge (aufweist): Soweit das *Primäre Unionsrecht* ‚uneigentliche Ratsbeschlüsse' vorsieht, ist ihre Zulässigkeit unzweifelhaft, und auch aus dem Blickwinkel des nationalen Rechts durch das Zustimmungsgesetz gedeckt."[731] Sie werden dann als „völkerrechtliches Verwaltungsabkommen" und mithin als intergouvernemental qualifiziert.[732] Dies ist bei der Richterernennung gemäß Art. 19 Abs. 2 EU n.F., Art. 253 Abs. 1, 254 Abs. 2 AEUV (ex-Art. 223 Abs. 1, 224 Abs. 2 EG) der Fall; der Beschluss wird den Mitgliedstaaten – und nicht der Gemeinschaft – zugerechnet.[733] Als Grund für die Ernennung durch einen derartigen Beschluss – und nicht etwa einen „normalen" Ratsbeschluss – wird einerseits angeführt, dass der „Eindruck einer Hierarchie zwischen den Gemeinschaftsorganen" vermieden und somit „die Bedeutung des EuGH als selbstständiges Organ" unterstrichen werden solle.[734] Andererseits werde mit einer einvernehmlichen Benennung der Richter die Autorität und die Befolgung der Judikate in den Mitgliedstaaten gestärkt.[735]

In diesem Zusammenhang ist allerdings zu beachten, dass in der bisherigen Auswahlpraxis kein Fall bekannt ist, in dem Einwände gegen den Kandidaten eines Mitgliedstaates erhoben wurden; die zwischenstaatliche Entscheidung hat sich vielmehr nahezu zu einer bloßen Formalie entwickelt, bei der die Kandidaten gegenseitig „abgenickt" werden.[736] Entscheidend für die konkrete Besetzung der Richterstellen ist somit die (Vor-) Auswahl in den einzelnen Mitgliedstaaten.[737]

---

730 Huber, Recht der Europäischen Integration, § 11, Rn. 6; Streinz, Europarecht, 314 ff.; Hackspiel, in: von der Groeben/Schwarze, EUV/EGV, Art. 223, Rn. 7; Epping, Der Staat 1997, 349, 361 f.; Thiele, Europäisches Prozessrecht, § 2 Rn. 11, 28.

731 Huber, Recht der Europäischen Integration, § 11, Rn. 8 m.w.N.

732 Streinz, Europarecht, 317 m.w.N.; Epping, Der Staat 1997, 349, 362; Pache, in: Vedder/Heintschel v. Heinegg, Eur. Verfassungsvertrag, Art. III-355, Rn. 4.

733 Vgl. Gundel, EuR Beiheft 3 2008, 23, 25.

734 Siebert, Auswahl der Richter am EuGH, 100 f. m.w.N.; Karpenstein/Langner, in: Grabitz/Hilf, EUV/EGV, Art. 223, Rn. 9; Hackspiel, in: von der Groeben/Schwarze, EUV/EGV, Art. 223, Rn. 7; Epping, Der Staat 1997, 349, 362.

735 Karpenstein/Langner, in: Grabitz/Hilf, EUV/EGV, Art. 223, Rn. 9.

736 Siebert, Auswahl der Richter am EuGH, 101; Karpenstein/Langner, in: Grabitz/Hilf, EUV/EGV, Art. 223, Rn. 10; Wegener, in: Calliess/Ruffert, EUV/EGV, Art. 223, Rn. 1; Huber, in: Streinz, EUV/EGV, Art. 223, Rn. 3; Epping, Der Staat 1997, 349, 361; Hakenberg/Schilhan, ZfRV 2008, 104, 107; Schilling, ZEuS 1999, 75, 93; Höreth, Selbstautorisierung des Agenten, 342; Laffranque, Juridica International, IX/2004, 14, 17; Pache, in: Vedder/Heintschel v. Heinegg, Eur. Verfassungsvertrag, Art. III-355, Rn. 4, Art. III-357, Rn. 1; Thiele, Europäisches Prozessrecht, § 2 Rn. 37; Haltern, Europarecht, Rn. 304.

737 Kohler, EuGRZ 2003, 117, 118; Stürner, in: FS Brohm, 153, 156 f.; Höreth, Selbstautorisierung des Agenten, 342; Gundel, EuR Beiheft 3 2008, 23, 25; Baach, Parlamentarische Mitwirkung, 247 ff.

Über die Modalitäten dieser Auswahl schweigen die Gemeinschaftsverträge, so dass das Recht und die Praxis des jeweiligen Mitgliedstaates maßgeblich sind.

Es fällt folglich auf, dass kein Unionsorgan bei der personellen Besetzung der Richterstellen beteiligt ist; mithin der „europäische Legitimationsweg" in dieser Hinsicht nicht fruchtbar gemacht wird. Im Gegensatz dazu werden beispielsweise die Mitglieder der Europäischen Kommission gemäß Art. 17 Abs. 7 EU n.F. (ex-Art. 214 Abs. 2 EG) vom Rat gemeinsam mit dem Europäischen Parlament ausgewählt. Eine mögliche Legitimationsvermittlung bei der Richterwahl und -ernennung scheint sich somit auf die „nationalen Legitimationsquellen" zu beschränken. In diesem Zusammenhang wird zum Teil der Vorwurf erhoben, dass die Legitimation eines Richters durch die Bürgerinnen und Bürger eines Mitgliedstaates keine Bindungswirkung für die übrigen Mitgliedstaaten und deren Bürger hätte, sich mithin – bei Unterstellung einer ausreichenden Legitimation des „deutschen Unionsrichters" durch das „deutsche Legitimationssubjekt" – jeder deutsche Staatsbürger beim EuGH insgesamt 26 nicht-legitimierten Richterinnen und Richtern gegenübersehe, die ihm gegenüber insofern keine Berechtigung zur Rechtsprechung inne hätten.[738] Diese Auffassung erkennt die oben genannte „National-Lastigkeit" des Richterauswahl- und Ernennungsverfahrens, zieht aber zu voreilige Schlüsse und verharrt in einem verengten, formalen Legitimationsverständnis. Zum einen kann dem „uneigentlichen Ratsbeschluss" nicht jegliche Legitimationswirkung abgesprochen werden, denn durch ihn stimmt jede mitgliedstaatliche Regierung jedem Richterkandidaten zu[739], so dass im Ergebnis alle Regierungen gemeinsam die Verantwortung für alle Unionsrichter übernehmen. Auch wenn es in dieser Hinsicht bisher anscheinend kein „Veto" gab und die Tragweite seiner Bedeutung deshalb in Frage gestellt werden könnte, darf die Existenz des Beschlusses nicht unbeachtet bleiben. Das „gegenseitige Einvernehmen" der Regierungen der Mitgliedstaaten wird in jedem Fall – ob im Vorfeld oder erst im Rahmen des offiziellen Beschlusses – tatsächlich hergestellt und kann nicht negiert werden. Deshalb darf keinem einzelnen EU-Richter die Rechtsprechungsgewalt gegenüber Bürgern aus einem bestimmten Mitgliedstaat abgesprochen werden. Dies stellt eine unberechtigte, künstliche Zergliederung des supranationalen Organs dar. Zudem darf – wie im dritten Teil der Arbeit eingehend ausgeführt – die demokratische Legitimation der Richter keinesfalls auf den Faktor der personellen Legitimation reduziert werden; die Besetzung der Richterposten in einem angemessenen, demokratischen Verfahren stellt nur einen von mehreren Legitimationsfaktoren dar.

---

738 Mähner, Gerichtshof, 221 f., 238 f. (insbesondere gegen die Auffassung von Epping); ähnlich: Schachtschneider, in: FS Hankel, 119, 138 f. Anderer Auffassung: Gundel, EuR Beiheft 3 2008, 23, 26, Fn. 13, der diese These Mähners schlicht als „abwegig" bezeichnet (ohne weitere Begründung).

739 Pieper/Schollmeier, Europarecht 2000, 7; Krück, in: von der Groeben/Thiesing/Ehlermann, EUV/EGV, Art. 167, Rn. 4; Hackspiel, in: von der Groeben/Schwarze, EUV/EGV, Art. 223, Rn. 7.

Im Ergebnis ist somit festzuhalten, dass durch den „uneigentlichen Ratsbeschluss“ jeder Richterkandidat von jeder mitgliedstaatlichen Regierung deren Zustimmung erhält. Die Legitimationskraft dieses Beschlusses kommt jedoch aus „nationalen Quellen“, und nicht von einer gesamteuropäischen Basis.[740] Schließlich kann dieser Beschluss alleine – bei dem weder transparent ist, wie genau das Einverständnis zustande kommt, noch, ob es bisher ernsthaft zu Zweifeln bezüglich eines Kandidaten kam – keine ausreichende Legitimation vermitteln, sondern ist nur ein Bruchteil der Summe verschiedener Faktoren.[741]

4. Auswahl der Kandidaten auf nationaler Ebene

Trotz deutlicher Parallelen – überall ist das Verfahren relativ exekutivlastig und endet mit einem förmlichen Kabinettsbeschluss – erfolgt die Auswahl der Richterkandidaten in jedem Mitgliedstaat unterschiedlich. Insbesondere fehlt es in den meisten Staaten an einer gesetzlich normierten Regelung; es handelt sich oft um ein überaus informelles Verfahren innerhalb der nationalen Regierungen, das von der Öffentlichkeit nicht leicht bzw. überhaupt nicht einsehbar ist. Deshalb ist die Auswahlpraxis in den einzelnen Mitgliedstaaten nicht immer vollständig nachvollziehbar.

Auf Basis schriftlicher und telefonischer Auskünfte der mitgliedstaatlichen Botschaften und/oder Ministerien zeichnet sich jedoch ein recht eindeutiges Bild ab. Zur Erlangung dieser Informationen wurden die Botschaften sämtlicher Mitgliedstaaten – bzw. in Deutschland die beteiligten Bundesministerien – angeschrieben, und um direkte Auskünfte oder die Angabe einer Referenzadresse gebeten. Diese Anfragen und die darauffolgenden Korrespondenzen vollzogen sich zwischen Ende des Jahres 2007 und Mitte des Jahres 2009. Die Reaktionen und Antworten fielen sehr unterschiedlich aus. Während einige Botschaften sehr schnell und direkt geantwortet haben – sei es in Form der fachlichen Auskunft oder der Angabe von Kontaktdaten sachkundiger Abteilungen oder Mitarbeiter in den Ministerien des Heimatlandes –, wurde die Anfrage teilweise intern an andere nationale Behörden weitergeleitet, welche die Beantwortung der Fragen übernommen haben. In zeitlicher Hinsicht vergingen zwischen Anfrage und Informationserlangung bei manchen Mitgliedstaaten nur wenige Tage, bei anderen mehrere Monate oder sogar über ein Jahr. Der inhaltliche Umfang reichte von wenigen Sätzen bis hin zu mehrseitigen Abhandlungen mit Literaturhinweisen und nationalen Gesetzestexten als Anhang. Überhaupt keine Reaktion trotz mehrfacher Anfragen erfolgte von den Botschaften und/oder Ministerien von Frankreich, den Niederlanden, dem Vereinigten Königreich und Rumänien. Bezüglich der genauen Herkunft der einzelnen Informationen im Hinblick auf die übrigen

740 Ähnlich: Stürner, in: FS Brohm, 153, 156 f.; Laffranque, Juridica International IX/2004, 14, 17.

741 Ähnlich: Pernice, EuR 1996, 27, 36.

Mitgliedstaaten wird auf die entsprechenden Fußnoten an den maßgeblichen Stellen im Folgenden hingewiesen.

a) Verfahren in den 15 „alten" Mitgliedstaaten

Insbesondere die „alten" Mitgliedstaaten treffen die Auswahl regelmäßig in einem rein exekutivischen und informellen Verfahren zwischen einigen Ministerien.[742] Federführend sind meist Außen- oder Justizministerium; es findet – außer in Österreich und Portugal – keine Beteiligung der nationalen Parlamente statt.

aa) Deutschland

In Deutschland ist zwischen dem Auswahlverfahren zu differenzieren, nach dem die deutschen EG-Richter bisher ausgewählt wurden, und demjenigen, das infolge diverser Reformbemühungen nunmehr in Zukunft Anwendung finden wird.

(1) Bisherige Auswahl der deutschen EG-Richter

So erfolgte in Deutschland die Auswahl bisher nach einem Vorschlag des Bundesministeriums der Justiz (BMJ) gegenüber dem Auswärtigen Amt (AA) in einem informellen Willensbildungsprozess, bei dem regelmäßig zudem das Bundesministerium für Wirtschaft und Technologie (BMWi) und das Bundeskanzleramt konsultiert wurden; erst nach der endgültigen Kabinettsentscheidung wurden Bundestag und Bundesrat von der Personalauswahl informiert.[743] Die Entscheidung unterlag großen parteipolitischen Einflüssen bzw. Proporzerwägungen und war somit oft in eine „Paketlösung" zwischen den großen Parteien eingebunden, weshalb das Verfahren recht intransparent und eine Wiederwahl des deutschen Kandidaten immer höchst unwahrscheinlich war.[744]

---

742 Zu demselben Ergebnis kommen insbesondere: Epping, Der Staat 1997, 349, 363 ff.; Siebert, Auswahl der Richter am EuGH, 89 ff.; Wegener, in: Calliess/Ruffert, EUV/EGV, Art. 223, Rn. 1; Borchardt, in: Lenz/Borchardt, EU, Art. 255 AEUV, Rn. 1; Huber, in: Streinz, EUV/EGV, Art. 223, Rn. 1, 3; Mähner, Gerichtshof, 166 ff.; Wittreck, Verwaltung, 243 ff.; Streinz/Leible, EWS 2001, 1, 8; Peters, Verfassung Europas, 411 f.

743 Schriftliche Auskunft des Europaausschusses des Bundestages vom 20. Dezember 2007; telefonische Auskunft des AA vom 4. Februar 2008; telefonische Auskunft des BMWi vom 4. Februar 2008; schriftliche Auskunft des BMJ vom 15. Februar 2008, das aber ausdrücklich „von Stellungnahmen zu politischen Aspekten" absieht.

744 Gundel, EuR Beiheft 3 2008, 23, 28; Balders/Hansalek, ZRP 2006, 54, 55; Streinz/Leible, EWS 2001, 1, 8; Thiele, Europäisches Prozessrecht, § 2 Rn. 38; Schilling, ZEuS 1999, 75, 93, spricht von „parteipolitischem Gemauschel". Die parteipolitischen „Paketlösungen" kommen zum Beispiel im Streit um die Besetzung des Kommissarpostens im Jahre 2009 zum Ausdruck, wenn die vorherigen Besetzungen der Richterposten durch die jeweils andere Partei als Argument für den eigenen Anspruch auf Kandidatenstellung herangezogen

Zuletzt wurde diese Intransparenz Anfang des Jahres 2009 bei der Wiederbenennung der deutschen Generalanwältin Juliane Kokott deutlich, für die dasselbe Auswahl- und Ernennungsverfahren wie für die Unionsrichter gilt.[745] Eine amtliche Pressemitteilung der beteiligten Ministerien wurde diesbezüglich nicht veröffentlicht, geschweige denn das Auswahlverfahren an sich, noch wurden die beteiligten Ämter und die Motivation der Wiedernominierung offen gelegt. Auch in den deutschen Medien wurde die Wiederernennung der deutschen Generalanwältin nicht thematisiert oder diskutiert.

(2) Zukünftige Auswahl der deutschen EU-Richter

Das Auswahlverfahren der deutschen Gemeinschaftsrichter ist in jüngster Vergangenheit Gegenstand unterschiedlicher Gesetzesinitiativen gewesen, die der besseren Verständlichkeit halber im Folgenden chronologisch erläutert werden sollen.

Mit dem Gesetz über die Ausweitung und Stärkung der Rechte des Bundestages und des Bundesrates in Angelegenheiten der Europäischen Union vom 17. November 2005 sollte das Richterwahlgesetz (RiWG) derart geändert werden, dass ein neuer Absatz 3 in § 1 RiWG regelt, die von der Bundesrepublik Deutschland vorzuschlagenden EG-Richter und Generalanwälte werden „von der Bundesregierung im Einvernehmen mit dem Richterwahlausschuss benannt". Insofern sollte eine Anlehnung an die Wahl der Richter der obersten Bundesgerichtshöfe in Deutschland erfolgen (vgl. Art. 95 Abs. 2 GG i.V.m. dem Richterwahlgesetz). Diese neue Regelung konnte jedoch nie in Kraft treten, da ebendies an das Inkrafttreten des Vertrages über eine Verfassung für Europa geknüpft wurde (vgl. Art. 3 des Gesetzes), und dieses europäische Vertragsreformwerk mit dem „Nein" der Franzosen und Niederländer in den dortigen Referenden im Jahre 2005 gescheitert ist.

Infolge dieser problematischen Entwicklungen hat der Bundesrat bereits Ende des Jahres 2005 einen neuen Gesetzesentwurf zur Änderung des Richterwahlgesetzes in den Bundestag eingebracht.[746] Dieses Änderungsgesetz griff im Grunde nur die Regelung des oben beschriebenen neuen § 1 Abs. 3 RiWG auf, weitete sie auf die Wahl der Richter am EGMR aus, und machte ihr Inkrafttreten *un*abhängig von einer Reform der europäischen Verträge. Zur Begründung wurde unter anderem angeführt, dass das derzeitige „intransparente und exekutivische Verfahren" der „Bedeutung der Ämter nicht gerecht" werde. Zudem solle das

---

wird, vgl. Süddeutsche Zeitung Nr. 98 vom 26./27. April 2008, Seite 5. Den parteipolitischen Einschlag unterstreicht zudem die Tatsache, dass der angebliche Anspruch auf die Besetzung der Ämter in das parteipolitische Programm der CDU für die Europawahl 2009 aufgenommen wurde, vgl. Süddeutsche Zeitung Nr. 63 vom 17. März 2009, S. 6.

745 Der Vorschlag ihrer Wiederernennung geht aus dem diesbezüglichen Dokument an den Generalsekretär hervor: 5799/09 INST 13 JUR 40 COUR 12 vom 27. Januar 2009.

746 BR-Drucksache 915/05 vom 23. Dezember 2005; BT-Drucksache 16/1038 vom 23. März 2006.

Einvernehmen des Richterwahlausschusses die demokratische Legitimation der Amtswalter erhöhen.[747] Die Bundesregierung hat den Gesetzesentwurf in ihrer Stellungnahme nicht befürwortet, da er ein „falsches Signal" im europäischen Einigungsprozess und für die Zukunft des Verfassungsvertrages setze. Nach der Vorlage im März 2006 wurde über den Entwurf des Bundesrates im Bundestag nie beraten. Es kann vermutet werden, dass diese „Baustelle auf Eis gelegt" wurde, um eine voreilige neue Regelung zu vermeiden und eine Einigung im europäischen Prozess abzuwarten.

Mit Unterzeichnung des Reformvertrages von Lissabon am 13. Dezember 2007 wurden für die Europäische Union neue, klare Verhältnisse geschaffen. Dies erforderte seitens der Mitgliedstaaten, die innerstaatlichen Voraussetzungen für die neuen Rechte und Pflichten aus dem Vertrag von Lissabon zu schaffen. So hat der Bundestag einen neuen Gesetzesentwurf zur Ausweitung und Stärkung der Rechte des Bundestages und des Bundesrates in Angelegenheiten der Europäischen Union auf den Weg gebracht, der nach drei Beratungen vom Bundestag im April 2008 angenommen wurde und im Mai 2008 die Zustimmung des Bundesrates erhielt.[748] Mit diesem neuen Gesetz sollte das gleichnamige Gesetz aus dem Jahre 2005 aufgehoben werden (Art. 2 Abs. 5 Ausweitungsgesetz). Was die Richterauswahl betrifft, übernahm es inhaltlich unverändert die oben genannten Regelungen des Gesetzes aus dem Jahre 2005, mithin eine Benennung der deutschen Gemeinschaftsrichter von der Bundesregierung im Einvernehmen mit dem Richterwahlausschuss (Art. 2 Abs. 4 Ausweitungsgesetz). In der Begründung zu dem neuen Gesetzesentwurf wurde auf diese Regelungen nicht explizit eingegangen. Das Wirksamwerden der Neuerungen wurde nunmehr vom Inkrafttreten des Vertrages von Lissabon abhängig macht (Art. 3 Ausweitungsgesetz).

Noch vor Ausfertigung des Ausweitungsgesetzes durch den Bundespräsidenten hat das Bundesverfassungsgericht in seiner Lissabon-Entscheidung festgestellt, dass Teile dieses Gesetzes gegen das Grundgesetz verstoßen.[749] Die Regelungen bezüglich der Richterauswahl waren von dieser Grundgesetzwidrigkeit zwar nicht direkt betroffen, aber der Gesetzgeber musste das Ausweitungsgesetz insgesamt nachbessern, so dass das Inkrafttreten der neuen Regelung weiterhin verzögert wurde. Eine nachgebesserte, neue Fassung des Gesetzes – unter Beibehaltung der oben genannten Neuregelung der Auswahl deutscher Unionsrichter in Art. 2 des Ausweitungsgesetzes – wurde am 8. September 2009 vom Bundestag

---

747 Dazu kritisch: Balders/Hansalek, ZRP 2006, 54, 54 f. Thiele, EuR 2010, 30, 33, bezeichnet diese Neuerung zumindest als „Schritt in die richtige Richtung".

748 Gesetzesentwurf der Fraktionen CDU/CSU, SPD und Bündnis 90/Die Grünen, BT-Drucksache 16/8489 vom 11. März 2008: Entwurf eines Gesetzes über die Ausweitung und Stärkung der Rechte des Bundestages und des Bundesrates in Angelegenheiten der Europäischen Union („Ausweitungsgesetz").

749 BVerfG, 2 BvE 2/08 vom 30. Juni 2009, Rn. 406 ff., http://www.bverfg.de/entscheidungen/es20090630_2bve000208.html.

und am 18. September 2009 vom Bundesrat angenommen.[750] Bundespräsident Horst Köhler unterzeichnete das Gesetz am 22. September 2009, woraufhin am 24. September 2009 die Verkündung im Bundesgesetzblatt erfolgte[751] und das Ausweitungsgesetz am 25. September 2009 schließlich in Kraft trat.

Diese Entwicklungen in Deutschland machen – trotz Komplikationen – deutlich, dass das bisherige Verfahren der Auswahl der Gemeinschaftsrichter als unzureichend angesehen wurde.[752] Der Übergang zu dem Verfahren, nach dem auch die obersten Bundesrichter gewählt werden, ist nunmehr gesichert, so dass der deutsche Unionsrichter am EuGH im Jahre 2012 und der deutsche Unionsrichter am EuG im Jahre 2013 nach dem Verfahren des neuen § 1 Abs. 3 RiWG ausgewählt werden wird. Der dabei beteiligte Richterwahlausschuss besteht zur Hälfte aus Vertretern der Bundesländer und zur anderen Hälfte aus vom Bundestag gewählten Mitgliedern (Art. 95 Abs. 2 GG i.V.m. dem Richterwahlgesetz).

Dabei drängt sich die Frage auf, warum keine Anlehnung an das Wahlverfahren der Bundesverfassungsrichter bestimmt wurde.[753] Zur Beantwortung kommen eigentlich nur rechtspolitische Erwägungen in Betracht. Für eine Gleichsetzung der Unionsrichter mit den „mächtigsten" Richtern der Bundesrepublik im Hinblick auf das Wahlverfahren scheinen die nationalen Politiker noch nicht bereit zu sein; dies würde vermutlich integrationstechnisch einen zu großen Schritt bedeuten. Durch die Heranziehung des Wahlverfahrens der obersten Bundesrichter bleibt aus deutscher Sicht formal eine entscheidende Differenzierung, wenn nicht sogar Hierarchie, zwischen den Unionsgerichten und dem Bundesverfassungsgericht aufrecht erhalten.

bb) Zwölf Mitgliedstaaten mit exekutiv dominierter Auswahl

In *Belgien*[754] existiert keine gesetzliche Regelung bezüglich der Auswahl der Unionsrichter. Die Entscheidung im Hinblick auf die belgischen Kandidaten wird allein von der Regierung (vor allem vom Außen- und Justizministerium) getroffen; eine Beteiligung des Parlaments findet nicht statt. Für die Amtsperiode seit dem 7. Oktober 2009 wurde der zuvor amtierende belgische Richter am EuGH wiederernannt.

Auch in *Finnland*[755] gibt es keine gesetzliche Regelung oder einen einheitlichen Prozess bezüglich der Nomination der Unionsrichter. Allein die Regierung

750 Bundestag-Drucksache 16/13923 vom 21. August 2009; Bundesrat-Drucksache 713/09 vom 10. September 2009.

751 BGBl. I Nr. 60 vom 24. September 2009, Seite 3022.

752 Laut Gundel, EuR Beiheft 3 2008, 23, 25, wird in Deutschland das „Regelungsvakuum (...) verbreitet als Mangel empfunden".

753 So auch Balders/Hansalek, ZRP 2006, 54, 55 f.; Thiele, EuR 2010, 30, 33 f.

754 Schriftliche Auskunft des belgischen Außenministeriums vom 1. Februar 2008.

755 Schriftliche Auskunft der finnischen Botschaft vom 4. Dezember 2008 und telefonische Auskunft der finnischen Botschaft vom 7. Dezember 2007.

ist für die Auswahl zuständig, ohne parlamentarische Beteiligung. Vorbereitend und federführend wird in dieser Sache die Staatskanzlei tätig (die dem deutschen Bundeskanzleramt entspricht); so führt diese beispielsweise die Kandidatenliste. Parteipolitische Einflüsse sollen bei der Auswahl keine Rolle spielen, da in dem vergleichsweise „kleinen" Finnland nur wenige Kandidaten für diese Unionsämter überhaupt in Frage kämen. Um die Transparenz des nationalen Auswahlverfahrens in Finnland zu erhöhen und die Auswahl der geeignetsten Kandidaten abzusichern, wurde im Jahre 2005 eine Arbeitsgruppe eingesetzt, die den Entwurf einer gesetzlichen Regelung des Auswahlverfahrens vorlegen sollte. In ihrem Abschlussbericht vom 25. September 2006 schlägt sie eine öffentliche Ausschreibung der Stellen vor, und dass ein spezieller beratender Ausschuss die konkrete Auswahl der Kandidaten übernehmen solle.[756] Dieser Ausschuss soll aus Vertretern des Außenministeriums, des Justizministeriums, der Staatskanzlei und der beiden höchsten finnischen Gerichte bestehen. Eine Beteiligung des Parlaments ist nach wie vor nicht vorgesehen. Die Konsultationen und Kommentierungen der verschiedenen Ministerien zu diesem Vorschlag dauern anscheinend noch an. Währenddessen wurde der finnische Richter am EuGH für die Amtszeit seit dem 7. Oktober 2009 wiederernannt, was von der finnischen Regierung umgehend in einer Pressemitteilung veröffentlicht wurde.[757]

In *Griechenland*[758] vollzieht sich das Verfahren ebenfalls ohne gesetzliche Regelung. Der Kandidatenvorschlag erfolgt durch den Außenminister; eine parlamentarische Beteiligung findet nicht statt. Für die derzeitige Amtsperiode wurde der zuvor amtierende griechische Richter wiederernannt.

Das Auswahlverfahren in *Irland*[759] ist gesetzlich nicht normiert. In der Regel schlägt der Minister of Justice, Equality and Law Reform – gegebenenfalls unter Beteiligung des Minister of Foreign Affairs – der Regierung einen Kandidaten vor, der von dieser gebilligt werden muss. Das Parlament ist nicht beteiligt. Für die aktuelle Amtsperiode wurde der vorherige irische Richter am EuGH wiederernannt[760], wozu das Department of Justice, Equality and Law Reform sogleich eine Pressemitteilung veröffentlicht hat[761].

In *Italien*[762] sendet der Justizminister eine Liste der möglichen Richter-Kandidaten an die dritte Kommission des Consiglio Superiore della Magistratura (CSM,

756 Vgl. Prime Minister's Office, Press release 451/2006 vom 7. Dezember 2006 und Publications 14/2006 vom 25. September 2006.

757 Prime Minister's Office, Press release 61/2009 vom 25. Februar 2009.

758 Schriftliche Auskunft der griechischen Botschaft vom 21. Januar 2008 nach Konsultation des griechischen Außenministeriums.

759 Schriftliche Auskunft des irischen Justizministeriums vom 20. Mai 2008.

760 Dok. 5375/09 INST 2 JUR 9 COUR 2 vom 21. Januar 2009.

761 Departement of Justice, Equality and Law Reform, "Reappointment of Judge Aindrias Ó Caoimh as a Judge of the European Court of Justice", 26 February 2009.

762 Schriftliche Auskunft der italienischen Botschaft vom 18. März 2008 nach Konsultation der CSM.

Oberster Rat der Richter und Staatsanwälte). Das CSM ist ein Selbstverwaltungsorgan der Justiz, das die Unabhängigkeit der Richter und Staatsanwälte von der Exekutive garantieren soll und deshalb allein für deren Ernennung, Beförderung, Versetzung und ähnliches zuständig ist. Auf der Grundlage einer Stellungnahme des CSM zu jedem einzelnen Kandidaten entscheidet der Justizminister über die konkrete Richternominierung. Das Auswahlverfahren der Unionsrichter in Italien vollzieht sich mithin zwischen Exekutive und Judikative.

In *Luxemburg*[763] existiert ebenfalls keine nationale Regelung zu dem Auswahlverfahren der Unionsrichter. Es handelt sich um eine politische Entscheidung, die von der Exekutive getroffen wird. So wurde auch der vorherige Richter aus Luxemburg für die Amtszeit seit dem 7. Oktober 2009 wiederernannt.

In *Schweden*[764] erfolgt die Auswahl der Unionsrichter gemäß Kapitel 11 Abs. 9 der schwedischen Verfassung (Regeringsformen) in einem rein exekutiven, vertraulichen Verfahren innerhalb der Regierung – unter Verantwortung des Ministerpräsidenten – ohne jedwede Beteiligung des schwedischen Parlaments. Die Posten werden nicht öffentlich ausgeschrieben und die Auswahl soll nach objektiven Kriterien und insbesondere unabhängig von parteipolitischen Einflüssen von statten gehen.

Spanien[765] besetzt seine EU-Richterstellen – ebenfalls ohne gesetzlich festgelegte Regelung – auf gemeinsamen Vorschlag des Justiz- und Außenministeriums. So wurde der vorherige spanische Richter für die Amtszeit seit dem 7. Oktober 2009 wiederernannt.

Ebenso erfolgt die Auswahl der Kandidaten für die Ämter der Unionsrichter in *Dänemark*[766], *Frankreich*, den *Niederlanden* und dem *Vereinigten Königreich* ohne gesetzliche Regelung rein exekutiv – meist zwischen dem Justiz- und Außenministerium, eventuell unter Konsultation oder Beteiligung zusätzlicher Ministerien und/oder Ämter – und endet mit einem formellen Kabinettsbeschluss der nationalen Regierungen.[767]

763 Schriftliche Auskunft des luxemburgischen Staatsministeriums vom 26. Mai 2008.

764 Schriftliche Auskunft der schwedischen Botschaft vom 14. November 2007.

765 Schriftliche Auskunft der spanischen Botschaft vom 14. November 2007.

766 Wiederernennung des bisherigen dänischen Richters für eine weitere Amtsperiode seit dem 7. Oktober 2009, vgl. Dok. 5463/09 INST 4 JUR 11 COUR 4 vom 26. Januar 2009. Der dänische Justizminister hat Anfang des Jahres 2007 eine Rede bezüglich der Besetzung internationaler Richterposten in Dänemark vor dem dänischen Parlament gehalten, die aber nur in dänischer Sprache vorliegt (schriftliche Auskunft des dänischen Jusitzministeriums vom 10. Juli 2009).

767 Vgl. Siebert, Auswahl der Richter am EuGH, 93 ff.; Epping, Der Staat 1997, 349, 363 ff.; Karpenstein/ Langner, in: Grabitz/Hilf, EUV/EGV, Art. 223, Rn. 11 ff. Von den Behörden aus Frankreich, den Niederlanden und dem Vereinigten Königreich wurden keine direkten Auskünfte erteilt.

cc) *Parlamentarische Beteiligung in Portugal und Österreich*

Bereits seit dem Jahre 1995 wird *Österreich*[768] als „demokratischer Vorreiter"[769] unter den alten Mitgliedstaaten bewertet: Die österreichische Verfassung legt in Art. 23c Abs. 1 und 2 B-VG fest, dass die Bundesregierung bei der Auswahl der Kandidaten für die EU-Richterstellen das Einvernehmen mit dem Hauptausschuss des Nationalrates herstellen muss. Der Hauptausschuss wird vom Nationalrat nach dem Prinzip der Verhältniswahl gewählt (Art. 55 Abs. 1 B-VG) und spiegelt somit – indem alle Fraktionen proportional zu ihrer Gesamtstärke vertreten sind – verkleinert das österreichische Parlament wieder. Die gemäß Art. 23c Abs. 2 Satz 1 B-VG erforderliche Zustimmung des Hauptausschusses gewährleistet mithin eine maßgebliche und entscheidende Beteiligung des österreichischen Parlaments bei der nationalen Auswahl der österreichischen Richterkandidaten. Daneben muss die Bundesregierung gleichzeitig den Bundespräsidenten über die Kandidaten unterrichten (Art. 23c Abs. 2 Satz 2 B-VG) und im Nachhinein den Bundesrat informieren (Art. 23c Abs. 5 Satz 2 B-VG). Im Gegensatz zu der obligatorischen und verbindlichen Zustimmung des Hauptausschusses stellen diese Unterrichtungen aber bloße Benachrichtigungen dar, aus denen allenfalls ein (geringfügiger) informeller Einfluss resultieren kann. Entscheidend vollzieht sich das Verfahren mithin zwischen Regierung und Parlament. Zudem fand (nur) im Jahre 1995 eine öffentliche Ausschreibung der Richterstellen statt.

Einen weiteren Ausnahmefall in der bisher sehr exekutiv-lastigen nationalen Unionsrichterauswahl stellt *Portugal*[770] dar, wo – seit relativ kurzer Zeit – vor der Ernennung durch die Regierung eine parlamentarische Anhörung und Begutachtung der Lebensläufe von mindestens drei Bewerbern für jeden zu besetzenden Richterposten vor dem Ausschuss für Europaangelegenheiten vorgeschrieben ist[771]. Mithin bestimmt auch hier eine gesetzliche Regelung ausdrücklich den aktiven Einbezug des nationalen Parlaments in den Auswahlprozess.

b) *Verfahren in den zwölf „jungen" Mitgliedstaaten*

Von den „jungen" Mitgliedstaaten, die zum ersten Mal in den Jahren 2004 bzw. 2007 Kandidaten für die Gemeinschaftsrichterämter stellen mussten, gibt es in einigen Staaten eine Rechtsgrundlage für die Richterauswahl. Eine maßgebliche

768 Schriftliche Auskunft des österreichischen Bundesministeriums für europäische und internationale Angelegenheiten vom 3. Januar 2008; Riedl, in: Mayer, Art. 223, Rn. 4, 8 ff. (m.w.N.); Schäffer, ZÖR 50 (1996), 3, 19 ff.; Adamovich/Funk/Holzinger, Österr. StaatsR I, Rn. 17.068; Öhlinger, Verfassungsrecht, Rn. 180; Karpenstein/Langner, in: Grabitz/Hilf, EUV/EGV, Art. 223, Rn. 12.

769 Vgl. Riedl, in: Mayer, Art. 223, Rn. 8 m.w.N.

770 Schriftliche Auskunft der portugiesischen Botschaft vom 13. Dezember 2007 nach Konsultation der zuständigen Stelle in Lissabon.

771 Article 11 Law no. 43/2006, dated 25 August 2006.

Parlamentsbeteiligung fand bisher nur in Litauen und der Slowenischen Republik statt (aa). Lettland, Polen, die Slowakische Republik und die Tschechische Republik ermöglichen eine geringe parlamentarische Mitwirkung (bb), während in den übrigen Mitgliedstaaten die Exekutive das Auswahlverfahren deutlich dominiert (cc).

aa) Litauen und die Slowenische Republik

In *Litauen*[772] ist das Auswahlverfahren – in Anlehnung an das Verfahren zur Wahl der höchsten nationalen Richter – gesetzlich genau normiert[773]. Die Kandidaten werden gemäß Art. 52 Abs. 3 des Regierungsgesetzes zwar durch Regierungsbeschluss ernannt; Voraussetzung dafür ist aber die Zustimmung des Staatspräsidenten und des litauischen Parlaments (Seimas). Im Seimas werden die Kandidaten einem detailliert geregelten Verfahren mit Präsentation und Anhörung der Bewerber unterzogen, Art. 180^{23} Abs. 1 Ziffer 2), Abs. 2 i.V.m. Art. 200, 201, 202 Statut des Seimas.

In der *Slowenischen Republik*[774] existiert ebenfalls eine gesetzliche Grundlage für die Richterauswahl. Das Verfahren beginnt mit einer öffentlichen Ausschreibung der zu besetzenden Posten durch das Justizministerium. Über die eingehenden Bewerbungen bildet sich die Regierung eine Meinung und teilt diese dem Präsidenten der Republik mit, der den bzw. die Kandidaten sodann dem slowenischen Parlament vorschlägt. Dieses wählt den endgültigen Kandidaten mit der Mehrheit seiner Mitglieder. Anfang des Jahres 2009 wurde der damalige slowenische Richter am EuGH für eine weitere Amtsperiode seit dem 7. Oktober 2009 vom Parlament mit 67 zu einer Stimme wiedergewählt; er war der einzige Kandidat.[775]

bb) Lettland, Polen, die Slowakische Republik und die Tschechische Republik

In *Lettland*[776] existiert keine gesetzliche Regelung, die das Auswahlverfahren normiert. Im Herbst 2003 fand eine öffentliche Ausschreibung der zu besetzenden Richterstellen statt und es wurde vom Premierminister ein Wahlausschuss aus acht Vertretern verschiedener Ministerien, der obersten Gerichte und einem Par-

772 Schriftliche Auskunft der Botschaft der Republik Litauen vom 10. November 2007.

773 Law on courts, 31 May 1994, No. I-480; Art. 52 Law on the Government, 19 May 1994, No. I-464; Art. 180^{23}, 200-202 Seimas Statute, 17 February 1994, No. I-399.

774 Schriftliche Auskunft von Prof. Dr. Rajko Knez, Juristische Fakultät der Universität Maribor, vom 29. November 2007; Act on nomination of candidates from the Republic of Slovenia for judges at international court, no. 64/2001.

775 Vgl. Pressemitteilung des Government Communication Office, "Ilesic endorsed for another term as EU Judge", 19 February 2009.

776 Schriftliche Auskunft des lettischen Justizministeriums vom 29. November 2007.

lamentarier zusammengestellt (the Minister of Justice, the chairman of the Legal Affairs Committee of the Parliament, Deputy Director of the States Chancellery, the Chairman of the Constitutional Court, the Chief Justice of the Supreme Court, the Minister of Foreign Affairs, Prosecutor General and a Secretary of the board). Der Wahlausschuss hat die Bewerbungsunterlagen der Interessenten bewertet und auf dieser Grundlage jeweils zwei Bewerber für jeden Posten zu einem Gespräch eingeladen. Auf dieser Basis hat das Kabinett sodann einen endgültigen Kandidaten bestimmt. Entscheidet sich die Regierung zukünftig jedoch dazu, einen amtierenden Richter wiederzuernennen, soll eine derartige öffentliche Ausschreibung mit dem entsprechenden Auswahlverfahren nicht stattfinden. Stattdessen wird der betroffene Richter vom Justizminister schlicht gefragt, ob er zu einer weiteren Amtsperiode zur Verfügung stehe. Ist dies der Fall, wird er dem Kabinett als (einziger) Kandidat vom Justizminister vorgeschlagen. Anstelle einer Beteiligung aller drei Gewalten in dem oben genannten Ausschuss ist dann also allein die Exekutive in den „Auswahlprozess" involviert.

Die entscheidende Rolle bei der Richterauswahl innerhalb der Regierung in *Polen*[777] spielten bisher das Justizministerium und das Außenministerium. Im Rahmen der Entscheidung wurde jedoch der Europaausschuss des polnischen Parlaments (Sejm) konsultiert, so dass dessen Meinung bezüglich der Kandidaten in die Entscheidung einfließen konnte. Schließlich musste der Kandidat vom Premierminister akzeptiert werden. Die Amtsperiode des seit dem Jahre 2004 amtierenden polnischen Richters wurde nicht verlängert, sondern ein neuer Richter für die Zeit seit dem 7. Oktober 2009 ernannt.[778]

In der *Slowakischen Republik*[779] ist das Verfahren gesetzlich geregelt: Die Kandidaten für die Ämter der Unionsrichter werden der Regierung vom Richterrat (Judicial Council) vorgelegt. Dieser Richterrat besteht gemäß Art. 141a Abs. 1 der slowakischen Verfassung aus dem Chief Justice des Supreme Court, acht Richtern (die auch von Richtern gewählt werden), drei vom Parlament bestimmten Mitgliedern, drei vom Präsidenten bestimmten Mitgliedern und drei von der Regierung bestimmten Mitgliedern. Mithin sind alle drei Staatsgewalten im Richterrat vertreten und insgesamt drei (von 18) Mitgliedern werden vom slowakischen Parlament („National Council") gewählt. Die Vorschläge für Kandidaten können in den Richterrat entweder von einem Mitglied des Rates selbst, vom Justizminister oder von juristischen Berufsverbänden eingebracht werden. Der Richterrat entscheidet über die Nominierung in geheimer Abstimmung mit der einfachen Mehrheit seiner Mitglieder. Die Amtsperiode des bis zum 6. Oktober 2009 amtierenden slowakischen EuGH-Richters wurde infolge eines negativen Votums des

777 Telefonische Auskunft der polnischen Botschaft vom 20. November 2007; schriftliche Auskunft des polnischen Europaministeriums vom 19. Dezember 2007.

778 Vgl. Dok. 5546/09 INST 11 JUR 20 COUR 7 vom 23. Januar 2009.

779 Schriftliche Auskunft des Justizministeriums der Slowakischen Republik vom 16. November 2007; Artikel 141a Abs. 4 d) der slowakischen Verfassung; Section 27g of the Act No. 185/2002 on the Judiciary Council.

Richterrates nicht verlängert; am 7. Oktober 2009 trat vielmehr der bisherige slowakische EuG-Richter sein Amt beim EuGH an.[780]

In der *Tschechischen Republik*[781] ist das Verfahren der Unionsrichterauswahl nicht durch nationales Recht geregelt. Die möglichen Richterkandidaten werden dem Justizministerium von den Präsidenten der Höchstgerichte (Supreme Court, Supreme Administrative Court und Constitutional Court) und den Dekanen der Juristischen Fakultäten vorgeschlagen. Zudem wurden die Stellen im Jahre 2004 öffentlich ausgeschrieben. Die nominierten Kandidaten (zwei im Jahre 2004) werden von einem Auswahlausschuss, der aus Repräsentanten des Justiz- und Außenministeriums und des Regierungsamts besteht, interviewt. Der in diesem Verfahren ausgewählte Kandidat wird sodann dem Europaausschuss des tschechischen Parlaments vorgestellt, das insofern eine rein konsultative Rolle spielt, und zuletzt von der Regierung gebilligt. Im Ergebnis werden also alle drei Staatsgewalten – in unterschiedlichem Ausmaß – in den Auswahlprozess einbezogen.

cc) Bulgarien, Estland, Malta, Ungarn und Zypern

Von den „jungen" Mitgliedstaaten verfolgen Bulgarien, Estland, Malta, Ungarn und Zypern ein sehr exekutiv-lastiges, größtenteils intransparentes Auswahlverfahren.

In *Bulgarien*[782] existiert keine gesetzliche Grundlage für das Verfahren der Kandidatenauswahl. Bei der Entscheidung konsultiert die Regierung etliche öffentliche Institutionen und Berufsverbände (the National Municipality Association, the Social and Economic Council, and other institutions and professional association), um nicht nur die am besten geeigneten Kandidaten auszuwählen, sondern auch, um politische Einflüsse bei der Kandidatenbestimmung möglichst gering zu halten.

In *Estland*[783] ist das Verfahren zur Auswahl der Unionsrichterkandidaten teilweise gesetzlich normiert[784]. Gemäß § 20² Abs. 2 des Government of the Republic Act soll die Regierung vor der Nomination der Kandidaten die diesbezügliche Meinung des Chief Justice des Supreme Courts und des Chancellor of Justice einholen. An der Auswahl der Kandidaten sind zudem das Außenministerium, das Justizministerium und das Staatssekretariat beteiligt. Für die Amtszeit seit dem

780 Vgl. Presseartikel: http://www.panorama.sk/go/news/news.asp?lang=en&sv=2&id=13934 und http://www.panorama.sk/go/news/news.asp?lang=en&sv=2&id=13932 vom 9. Januar 2009.

781 Schriftliche Auskunft des tschechischen Justizministeriums vom 14. Dezember 2007.

782 Schriftliche Auskunft der bulgarischen Botschaft vom 5. Februar 2008.

783 Schriftliche Auskunft des estnischen Außenministeriums vom 5. Dezember 2007.

784 Vgl. § 20² Government of the Republic Act, passed 13 December 1995, RT I 1995, 94, 1628; § 8 (1) 25) Foreign Relations Act, passed 8 October 1993, RT I 1993, 72/73, 1020.

7. Oktober 2009 wurde der zuvor amtierende estnische EuGH-Richter wiederernannt.

In *Malta*[785] erfolgt die Auswahl der Unionsrichterkandidaten ohne gesetzliche Grundlage durch das Regierungskabinett. Im Jahre 2006 erfolgte eine öffentliche Ausschreibung der Stellen.

In *Ungarn*[786] existiert keine detaillierte gesetzliche Regelung betreffend der Auswahl der Unionsrichter, aber ein diesbezüglicher Regierungsbeschluss[787], wonach der Ministerpräsident die Kandidaten – nach Konsultation der zuständigen Institutionen der Europäischen Union und der Mitgliedstaaten – auswählen und vorschlagen muss. Bei der Auswahl im Jahre 2004 hat der Ministerpräsident die Präsidenten des Obersten Gerichtshofs und des Rechnungshofs der Republik Ungarn um geeignete Kandidatenvorschläge gebeten. Der derart ausgewählte ungarische Richter wurde für eine weitere Amtsperiode seit dem 7. Oktober 2009 wiederernannt.

In *Zypern*[788] entscheidet der Staatspräsident über die Unionsrichterkandidaten nach Konsultation des Supreme Courts und eventuell des Cyprus Bar Council. Bei der Auswahl werden Mitglieder des Supreme Courts bevorzugt.

Für *Rumänien* konnten keine Informationen erlangt werden, was für eine deutliche Intransparenz des Verfahrens spricht. Die Homepage des rumänischen Außenministeriums informiert unter der Rubrik „Die Rumänen in den europäischen Institutionen" lediglich über die aktuelle Besetzung der Richterstellen.[789] Der zuvor amtierende rumänische Richter am EuGH wurde für die Amtsperiode seit dem 7. Oktober 2009 wiederernannt.

Der besseren Übersichtlichkeit halber werden in der folgenden Tabelle die Auswahlverfahren in den einzelnen Mitgliedstaaten stichwortartig zusammengefasst.

785 Schriftliche Auskunft des Ministry for Justice and Home Affairs of Malta vom 16. November 2007.

786 Schriftliche Auskunft der Botschaft der Republik Ungarn vom 28. November 2007.

787 Regierungsbeschluss Nr. 2219/2006 vom 15. Dezember 2006.

788 Schriftliche Auskunft des Supreme Court of Cyprus vom 19. November 2007.

789 http://www.mae.ro/index.php?unde=doc&id=12373&idlnk=1&cat=3.

Auswahl der Unionsrichter in den EU-Mitgliedstaaten

	Gesetzliche Regelung	Beteiligung an der Auswahl von			Sonstiges (z.B. öffentliche Ausschreibung; Beteiligung von Berufsverbänden, etc.)
		Legislative	**Exekutive**	**Judikative**	
Belgien	nein	nein	v.a. Außen- und Justizministerium	nein	
Bulgarien	nein	nein	ja	nein	öffentliche Institutionen und Berufsverbände konsultiert
Dänemark	nein	nein	ja, Regierung	nein	
Deutschland	§ 1 III RiWG n.F.	Art. 95 II GG iVm RiWG	BMJ, AA, Bundeskanzleramt, BMWi	nein	
Estland	§ 20^{2} II Government of the Republic Act	nein	Außen- u. Justizministerium, Staatssekretariat	Chief Justice u. Chancellor of Justice konsultiert	
Finnland	noch nicht (aber: Arbeitsgruppe 2005/06)	nein	v.a. Staatskanzlei	noch nicht (Reform: u.a. Richter in beratendem Ausschuss beteiligt)	Reform: Auswahl-Ausschuss und öffentliche Ausschreibung; Pressemitteilung 2009
Frankreich	nein	nein	ja, Regierung	nein	
Griechenland	nein	nein	v.a. Außenministerium	nein	
Irland	nein	nein	v.a. Außen- u. Justizministerium	nein	Pressemitteilung 2009
Italien	nein	nein	v.a. Justizministerium	Justizrat CSM nimmt Stellung	
Lettland	nein	evtl., d.h. in Auswahlausschuss falls keine Wiederernennung	endgültige Auswahl durch Kabinett	evtl., d.h. in Auswahlausschuss falls keine Wiederernennung	bei Neuwahl: Vorschlag-Ausschuss aus 3 Gewalten; 2003 öffentliche Ausschreibung
Litauen	Art. 52 III RegierG, 180^{23} I Statut Seimas	Zustimmung Seimas	ja, Regierung und Staatspräsident	nein	
Luxemburg	nein	nein	ja, Regierung	nein	
Malta	nein	nein	ja, Regierung	nein	2006 öffentliche Ausschreibung

Niederlande	nein	nein	ja, Regierung	nein	
Österreich	Art. 23c II B-VG	Einvernehmen Hauptausschuss Nationalrat	ja, Regierung	nein	1995 öffentliche Ausschreibung
Polen	nein	Europaausschuss des Sejm konsultiert	Außen- u. Justizministerium; Premierminister	nein	
Portugal	Art. 11 Law no. 43/2006	Bewertung der Bewerber in Parlamentsausschuss	ja, Regierung	nein	
Rumänien	nein	nein	ja	nein	keine Auskunft erhalten
Schweden	Kap. 11 IX Verf.	nein	Regierung unter Ministerpräsident	nein	
Slowakische Republik	Art. 141a IV d) V., 27g Act no.185/02	ja, in Judicial Council, der Vorschlagsrecht hat	ja, Regierung ernennt u. zudem in Judicial Council	ja, in Judicial Council, der Vorschlagsrecht hat	Richterrat aus 3 Gewalten; Pressemitteilung 2009
Slowenische Republik	Act on nomination no. 64/2001	Wahl durch Parlament	v.a. Justizministerium; Staatspräsident	nein	öffentliche Ausschreibung; Pressemitteilung 2009
Spanien	nein	nein	v.a. Justiz- und Außenministerium	nein	
Tschechische Republik	nein	Europaausschuss des Parlaments konsultiert	Justiz- u. Außenministerium, Regierungsamt	ja, Vorschläge	Vorschläge von Dekanen; 2004 öffentliche Ausschreibung
Ungarn	Regierungsbeschluss no. 2219/2006	nein	Ministerpräsident	ja, 2004 Vorschläge	2004 auch Vorschläge vom Rechnungshof
Vereinigtes Königreich	nein	nein	ja, Regierung	nein	
Zypern	nein	nein	Staatspräsident	ja, Konsultation	evtl. Konsultation des Cyprus Bar Council
27 Mitgliedstaaten	**9 x ja 1 x bald**	**8 x ja 1 x evtl.**	**27 x ja**	**6 x ja 1 x bald 1 x evtl.**	

c) Zusammenfassung

Zusammenfassend ist festzustellen, dass lediglich in neun Mitgliedstaaten gesetzliche Regelungen zur nationalen EU-Richterauswahl existieren (Estland, Litauen, Österreich, Portugal, Schweden, Slowakische Republik, Slowenische Republik, Ungarn und seit kurzem Deutschland). Bei Inkrafttreten des Reformvorhabens in Finnland kommt ein weiterer Mitgliedstaat mit diesbezüglicher nationaler Normierung hinzu. Doch selbst dann verbleiben 17 Mitgliedstaaten, in denen die Auswahl der Unionsrichter keinem gesetzlich bestimmten Verfahren unterliegt und somit für die Bürgerinnen und Bürger besonders schwer einsehbar und nachvollziehbar ist.

Was die konkreten Auswahlprozesse in den Mitgliedstaaten angeht, so kommt eine allgemeine Dominanz der Regierungen, die in allen Mitgliedstaaten grundlegend an der Auswahl beteiligt sind, deutlich zum Ausdruck. In insgesamt fünf Mitgliedstaaten (Litauen, Österreich, Portugal, der Slowenischen Republik und nunmehr Deutschland) ist daneben das Parlament maßgeblich und verbindlich an der Auswahl der Unionsrichterkandidaten beteiligt. In weiteren vier Staaten (Lettland, Polen, der Slowakischen Republik und der Tschechischen Republik) besteht zumindest eine geringe Einflussmöglichkeit durch eine Konsultation des Parlaments, auch wenn es die Entscheidung nicht ausschlaggebend lenken kann. Ein Einbezug der Judikative in das Auswahlverfahren erfolgt zum einen neben der Exekutive in Estland, Italien, Ungarn und Zypern und zum anderen neben sowohl Exekutive als auch Legislative in Lettland (falls keine Wiederernennung des bisherigen Richters erfolgt), der Slowakischen Republik und der Tschechischen Republik. In Bulgarien bezieht die Exekutive in den Auswahlprozess die Meinung diverser Berufsverbände ein. Ein rein exekutives Auswahlverfahren besteht aktuell in insgesamt 12 Mitgliedstaaten (Belgien, Dänemark, Finnland, Frankreich, Griechenland, Irland, Luxemburg, Malta, den Niederlanden, Schweden, Spanien und dem Vereinigten Königreich).

In Finnland ist ein neues Auswahlverfahren sehr wahrscheinlich, das neben der Exekutive die Judikative im Rahmen eines Wahlausschusses in den Auswahlprozess einbeziehen soll. Demnach würden elf EU-Mitgliedstaaten mit ausnahmslos exekutiver Auswahl der Unionsrichter – in der Regel in einem intransparenten, informellen Konsultationsprozess zwischen einigen Ministerien und Behörden, vor allem dem Justiz- und Außenministerium – verbleiben.

Parteipolitische Einflüsse spielen in nahezu allen Ländern bei der Auswahl eine nicht zu unterschätzende Rolle. In einigen Mitgliedstaaten (Lettland, Malta, Österreich, der Slowenischen Republik, der Tschechischen Republik und nach dem Reformvorhaben wahrscheinlich bald in Finnland) wurden die Stellen öffentlich ausgeschrieben, so dass die Bewerbungsmöglichkeit der Öffentlichkeit offen stand und – zumindest theoretisch – ein breiteres Spektrum an Kandidaten in die Entscheidung einbezogen werden konnte.

Auffallend bei der letzten nationalen Auswahl der Kandidaten für die Ämter der EuGH-Richter im Jahre 2009 ist, dass lediglich in vier von 13 Mitgliedstaaten eine Pressemitteilung oder ähnliches über die Ernennung „ihres“ Unionsrichters im Internet aufgefunden werden konnte, und zwar von Finnland, Irland, der Slowakischen und der Slowenischen Republik. Hierin kommt deutlich zum Ausdruck, dass die Öffentlichkeit in Fragen der Unionsrichter-Auswahl weitgehend ausgeschlossen wird und die Medien diesen Fragen und Prozessen in den meisten Mitgliedstaaten scheinbar keine allzu große Beachtung schenken.

d) Stellungnahme

Im Ergebnis ist demnach bei der Besetzung der Unionsrichterposten das Verfahren in den Mitgliedstaaten ausschlaggebend. Neben dem „uneigentlichen Ratsbeschluss“ kann nur in diesen nationalen Prozessen ein weiterer Legitimationsfaktor für die Unionsrichter liegen, der wiederum lediglich dem „nationalen Legitimationsweg“ zuzuordnen ist. Die Beurteilung der Legitimationskraft der Auswahlverfahren wird jedoch maßgeblich dadurch erschwert, dass diese von Mitgliedstaat zu Mitgliedstaat variieren – zum Teil zwar nur in Nuancen, teilweise aber auch gewichtig. Mithin könnte die Legitimationskraft der Kandidatenauswahl je nach Mitgliedstaat unterschiedlich einzustufen sein. Ein entscheidender Faktor dabei scheint zunächst die Beteiligung des nationalen Parlaments zu sein. Noch gewichtiger ist aber die Tatsache, ob das Verfahren gesetzlich normiert ist oder nicht. Denn unabhängig von der konkreten Ausgestaltung hat jedes Wahlverfahren, von dem die Bürgerinnen und Bürger überhaupt nicht einsehen können, wie es von statten geht, wer daran beteiligt ist und nach welchen Kriterien die Auswahl erfolgt, einen demokratischen Mangel. Die Unzufriedenheit mit diesem Zustand kommt in den Reformbestrebungen in Deutschland und Finnland zum Ausdruck, die in beiden Staaten unter anderem aufgrund der Intransparenz des Verfahrens und dem Fehlen einer gesetzlichen Regelung initiiert wurden. Zudem erscheint auf den ersten Blick die starke Exekutivlastigkeit der Auswahl unter demokratischen Gesichtspunkten nicht unproblematisch zu sein. So drängt sich die Frage auf, ob nicht ein stärkerer Einbezug der nationalen Parlamente demokratietheoretisch erforderlich wäre. Dies kann allerdings erst im Rahmen einer Gesamtbewertung des Verfahrens und der unterschiedlichen Legitimationsfaktoren beantwortet werden.

Inwiefern die konkrete Auswahl der Kandidaten für die Richterämter unter dem gemeinsamen Demokratieverständnis der EU und ihrer Mitgliedstaaten als akzeptabel und berechtigt angesehen werden kann und mithin von den Bürgerinnen und Bürgern der Union als legitim anerkannt wird, ist allgemeingültig schwer zu bestimmen. Ein maßgeblicher Anhaltspunkt dafür ist jedoch ein Rechtsvergleich mit vergleichbaren Institutionen auf nationaler Ebene, d.h. den Auswahlverfahren nationaler Richter von Gerichten mit ähnlichen Funktionen. Als internationales Vergleichsobjekt ist zudem der Europäische Gerichtshof für Menschenrechte

(EGMR) von großem Interesse. Die entsprechenden Wahl- und Ernennungsverfahren sollen mithin im Folgenden vergleichend herangezogen werden, um einen Rückschluss auf die oben dargestellten Verfahren zu erhalten und diese abschließend bewerten zu können.

5. Rechtsvergleich zum Richterauswahl- und Ernennungsverfahren

Rechtsvergleichend zu den soeben dargestellten Regelungen und der diesbezüglichen Praxis im Hinblick auf die Auswahl der EU-Richterkandidaten sind die entsprechenden Regelungen auf nationaler Ebene in den europäischen Mitgliedstaaten bezüglich deren „höchster Gerichte" und diejenigen im Rahmen des Europarates für den EGMR zu untersuchen. Dabei ist zudem zu beachten, dass – wie im zweiten und dritten Teil der Arbeit ausgeführt wurde – allen EU-Mitgliedstaaten zwei grundlegende, in ihrem Kern unantastbare Verfassungsprinzipien gemeinsam sind: die – je nach Mitgliedstaat und Institution unterschiedlich geartete – Wahl der Hoheitsträger einerseits und die Unabhängigkeit der Gerichte andererseits. Wie die Mitgliedstaaten diese beiden Prinzipien bei der Einsetzung ihrer Verfassungs- bzw. Höchstgerichte praktisch zusammenführen – sei es zugunsten des einen oder des anderen Prinzips oder im Wege der praktischen Konkordanz durch einen möglichst schonenden Ausgleich beider Prinzipien –, kann ein konkreter Blick auf die richterlichen Wahlmodalitäten in den Mitgliedstaaten näher bringen. Dadurch wird zum Ausdruck kommen, welches Gewicht die Mitgliedstaaten der Auswahl und Ernennung bei der Legitimation ihrer obersten Rechtsprechungsinstanzen beimessen, was schließlich als Maßstab für die Unionsgerichte dienen wird.

a) Richterwahl in den EU-Mitgliedstaaten

Anhand der Kompetenzen der beiden europäischen Gerichte sind Vergleichsobjekte auf nationaler Ebene zu bestimmen und die Wahl und Ernennung dieser nationalen Richter zu erörtern, so dass ein Vergleich mit der damit einhergehenden „demokratischen Legitimationskraft" und weiteren relevanten Faktoren aufgestellt werden kann.

aa) Vergleichsobjekte auf nationaler Ebene

Bezüglich der Funktionen und Kompetenzen der Gerichte kann auf den ersten Teil der Arbeit verwiesen werden.[790] Es wurde festgestellt, dass der EuGH umfassende Zuständigkeiten in unterschiedlichen Gerichtszweigen besitzt, seine wichtigsten Aufgaben jedoch im Bereich der Verfassungsgerichtsbarkeit liegen. Diese wer-

---

790 Siehe oben, 1. Teil, B.

den als genauso bedeutend wie – wenn nicht sogar noch weitreichender als – die Kompetenzen nationaler Verfassungsgerichte angesehen.[791] Aufgrund dieser Einstufung als Verfassungsgericht ist ein Anhaltspunkt für die Bewertung der oben dargestellten nationalen Auswahlverfahren bezüglich der Unionsrichter ein Vergleich zu den nationalen Verfassungsrichtern bzw. – falls kein nationales Verfassungsgericht existiert – zu den höchsten nationalen Richtern der Mitgliedstaaten mit ähnlichen Funktionen.[792]

Der enorme Kompetenzzuwachs des EuG seit seiner Entstehung macht es zwar nicht zu einem – dem EuGH vergleichbaren – „Verfassungsgericht". Seine Bedeutung für und sein Einfluss auf die Unionsrechtsordnung und die Rechtsordnungen der Mitgliedstaaten rechtfertigen aber eine Gleichbehandlung der EuG-Mitglieder einerseits mit den EuGH-Mitgliedern andererseits – wie dies de lege lata bereits weitestgehend der Fall ist.[793]

bb) Wahl der höchsten nationalen Richter bzw. Verfassungsrichter

Es sind rechtsvergleichend die Hauptmerkmale der Wahlverfahren zu den höchsten Gerichten in den Mitgliedstaaten darzustellen.[794] Dabei ist bereits zu Beginn festzustellen – und vor dem Hintergrund der obigen Erörterungen beachtlich –, dass diesbezüglich in allen EU-Mitgliedstaaten, ausnahmslos, genaue gesetzliche Regelungen existieren, und zwar meistens in den nationalen Verfassungen und ergänzend in speziellen Gesetzen bezüglich der betroffenen Gerichte.

(1) Der *belgische Cour constitutionnelle* (Art. 142 der belgischen Verfassung; neue Bezeichnung seit der Verfassungsreform vom 7. Mai 2007, vorher: *Cour d'arbitrage*) besteht aus zwölf Richtern, von denen sechs aus der niederländischen und sechs aus der französischen Sprachgruppe stammen.[795] Die Verfassungsrichter werden vom König auf Lebenszeit ernannt, und zwar aus einer Liste mit je zwei Bewerbern pro Posten, die abwechselnd von der Abgeordnetenkammer (Art. 61 ff. belg. Verf.) und vom Senat (Art. 67 ff. belg. Verf.) mit einer

---

791 Pieper/Schollmeier, Europarecht 2000, 7; Epping, Der Staat 1997, 349, 367; Balders/Hansalek, ZRP 2006, 54, 55; Azizi, in: Hummer, Paradigmenwechsel im Europarecht, 181, 202 f., 223; Scharpf, Multilevel Legitimacy, 12; Mähner, Gerichtshof, 173, 175 f., 207; Bredt, Demokratische Legitimation, 417; Schachtschneider, in: FS Hankel, 119, 138: „gottgleiche Allmacht"; Süddeutsche Zeitung Nr. 97 vom 25. April 2008, Seite 10: „BVerfG verliert Macht an EuGH…".

792 Siehe zu den höchsten Gerichten der EU-Staaten im Vergleich: Kneip, in: Gabriel/Kropp, EU-Staaten im Vergleich, 631 ff.

793 So z.B. auch Gundel, EuR Beiheft 3 2008, 23, 26.

794 Ein derartiger Vergleich aus politikwissenschaftlicher Sicht: Kneip, in: Gabriel/Kropp, EU-Staaten im Vergleich, 631, 637 ff.

795 Art. 31 Loi spéciale du 6 janvier 1989 sur la Cour d'arbitrage. Dazu: Delpérée, in: Starck/Weber, Verfassungsgerichtsbarkeit Westeuropa, 350 f.; Suetens, JöR 36 (1987), 135, 139 ff.

Zwei-Drittel-Mehrheit der anwesenden Mitglieder vorgeschlagen werden.[796] Das belgische Parlament hat somit das Vorschlagsrecht innc.

(2) Die zwölf *bulgarischen Verfassungsrichter* werden jeweils zu einem Drittel von der bulgarischen Nationalversammlung, vom Staatspräsidenten der Republik und von der Vollversammlung der Richter der obersten Gerichte („judges of the Supreme Court of Cassation and the Supreme Administrative Court") für eine einmalige Amtszeit von neun Jahren gewählt und ernannt.[797] Mithin werden von jeder Staatsgewalt – Legislative, Exekutive und Judikative – gleichberechtigt vier Verfassungsrichter direkt gewählt.

(3) In *Dänemark* gibt es kein spezielles Verfassungsgericht; Verfassungsfragen werden von den „normalen Gerichten" behandelt, von denen der oberste dänische Gerichtshof der *Højesteret* (Supreme Court) ist.[798] Er besteht aus einem Präsidenten und 19 Richtern, die – wie alle anderen Richter in Dänemark auch – vom Justizminister auf Vorschlag des im Jahre 1999 gegründeten „Judicial Appointments Council" ernannt werden, dessen Kandidatenvorschläge bisher immer befolgt wurden.[799] Dieser unabhängige Council besteht aus einem Richter des Supreme Court, einem Richter eines High Court, einem Richter eines District Court, einem Anwalt und zwei Vertretern der allgemeinen Öffentlichkeit. Alle Mitglieder werden vom Justizminister auf Grundlage der Meinungen der Vollversammlungen der Gerichte und verschiedener Berufsverbände ernannt.[800] Die genaue Verwaltung, Organisation, etc. der Gerichte wird, neben den wenigen Bestimmungen in §§ 61 ff. der dänischen Verfassung, im „Retsplejeloven" (The Administration of Justice Act of 1916) gesetzlich geregelt.

(4) In *Deutschland* werden die 16 Richter des *Bundesverfassungsgerichts* (Art. 92, 93 GG) für eine einmalige zwölfjährige Amtszeit je zur Hälfte vom Bundestag und vom Bundesrat gewählt, Art. 94 Abs. 1 Satz 2 GG i.V.m. §§ 4 ff. BVerfGG.[801] Dabei werden die Richter vom Bundestag gemäß § 6 BVerfGG in indirekter Wahl durch einen Wahlausschuss, der aus zwölf Mitgliedern des Bundestages besteht, mit Zwei-Drittel-Mehrheit bestimmt. Die vom Bundesrat zu berufenden Richter werden gemäß § 7 BVerfGG direkt im Plenum mit Zwei-Drittel-Mehrheit gewählt. Das Bundesjustizministerium führt die Wahllisten mit den

796 Art. 32 Loi spéciale du 6 janvier 1989 sur la Cour d'arbitrage. DRiZ 2002, 317, 317 f.

797 Art. 147 Abs. 1 und 2 der bulgarischen Verfassung; Art. 4 Constitutional Court Act. Dazu: Tschipew, in: Luchterhandt/Starck/Weber, Verfassungsgerichtsbarkeit Mittel- und Osteuropa, 43 ff.

798 Siehe: http://www.denmark.dk/en/menu/About-Denmark/Government-Politics/Political-System/Cons-titution/Courts.

799 Siehe: http://www.domstol.dk/hojesteret/english/AbouttheSupremeCourt/Pages/default.aspx.

800 Siehe: http://www.domstol.dk/om/otherlanguages/english/thedanishjudicialsystem/judicial-appointmentscouncil/Pages/default.aspx. DRiZ 2002, 317, 319.

801 Dazu statt vieler: Schlaich/Korioth, BVerfG, Rn. 42 ff. m.w.N.; Säcker, BVerfG, 49 ff.; Preuß, ZRP 1988, 389; Kröger, in: Starck, BVerfG, 76; Degenhart, Staatsrecht I, Rn. 748.

potentiellen und vorgeschlagenen Kandidaten, § 8 BVerfGG. Die formelle Ernennung der Gewählten erfolgt gemäß § 10 BVerfGG durch den Bundespräsidenten. Während die Exekutive somit nur formal am Rande des Verfahrens beteiligt ist, fallen die maßgeblichen Entscheidungen in den Legislativ-Verfassungsorganen des Bundes, dem Bundestag als Parlament und dem Bundesrat als föderalem Vertretungsorgan der Bundesländer.

(5) In *Estland* gibt es keine spezielle Verfassungsgerichtsbarkeit. Das *Riigikohus* (Supreme Court) ist als oberstes Gericht gleichzeitig für die ordentliche Gerichtsbarkeit, die Verwaltungsgerichtsbarkeit und als Verfassungsgericht tätig.[802] Von den insgesamt 19 Richtern des Riigikohus gehören neun einer speziellen Verfassungsgerichtskammer an.[803] Die Richter werden vom estnischen Parlament („Riigikogu", §§ 59 ff. der estnischen Verfassung) auf Vorschlag des Vorsitzenden des Supreme Court (Chief Justice) ernannt.[804] Dabei soll letzterer zunächst die Meinung des Supreme Court en banc und des Verwaltungsrates der Gerichte einholen.[805] Der Chief Justice selbst wird auf Vorschlag des Präsidenten der Republik vom Parlament ernannt.[806]

(6) In *Finnland* existiert keine Verfassungsgerichtsbarkeit; Verfassungsfragen werden im Verfassungsausschuss des finnischen Parlaments geklärt.[807] Die zurzeit jeweils 19 Mitglieder (je ein Präsident und 18 ständige Richter) der obersten finnischen Gerichte, dem Obersten Gerichtshof und dem Obersten Verwaltungsgerichtshof[808], werden vom Präsidenten der finnischen Republik ernannt, § 102 finnische Verfassung.[809] Die entsprechenden Kandidatenvorschläge liefern die betroffenen Gerichte selbst.[810]

(7) Der *französische Conseil Constitutionnel* (Verfassungsrat, Art. 56 ff. der französischen Verfassung) setzt sich aus neun Mitgliedern zusammen, von denen drei vom Präsidenten der Republik, drei vom Präsidenten der Nationalversammlung und drei vom Präsidenten des Senats für ein einmaliges, neunjähriges Mandat ernannt werden, Art. 56 Abs. 1 französische Verfassung.[811] Mithin wird das Ernennungsrecht gleichberechtigt zwischen den Präsidenten der beiden Par-

---

802 Siehe zum estnischen Gerichtssystem: http://www.nc.ee/?id=188.

803 Vgl. Homepage des Supreme Courts: http://www.nc.ee/?id=194.

804 § 150 Abs. 2 estnische Verfassung; § 55 Abs. 4 Satz 1 Estonian Courts Act.

805 § 55 Abs. 4 Satz 2 Estonian Courts Act.

806 § 150 Abs. 1 estnische Verfassung.

807 Telefonische Auskunft der finnischen Botschaft vom 7. Dezember 2007.

808 §§ 99, 100 der finnischen Verfassung; Chapter 1 Section 4 Code of Judicial Procedure. Siehe zudem die Homepages der beiden Gerichte: http://www.kko.fi/29534.htm und http://www.kho.fi/en/21403.htm.

809 DRiZ 2002, 317, 319.

810 Vgl. http://www.oikeus.fi/41278.htm.

811 Dazu: Fromont, in: Starck/Weber, Verfassungsgerichtsbarkeit Westeuropa, 314 ff.; Bredt, Demokratische Legitimation, 102 ff., insb. 104; Sonnenberger/Autexier, Frz. Recht, 54 f.; DRiZ 2002, 317, 319; Tschentscher, Demokratische Legitimation, 287.; Vogel, in: Frankreich, 37, 40.

lamentskammern und dem Präsidenten der Republik aufgeteilt.[812] Dabei gilt es zu beachten, dass nicht nur die Nationalversammlung, sondern auch der französische Präsident direkt vom Volk gewählt wird, Art. 6 französische Verfassung, wodurch insofern formal eine gleichartig unmittelbare demokratische Legitimation dieser beiden Verfassungsorgane erreicht wird (sog. „Doppellegitimation“).[813] Durch eine vor kurzem erfolgte Verfassungsänderung wurde die oben genannte Ernennungsregelung zudem insofern ergänzt, dass nach Inkrafttreten der neuen Regelung bei den Ernennungen eine öffentliche Stellungnahme des zuständigen Ausschusses der jeweiligen Kammer (bzw. bei Ernennung durch den Staatspräsidenten beider Kammern) eingeholt werden muss.[814] Mithin werden die Einflussmöglichkeiten der beiden Kammern bei der Auswahl der Verfassungsrichter gestärkt. Neben den neun gewählten Mitgliedern sind gemäß Art. 56 Abs. 2 der französischen Verfassung die ehemaligen Präsidenten der Republik auf Lebenszeit gesetzliche Mitglieder des Verfassungsrates. Deren Teilnahme an Entscheidungen stellt in der Praxis aber eher eine Ausnahme dar[815] – wie beispielsweise im Jahre 2007 die Teilnahme des ehemaligen Präsidenten Jacques Chirac an der Lissabon-Entscheidung des Verfassungsrates[816].

(8) In *Griechenland* gibt es keine spezielle, ständige Verfassungsgerichtsbarkeit. Alle Gerichte beschäftigen sich – wenn nötig – mit Verfassungsfragen. Die Richter der obersten griechischen Gerichte (the Hellenic Supreme Court of civil and penal law, the Council of State and the Chamber of Accounts/Court of Audit) werden durch Präsidialverordnung ernannt, Art. 88 Abs. 1 der griechischen Verfassung. Eine parlamentarische Beteiligung erfolgt nicht. Für genau bestimmte Verfassungsfragen existiert ein – nicht permanenter – „Supreme Special Court“, der sich aus den drei Vorsitzenden der obersten Gerichte qua Amt, vier Richtern des Court of Cassation und weiteren vier Richtern des Council of State zusammensetzt, wobei die acht zuletzt genannten alle zwei Jahre per Losverfahren ausgewählt werden, Art. 100 griechische Verfassung.[817]

(9) In *Irland* gibt es kein Verfassungsgericht. Sieben der insgesamt acht Richter des höchsten Supreme Court (Art. 34 Abs. 4 der irischen Verfassung) werden ohne Parlamentsbeteiligung gemäß Art. 35 Abs. 1 der irischen Verfassung auf Vorschlag der Regierung vom Staatspräsidenten ernannt.[818] Zuvor findet eine diesbe-

812 Dazu: Kühn/Kysela, EuConst 2 (2006), 183, 185 f.

813 Vgl. dazu Heuschling, in: Bauer/Huber/Sommermann, Demokratie in Europa, 33, 60, 65; Hübner/Constantinesco, Frz. Recht, 44 f., 52 f.; Sonnenberger/Autexier, Frz. Recht, 35.

814 Art. 56 Abs. 1 n.F. i.V.m. Art. 13 Abs. 5 frz. Verf.; Verfassungsgesetz Nr. 2008-724 vom 23. Juli 2008 (Art. 46).

815 Bredt, Demokratische Legitimation, 104.

816 Décision n° 2007-560 DC du 20 décembre 2007 – Traité de Lisbonne.

817 Dazu: Dagtoglou, in: Starck/Weber, Verfassungsgerichtsbarkeit Westeuropa, 369.

818 Schriftliche Auskunft des irischen Justizministeriums vom 20. Mai 2008. Homepage des Supreme Court: http://www.supremecourt.ie/SupremeCourt/sclibrary3.nsf/pagecurrent/19FE243745DF1D0880257315005A41E2?opendocument&l=en. Gesetzliche Regelung: Courts and Court Officers Act 2002, Part 3. DRiZ 2002, 317, 320.

zügliche Beratung in einem unabhängigen Richterernennungsausschuss (Judicial Appointments Advisory Board, JAAB) statt, der aus Richtern und Vertretern des juristischen Berufsstandes besteht. Das achte Mitglied des Supreme Court ist der Vorsitzende des High Court ex officio.

(10) Das *italienische* Verfassungsgericht, der *Corte Constituzionale*, besteht aus 15 Richtern, von denen gemäß Art. 135 der italienischen Verfassung fünf direkt vom italienischen Parlament mit Zwei-Drittel-Mehrheit gewählt werden, fünf vom Staatspräsidenten und fünf von den drei obersten Gerichten Italiens (drei vom Supreme Court, einer vom Council of State und einer vom Court of Auditors), so dass alle drei Staatsgewalten an der Konstituierung des Gerichts gleichberechtigt beteiligt sind.[819]

(11) Die sieben *Verfassungsrichter* in *Lettland* werden vom „Saeima", dem lettischen Parlament (Ziffer 5. ff. der lettischen Verfassung), in geheimer Abstimmung für eine einmalige, zehnjährige Amtszeit ernannt, Ziffer 85. der lettischen Verfassung.[820] Für drei dieser Richter liegt das Vorschlagsrecht bei mindestens zehn Mitgliedern des Parlaments und für jeweils zwei Richter hat das Ministerkabinett und das Plenum des Supreme Courts das Vorschlagsrecht inne.[821]

(12) In *Litauen* werden die neun Verfassungsrichter gemäß Art. 103 der litauischen Verfassung vom „Seimas" gewählt, dem Parlament (Art. 55 ff. der litauischen Verfassung). Dabei werden drei Kandidaten vom Präsidenten der Republik vorgeschlagen, drei vom Vorsitzenden des Parlaments und drei vom Vorsitzenden des Supreme Courts.[822] Genau wie in Lettland wird mithin das Vorschlagsrecht zwischen den drei Staatsgewalten aufgeteilt, während das Ernennungsrecht allein beim Parlament liegt.

(13) Das *luxemburgische* Verfassungsgericht, der *Cour Constitutionnelle*, setzt sich gemäß Art. 95ter Abs. 3 der luxemburgischen Verfassung zusammen aus dem Präsidenten des Obersten Gerichtshofs (Cour Supérieure de Justice), dem Präsidenten des Oberverwaltungsgerichts (Cour administrative), zwei Mitgliedern des Kassationsgerichtshofs und fünf Richtern, die vom Großherzog nach gemeinsamer Stellungnahme des Obersten Gerichtshofs und des Oberverwaltungsgerichts ernannt werden.[823] Die Entscheidung und Zusammensetzung vollzieht sich mithin zwischen Exekutive und Judikative.

---

819 Fromont, Grands systèmes, 61; DRiZ 2002, 317, 320 f.; Kühn/Kysela, EuConst 2 (2006), 183, 186; Tschentscher, Demokratische Legitimation, 293; Ritterspach, in: Starck/Weber, Verfassungsgerichtsbarkeit Westeuropa, 225 ff. Siehe auch die Informationen auf der Homepage des Verfassungsgerichts: http://www.cortecostituzionale.it/versioni_in_lingua/eng/lacortecostituzionale/cosaelacorte/pag_14.asp.

820 Art. 3, 4, 7 Constitutional Court Law.

821 Art. 4 Abs. 1 Constitutional Court Law; Art. 4 Abs. 2, 3 und 4 dieses Gesetzes regelt die genauen Bewerbungsmodalitäten.

822 Art. 103 litauische Verfassung; Art. 4 Law on the Constitutional Court of the Republic of Lithuania. Dazu: Žilis, in: Luchterhandt/Starck/Weber, Verfassungsgerichtsbarkeit Mittel- und Osteuropa, 57 ff.

823 Art. 3 Loi du 27 juillet 1997 portant organisation de la Cour Constitutionelle.

(14) Die Judikative von *Malta* besteht personell aus dem Chief Justice, 17 Richtern und ebensovielen Magistraten. Drei dieser Richter, und zwar der Chief Justice und die beiden Dienstältesten, bilden den *Constitutional Court* von Malta, sind aber zugleich auch Richter der anderen obersten Gerichte.[824] Die Richter werden vom Staatspräsidenten im Einvernehmen mit dem Premierminister ernannt, Ziffer 96. (1) maltische Verfassung. Die Wahl stellt somit eine reine Regierungsentscheidung dar.

(15) In den *Niederlanden* gibt es kein Verfassungsgericht. Die Mitglieder des obersten Gerichts, dem *Hoge Raad*, werden durch königlichen Erlass auf Lebenszeit ernannt, Art. 117 Abs. 1 der niederländischen Verfassung. Das diesbezügliche Vorschlagsrecht hat gemäß Art. 118 Abs. 1 der niederländischen Verfassung die Zweite Kammer der Generalstaaten (Parlament, Art. 50 ff. niederländische Verfassung) inne, die jeweils drei Kandidaten pro Stelle vorschlagen muss. Dieser Dreier-Vorschlag soll wiederum auf Vorschlägen des Hohen Rats selbst beruhen. Die Richterauswahl erfolgt somit unter Beteiligung aller drei Gewalten.

(16) Der *österreichische Verfassungsgerichtshof* (Art. 137 ff. B-VG) besteht gemäß Art. 147 Abs. 1 B-VG aus einem Präsidenten, einem Vizepräsidenten, zwölf regulären Richtern und sechs Ersatzmitgliedern, die alle vom Bundespräsidenten ernannt werden. Dabei hat gemäß Art. 147 Abs. 2 B-VG für den Präsidenten, den Vizepräsidenten, sechs Richter und drei Ersatzrichter die Bundesregierung das Vorschlagsrecht inne, für drei Richter und zwei Ersatzrichter der Nationalrat und für drei Richter und ein Ersatzmitglied der Bundesrat.[825] Mithin werden von den insgesamt 20 Mitgliedern des Verfassungsgerichtshofs sechs Richter und drei Ersatzrichter von den beiden Parlamentskammern (Nationalrat, Art. 24 ff. B-VG; Bundesrat, Art. 34 ff. B-VG) nominiert. Die zu besetzenden Richterposten sind gemäß § 1 Verfassungsgerichtshofgesetz (VfGG) öffentlich auszuschreiben.

(17) Der *polnische Verfassungsgerichtshof* besteht gemäß Art. 194 Abs. 1 der polnischen Verfassung aus 15 Mitgliedern, die individuell vom Sejm (polnisches Parlament, Art. 95 ff. Verf.) für eine einmalige neunjährige Amtsperiode mit der absoluten Mehrheit der abgegebenen Stimmen gewählt werden.[826] Kandidaten für die Richterposten werden entweder von mindestens 50 Abgeordneten oder vom Präsidenten des Sejm vorgeschlagen.[827] Das polnische Parlament ist insofern das maßgebliche Wahlgremium.[828] Der Präsident und der Vize-Präsident des Verfassungsgerichtshofs werden vom Präsidenten der Republik aus der Mitte der Kan-

824 Ziffer 95. (2) Constitution of Malta; schriftliche Auskunft des maltischen Ministry for Justice and Home Affairs vom 16. November 2007.

825 Öhlinger, Verfassungsrecht, Rn. 985; Keller, in: FS Broda, 121, 125 ff., 131 f.; DRiZ 2002, 317, 321; Korinek, in: Starck/Weber, Verfassungsgerichtsbarkeit Westeuropa, 155 f.

826 Siehe auch Art. 5 Abs. 1, 2 und 4 Satz 2 of the Constitutional Tribunal Act.

827 Art. 5 Abs. 4 of the Constitutional Tribunal Act.

828 Kühn/Kysela, EuConst 2006, 183, 187; Garlicki, in: Luchterhandt/Starck/Weber, Verfassungsgerichtsbarkeit Mittel- und Osteuropa, 79 f.

didaten berufen, die von der Generalversammlung der Richter des Verfassungsgerichtshofs vorgeschlagen werden, Art. 194 Abs. 2 der Verfassung.

(18) Zehn der 13 Richter des *portugiesischen Tribunal Constitucional* werden gemäß Art. 222 Abs. 1 der portugiesischen Verfassung von der Versammlung der Republik (portugiesisches Parlament, Art. 147 ff. Verf.) gewählt; die übrigen drei werden durch das Gericht selbst kooptiert.[829] Dabei müssen gemäß Art. 222 Abs. 2 der Verfassung sechs Richter unter den Richtern der anderen portugiesischen Gerichte ausgewählt werden und die übrigen unter sonstigen Juristen. Das portugiesische Parlament ist somit – unter Beteiligung der Judikative – der maßgebliche Akteur bei der Auswahl der Verfassungsrichter.

(19) In *Rumänien* werden gemäß Art. 142 Abs. 3 der rumänischen Verfassung drei der neun *Verfassungsrichter* von der Abgeordnetenkammer, drei vom Senat und drei vom Präsidenten für eine einmalige Amtszeit von neun Jahren gewählt.[830] Abgeordnetenkammer und Senat bilden die beiden rumänischen Parlamentskammern (Art. 61 ff. rumänische Verfassung), so dass die Legislative maßgeblich an der Besetzung des Verfassungsgerichts beteiligt ist.[831]

(20) Die *höchsten Gerichte* in *Schweden* sind gemäß Kapitel 11 Abs. 1 der schwedischen Verfassung (Regeringsformen) der Oberste Gerichtshof und das Oberste Verwaltungsgericht; ein Verfassungsgericht existiert nicht. Die Stellenbesetzung erfolgt gemäß Kapitel 11 Abs. 9 der schwedischen Verfassung rein exekutiv durch die Regierung. Eine Beteiligung anderer Staatsgewalten ist nicht vorgesehen.

(21) Die 13 Richter des *Verfassungsgerichts der Slowakischen Republik* werden gemäß Art. 134 Abs. 2, 102 Abs. 1 s) der slowakischen Verfassung vom Präsident der Republik auf Vorschlag des Nationalrats, dem slowakischen Parlament (Art. 72 ff. slowakische Verfassung), für eine einmalige zwölfjährige Amtsperiode ernannt.[832] Dabei schlägt der Nationalrat die doppelte Anzahl an erforderlichen Kandidaten vor, so dass der Präsident noch eine richtige „Auswahl" zu treffen hat.

(22) In der *Republik Slowenien* werden gemäß Art. 163 Abs. 1 der slowenischen Verfassung die neun *Verfassungsrichter* auf Vorschlag des Staatspräsidenten von der Staatsversammlung, dem Parlament (Art. 80 ff. slowenische Verfassung), gewählt.[833] Die genauen Modalitäten werden in Art. 11 ff. des Constitutional Court Act geregelt: Demnach informiert der Präsident des Verfassungsgerichts

829 Siehe auch Art. 12 des Gesetzes Nr. 28/82 über Organisation, Funktionieren und Verfahren des Verfassungsgerichts. Dazu: Moreira Cardoso da Costa, in: Starck/Weber, Verfassungsgerichtsbarkeit Westeuropa, 285 ff.

830 Siehe auch Art. 5 Abs. 2 Law no. 47 of 18 may 1992 on the organisation and operation of the Constitutional Court.

831 Dazu: Kühn/Kysela, EuConst 2 (2006), 183, 186; Gionea/Tontsch, in: Luchterhandt/Starck/Weber, Verfassungsgerichtsbarkeit Mittel- und Osteuropa, 108.

832 Kühn/Kysela, EuConst 2 (2006), 183, 188; Posluch, in: Luchterhandt/Starck/Weber, Verfassungsgerichtsbarkeit Mittel- und Osteuropa, 155 f.

833 Kühn/Kysela, EuConst 2 (2006), 183, 188; Šinkovec/Tratar, in: Luchterhandt/Starck/Weber, Verfassungsgerichtsbarkeit Mittel- und Osteuropa, 171 f.

den Präsidenten der Republik rechtzeitig über das Erfordernis einer Neubesetzung (Art. 11). Letzterer schreibt die Stellen öffentlich aus (Art. 12) und schlägt der Nationalversammlung aufgrund der eingehenden Bewerbungen Kandidaten für die Richterämter vor (Art. 13). Die Nationalversammlung wählt die Richter schließlich in geheimer Abstimmung mit der Mehrheit der Abgeordneten (Art. 14). Die ausschlaggebende Entscheidung liegt mithin beim Parlament.

(23) Die zwölf Mitglieder des *spanischen Verfassungsgerichts* werden gemäß Art. 159 Abs. 1 der spanischen Verfassung vom König formal ernannt. Dabei liegt das Vorschlagsrecht für vier Richter beim Kongress der Abgeordneten und für vier weitere Richter beim Senat, die ihren Beschluss jeweils mit Drei-Fünftel-Mehrheit der Mitglieder fassen.[834] Kongress und Senat stellen die beiden Parlamentskammern Spaniens dar (Art. 66 ff. spanische Verfassung); die materielle Auswahlkompetenz für acht von zwölf Richtern liegt mithin bei der Legislative. Die restlichen vier Posten werden je zur Hälfte von der Regierung und vom Richterrat vorgeschlagen, so dass im Ergebnis eine Beteiligung aller drei Gewalten bei der personellen Besetzung des Verfassungsgerichts erfolgt.[835]

(24) Das *Verfassungsgericht der Tschechischen Republik* besteht gemäß Art. 84 Abs. 1 der tschechischen Verfassung aus 15 Richtern. Diese werden gemäß Art. 84 Abs. 2 der tschechischen Verfassung vom Präsidenten der Republik im Einvernehmen mit dem Senat, der zweiten Kammer des tschechischen Parlaments (Art. 15 ff. Verf.), für eine zehnjährige, erneuerbare Amtsperiode ernannt.[836]

(25) Die elf Mitglieder des *ungarischen Verfassungsgerichts* werden gemäß Art. 32a Abs. 4 der ungarischen Verfassung vom Parlament mit Zwei-Drittel-Mehrheit für eine neunjährige, einmalig verlängerbare Amtsperiode gewählt.[837] Die Kandidaten für diese Richterposten werden von einem speziellen parlamentarischen Komitee vorgeschlagen, das aus je einem Mitglied der im Parlament vertretenen Parteien besteht.[838] Sie werden vom „Legal, Administrative and Justice Committee" des ungarischen Parlaments angehört und die Meinung dieses Komitees soll bei der späteren Wahl der Richter berücksichtigt werden.[839] Es handelt sich mithin um einen Entscheidungsprozess, der sich ausschließlich im Parlament vollzieht.

(26) Im *Vereinigten Königreich* gibt es kein spezielles Verfassungsgericht. Früher wurden die obersten rechtsprechenden Befugnisse von den *Law Lords* des

---

834 DRiZ 2002, 317, 321; Kühn/Kysela, EuConst 2 (2006), 183, 186; Llorente, in: Starck/Weber, Verfassungsgerichtsbarkeit Westeuropa, 249 f.

835 Fromont, Grands systèmes, 73; Tschentscher, Demokratische Legitimation, 297.

836 § 6 Abs. 1 Act no. 182/1993 on the Constitutional Court. Ausführlich dazu: Kühn/Kysela, EuConst 2006, 183, 184, 188 ff.; Holländer/Hofmann, in: Luchterhandt/Starck/Weber, Verfassungsgerichtsbarkeit Mittel- und Osteuropa, 196.

837 Art. 4 Abs. 1, 8 Abs. 1 und 3 Act XXXII of 1989 on the Constitutional Court. Dazu: Kühn/Kysela, EuConst 2006, 183, 187 f.; Sólyom, in: Luchterhandt/Starck/Weber, Verfassungsgerichtsbarkeit Mittel- und Osteuropa, 241 f.

838 Art. 32a Abs. 4 Satz 2 ungarische Verfassung; Art. 6 Act XXXII of 1989 on the Constitutional Court.

839 Art. 7, 8 Abs. 1 Act XXXII of 1989 on the Constitutional Court.

House of Lords („Lordrichter" mit dem *Lord Chief Justice* als oberstem Richter) und dem *Lord Chancellor* („Lordkanzler") ausgeübt. Diese wurden auf Vorschlag des Prime Ministers von der Queen ernannt.[840] Um die Trennung der Gewalten und die Unabhängigkeit der Richter zu stärken, wurde durch den *Constitutional Reform Act 2005* ein *Supreme Court of the United Kingdom* mit zwölf Richtern geschaffen, der seit dem 1. Oktober 2009 die Rechtsprechungsfunktion des Oberhauses übernommen hat.[841] Durch diese Verfassungsreform wurden die judikativen Kompetenzen des Lord Chancellors abgeschafft und die bisherigen Law Lords wurden, unter dem Vorsitz des Lord Chief Justice, die ersten Richter des neuen, von der Legislative nunmehr streng getrennten, Supreme Courts. Werden nach dieser Erst-Besetzung Richterposten frei, so vollzieht sich die personelle Besetzung nach neuen Regelungen, die vor der Ernennung durch die Queen und neben dem Premierminister und dem Lord Chancellor eine maßgebliche Beteiligung einer neuen Ernennungskommission vorsehen, die sich aus dem Präsidenten des Supreme Courts und dessen Stellvertreter sowie Mitgliedern der verschiedenen Ernennungsinstitutionen von England, Wales, Schottland und Nordirland zusammensetzt.[842] Judikative und Exekutive werden somit die Auswahlentscheidung gemeinsam treffen.

(27) Von 1960 bis 1964 existierte in *Zypern* ein *Supreme Constitutional Court*, der gemäß Art. 133 1. (1) der Verfassung Zyperns aus einem griechischen, einem türkischen und einem sogenannten „neutralen Richter" bestand. Sie wurden auf Vorschlag des Gerichts selbst vom Präsidenten und Vize-Präsidenten der Republik gemeinsam ernannt, Art. 133 1. (2) Verfassung Zyperns. Infolge nationaler Unruhen wurde das Verfassungsgericht im Jahre 1964 durch Gesetz (Administration of Justice Law no. 33/64) gemeinsam mit dem *High Court* zu einem *Supreme Court* zusammengefasst, der deren Kompetenzen und Jurisdiktionsgewalt übernahm.[843] Die 13 Richter des Supreme Court von Zypern werden aktuell vom Präsidenten der Republik ernannt, der diese traditionell aus den Reihen der Richter erstinstanzlicher Gerichte auf Vorschlag des Supreme Courts auswählt.[844] Mithin besteht eine Konsultation zwischen Exekutive und Judikative; das Parlament ist nicht beteiligt.

In der nachfolgenden Tabelle werden die Auswahlverfahren der besseren Übersichtlichkeit halber in Kurzform zusammenfassend dargestellt.

---

840 Epping, Der Staat 1997, 349, 371; DRiZ 2002, 317, 319 f.; Stürner, in: FS Brohm, 153, 162; Fromont, Grands systèmes, 84, 86; Tschentscher, Demokratische Legitimation, 289 f.

841 Constitutional Reform Act 2005, Part 3; http://www.justice.gov.uk/about/supremecourt.htm.

842 Part 3, Ziffer 23 ff. Constitutional Reform Act.

843 Siehe: http://www.supremecourt.gov.cy/judicial/sc.nsf/DMLfaq_en/DMLfaq_en?OpenDocument; Loizou, in: Luchterhandt/Starck/Weber, Verfassungsgerichtsbarkeit Mittel- und Osteuropa, 280 ff.

844 http://www.supremecourt.gov.cy/judicial/sc.nsf/DMLJudiciary_en/DMLJudiciary_en?OpenDocu-ment.

Wahl/Ernennung der obersten nationalen Richter in den EU-Mitgliedstaaten

	VerfGericht/ Höchstes Gericht	Gesetzliche Regelung	Beteiligung an der Richterwahl/-ernennung von			Sonstiges (öffentl. Ausschreibung; Berufsverbände)
			Legislative	**Exekutive**	**Judikative**	
Belgien	Cour Constitutionnelle	Art. 142 Verf., Art. 31, 32 Loi spéciale du 6 janvier 1989	Vorschläge abwechselnd von Parlaments-Kammern (je 2 pro Posten)	König wählt aus und ernennt	nein	
Bulgarien	Verfassungsgericht	Art. 147 I, II Verf., Art. 4 Constitutional Court Act	Wahl von ⅓ durch Nationalversammlung	Wahl von ⅓ durch Staatspräsident	Wahl von ⅓ durch Vollversammlung der Gerichte	alle 3 Gewalten beteiligt
Dänemark	Højesteret (Supreme Court)	§§ 61 ff. Verf., Retsplejeloven	nein	Justizminister ernennt	3 Vertreter im JAC, der Vorschlagsrecht hat	1 Anwalt und 2 Vertreter der Öffentlichkeit im JAC
Deutschland	Bundesverfassungsgericht	Art. 94 I 2 GG i.V.m. §§ 4 ff. BVerfGG	Wahl von ½ durch BT und ½ durch BR	nur rein formale Beteiligung	nein	
Estland	Riigikohus (Supreme Court) mit Verfassungsgerichtskammer	§ 150 I, II Verf., § 55 IV Estonian Courts Act	Ernennung durch Parlament	Präsident schlägt Chief Justice vor	Chief Justice schlägt übrige Richter vor	alle 3 Gewalten beteiligt
Finnland	Oberster Gerichtshof u. Oberster Verwaltungsgerichtshof	§ 102 Verf.	nein	Präsident	Vorschlag durch oberste Gerichte selbst	
Frankreich	Conseil Constitutionnel	Art. 56 Verf.	Wahl ⅓ Präsident NV u. ⅓ Präsident Senat; zudem Stellungnahme	Wahl von ⅓ durch Präsident der Republik	nein	ehemalige Staatspräsidenten sind gesetzliche Mitglieder
Griechenland	3 oberste Gerichte Supreme Special Court (für Verfassungsfragen)	Art. 88 I Verf. Art. 100 Verf.	nein	Präsidialverordnung	nein SSC besteht aus Vorsitzenden der obersten Gerichte und weiteren Richtern per Los	

Irland	Supreme Court	Art. 35 I Verf.	nein	Präsident ernennt, Regierung schlägt vor	Beratung in JAAB	Vertreter des juristischen Berufstandes ebenfalls in JAAB
Italien	Corte Constituzionale	Art. 135 Verf.	Wahl von ⅓ durch Parlament	Wahl von ⅓ durch Staatspräsidenten	Wahl von ⅓ durch oberste Gerichte	alle 3 Gewalten beteiligt
Lettland	Verfassungsgericht	Ziff. 85. Verf.	Wahl aller Richter; Vorschlag für 3	Ministerkabinett schlägt 2 vor	Plenum Supreme Court schlägt 2 vor	alle 3 Gewalten beteiligt
Litauen	Verfassungsgericht	Art. 103 Verf., Art. 4 Law on the Constitutional Court	Seimas wählt alle Richter; Präsident schlägt 3 vor	Staatspräsident schlägt 3 vor	Präsident Supreme Court schlägt 3 vor	alle 3 Gewalten beteiligt
Luxemburg	Cour Constitutionnelle	Art. 95ter III Verf. Art. 3 Loi C.C.	nein	Großherzog entscheidet	Vorschlag und Stellungnahme	C.C. besteht z.T. aus Mitgliedern anderer Gerichte
Malta	Constitutional Court	Ziff. 96 (1) Verf.	nein	Staatspräsident u. Premierminister	nein	zugleich Richter der 3 obersten Gerichte
Niederlande	Hoge Raad	Art. 117 f. Verf.	Vorschlag der 2. Parlamentskammer (je 3 pro Stelle)	Auswahl und Ernennung durch König	Hoge Raad bei Vorschlag beteiligt	alle 3 Gewalten beteiligt
Österreich	Verfassungsgerichtshof	Art. 147 B-VG	z.T. Vorschlag durch beide Parlamentskammern	z.T. Vorschlag durch Regierung, Bundespräsident ernennt	nein	öffentliche Ausschreibung
Polen	Verfassungsgericht	Art. 194 Verf., Art. 5 Constitutional Tribunal Act	Vorschlag und Wahl allein durch Parlament	nein	nein	
Portugal	Tribunal Constitucional	Art. 222 Verf., Art. 12 Gesetz Nr. 28/82	Wahl von 10 Richtern im Parlament	nein	Kooptation von 3 Richtern durch Gericht selbst	
Rumänien	Verfassungsgericht	Art. 142 Verf., Art. 5 II Law no. 47/1992	Wahl von ⅓ im Senat u. ⅓ in Abgeordnetenkammer	Wahl von ⅓ durch Präsident	nein	
Schweden	Oberster Gerichtshof u. Oberstes Verwaltungsgericht	Kap. 11 Abs. 9 Verf.	nein	Regierung, v.a. Justizministerium	nein	

Slowakische Republik	Verfassungsgericht	Art. 134 II Verf.	Vorschlag durch Nationalrat (je 2 pro Posten)	Auswahl und Ernennung durch Präsidenten	nein	
Slowenische Republik	Verfassungsgericht	Art. 163 I Verf., Art. 11 ff. Constitutional Court Act	Wahl durch Nationalversammlung	Vorschlag durch Staatspräsidenten	nein	öffentliche Ausschreibung
Spanien	Verfassungsgericht	Art. 159 I Verf.	Vorschlag von ⅓ durch Kongress und ⅓ durch Senat	König ernennt; Vorschlag von 2 durch Regierung	Vorschlag von 2 durch Richterrat	alle 3 Gewalten beteiligt
Tschechische Republik	Verfassungsgericht	Art. 84 II Verf., § 6 I Act on the Constitutional Court	Einvernehmen des Senats	Ernennung durch Präsidenten der Republik	nein	
Ungarn	Verfassungsgericht	Art. 32a IV Verf., Art. 4 ff. Act on the Const. Court	Parlament wählt; Vorschläge und Meinungen in parlamentarischen Komitees	nein	nein	
Vereinigtes Königreich	seit 1. Oktober 2009: Supreme Court	Constitutional Reform Act 2005	nein	Queen und v.a. Prime Minister	Vertreter in neuer Ernennungskommission	
Zypern	Supreme Court	Administration of Justice Law no. 33/64	nein	Ernennung durch Staatspräsidenten	Vorschlag durch Supreme Court selbst	
27 Mitgliedstaaten		**27 x gesetzl. Regelung**	**18 x Legislative beteiligt**	**23 x Exekutive beteiligt**	**14 x Judikative beteiligt**	**7 x alle Gewalten beteiligt**

cc) Zwischenergebnis und Stellungnahme

Im Ergebnis ist festzuhalten, dass in allen 27 Mitgliedstaaten das Verfahren zur personellen Besetzung ihrer höchsten Richterämter gesetzlich normiert und insofern für jedermann einsehbar ist. Somit besteht überall zumindest im Hinblick auf das formelle Verfahren und die daran beteiligten Institutionen eine Transparenz, die das Verfahren zur Auswahl der Unionsrichter in vielen Mitgliedstaaten (insgesamt 18 bzw. bald 17) noch vermissen lässt.[845]

Auffallend ist zudem, dass im Gegensatz zu der Exekutivlastigkeit im Rahmen der Auswahl der Unionsrichter bei der Auswahl und Ernennung der obersten nationalen Richter überwiegend mehrere Institutionen – und somit verschiedene Staatsgewalten – beteiligt sind. In insgesamt sieben Staaten wirken sogar alle drei Gewalten an dem Verfahren zur Besetzung der Richterposten mit (in Bulgarien, Estland, Italien, Lettland, Litauen, den Niederlanden und Spanien).

Dabei unterstreicht die Beteiligung der Judikative nicht nur die Unabhängigkeit der Dritten Gewalt, sondern kann zudem aufgrund ihres Sachverstandes die fachlichen Kompetenzen der Bewerber bewerten und somit für eine gewisse Absicherung der Qualität und Professionalität bei der Kandidatenauswahl sorgen. Neben den sieben genannten Staaten ist die Judikative noch in sieben weiteren Ländern in das Verfahren involviert (und zwar in Dänemark, Finnland, Irland, Luxemburg, Portugal, dem Vereinigten Königreich und Zypern).

Die Beteiligung der nationalen Parlamente, die „mächtigsten" und direkt von den Staatsbürgern gewählten Legislativorgane, soll in der Regel der Bedeutsamkeit der obersten (Verfassungs-) Gerichte Rechnung tragen und ihre gewichtigen Kompetenzen insofern rechtfertigen. Neben den sieben oben genannten Staaten mit Auswahlprozessen unter Mitwirkung aller drei Staatsgewalten spielt das Parlament zudem in elf weiteren Staaten eine Rolle bei dem Verfahren zur Besetzung der obersten nationalen Richterposten (und zwar in Belgien, Deutschland, Frankreich, Österreich, Polen, Portugal, Rumänien, der Slowakischen Republik, der Slowenischen Republik, der Tschechischen Republik und Ungarn). Dabei variieren die Modalitäten der parlamentarischen Einflussnahme von einer bloßen Konsultation oder Stellungnahme zu den Bewerbern[846], über das Recht der Nominierung von Kandidaten (Vorschlagsrechte bezüglich aller oder einer bestimmten Anzahl von Richtern)[847], bis hin zur endgültigen Auswahl und/oder Ernennung aller oder bestimmter Richter[848]. Eine – mal mehr, mal weniger gewichtige – Beteiligung der nationalen Parlamente bei der personellen Besetzung der höchsten nationalen Richterstellen erfolgt im Ergebnis in insgesamt 18 EU-Mitgliedstaa-

845 Ähnlich: Karpenstein/Langner, in: Grabitz/Hilf, EUV/EGV, Art. 223, Rn. 13.

846 So in der Tschechischen Republik.

847 So in Belgien, den Niederlanden, Österreich, der Slowakischen Republik und Spanien.

848 So in Bulgarien, Deutschland, Estland, Frankreich, Italien, Lettland, Litauen, Polen, Portugal, Rumänien, der Slowenischen Republik und Ungarn.

ten. Es verbleiben neun Staaten, in denen Wahl und Ernennung ohne jegliche Parlamentsbeteiligung stattfinden.[849]

Schließlich ist – neben den sieben oben genannten „dreigliedrigen" Auswahlverfahren – in 16 weiteren Mitgliedstaaten die Regierung bzw. das Staatsoberhaupt unterschiedlich stark an der Besetzung der Richterposten beteiligt[850], mithin in insgesamt 23 der 27 EU-Mitgliedstaaten. Die „Zuweisung des Ernennungsrechtes an das Staatsoberhaupt und die Regierung" wird zum Teil als „echt vordemokratisch" bezeichnet.[851] Sie erinnert an die autoritäre Bestimmung der Richter durch den Monarchen. Vor diesem Hintergrund wurde festgestellt: „Offenbar fehlt den Demokratien der Europäischen Union ein strenges Grundverständnis demokratischer Legitimation ihrer Richter."[852] Und auf Grundlage des Legitimationsketten-Bildes wird in der Literatur zudem ausgeführt: „Die Volkssouveränität, die im modernen Staat der parlamentarischen Demokratie vorwiegend im Repräsentativsystem (…) ihren Ausdruck findet, kennt auch in modernen Verfassungen erhebliche ‚Mittelbarkeiten' in der Legitimationskette, z.B. bei der Bestellung der Richter, insbesondere der Richter der Verfassungsgerichte."[853]

Diesen Vorwürfen ist infolge der obigen Erörterungen entgegenzuhalten, dass die alleinige Entscheidung durch die Exekutive bei der Auswahl und Ernennung der obersten Richter mittlerweile eine Ausnahme in den EU-Mitgliedstaaten darstellt.[854] In zwei Drittel der Fälle wird das direkt gewählte Parlament in den Prozess einbezogen und ansonsten erfolgt nicht selten eine Mitwirkung der Judikative zur Objektivierung und Professionalisierung der Entscheidung. Zudem gilt natürlich weiterhin, dass – wie im dritten Teil der Arbeit erörtert – die personelle Besetzung der Richterposten nur *einen* unter mehreren Faktoren zur Legitimation der Rechtsprechungsgewalt bildet. Der Rechtsvergleich soll ja gerade ein Bild liefern, welche Anforderungen de lege lata in den Mitgliedstaaten an die Besetzung der Richterämter gestellt werden, um vor diesem Hintergrund die oben genannten Verfahren zur Auswahl der Unionsrichter bewerten zu können.

849 So in Dänemark, Finnland, Griechenland, Irland, Luxemburg, Malta, Schweden, dem Vereinigten Königreich und Zypern.

850 So zudem in Belgien, Dänemark, Finnland, Frankreich, Griechenland, Irland, Luxemburg, Malta, Österreich, Rumänien, Schweden, der Slowakischen Republik, der Slowenischen Republik, der Tschechischen Republik, dem Vereinigten Königreich und Zypern.

851 Keller, in: FS Broda, 121, 132.

852 Stürner, in: FS Brohm, 153, 153.

853 Ress, ZEuS 1999, 219, 222.

854 In der „absoluten Reinform" eigentlich nur noch in Malta; auch im Vereinigten Königreich wird nunmehr die Judikative selbst bei der Auswahl der Richter des Supreme Court im Rahmen des neuen Ernennungsausschusses beteiligt.

b) Wahl der Richter des EGMR

Ein weiteres Vergleichsobjekt im Hinblick auf das richterliche Wahl- und Ernennungsverfahren stellt – genau wie im zweiten Teil der Arbeit zur richterlichen Unabhängigkeit – der Europäische Gerichtshof für Menschenrechte (EGMR) dar.

aa) EGMR als Vergleichsobjekt

Alle EU-Mitgliedstaaten sind auch Vertragsparteien der EMRK und somit der Gerichtsbarkeit des EGMR unterworfen.[855] Als internationales Gericht bestehen – mit Ausnahme beispielsweise der Supranationalität – grundlegende Parallelen zu den Unionsgerichten, so dass ein Rechtsvergleich zu der Besetzung der Richterposten dieses Gerichts interessante Anhaltspunkte liefern kann, die bei den oben genannten rein nationalen Gerichten keine Relevanz haben. Insbesondere der zweiphasige Prozess der Ämterbesetzung mit der Kandidatenauswahl auf nationaler Ebene und der anschließenden Richterernennung auf internationaler, intergouvernementaler Ebene ist auch beim EGMR wiederzufinden. Insofern soll das rechtsvergleichende Bild durch die Untersuchung der entsprechenden Regelungen und Verfahren bei dieser überstaatlichen Rechtsprechungsinstitution „abgerundet" werden.

bb) Besetzung der EGMR-Richterämter

Die zurzeit 47 Richter des EGMR müssen gemäß Art. 21 Abs. 1 EMRK „hohes sittliches Ansehen genießen und entweder die für die Ausübung hoher richterlicher Ämter erforderlichen Voraussetzungen erfüllen oder Rechtsgelehrte von anerkanntem Ruf sein".[856] Sie werden gemäß Art. 22 Abs. 1 EMRK „von der Parlamentarischen Versammlung für jede Hohe Vertragspartei mit der Mehrheit der abgegebenen Stimmen aus einer Liste von drei Kandidaten gewählt, die von den Hohen Vertragsparteien vorgeschlagen werden". Weitere Bestimmungen zum Wahl- und Ernennungsprozess enthält die Europäische Menschenrechtskonvention nicht. Die genaue Ausgestaltung des Verfahrens bleibt somit auf intergouvernementaler Ebene der Parlamentarischen Versammlung und auf nationaler Ebene den Vertragsparteien überlassen.[857]

855 Dazu bereits im 2. Teil der Arbeit unter B. II. 2. b) bb) (2).
856 Dazu: Chope, in: Parliamentary Assembly, Doc. 11767, B. 5. f.
857 Dazu: Flauss, RTDH 2008, 713, 713 ff.

(1) Kandidatenauswahl auf nationaler Ebene

Von enormer Relevanz innerhalb des Auswahlverfahrens sind die in Art. 22 Abs. 1 EMRK genannten Dreier-Vorschlagslisten der Mitgliedstaaten. Regelungen über diese nationale Vorauswahl trifft die EMRK nicht. Insofern möchte das Ministerkomitee die Souveränität der Vertragsparteien achten, so dass den Nationalstaaten weitestgehend freie Hand gewährt wird.[858] Wie bei der nationalen Vorauswahl der Unionsrichter existieren hierzu auf nationaler Ebene nur selten gesetzliche Regelungen; es handelt sich um ein dem EU-Richterwahlverfahren größtenteils ähnliches, in vielen Mitgliedstaaten sogar identisches, informelles Verfahren – überwiegend auf Regierungsebene.[859] Die Parlamentarische Versammlung hat sich bereits mehrfach mit Empfehlungen und anderen Dokumenten an die Vertragsstaaten gewandt, um für einheitliche (Minimal-) Standards bei den nationalen Auswahlverfahren zu werben bzw. an das Ministerkomitee, um die Aufnahme entsprechender zusätzlicher Kriterien in die EMRK zu veranlassen.[860] Zuletzt wurde die Resolution 1646 (2009) verabschiedet, in der die Parlamentarische Versammlung nochmals *„the importance of appropriate national selection procedures in order to ensure and reinforce the quality, efficacy and authority of the Court"* unterstreicht.[861] Unter Bezugnahme auf eine frühere Empfehlung *„the Assembly yet again reiterates that the process of nominating candidates to the Court must reflect the principles of democratic procedure, transparency and non-discrimination"*.[862] Konkret wirbt die Parlamentarische Versammlung sodann – größtenteils zum wiederholten Male – unter anderem um eine öffentliche Ausschreibung der Richterposten in den Vertragsstaaten, eine Offenlegung der nationalen Auswahlprozesse in Bezug auf die Kandidaten, eine alphabetische Reihenfolge bei den Kandidatenlisten und bestimmte Anforderungen an die Sprachkenntnisse der Kandidaten. Im Jahre 1999 hat die Parlamentarische Versammlung sogar die innerstaatliche Beteiligung der nationalen Parlamente angeregt.[863] Von einer Aufnahme dieser zusätzlichen

---

858 Dazu: Flauss, in: FS Ress, 949, 960; Dimitrijević, RIA Vol. LV, No. 1113, 2004, Abs. 8.

859 Eine ausführliche, aktuelle Studie zu den nationalen Auswahlverfahren wurde vom Berichterstatter Chope des Rechtsausschusses der Parlamentarischen Versammlung durchgeführt und befindet sich in Doc. 11767 vom 1. Dezember 2008, Appendix. Vgl. zudem Pieper, Verfassungsrichterwahlen, 74; Flauss, in: FS Ress, 949, 960 ff.; ders., RTDH 2001, 693, 699 f.; Schubarth, in: FS Trechsel, 93, 98 ff.; Wittreck, Verwaltung, 230; Dimitrijević, RIA Vol. LV, No. 1113, 2004, Abs. 11, der aufgrund der enormen Bedeutung des EGMR eine Auswahl der Richterkandidaten in einem Verfahren unterhalb der Anforderung an die nationale Richterwahl für „absurd" hält, vgl. Abs. 15 und 17.

860 So z.B. in Recommendation 1429 (1999), Ziffer 6.; Recommendation 1649 (2004), Ziffer 19 und 21; Resolution 1646 (2009), Ziffer 4.

861 Parliamentary Assembly, Resolution 1646 (2009), Nomination of candidates and election of judges of the European Court of Human Rights, 27 January 2009, Ziffer 1.

862 Resolution 1646 (2009), Ziffer 2, unter Hinweis auf Recommendation 1649 (2004), Candidates for the European Court of Human Rights, 30 January 2004, Ziffer 3.

863 Recommendation 1429 (1999), Ziffer 7.

Kriterien und Verfahrensvorschriften in die EMRK konnte das Ministerkomitee bisher aber nicht überzeugt werden, so dass die Bemühungen der Parlamentarischen Versammlung nur teilweise gefruchtet haben und von einigen Staaten nach wie vor unbeachtet bleiben.[864] In Deutschland ist die Regierung den Empfehlungen der Parlamentarischen Versammlung jedenfalls zum Teil nachgekommen. So hat das Bundesminsterium der Justiz im November 2009 die im Jahre 2010 neu zu besetzende Stelle als deutsche Richterin bzw. deutscher Richter am EGMR öffentlich ausgeschrieben.[865] Gleichzeitig wurde aber darauf hingewiesen, dass auch Kandidaten, die sich nicht selbst auf die Ausschreibung melden, in die Vorschlagsliste der deutschen Regierung aufgenommen werden können.

(2) Richterwahl auf intergouvernementaler Ebene

Die Parlamentarische Versammlung, die die Richterposten auf Grundlage der Dreier-Kandidatenlisten der Vertragsstaaten letztendlich besetzt, setzt sich aus Parlamentariern der Vertragsstaaten zusammen (Art. 25, 26 Satzung Europarat). Somit wurden diese Vertreter als nationale Parlamentarier in den einzelnen Mitgliedstaaten unmittelbar von den Bürgerinnen und Bürgern der Nationalstaaten gewählt. Da die Konvention keine genauen Kriterien oder Verfahren festlegt, nach denen die Parlamentarische Versammlung ihre Entscheidung treffen soll, hat die Versammlung selbst innerhalb der letzten Jahre in verschiedenen Dokumenten entsprechende Regelungen ausgefeilt und aufgestellt.[866] So hat sie unter anderem zur besseren Vergleichbarkeit der Bewerber einen Muster-Lebenslauf entworfen, bestimmte sprachliche Anforderungen an die Kandidaten aufgestellt, das Erfordernis der ausgewogenen Geschlechterrepräsentation hervorgehoben und – bereits im Jahre 1997 – eine Unterkommission der Parlamentarischen Versammlung geschaffen, die die Bewerbungen der Kandidaten im Vorfeld der Wahl prüft und insbesondere eine Anhörung der Kandidaten durchführt.[867] Die prinzipielle Zulässigkeit der Aufstellung derartiger zusätzlicher Auswahlkriterien durch die Parlamentarische Versammlung wurde vom EGMR in einer Advisory Opinion aus dem

864 Dazu: Chope, in: Parliamentary Assembly, Doc. 11767, B. 5. ff.; Flauss, RTDH 2001, 693, 698 ff.

865 Vgl. http://www.bmj.bund.de/enid/e0bdaf511b2d2bf2a600887597231359,0/Startseite/Interessenbekundungsverfahren_EGMR_1mw.html.

866 Vgl. z.B. Resolution 1646 (2009), Ziffer 3.; Recommendation 1649 (2004), Ziffer 5; Recommendation 1429 (1999); Resolution 1200 (1999). Dazu: Flauss, RTDH 2001, 693, 695 ff.

867 Dazu: Chope, in: Parliamentary Assembly, Doc. 11767, B. 23. ff.; Flauss, in: FS Ress, 949, 962 f.; Gundel, EuR Beiheft 3 2008, 23, 25 m.w.N.

Jahre 2008 ausdrücklich festgestellt, jedoch zugleich im Hinblick auf die nationale Vorauswahl in den Vertragsstaaten gewissen Grenzen unterworfen.[868]

(3) Bedeutung der Entscheidung auf intergouvernementaler Ebene

Die Exekutivlastigkeit der nationalen Vorauswahl scheint somit – im Gegensatz zum EU-Verfahren – durch die spätere Wahl aus jeweils drei Kandidaten in der Parlamentarischen Versammlung in einer gewissen Weise „kompensiert" zu werden.[869] Diese Richterwahl könnte unter formaldemokratischen Gesichtspunkten sozusagen als „vorbildlich" eingestuft werden, so dass eine gemeineuropäische „intergouvernementale Legitimation" entsteht – im Gegensatz zu einzelnen, rein nationalen Legitimationswegen. Nicht selten ertönt aber der Vorwurf, dass von der Parlamentarischen Versammlung oft einfach der Erstplatzierte auf der Dreierliste gewählt werde, so dass diese „Wahl" als reine „Formsache" einzustufen sei und die wirkliche Auswahl bereits zuvor von den nationalen Regierungen verbindlich getroffen werde.[870] Der mehrfach geäußerten Empfehlung, die Kandidatenliste in alphabetischer Reihenfolge einzureichen, kommen nämlich längst nicht alle Vertragsstaaten nach, sondern setzen nach wie vor – explizit[871], implizit[872] oder „getarnt"[873] – ihren jeweiligen Favoriten an den Anfang der Liste.[874] Dass die Kandidaten auf Ebene des Europarates aber nicht durchweg einfach unreflektiert „abgenickt" werden, wird beispielsweise dadurch deutlich, dass nicht selten Richter erst im zweiten Wahlgang eine absolute Mehrheit erzielen konnten[875] oder dass komplette Kandidatenlisten einer Vertragspartei abgelehnt wurden[876]. Erst kürzlich wurde bei der Nominierung der Richter-Kandidaten durch die Vertragspartei Malta deren Dreier-Liste insgesamt abgelehnt, weil darauf keine Frau als Kandidatin vorgeschlagen wurde und somit ein Verstoß gegen das „democratic

---

868 EGMR, Grand Chamber, Advisory opinion on certain legal questions concerning the lists of candidates submitted with the view to the election of judges on the European Court of Human Rights, 12 February 2008, Ziff. 43. ff.

869 Flauss, in: FS Ress, 949, 962; ähnlich: Pieper, Verfassungsrichterwahlen, 74 f.

870 Engel, EuGRZ 2003, 122, 130, 133; Krüger, EuGRZ 1997, 397, 398 f.; Pieper, Verfassungsrichterwahlen, 73 ff.; Wittreck, Verwaltung, 230.

871 D.h. unter ausdrücklicher Mitteilung, dass die Kandidaten in der Reihenfolge der Präferenzen der Regierungen aufgelistet sind.

872 D.h. unter offensichtlicher Nichtbeachtung der alphabetischen Reihenfolge.

873 D.h. formale Einhaltung der alphabetischen Reihenfolge, aber unter bewusster Sicherstellung, dass der Name des Präferenz-Kandidaten den anderen Kandidaten alphabetisch vorgeht.

874 Vgl. Chope, in: Parliamentary Assembly, Doc. 11767, B. 27.; Flauss, RTDH 2001, 693, 700 f.

875 Vgl. z.B. EuGRZ 2004, 540, zu der Wahl der Richter aus Luxemburg und Portugal im Jahre 2004.

876 Dazu: Chope, in: Parliamentary Assembly, Doc. 11767, B. 8.

principle of gender balance" gesehen wurde.[877] Aus demselben Grund hat die Parlamentarische Versammlung bereits im Jahre 2006 die Kandidatenliste von Malta unberücksichtigt gelassen. Auch wenn der EGMR diese Zurückweisung in seinem Gutachten vom 12. Februar 2008 in einer ausnahmslosen Anwendung als unzulässig eingestuft hat[878], wird in dieser Entscheidung der Parlamentarischen Versammlung jedoch deutlich, dass hier auf europäischer Ebene eine „richtige" Auswahl und Bewertung der Kandidaten (-Listen) stattfindet. Zudem sind die Aktivitäten und Bemühungen der Parlamentarischen Versammlung nicht nur in Bezug auf die Ausgestaltung der Auswahl auf intergouvernementaler Ebene zu beachten, sondern auch auf nationaler Ebene. Nahezu unter Einmischung in die innerstaatlichen Angelegenheiten versucht die Versammlung immer wieder, Regelungen zur Optimierung des Auswahlprozesses aufzustellen. Darin kommt deutlich zum Ausdruck, dass hier ein komplexer, reflektierter und sehr ernst genommener Auswahlprozess stattfindet. Von einer reinen „Formsache" auf intergouvernementaler Ebene kann demnach keine Rede sein.

cc) Zwischenergebnis und Stellungnahme

Es bestehen etliche Parallelen zwischen dem Verfahren zur Besetzung der Unionsrichterposten und dem zur Besetzung der Richterstellen am EGMR. Dies trifft vor allem auf die nationale Vorauswahl der Kandidaten zu, bei der in beiden Fällen ein ähnlich informelles, gesetzlich nicht geregeltes und exekutivlastiges Verfahren verfolgt wird. Der entscheidende Unterschied liegt aber darin, dass bei den Unionsrichtern nur ein Kandidat von den Mitgliedstaaten bestimmt wird, der in der Regel auf internationaler Ebene akzeptiert wird, während für die EGMR-Richterposten je drei Kandidaten genannt werden müssen, so dass das intergouvernementale Wahlorgan noch eine echte Auswahl zwischen verschiedenen Bewerbern hat. Diese Kompetenz nutzt die Parlamentarische Versammlung auch extensiv aus, stellt umfangreiche Regelungen und Auswahlkriterien auf und prüft die Kandidaten umfassend. Dabei ist zudem zu beachten, dass das zuständige Wahlorgan auf internationaler Ebene beim EGMR eine Institution ist, die aus nationalen Parlamentariern besteht, während die Unionsrichter auf europäischer Ebene von den Regierungsvertretern der Mitgliedstaaten ernannt werden, mithin den Exekutivspitzen. Im Ergebnis wird mit der Auswahl durch die Parlamentarische Versammlung neben den nationalen Auswahlprozessen ein zusätzlicher Legitimati-

877 Pressebericht vom 28. Januar 2009: http://www.timesofmalta.com/articles/view/20090128/local/maltas-nominations-for-european-court-judge-refused-pl. Beachtlich bei diesem Pressebericht ist zudem, dass innerhalb weniger Tage über 20 Kommentare auf der Website eingetragen wurden, mithin ein nicht unbeachtliches Interesse der Öffentlichkeit zu bestehen scheint.

878 EGMR, Grand Chamber, Advisory opinion on certain legal questions concerning the lists of candidates submitted with the view to the election of judges on the European Court of Human Rights, 12 February 2008, Ziffer 51. ff.

onsweg fruchtbar gemacht. Zudem versucht die Parlamentarische Versammlung ständig – sowohl auf nationaler als auch auf internationaler Ebene – mit den ihr zur Verfügung stehenden Mitteln aktiv für eine Objektivierung und Professionalisierung des Verfahrens zu sorgen, um im Ergebnis die Unabhängigkeit der EGMR-Richter und die Qualität ihrer Rechtsprechung zu optimieren.

c) Fazit zum Rechtsvergleich

Bezüglich der Wahl der höchsten nationalen Richter existieren in allen Mitgliedstaaten genaue gesetzliche Regelungen, die von jedermann einsehbar und nachvollziehbar sind. Insofern steht die Wahl der Unionsrichter in den (meisten) Mitgliedstaaten deutlich dahinter zurück und lässt die in einem demokratischen Verfahren notwendige Transparenz missen. Dieses Manko trifft zwar gleichermaßen auf die Auswahl der EGMR-Richterkandidaten zu; hier hat die Parlamentarische Versammlung aber zumindest eine Reihe von Kriterien aufgestellt, an die sich die Vertragsstaaten bei der Auswahl halten sollen. Mithin bestehen dort – im Gegensatz zur EU-Ebene – umfangreiche Bestrebungen, das Verfahren zu vereinheitlichen und durch schriftliche Regelungen so transparent wie möglich zu machen.

Die Rechtsvergleiche mit den höchsten nationalen Gerichten und mit dem EGMR haben gezeigt, dass das konkrete Auswahl- und Ernennungsverfahren bei den Unionsrichtern in etlichen Bereichen um einiges „einfacher gestrickt" ist und geringeren Anforderungen unterliegt. Beim Vergleich zu den höchsten nationalen Richtern wurde dies vor allem durch die weitreichende Beteiligung der unterschiedlichen Gewalten am Auswahlprozess deutlich und beim Vergleich zu der EGMR-Richterwahl durch die Ausschöpfung des zusätzlichen Legitimationsweges über das intergouvernementale Organ der Parlamentarischen Versammlung. Das detaillierte Redigieren eines komplexen Auswahl- und Ernennungsverfahrens erfolgt in der Regel aufgrund der Bedeutung der zu besetzenden Posten. Durch die Beteiligung unterschiedlicher Institutionen – insbesondere der Legislative als „mächtigster" Gewalt – wird der Machtstellung der obersten Gerichte Rechnung getragen. Zudem soll ein gut überlegtes, nachvollziehbares und vielschichtiges Auswahlsystem die Grundlage für die Akzeptanz der Amtsträger und ihrer Tätigkeit bei den Betroffenen legen. Im Ergebnis verwundert es deshalb sehr, dass das Verfahren zur Besetzung der Unionsrichterposten in vielen Punkten hinter den oben genannten Prozessen zurückbleibt – und das obwohl die Kompetenzen der nationalen Verfassungsgerichte und des EGMR als weniger weit- bzw. umfangreich als die der supranationalen Unionsgerichtsbarkeit eingestuft werden. Bei der Besetzung der Unionsrichterposten wird mithin nicht die Legitimationskraft ausgeschöpft, die bei vergleichbaren Institutionen durch das Wahl- und Ernennungsverfahren begründet wird. Hier entsteht ein deutliches Manko, das sich nicht nur auf die Herleitungslegitimation auswirkt, sondern auch negativ auf die Ergebnislegitimation niederschlagen kann.

Unter Kritik an dem derzeitigen Verfahren hat es in Wissenschaft und Praxis bereits etliche Reformvorschläge gegeben. Diese sollen im Folgenden vor dem Hintergrund der obigen Darstellungen erörtert werden, um sie anschließend auf ihre Tauglichkeit zu untersuchen, die oben dargestellten Mängel zu beheben, und eine Basis für einen eigenen Reformvorschlag zu schaffen.

6. Reformvorschläge und Primärrechtsänderung

Es existieren etliche Reformvorschläge bezüglich der Besetzung der EU-Richterstellen in der Wissenschaft, die einer Bewertung zu unterziehen sind (a). Insbesondere im Hinblick auf den Ernennungsprozess auf europäischer Ebene wurden im Laufe der Jahre zudem unterschiedliche Reformvorschläge von Unionsorganen und dazugehörigen Arbeitsgruppen veröffentlicht (b). Schließlich haben sich konkrete primärrechtliche Änderungen in Folge des Vertrages von Lissabon vollzogen, die sich im Rahmen der nächsten Richterauswahl- und Ernennungsrunde auswirken werden und ebenfalls zu analysieren sind (c).

a) Wissenschaft

In der Literatur werden im Zusammenhang mit dem Verfahren zur Besetzung der Richterämter auf europäischer und nationaler Ebene teilweise konkrete und umfassende Reformvorschläge unterbreitet, teilweise aber auch nur geringe Verbesserungsvorschläge zu einzelnen Punkten verlautbart. Dabei knüpfen viele Stimmen die demokratische Legitimation der Unionsgerichte ausschließlich – oder zumindest ganz überwiegend – an das Verfahren der Richterauswahl an, wie bereits im Rahmen der organisatorisch-personellen Legitimation der Amtswalter ausführlich erörtert.[879] In diesem Zusammenhang vertreten etliche die Auffassung, dass allein bzw. vor allem eine Beteiligung der Parlamente an der Richterauswahl zu einer demokratischen Legitimation führen könne[880], während nur wenige die Exekutivbestellung als – eventuell grenzwertig, aber gerade noch – ausreichend erachten[881]. Teilweise wird die demokratische Legitimation der Unionsrichter

879 Siehe oben, 3. Teil, B. III. 2 a). Dies stellt auch Gundel fest, EuR Beiheft 3 2008, 23, 24.

880 So z.B. Epping, Der Staat 1997, 349, 355 f., 372, 374; Pieper, Verfassungsrichterwahlen, 60, 67 ff.; Pieper/Schollmeier, Europarecht 2000, 7; Detjen, DRiZ 2000, 208, 208; Stürner, in: FS Brohm, 153, 155, 156 f., 161, 165; Dauses, Verhandlungen des 60. DJT, Band I, D 160; Dreier, in: ders., GG, Art. 20, Rn. 41; Pernice, EuR 1996, 27, 42; Streinz/Leible, EWS 2001, 1, 8; Balders/Hansalek, ZRP 2006, 54, 55 f.; Mähner, Gerichtshof, 221, 230 f.; Schachtschneider, in: FS Hankel, 119, 138 f.; Siebert, Auswahl der Richter am EuGH, 251 ff.; Kirsch, Demokratie, 170 f.; Baach, Parlamentarische Mitwirkung, 247 ff.; Henke, EuR 2010, 118, 128; vgl. dazu auch Peters, Verfassung Europas, 411 f.

881 So z.B. Wittreck, Verwaltung, 245; Di Fabio, Das Recht offener Staaten, 144; Classen, AöR 119 (1994), 238, 246 ff.; Pirrung, in: FS Sonnenberger, 865, 873; Höreth, Stille Revolution, 40 f.; Seyr, effet utile, 340.

aufgrund des aktuell angeblich unzureichenden Wahl- und Ernennungsverfahrens sogar völlig negiert.[882] Dieser letztgenannten Ansicht ist entgegenzuhalten, dass nicht einfach voreilig und undifferenziert das altbekannte europäische „Demokratiedefizit" proklamiert werden kann. Wie im dritten Teil der Arbeit erörtert, ist das formale Kriterium der Richterauswahl und -ernennung keinesfalls allein ausschlaggebend für die demokratische Legitimation der Richter, sondern stellt nur einen von vielen Faktoren dar. Unabhängig von dieser Sichtweise bilden neben den bereits erfolgten Rechtsvergleichen die konkreten Reformvorschläge dieser Stimmen aber Anhaltspunkte dafür, welche Erwartungen an ein angemessenes Verfahren bei der Besetzung der Richterposten diskutiert und gestellt werden (könnten) und welche Änderungsmöglichkeiten grundsätzlich bestehen.

Etliche Autoren beschäftigen sich ausschließlich bzw. überwiegend mit der europäischen Ebene des Verfahrens und setzen sich in diesem Rahmen für eine Mitwirkung des Europäischen Parlaments bei der Richterwahl und/oder -ernennung ein. Darunter sind sämtliche Nuancen der parlamentarischen Beteiligungsmöglichkeiten vertreten: Während manche zur „Stärkung des genuin europäischen Legitimationsstranges" einfach nur irgendeine Beteiligung des Europäischen Parlaments für geboten erachten[883], möchten andere die Richterwahl insgesamt allein dem Europäischen Parlament überlassen[884]. Zum Teil wird zur Erreichung einer ausreichenden demokratischen Legitimation der Unionsgerichte eine gemeinsame Ernennung der Richter von Parlament und Rat verlangt.[885] Vor dem Hintergrund der allgemeinen Tendenz eines stärker werdenden Europäischen Parlaments und in Anlehnung an das Verfahren zur Bestellung der Kommission setzen sich manche für eine parlamentarische Bestätigung der Kandidaten ein, eventuell mit vorauslaufender Anhörung.[886] Andere erachteten im Jahre 1994 derart umfangreiche Beteiligungsrechte des Europäischen Parlaments als „erwägenswert", aber „verfrüht", und sprachen sich zur „Stärkung des Demokratieprinzips in der Europäischen Union" lediglich für eine parlamentarische Anhörung der potentiellen Richter aus, was zu einer Erhöhung der Transparenz führen solle und einen „heilsamen Druck auf die mitgliedstaatlichen Regierungen ausüben" würde, „der Auswahl ihrer Kandidaten sachliche Kriterien zugrundezulegen".[887] Im Rahmen dieser Diskussion hat der Sechzigste Deutsche Juristentag im Jahre 1994 in Münster beschlossen, dass die Mitglieder von EuGH und EuG auf europäischer Ebene einer Bestätigung durch das Europäische Parlament mit einer vorauslaufenden

882 Vgl. z.B. Calliess, in: Bauer/Huber/Sommermann, Demokratie in Europa, 281, 303; ders., in: FS Ress, 399, 418; Schachtschneider, in: FS Hankel, 119, 138.

883 Dreier, in: ders., GG, Art. 20, Rn. 41; Pernice, EuR 1996, 27, 42; Stürner, in: FS Brohm, 153, 156 f., 165 f.

884 Sack, EuR 1999, 571, 576.

885 Rothley, Verhandlungen des 60. DJT, Band II/2, N 129.

886 Reiners, Verhandlungen des 60. DJT, Band II/2, N 112.

887 Dauses, Verhandlungen des 60. DJT, Band I, D 160.

Anhörung vor dem zuständigen Parlamentsausschuss bedürften.[888] Darüberhinaus wurde dort aber auch die nationale Ebene des Wahlverfahrens diskutiert und im Ergebnis beschlossen, dass die deutschen Mitglieder der Gemeinschaftsgerichte mit Zwei-Drittel-Mehrheit von einem deutschen Richterwahlausschuss benannt werden sollen[889], so wie es nunmehr – 15 Jahre später – durch die aktuellen Gesetzesreformen in Deutschland tatsächlich der Fall sein wird[890].

Eine starke Befürwortung im Hinblick auf das Erfordernis der parlamentarischen Beteiligung bei der Richterwahl stellt die – bereits erwähnte und aufgrund ihrer Einseitigkeit verworfene[891] – Auffassung dar, dass eine demokratische Legitimation des Europäischen Gerichtshofs nur dann zu erreichen sei, wenn die Richter „durch ein europäisches Volk oder ein von diesem unmittelbar gewähltes Parlament, das diesen Namen aufgrund seiner Wahl und seiner Befugnisse verdientermaßen trägt“[892], oder zumindest alle Richter „von allen Völkern der Mitgliedstaaten oder von deren Parlamenten in ihr Amt gewählt werden“[893]. Da dies nach dem derzeitigen Integrationsstand nicht realistisch und erreichbar erscheine, bliebe angeblich nur die Möglichkeit der Beschränkung der umfangreichen Kompetenzen des Gerichtshofs, um dessen defizitäres Legitimationsniveau auszugleichen.[894]

Im Gegensatz zu den soeben genannten Ansichten legt *Volker Epping* sein Hauptaugenmerk auf die nationale Ebene des Auswahlprozesses, da nach seiner Auffassung die Frage der demokratischen Legitimation der EG-Richter überhaupt nicht im Gemeinschaftsrecht, sondern allein auf mitgliedstaatlicher Ebene angelegt sei, wo er die maßgebliche Auswahlentscheidung auch belassen möchte.[895] Zur Erreichung eines ausreichenden, der Macht der Gemeinschaftsgerichte adäquaten Legitimationsniveaus, soll „sich die Auswahl der EuGH-Richter entsprechend den Auswahlmechanismen für die höchsten Richter in den jeweiligen Mitgliedstaaten“ vollziehen.[896] Eine angemessene Legitimationsbasis könne dabei zudem „nur durch eine maßgebliche Beteiligung der nationalen Parlamente“ begründet werden.[897] Für das Gericht (erster Instanz) veranschlagt *Epping* im Gegensatz dazu aufgrund der weniger weitreichenden Zuständigkeiten ein „deutlich niedrigeres“ Legitimationsniveau[898] – was nach dem stetigen Ausbau der Kom-

888 Verhandlungen des 60. DJT, Band II/2, N 178 (Beschluss V. 1., letzter Absatz).
889 Verhandlungen des 60. DJT, Band II/2, N 178 (Beschluss V. 1., vorletzter Absatz).
890 Siehe oben, 4. Teil, A. II. 4. a) aa) (2).
891 Siehe oben, 3. Teil, B. III. 2. a) cc).
892 Mähner, Gerichtshof, 221.
893 Mähner, Gerichtshof, 230; ähnlich: Schachtschneider, in: FS Hankel, 119, 138 f.
894 Mähner, Gerichtshof, 221, 230 f.
895 Epping, Der Staat 1997, 349, 362. Ähnlich: Schwarze, in: ders., EUV/EGV 2009, Art. 223, Rn. 1, demnach „eine personelle demokratische Legitimation der Gemeinschaftsrichter (…) vom Gemeinschaftsrecht nicht unmittelbar verlangt“ wird.
896 Epping, Der Staat 1997, 349, 366 ff., 372, 380.
897 Epping, Der Staat 1997, 349, 372, 374.
898 Epping, Der Staat 1997, 349, 374.

petenzen des EuG so heute aber nicht mehr gelten kann[899]. Insgesamt stößt die Meinung *Eppings* in der Wissenschaft sowohl auf Resonanz[900], als auch auf Ablehnung[901].

Teilweise wurden detaillierte Verfahren unter Einbezug beider Ebenen – der nationalen und der europäischen – entwickelt. Ein derartiger Vorschlag liegt in der Verlagerung der auf mitgliedstaatlicher Ebene bisher sehr exekutivlastigen Vorauswahl der Richter in die nationalen Parlamente bzw. deren zuständige Ausschüsse, die dann mit Zwei-Drittel-Mehrheit zwei bis drei Kandidaten bestimmen sollen, eventuell mit vorauslaufender öffentlicher Ausschreibung der Richterstellen und parlamentarischer Anhörung der Bewerber.[902] Auf europäischer Ebene soll nach dieser Ansicht unter Nutzung beider demokratischer Legitimationsstränge „im Sinne einer gegenseitigen Machtbegrenzung und Vermittlung größtmöglicher demokratischer Legitimation unter gleichzeitiger mitgliedstaatlicher Rückbindung" ein Zusammenwirken von Ministerrat und Europäischem Parlament in einem gestuften Verfahren erfolgen.[903] Dabei müsse – vor dem Hintergrund des Standes der Integration im Jahre 1997 mit einem vergleichsweise schwächeren Parlament – die Primärauswahl beim Ministerrat liegen, der aus der nationalen Vorschlagsliste einen Kandidaten mit Zwei-Drittel-Mehrheit auswählen solle.[904] Anschließend sei – eventuell nach einer öffentlichen Anhörung im zuständigen Ausschuss des Europäischen Parlaments – die Zustimmung des Europäischen Parlaments zu jedem einzelnen Kandidaten erforderlich – wiederum mit Zwei-Drittel-Mehrheit.[905] Das gesamte Verfahren sei „in seinen wesentlichen Zügen in den Gemeinschaftsverträgen" zu regeln und Details in einem sekundären „Organgesetz".[906] Dieser Vorschlag erinnert in groben Zügen an das Verfahren zur Auswahl der EGMR-Richter. Tatsächlich setzen sich andere Autoren mit einer etwaigen Übertragung dieses Auswahlverfahrens auf die Gemeinschaftsrichter zur Stärkung ihrer Legitimation auseinander, mithin der Einführung von Dreier-Vorschlagslisten auf nationaler Ebene und der konkreten Auswahl der Kandidaten aus diesen Listen im Europäischen Parlament auf Unionsebene.[907]

---

899 Siehe oben, 1. Teil, B. II.

900 Pieper, Verfassungsrichterwahlen, 66 ff., 69; Pieper/Schollmeier, Europarecht 2000, 7; Detjen, DRiZ 2000, 208; Thiele, Europäisches Prozessrecht, § 2 Rn. 39; ähnlich: Balders/Hansalek, ZRP 2006, 54, 55 f., die dann aber im Ergebnis noch weiter gehen und eine Wahl unmittelbar durch das Plenum des nationalen Parlaments befürworten. Gundel, EuR Beiheft 3 2008, 23, 25 f., bezeichnet die Lösung Eppings als „rechtspolitisch sicher plausibel", aber keinesfalls rechtlich zwingend.

901 Dreier, in: ders., GG, Art. 20, Rn. 41; Mähner, Gerichtshof, 220 f.

902 Siebert, Auswahl der Richter am EuGH, 254 f., 257 ff.

903 Siebert, Auswahl der Richter am EuGH, 251 ff.

904 Siebert, Auswahl der Richter am EuGH, 254 ff.

905 Siebert, Auswahl der Richter am EuGH, 254 ff.

906 Siebert, Auswahl der Richter am EuGH, 256 f.

907 Streinz/Leible, EWS 2001, 1, 8, halten diesen Gedanken für „reizvoll", lehnen aber die damit einhergehende Anhörung der Richterkandidaten strikt ab.

b) EG-Organe und -Arbeitsgruppen

Das *Europäische Parlament* hat sich bisher in der Regel – zur Stärkung seiner eigenen Rechte und Einflussmöglichkeiten – für eine parlamentarische Beteiligung bei der Besetzung der Gemeinschaftsrichterstellen eingesetzt. So hat es in den vergangenen Jahren die Vorschläge geäußert, die „Mitglieder des Gerichtshofs jeweils zur Hälfte vom Parlament und vom Rat der Union" ernennen zu lassen[908], die Richter „vom Rat mit qualifizierter Mehrheit und mit Zustimmung des Europäischen Parlaments" zu ernennen, wobei die Zustimmung als nicht erteilt gelten solle, „wenn das Parlament mit der Mehrheit der ihm angehörigen Mitglieder die Ernennung ablehnt"[909], die Mitglieder des Gerichtshofs „nach einem noch festzulegenden einheitlichen Verfahren durch das Europäische Parlament und den Rat" gemeinsam wählen zu lassen[910] oder dem Europäischen Parlament dadurch eine „stärkere Rolle" zu verleihen, indem „seine Zustimmung zur Ernennung der Mitglieder (...) des Gerichtshofs" erforderlich sei[911].

Der *Gerichtshof* selbst hat sich zum Verfahren der Ernennung lediglich ausdrücklich gegen „eine Anhörung jedes Anwärters vor Parlamentsausschüssen" ausgesprochen, da ein derartiger Prozess mit der richterlichen Unabhängigkeit in Konflikt geraten könne[912].

Die *Europäische Kommission* hat im Jahre 1999 eine Gruppe zur Erörterung der Zukunft des Gerichtssystems der Gemeinschaft eingerichtet. Diese Reflexionsgruppe hat in ihrem Abschlussbericht aus dem Jahre 2000 im Hinblick auf die Richterauswahl vorgeschlagen, „die Ernennung aller Mitglieder des EuGH und des EuG einer Prüfung auf der Grundlage umfassender, von den Mitgliedstaaten vorgelegter Dossiers" zu unterziehen, und zur „Unterstützung der Konferenz der Mitgliedstaaten" könne ein „beratender Ausschuss aus äußerst qualifizierten und unabhängigen Juristen eingerichtet werden, der in der Lage ist, die juristische Befähigung der Kandidaten zu beurteilen".[913] Dieser „Ernennungsausschusses mit beratender Funktion" soll mithin vor allem zur Absicherung der fachlichen Kompetenzen der Richter beitragen. Ähnliche Ausschüsse existieren bereits – wie der Rechtsvergleich gezeigt hat – in einigen Mitgliedstaaten im Rahmen der Auswahl der nationalen Richter.

Eine intensive Auseinandersetzung mit sämtlichen Regelungen rund um die Europäische Judikative erfolgte zuletzt in dem „*Arbeitskreis über die Arbeits-*

908 EP, Entschließung, ABl C 277/95 vom 17. Oktober 1983, 116 (Ziffer 134).
909 EP, Entschließung, ABl C 324/219 vom 22. November 1990, 231 (Artikel 167).
910 EP, Entschließung, ABl C 268/156 vom 4. Oktober 1993, 157 (Ziffer I. 1. k)).
911 EP, Entschließung vom 13. März 1996, EuGRZ 1996, 167, 173 (Ziffer 21.8).
912 EuGH, Bericht, EuGRZ 1995, 316, 319 (Ziffer 17). In seinem Reflexionspapier aus dem Jahre 2000 hat er sich zu diesem Punkt nicht mehr geäußert, vgl. EuGRZ 2000, 101.
913 Zukunft des Gerichtssystems der EG, Abschlussbericht der Reflexionsgruppe, Sonderbeilage zu NJW 19/2000 und EuZW 9/2000, 2*, 14* (Ziffer II. E. 3. b)).

weise des Gerichtshofs" im Rahmen des Europäischen Verfassungskonvents.[914] Im Hinblick auf die Ernennung der Unionsrichter sprach sich zwar die „Mehrheit der Mitglieder des Arbeitskreises für eine Beibehaltung der derzeitigen Regelung" auf europäischer Ebene aus – also den uneigentlichen Ratsbeschluss –; einige „vertraten jedoch die Ansicht, dass die Ernennung durch einen Rechtsakt des Rates erfolgen sollte, und nach Ansicht mehrerer dieser Mitglieder sollte der Rat mit qualifizierter Mehrheit beschließen".[915] Des Weiteren wurde dort – in Anlehnung an die früheren Ergebnisse der oben genannten Reflexionsgruppe der Kommission – die Einrichtung eines „beratenden Ausschusses" empfohlen, der insbesondere „für die Mitgliedstaaten eine Begutachtung der Eignung des Profils der Kandidaten für die betreffende Aufgabe anhand objektiver Kriterien für deren berufliche Qualifikation" zur Aufgabe hätte.[916] „Diesem Ausschuss, dessen Beratungen nicht öffentlich wären und der keine Anhörungen durchführen würde, könnten ehemalige Mitglieder des Gerichtshofs und Vertreter der höchsten Gerichte der Mitgliedstaaten angehören; auch das Europäische Parlament könnte einen Rechtsexperten bestellen."[917] Aus Angst vor einer Politisierung des Ernennungsverfahrens sprach sich ein Mitglied jedoch ausdrücklich gegen eine Beteiligung des Parlaments aus. Laut Arbeitskreis sollte weiterhin jeder Mitgliedstaat nur einen Kandidaten vorschlagen, an den infolge der Einsetzung des oben genannten beratenden Ausschusses aber wahrscheinlich innerstaatlich höhere Anforderungen gestellt werden würden.[918] Im Ergebnis stellte der Arbeitskreis bei seinen „zaghaften" Änderungsvorschlägen zum Ernennungsverfahren die Absicherung der fachlichen Qualifikation der Richter in den Vordergrund.

c) Der neue „Ausschuss" nach dem Vertrag von Lissabon

Nach Inkrafttreten des Vertrages von Lissabon am 1. Dezember 2009 wird bei der nächsten Richterauswahl und -ernennung nunmehr ein neuer Ausschuss auf Unionsebene beteiligt werden.

aa) Gesetzliche Regelungen: Art. 253 Abs. 1, 254 Abs. 2, 255 AEUV

Die entscheidende und interessante Änderung durch den Lissabon-Vertrag im Hinblick auf die Unionsgerichtsbarkeit wird in Art. 253 Abs. 1 Halbsatz 2, 254 Abs. 2 Satz 2 AEUV vorgenommen: „Sie (die Richter und Generalanwälte) werden

---

914 Europäischer Konvent, Schlussbericht des Arbeitskreises über die Arbeitsweise des Gerichtshofs vom 25. März 2003, CONV 636/03; dazu: Barents, MJ 2004, 121, 123 f., 136 ff.; Everling, in: Schwarze, Verfassungsentwurf, 363, 363 ff.

915 Schlussbericht, CONV 636/03, Ziffer 5.

916 Schlussbericht, CONV 636/03, Ziffer 6.

917 Schlussbericht, CONV 636/03, Ziffer 6.

918 Schlussbericht, CONV 636/03, Ziffer 6.

von den Regierungen der Mitgliedstaaten im gegenseitigen Einvernehmen *nach Anhörung des in Art. 255 vorgesehenen Ausschusses* für sechs Jahre ernannt." Mit Art. 255 AEUV wird mithin eine neue Institution auf Unionsebene im Rahmen der Richterernennung geschaffen: ein „beratender Ausschuss"[919], ähnlich wie es ihn bereits in einigen Mitgliedstaaten im Rahmen der nationalen Richterauswahl gibt und wie ihn die Reflexionsgruppe der Kommission bereits im Jahre 2000 angeregt sowie die Arbeitsgruppe zum Gerichtshof im Rahmen des Verfassungskonvents ausgearbeitet hat[920]. Dieser soll gemäß Art. 255 Abs. 1 AEUV vor der Richterernennung durch die Mitgliedstaaten eine „Stellungnahme zur Eignung der Bewerber für die Ausübung des Amtes" eines Mitglieds beim Gerichtshof oder beim Gericht abgeben. Art. 255 Abs. 2 AEUV bestimmt, dass sich der Ausschuss „aus sieben Persönlichkeiten zusammen(setzt), die aus dem Kreis ehemaliger Mitglieder des Gerichtshofs und des Gerichts, der Mitglieder der höchsten einzelstaatlichen Gerichte und der Juristen von anerkannt hervorragender Befähigung ausgewählt werden, von denen einer vom Europäischen Parlament vorgeschlagen wird". Genaueres zur Arbeitsweise und zur Ernennung der Mitglieder des Ausschusses soll der Rat durch Beschluss mit qualifizierter Mehrheit festlegen[921], und zwar auf Initiative des Präsidenten des Gerichtshofs, was die Berücksichtigung der Interessen der Unionsgerichte in diesem Zusammenhang ermöglicht[922].

bb) Sinn und Zweck der Errichtung des neuen Ausschusses

Der Ausschuss soll als unabhängige Instanz, die aus (ehemaligen) Vertretern der nationalen und unionalen Höchstgerichten besteht[923], eine begründete Stellungnahme zur Eignung der Kandidaten für die entsprechenden Posten abgeben. Mithin geht es dabei vor allem um eine sachkundige Bewertung der juristischen und sonstigen erforderlichen Fähigkeiten der Bewerber, so dass die Regierungen der Mitgliedstaaten durch juristische Experten gerade in dem Bereich unterstützt werden, den sie selbst unter Umständen nicht immer umfassend und abschließend

---

919 In der Literatur hat sich noch keine einheitliche Bezeichnung für diesen Ausschuss durchgesetzt: Terhechte, EuR 2008, 143, 165, und Schröder, DÖV 2009, 61, 62: „Eignungsprüfungsausschuss"; Hakenberg/Schilhan, ZfRV 2008, 104, 107: „Richterprüfausschuss"; Barents, MJ 2004, 121, 139: „advisory panel"; Oppermann, DVBl 2008, 473, 479: „Ausschuss von Sieben Weisen"; Wegener, in: Calliess/Ruffert, Verfassung der EU, Art. I-29, Rn. 22: „beratender Richternominierausschuss".

920 Siehe oben, 4. Teil, A. II. 6. b).

921 Art. 255 AEUV, Art. 16 Abs. 3, 4 und 5 EU n.F.; Beschlüsse des Rates vom 25. Februar 2010: 2010/124/EU und 2010/125/EU (Amtsblatt der EU L 50 vom 27. Februar 2010, S. 18 ff.).

922 Pache, in: Vedder/Heintschel v. Heinegg, Eur. Verfassungsvertrag, Art. III-357, Rn. 6.

923 Vgl. Ernennungsbeschluss des Rates vom 25. Februar 2010 (2010/125/EU) und Vermerk des Präsidenten des EuGH an den Ratspräsidenten vom 2. Februar 2010 (5932/10) mit der entsprechenden Vorschlagsliste.

bewerten können. Dadurch wird im Rahmen des Ernennungsverfahrens die fachliche Komponente in den Vordergrund gerückt, was insbesondere zu einer Verdrängung bzw. Kompensation möglicher politischer und ähnlicher sachfremder Gesichtspunkte bei der Vorauswahl in den Mitgliedstaaten führen soll und insofern begrüßt wird.[924] Es wird erwartet, dass sich diese neuartige Begutachtung der Kandidaten auf Unionsebene positiv auf die Auswahl in den Mitgliedstaaten auswirkt, die dadurch einer größeren „Rechtfertigungslast" bezüglich ihrer Kandidaten unterliegen und voraussichtlich eine nachvollziehbarere nationale Entscheidung anstreben werden.[925] Jedenfalls kann der Ausschuss „die Regierung, von der der Vorschlag stammt, ersuchen, ihm zusätzliche Informationen oder andere Angaben zu übermitteln, die ihm für seine Beratungen erforderlich erscheinen".[926] Während manche zwar bezweifeln, dass durch den neuen Ausschuss tatsächlich eine effektive Entpolitisierung der Vorauswahl in den Mitgliedstaaten erreicht werden kann und dass Bedenken bezüglich der Unabhängigkeit der Richter nachhaltig ausgeräumt werden können[927], wird eine Stärkung der Objektivität und der Transparenz des Ernennungsverfahrens durch die Einschaltung des Ausschusses als sogenannter „filter mechanism"[928] insgesamt kaum bestritten[929].

cc) Status und Arbeitsweise des neuen Ausschusses

Was den Status und die Arbeitsweise des neuen Ausschusses angeht, drängen sich allerdings etliche Fragen und Ungewissheiten auf. So ist zunächst klarzustellen, dass – entgegen einem gelegentlich anklingenden Missverständnis[930] – das Primärrecht *keine Anhörung der Kandidaten* im Ausschuss vorschreibt[931]. Art. 253 Abs. 1, 254 Abs. 2 AEUV legen vielmehr die *Anhörung des Ausschusses* durch die Regierungen der Mitgliedstaaten (über die Eignung der Kandidaten) vor der Ernennung fest. Der Wortlaut der neuen Regelungen ist an dieser Stelle in deut-

924 Höreth, Selbstautorisierung des Agenten, 106; von Danwitz, EuR 2008, 769, 778; Barents, MJ 2004, 121, 139; Terhechte, EuR 2008, 143, 165; Pache, in: Vedder/Heintschel v. Heinegg, Eur. Verfassungsvertrag, Art. III-357, Rn. 1, Art. III-355, Rn. 3; Kirsch, Demokratie, 171; Borchardt, in: Lenz/Borchardt, EU, Art. 255 AEUV, Rn. 1 f.

925 Schröder, DÖV 2009, 61, 62.

926 Beschluss des Rates vom 25. Februar 2010 über die Arbeitsweise des Ausschusses (2010/124/EU), Anhang Ziffer 6.

927 Everling, in: Schwarze, Verfassungsentwurf, 363, 369 f.; Barents, MJ 2004, 121, 139; Thiele, EuR 2010, 30, 34.

928 Barents, MJ 2004, 121, 139.

929 Everling, EuR Beiheft 1 2009, 71, 83; Hakenberg/Schilhan, ZfRV 2008, 104, 107; Wegener, in: Calliess/Ruffert, Verfassung der EU, Art. I-29, Rn. 22.

930 So bei Höreth, Selbstautorisierung des Agenten, 106; von Danwitz, EuR 2008, 769, 778.

931 So auch Barents, MJ 2004, 121, 139.

scher[932], englischer[933] und französischer[934] Sprachfassung eindeutig. Durch den Ratsbeschluss über die Arbeitsweise des Ausschusses wurde jedoch eine nicht öffentliche Anhörung neuer Bewerber sekundärrechtlich festgelegt.[935]

Sodann stellt sich die Frage nach der Bindungswirkung der Ausschuss-Stellungnahme und damit einhergehend insbesondere nach den Konsequenzen eines ablehnenden Votums des Ausschusses. Der überwiegende Teil der Literatur geht davon aus, dass die Stellungnahme keinerlei Bindungswirkung entfaltet und ein Mitgliedstaat somit theoretisch sogar an einem insofern unerwünschten Kandidaten festhalten könnte.[936] Begründet wird dies vor allem mit dem Wortlaut der neuen Verträge, die nur von einer „Anhörung" des Ausschusses sprechen und ansonsten in dieser Hinsicht keinerlei Regelungen treffen.[937] Andere möchten die Stellungnahme – mit Blick auf den Telos einer „Entpolitisierung" des Verfahrens durch die Einrichtung des Ausschusses – jedoch trotzdem als verbindlich einstufen.[938] Dem ist aber der klare Wortlaut der Art. 253 Abs. 1, 254 Abs. 2 AEUV entgegenzuhalten, der insofern nach dem jetzigen Regelungsstand kaum Platz für eine teleologische Auslegung lässt. Zudem ist zu beachten, dass auch bei einer nicht verbindlichen Stellungnahme automatisch ein gewisser Druck im oben genannten Sinne auf die Mitgliedstaaten entsteht, so dass der Telos der neuen Regelungen die Annahme der Verbindlichkeit der Stellungnahme nicht notwendig gebietet.[939] Der Ratsbeschluss über die Arbeitsweise des neuen Ausschusses trifft zu dieser Frage keine Regelung. Insofern bleibt die Handhabung in der Praxis abzuwarten.[940]

Des Weiteren wurde in der Literatur die Frage nach einer etwaigen Veröffentlichung der Stellungnahmen des Ausschusses aufgeworfen. Während manche von einer Geheimhaltung der Beratungen und der Stellungnahme ausgehen[941], empfehlen andere – wiederum unter Hinweis auf den Sinn und Zweck des neuen Aus-

932 „Sie werden von den Regierungen der Mitgliedstaaten im gegenseitigen Einvernehmen *nach Anhörung des in Artikel 255 vorgesehenen Ausschusses* auf sechs Jahre ernannt."

933 „They shall be appointed by common accord of the governments of the Member States for a term of six years, *after consultation of the panel provided for in Article 255*."

934 „Ils sont nommés d'un commun accord pour six ans par les gouvernements des États membres, *après consultation du comité prévu par l'article 255*."

935 Beschluss des Rates vom 25. Februar 2010 über die Arbeitsweise des Ausschusses (2010/124/EU), Anhang Ziffer 7.

936 Höreth, Selbstautorisierung des Agenten, 106; Everling, EuR Beiheft 1 2009, 71, 83; Schröder, DÖV 2009, 61, 62; Gundel, EuR Beiheft 3 2008, 23, 24 f.; Borchardt, in: Lenz/Borchardt, EU, Art. 255 AEUV, Rn. 2.

937 Schröder, DÖV 2009, 61, 62.

938 Terhechte, EuR 2008, 143, 165; Pache, in: Vedder/Heintschel v. Heinegg, Eur. Verfassungsvertrag, Art. III-357, Rn. 4.

939 So auch Schröder, DÖV 2009, 61, 62.

940 Der Ausschuss kommt bei der Neuwahl von 14 EuG-Richtern zum 1. September 2010 zum ersten Mal zum Einsatz.

941 Barents, MJ 2004, 121, 139.

schusses – eine Veröffentlichung derselben[942]. Die neuen Verträge geben diesbezüglich keinerlei Anhaltspunkte, so dass auch hier die praktische Handhabung entscheidend sein wird. Der Ratsbeschluss zur Arbeitsweise des Ausschusses regelt ausdrücklich lediglich die Übermittlung der Stellungnahme an die Vertreter der Regierungen der Mitgliedstaaten und gegebenenfalls die Vorlage gegenüber der im Rat vereinigten Vertreter der Regierungen der Mitgliedstaaten sowie den Ausschluss der Öffentlichkeit bei den Beratungen.[943] Unter Berücksichtigung der allgemeinen Tendenz der EU zu Transparenz und Bürgernähe erscheint eine Veröffentlichung der Abschluss-Stellungnahme – unter Geheimhaltung der Beratungen – aber keineswegs abwegig und wäre insofern auch zu begrüßen. Der Druck auf die Mitgliedstaaten, ihrer Vorauswahl sachliche Kriterien zugrunde zu legen, würde damit jedenfalls verstärkt.

Schließlich stellten sich notgedrungen die Fragen nach der konkreten Zusammensetzung des Ausschusses und der genauen Auswahl der Ausschussmitglieder sowie ihrer Qualifikation.[944] Nachdem zunächst das Europäische Parlament seinen Kandidaten gegenüber dem Präsidenten des EuGH vorgeschlagen hatte, hat der EuGH-Präsident eine Liste mit diesem und sechs weiteren Kandidaten an den Ratspräsidenten übermittelt.[945] Bei der Zusammensetzung des Ausschusses sollte auf eine Ausgewogenheit in geographischer Hinsicht und im Hinblick auf die Repräsentation der Rechtsordnungen der Mitgliedstaaten geachtet werden.[946] Der Rat hat die vorgeschlagenen Kandidaten am 25. Februar 2010 unverändert für eine – einmalig verlängerbare – Amtszeit von vier Jahren ab dem 1. März 2010 ernannt.[947]

dd) Stellungnahme

Der Ausschuss ist eine begrüßenswerte Neuerung im Ernennungsverfahren auf Unionsebene. Er kann die Sachkunde und Fachtauglichkeit der Kandidaten bewerten und dazu beitragen, dass diese Faktoren auch tatsächlich objektiv, und nicht nationale Präferenzen oder Parteipräferenzen, im Vordergrund der Auswahl stehen. Somit sichert er – auch unabhängig von einer etwaigen Bindungswirkung

942 Pache, in: Vedder/Heintschel v. Heinegg, Eur. Verfassungsvertrag, Art. III-357, Rn. 4; Wegener, in: Calliess/Ruffert, Verfassung der EU, Art. I-29, Rn. 22.

943 Beschluss des Rates vom 25. Februar 2010 über die Arbeitsweise des Ausschusses (2010/124/EU), Anhang Ziffer 5. und 8.

944 Gundel, EuR Beiheft 3 2008, 23, 24 f.; Schröder, DÖV 2009, 61, 62, der die Zusammensetzung als potentiellen Streitpunkte im Rat im Hinblick auf die Beteiligung der einzelnen Mitgliedstaaten sieht.

945 Vgl. Vermerk 5932/10 vom 2. Februar 2010.

946 Vgl. Vermerk 5932/10 vom 2. Februar 2010 und Beschluss des Rates vom 25. Februar 2010 (2010/125/EU), Ziffer 3.

947 Beschluss des Rates vom 25. Februar 2010 (2010/125/EU). Vgl. dazu auch Beschluss des Rates vom 25. Februar 2010 (2010/124/EU), Anhang, Ziffer 2. und 3.

und/oder Veröffentlichung der Stellungnahme – die Objektivität, Unabhängigkeit und Sachkunde der Unionsrichter ab, so dass insgesamt eine Verstärkung dieser Legitimationsfaktoren entsteht.

7. Fazit: Reformvorschlag zum Wahl- und Ernennungsverfahren

Verschiedene Faktoren des Wahl- und Ernennungsverfahrens stellen Anknüpfungspunkte für Reformvorschläge dar.

a) Dreier-Vorschlagslisten aus den Mitgliedstaaten

Die Vorauswahl der Kandidaten sollte auf mitgliedstaatlicher Ebene verbleiben. Denn, wie im zweiten Teil der Arbeit erläutert, sollte weiterhin der Grundsatz „ein Richter pro Mitgliedstaat" gelten. Und bezüglich der Vorauswahl der nationalen Kandidaten stellen die Mitgliedstaaten selbst die sachnächste Ebene dar und können die fachlichen und persönlichen Qualifikationen der in Frage kommenden Kandidaten angemessen in einer Vorauswahl bewerten. Zudem ist die Vorauswahl in den Mitgliedstaaten wichtig für die Akzeptanz der Unionsrechtsprechung, vor allem bei etwaigen in einzelnen Mitgliedstaaten unpopulären Entscheidungen.

Die Tatsache, dass die Vorauswahl der Kandidaten den Mitgliedstaaten weiterhin überlassen bleiben soll, rechtfertigt aber nicht die Beschränkung auf *einen* Kandidatenvorschlag pro Richterstelle. Denn dies macht – wie im Rahmen des nahezu zu einer Formalie degradierten uneigentlichen Ratsbeschlusses bereits deutlich wurde – die Vorauswahl zu der eigentlichen primären Auswahl der Richter und verlagert die ausschlaggebende Entscheidungsmacht auf die mitgliedstaatliche Ebene. Sinnvoller erscheint vielmehr eine Anlehnung an das Verfahren zur Besetzung der EGMR-Richterstellen, also eine Dreier-Vorschlagsliste aus jedem Mitgliedstaat pro Richterposten. Denn nur bei der Vorlage mehrerer Kandidaten kann eine Auswahl auf europäischer Ebene überhaupt noch stattfinden und diesem supranationalen Legitimationsweg eine entscheidende Bedeutung beigemessen werden. Trotzdem verbliebe durch die Vorauswahl eine maßgebliche Entscheidungsposition in den Mitgliedstaaten, deren Einfluss auf die Richterauswahl dadurch lediglich in einem angemessenen Verhältnis relativiert werden würde.

b) Beteiligung des Europäischen Parlaments

Der besondere Charakter der Unionsgerichtsbarkeit als nicht nur internationales, sondern supranationales Rechtsprechungsorgan, macht eine Heranziehung des genuin europäischen Legitimationsweges unverzichtbar.[948] Das Verfahren zur Richterbestellung ist zwar – wie bei internationalen Gerichten üblich – bereits zwei-

948 Ähnlich: Benz, in: Bauer/Huber/Sommermann, Demokratie in Europa, 253, 253 f.

stufig angelegt, schöpft aber mit dem uneigentlichen Ratsbeschluss auf europäischer Ebene nicht die unionalen Besonderheit eines dualen Legitimationsweges aus. Um die rein intergouvernementale Legitimation formal zu überwinden, ist die Beteiligung eines „echten“ Unionsorganes bei dem Auswahlverfahren erforderlich, und nicht nur die der „im Rat vereinigten Vertreter der Mitgliedstaaten“. In Betracht kommen sowohl der Ministerrat als auch das Europäische Parlament. Hier gilt es aber zu beachten, dass sich der Ministerrat aus den Exekutivspitzen der Mitgliedstaaten zusammensetzt und aufgrund dieser personell nationalen Legitimationswege nicht dem genuin europäischen Legitimationsstrang zugerechnet werden kann.[949] Zur Fruchtbarmachung des europäischen Legitimationsweges bleibt mithin nur die Beteiligung des Europäischen Parlaments. Durch dessen Mitwirkung wird zugleich eine wünschenswerte Bürgernähe aufgrund der direkt gewählten Abgeordneten bei der Richterbestellung erzeugt.

Die genauen Mitwirkungsmöglichkeiten des Parlaments sind – wie die Reformvorschläge in Wissenschaft und Praxis zeigen – zahlreich und reichen von der alleinigen oder mit dem Rat gemeinsamen Wahl der Richter über eine parlamentarische Bestätigung oder Zustimmung bis hin zur bloßen Anhörung der Kandidaten im Europäischen Parlament. Dabei kann der erforderliche Grad der Zustimmung keinesfalls mit dem Argument des „gegenwärtigen Standes der Integration“ bestimmt werden, da gerade dieser Integrationsstand durch eine Primärrechtsänderung neu definiert werden kann und vorliegend zur Debatte steht. Auch die Gefahr einer Politisierung kann nicht gegen eine Beteiligung des Parlaments angeführt werden. Denn diese besteht genauso – wenn nicht noch stärker – im Rahmen der Exekutive und scheint zudem insgesamt auf europäischer Ebene nicht derart verbreitet zu sein wie auf nationaler Ebene. Die Gefahr einer unsachgemäßen Politisierung des Verfahrens besteht eher bei der Vorauswahl in den Mitgliedstaaten aufgrund innerstaatlicher Parteipräferenzen; im Hinblick auf das Europäische Parlament erscheint der Vorwurf im Vergleich dazu fehl am Platz.

Aufgrund des nicht zu unterschätzenden Einflusses, den die Mitgliedstaaten infolge der oben genannten Vorauswahl der Kandidaten bereits innehaben, erscheint auf europäischer Ebene eine zusätzliche Beteiligung des Rates nicht mehr erforderlich. In Ergänzung zu dieser mitgliedstaatlichen Mitwirkung ist die Betonung der supranationalen Ebene durch eine alleinige Wahl der Richter im Europäischen Parlament sachgemäß. Um einen möglichst breiten Rückhalt zu erzeugen, sollte dies mit Zwei-Drittel-Mehrheit geschehen.

c) Beteiligung des beratenden Ausschusses

Vor dieser endgültigen Wahl im Europäischen Parlament sollte allerdings der neue beratende Ausschuss auf europäischer Ebene eingeschaltet werden (Art. 255 AEUV). Als unabhängiges und unpolitisches Organ stellt dieser einen optima-

949 Zum Modell der dualen Legitimation siehe oben, 3. Teil, B. II.

len „Filter“ für unsachgemäße Bewertungskriterien und diesbezüglicher Befürchtungen dar. Die Vorschlagslisten aus den Mitgliedstaaten sollten zunächst diesem Ausschuss zugeleitet werden. Dort können die fachlichen Qualifikationen der Kandidaten in geheimen Beratungen mit entsprechender Sachkunde neutral bewertet werden. Da sich der Ausschuss maßgeblich aus erfahrenen und hohen (ehemaligen) Vertretern der Judikative zusammensetzen soll, und vor allem die fachlichen Qualifikationen und die Unabhängigkeit der Richter absichern soll, sind sachfremde Erwägungen hier kaum zu befürchten. Hat sich der Ausschuss ein umfassendes Bild von den Kandidaten gebildet, leitet er die Dreier-Vorschlagslisten an das Europäische Parlament weiter, wobei sein jeweiliger Präferenzkandidat – mit Begründung – an die Spitze der Liste gestellt werden sollte. Nunmehr erfolgt die endgültige Wahl im Parlament, das das „letzte Wort“ hat und die Kandidaten schließlich auch formal ernennt.

Die Stellungnahme des Ausschusses sollte dem Gebot der Transparenz entsprechend veröffentlicht werden. An dieser Stelle besteht schließlich nicht mehr die Gefahr einer Beeinflussung durch die Öffentlichkeit, da die Entscheidung bereits gefallen ist. Eine Abweichung der parlamentarischen Wahl vom „Spitzenkandidaten“ des Ausschusses sollte eine genaue Begründung erfordern, aber im Ergebnis möglich sein. Auf diese Art würden insgesamt auf unterschiedlichen Ebenen die unterschiedlichen Gewalten in die Auswahl einbezogen werden, was auch der Praxis der innerstaatlichen Richterwahlverfahren in den EU-Mitgliedstaaten entspricht.

Durch diesen neuen Prozess auf europäischer Ebene würde den nationalen Verfahren „Gewicht genommen“, so dass eine eventuelle unangemessene Vorauswahl – was bei 27 Mitgliedstaaten nie gänzlich auszuschließen ist – in jedem Fall relativiert und in einer gewissen Weise kompensiert werden kann. Zudem ist davon auszugehen, dass das neue Verfahren in dem beratenden Ausschuss automatisch auf die nationale Vorauswahl „abfärben“ und zu einer „Professionalisierung“ in den Mitgliedstaaten beitragen wird.

d) Auswahlverfahren auf nationaler Ebene

Die nationale Seite des Auswahlverfahrens entzieht sich der Regelungskompetenz der Union, so dass „jeder einzelne Mitgliedstaat den Schlüssel für gewünschte Verbesserungen in der Hand“ hält.[950] Es kann nicht einfach von der EU bestimmt werden, die nationalen Parlamente in die Entscheidung über die Kandidatenliste einzubeziehen oder ähnliches. Aber auch wenn die innerstaatliche Vorauswahl den insofern souveränen Mitgliedstaaten überlassen bleibt, können trotzdem – beispielsweise durch das Europäische Parlament wie die Parlamentarische Versammlung es für die EGMR-Kandidatenauswahl getan hat – (unverbindliche) Empfehlungen an die Mitgliedstaaten ausgesprochen werden (vgl.

---

950 Gundel, EuR Beiheft 3 2008, 23, 43.

Art. 288 Abs. 5 AEUV; ex-Art. 249 Abs. 5 EG). Diese sollten vor allem enthalten, dass das Verfahren innerstaatlich transparent gemacht und einer gesetzlichen Regelung zugeführt werden sollte. Zudem erscheint der Hinweis angebracht, dass aufgrund der Bedeutung der Unionsgerichte bei der Kandidatenauswahl eine Orientierung an dem Verfahren zur Wahl der höchsten nationalen Richter angemessen erscheint oder zumindest große Differenzen zwischen den Auswahlverfahren als nicht sachgemäß betrachtet werden. Das Erfordernis des Einbezugs der nationalen Parlamente stellt sich dabei nicht notwendig, wenn dies nicht auch bei den innerstaatlichen Richterwahlen üblich sein sollte und aufgrunddessen für die innerstaatliche Akzeptanz der Auswahl erforderlich sein sollte.

e) Durchsetzbarkeit des Reformvorschlages

Was die Durchsetzbarkeit des konkreten Reformvorschlages angeht, ist zu differenzieren: Das Primärrecht müsste jedenfalls dahingehend geändert werden, dass nunmehr das Europäische Parlament an die Stelle der „Regierungen der Mitgliedstaaten im gegenseitigen Einvernehmen" tritt (Art. 19 Abs. 2 EU n.F., Art. 253, 254 AEUV; ex-Art. 223 Abs. 1, 224 Abs. 2 EG). Die Festlegung einer Auswahl aus Dreier-Vorschlagslisten sollte bestenfalls auch im Primärrecht aufgenommen werden. Dieses Verfahren ist allen Mitgliedstaaten bereits von der Auswahl der EGMR-Richter bekannt. Zudem müssten die Funktionen und Kompetenzen des (bisher nur beratenden) Ausschusses in Art. 253, 255 AEUV neu definiert werden. Aufgrund der ansonsten sehr lückenhaften Regelungen in den Gründungsverträgen bezüglich der Richterauswahl und -ernennung könnte alles Weitere durch Sekundärrecht festgelegt werden. So wäre das genaue Verfahren innerhalb des Ausschusses durch Ratsbeschluss zu regeln – wie er bereits in Art. 255 Abs. 2 AEUV vorgesehen ist.

Nach den jahrelangen Unsicherheiten bezüglich der letzten Primärrechtsreform könnte eine erneute Vertragsreform zum jetzigen Zeitpunkt allerdings schwierig in Angriff zu nehmen sein. Als „kleine Lösung" könnte deshalb zunächst zumindest ein Teil der Veränderungsvorschläge auch lediglich in Form von Sekundärrecht durchgesetzt werden, da das lückenhafte aktuelle Primärrecht diesbezüglich keine gegenteiligen Regelungen enthält. So könnte insbesondere neben den (erweiterten) Kompetenz- und Verfahrensbestimmungen für den neuen Ausschuss (Art. 255 Abs. 2 AEUV) auch die Einführung einer nationalen Dreier-Vorschlagsliste durch Ratsbeschluss geregelt werden, ohne dass eine Primärrechtsänderung erforderlich wäre. Dasselbe gilt für eine (unverbindliche) Empfehlung an die Mitgliedstaaten bezüglich der Festlegung von Minimalstandards und der Vereinheitlichung ihres innerstaatlichen Auswahlverfahrens.

f) Transparenz

Im Ergebnis soll noch einmal betont werden, dass das Auswahl-und Ernennungsverfahren nicht nur den Aspekt der Herleitungslegitimation beinhaltet, sondern auch den wichtigen demokratischen Aspekt der Transparenz, der in jeder Hinsicht und innerhalb der unterschiedlichsten Legitimationsfaktoren zu berücksichtigen ist. Wenn das Legitimationssubjekt überhaupt nicht nachvollziehen kann, wie die Ämter besetzt werden, wenn also keine klare gesetzliche Regelung bezüglich des Verfahrens besteht, kann von einem demokratischen Verfahren kaum die Rede sein. Ebenso wichtig wie das Verfahren an sich erscheint deshalb, dass das Verfahren gesetzlich vorgeschrieben, für jedermann nachvollziehbar und transparent ist.

g) Sachverstand und Unabhängigkeit

Zudem haben die Ausführungen zu dem Wahl- und Ernennungsverfahren gezeigt, dass bereits an dieser Stelle die Legitimationsfaktoren des Sachverstandes und der Unabhängigkeit maßgeblich tangiert und geprägt werden. Diese gilt es schon im Rahmen des formalen Auswahlprozesses (ex ante) abzusichern, um möglichst „gute Ergebnisse" in der Rechtsprechungstätigkeit so wahrscheinlich wie möglich zu machen und erwarten zu können. Auf diesen Aspekt wird im Rahmen der Ergebnislegitimation zurückzukommen sein. Es wird bereits deutlich, dass die Übergänge zwischen den verschiedenen Legitimationsfaktoren fließend sind. Die Zusammenhänge sind komplex und eine trennscharfe Aufsplitterung erscheint unmöglich und zudem unsachgemäß.

III. Kontrolle und Verantwortlichkeit der Unionsrichter

Bei unabhängigen Institutionen wie der Gerichtsbarkeit sind – wie bereits ausgeführt – die Faktoren der Kontrolle und Verantwortlichkeit der Amtswalter aufgrund fehlender Kontroll- und/oder Weisungsrechte anderer Organe bzw. Institutionen naturgemäß schwach ausgeprägt. Sie spielen gegenüber der Unabhängigkeitsgarantie zwangsweise eine sekundäre Rolle bei der Ausgestaltung des Institutionengefüges. Wie im dritten Teil der Arbeit abstrakt erläutert, existieren jedoch verschiedene Legitimationsfaktoren, die auf unterschiedlich starke Weise trotzdem der Gefahr einer unerwünschten Verselbstständigung der Dritten Gewalt entgegenwirken. Die Befürchtungen eines etwaigen Machtmissbrauchs können damit minimiert werden, ohne die Garantie der richterlichen Unabhängigkeit im Kern nachhaltig zu tangieren. Dies ist auch bei der Unionsgerichtsbarkeit der Fall.

1. Rechtsunterworfenheit der Unionsgerichtsbarkeit

a) „Wahrung des Rechts"

Art. 19 Abs. 1 Satz 2 EU n.F. (ex-Art. 220 Abs. 1 EG) normiert neben dem Rechtsschutzauftrag der Unionsgerichtsbarkeit mit der Formulierung „Wahrung des Rechts" die allgemeine Rechtsunterworfenheit aller Unionsorgane und mithin auch die Gesetzes- bzw. Rechtsbindung der Judikative.[951] In dieser inhaltlichen Vorgabe der Entscheidungsgrundlage für Hoheitsakte der Judikative liegt die stärkste Kontroll- und Lenkungsmöglichkeit bezüglich der Handlungen der Unionsgerichte. Der Begriff „Recht" wird in diesem Zusammenhang – entsprechend der Wendung in Art. 20 Abs. 3 GG[952] – extensiv ausgelegt; im weitesten Sinne beinhaltet er neben dem primären und sekundären Unionsrecht auch die ungeschriebenen allgemeinen – insbesondere die den Rechts- und Verfassungsordnungen der Mitgliedstaaten gemeinsamen – Rechtsgrundsätze des Unionsrechts und das Gemeinschaftsgewohnheitsrecht[953]. Dabei ist das Primärrecht auf die Mitgliedstaaten als „Herren der Verträge" zurückzuführen – mithin innerstaatlich unter Zustimmung der nationalen Parlamente ratifiziert worden – und stellt insofern eine Rückkopplung an den Willen der Staatsbürgerinnen und -bürger der Mitgliedstaaten dar. Beim sekundären Unionsrecht handelt es sich vor allem um Verordnungen und Richtlinien der Unionsorgane.[954] Diese Rechtsakte werden vom Rat und dem Europäischen Parlament als Legislativorgane, auf Initiative der Europäischen Kommission, in der Regel gleichberechtigt im ordentlichen Gesetzgebungsverfahren (ex-Mitentscheidungsverfahren) verabschiedet[955] und können somit durch diese Organe unionsspezifisch dual sowohl auf den Willen der nationalen Bürgerinnen und Bürger als auch auf den der Unionsbürgerinnen und -bürger zurückgeführt werden[956].

b) Rechtsbindung und Rechtsfortbildung

Die Rechtsunterworfenheit der Unionsgerichtsbarkeit wird jedoch als problematisch angesehen, sobald die Richter rechtsfortbildend, und durch die Schaffung

951 Epping, Der Staat 1997, 349, 355 unter Hinweis auf Everling, DRiZ 1993, 5, 5; Pernice/Mayer, in: Grabitz/Hilf, EUV/EGV, Art. 220, Rn. 12 f.; Calliess/Ruffert, EUV/EGV, Art. 220, Rn. 3; von der Groeben/Schwarze, EUV/EGV, Art. 220, Rn. 3.

952 Everling, DRiZ 1993, 5, 5 f.

953 Schwarze, in: ders., EUV/EGV, Art. 220, Rn. 11 ff.; Pernice/Mayer, in: Grabitz/Hilf, EUV/EGV, Art. 220, Rn. 17 ff.; Calliess/Ruffert, EUV/EGV, Art. 220, Rn. 8; von der Groeben/Schwarze, EUV/EGV, Art. 220, Rn. 11 ff.

954 Art. 288 Abs. 2 und 3 AEUV (ex-Art. 249 Abs. 2 und 3 EG).

955 Siehe Art. 14 Abs. 1 EUV n.F., Art. 289 Abs. 1, 294 AEUV (ex-Art. 251 EG).

956 Zum Modell dualer Legitimation siehe oben, 3. Teil, B. II.

von „Richterrecht“ geradezu rechtssetzend tätig werden.[957] Das Unionsrecht ist deutlich stärker als jedes nationale Recht von Lückenhaftigkeit und Unklarheiten geprägt.[958] Dies ist darauf zurückzuführen, dass das Unionsrecht in der Regel einen Kompromiss zwischen 27 Rechtsauffassungen und Interessenlagen darstellt, was zwangsweise zu vagen Formulierungen führt. Zudem bewirken konträre nationale Interessen nicht selten eine Blockade in der notwendigen Fortentwicklung und dynamischen Anpassung des Unionsrechts.[959] Und schließlich verursachen die unterschiedlichen Sprachfassungen der Verträge und Rechtsakte naturgemäß weitere Ungenauigkeiten und Auslegungsschwierigkeiten.[960] Dass der Rechtsprechungsauftrag des Art. 19 Abs. 1 EU n.F. (ex-Art. 220 Abs. 1 EG) auch die Lückenschließung und Weiterentwicklung des Unionsrechts durch entsprechende richterliche Rechtsfortbildung umfasst, ist deshalb – wie im ersten Teil der Arbeit bereits angesprochen – notwendig und weitgehend unumstritten, so dass in diesem vertraglich festgelegten Auftrag eine Legitimationsgrundlage zu sehen ist.[961] Lediglich die Grenzen dieser Rechtsfortbildungstätigkeit sind – genau wie im nationalen Recht – umstritten.

Grundsätzlich ist bei einer etwaigen Rechtsfortbildung durch die Unionsgerichte zu beachten, dass sich – genau wie die höchsten Gerichte in den EU-Mitgliedstaaten – die Unionsgerichtsbarkeit dabei keinesfalls in einem „rechtsfreien“ Raum befindet und keine völlig neuen Rechtsgrundsätze und -institute „aus dem Nichts“ schöpft. Vielmehr ist die Gerichtsbarkeit immer an das gesamte Rechtssystem der EU und ihrer Mitgliedstaaten gebunden, so auch bei einer Fortentwicklung des Rechts.[962] Insbesondere die den Mitgliedstaaten gemeinsamen Rechtsgrundsätze werden in einem solchen Fall als Maßstab und Vorbild genommen, wie beispielsweise die Entwicklung der Gemeinschaftsgrundrechte durch den Gerichtshof gezeigt hat.[963] Aber auch das grundlegende System der Union und ihrer Rechtsordnung im Zusammenspiel mit dem der Mitgliedstaaten haben nicht selten zu der Entwicklung neuer Rechtsinstitute durch den Gerichtshof geführt, wie beispielsweise des Vorrangs und der unmittelbaren Wirkung des Unionsrechts.

957 Mähner, Gerichtshof, 128 ff., 213 ff.; Classen, Demokratische Legitimation, 20; laut Everling, EuR Beiheft 1 2009, 71, 86, befinden sich die Richter in dieser Hinsicht auf einem „schmalen Grad“. Dasselbe Problem stellt sich bezüglich der deutschen Gerichtsbarkeit, vgl. z.B. Wittreck, Verwaltung, 135 ff.

958 Everling, DRiZ 1993, 5, 5 f.; ders., EuR Beiheft 1 2009, 71, 86; von Danwitz, EuR 2008, 769, 773; Mähner, Gerichtshof, 213 ff.; Höreth, Selbstautorisierung des Agenten, 114 f.: „incomplete contracting“-Problem.

959 So verweist von Danwitz, EuR 2008, 769, 773, auf die „Eurosklerose der 70er Jahre“, in der die Rechtsprechung des Gerichtshofs „als Korrektiv gegenüber der Untätigkeit des Gemeinschaftsgesetzgebers weitgehend befürwortet“ wurde.

960 von Danwitz, EuR 2008, 769, 780 f.

961 Ähnlich: Everling, DRiZ 1993, 5, 5 f.

962 So bezüglich der deutschen Gerichtsbarkeit: Tschentscher, Demokratische Legitimation, 194 ff.; Voßkuhle/Sydow, JZ 2002, 673, 678 f.

963 Kritisch in dieser Hinsicht: Mähner, Gerichtshof, 213 ff.

Diese richterliche Rechtsfortbildung ist nicht „aus der Luft gegriffen", sondern stellt eine nahezu unvermeidliche Folge des Rechts- und Institutionengefüges der EU dar.

Mithin befindet sich die Unionsgerichtsbarkeit mit ihrer Rechtsfortbildung zwar in einem Bereich, in dem ihre Rechtsbindung mangels eindeutiger Kodifizierungen zwangsläufig gelockert ist, aber keinesfalls gänzlich negiert werden kann. Zudem haben die Mitgliedstaaten und der Unionsgesetzgeber jederzeit die Möglichkeit, die durch die Judikative entwickelten ungeschriebenen Rechtssätze durch die Verabschiedung entsprechender (gegenläufiger) Normen zu korrigieren.[964] Zwar ist eine entsprechende Vertragsänderung in der Praxis meist nicht einfach durchzuführen[965]; aber wenn, dann wurde diese – bei der Legislative immer verbleibende – „Macht des letzten Wortes" bisher insbesondere dazu genutzt, das „Richterrecht" zu kodifizieren und auf diesem Wege zu bestätigen. So wurde beispielsweise die Grundrechtscharta der Union auf der Grundlage der EuGH-Rechtsprechung formuliert und der Grundsatz des Vorrangs des Unionsrechts wird in der 17. Erklärung der Regierungskonferenz zum Vertrag von Lissabon nunmehr schriftlich festgehalten[966].

Schließlich darf insgesamt – und im Zusammenhang mit dem genannten Problem der richterlichen Rechtsfortbildung im Besonderen – nicht aus den Augen gelassen werden, dass die Rechtsbindung nicht der einzige mögliche Faktor zur Herstellung einer gewissen Kontrolle und Verantwortlichkeit der Judikative ist. Vielmehr gilt es zusätzliche Verantwortungszusammenhänge zu berücksichtigen, die allgemein die Gefahr eines Machtmissbrauchs durch die Amtsträger zusätzlich minimieren und bei einer Lockerung der Rechtsbindung kompensierend wirken können.[967]

2. Zusätzliche Kontroll- und Verantwortungszusammenhänge

Wie auf nationaler Ebene kommen auch auf europäischer Ebene alternative rechtliche und nicht-rechtliche Kontrollmöglichkeiten und Verantwortungszusammenhänge in Betracht, um die Rechtsbindung der Judikative einerseits zu verstärken und andererseits zu ergänzen. Die im Folgenden genannten Regelungen entfalten ihre kontrollierende Wirkung in diesem Zusammenhang nicht nur durch ihre tat-

964 Ähnlich: Höreth, Selbstautorisierung des Agenten, 320 ff. So bezüglich der deutschen Gerichtsbarkeit: Tschentscher, Demokratische Legitimation, 194 ff.; Voßkuhle/Sydow, JZ 2002, 673, 678 f.

965 Scharpf, Regieren in Europa, 29 f.; ders., Multilevel Legitimacy, 11 f.; von Danwitz, EuR 2008, 769, 775, bezeichnet eine Korrektur der Rechtsprechung durch eine Vertragsänderung als „praktisch nicht wirklich gangbaren Weg".

966 Im Entwurf des Vertrages über eine Verfassung für Europa war mit Art. I-6 EVV noch eine ausdrückliche Kodifizierung dieses Grundsatzes im Primärrecht vorgesehen, im Gegensatz zu der nunmehr nahezu „versteckten" Erklärung im Anhang der Verträge.

967 Ähnlich bezüglich der deutschen Gerichtsbarkeit: Wittreck, Verwaltung, 140 ff.

sächliche Geltendmachung, sondern insbesondere auch präventiv-potentiell durch die schlichte Möglichkeit ihrer Durchführung. Sie können also durch ihre bloße Existenz „mäßigend“ und „disziplinierend“ wirken.

a) Gewalteninterne Kontrollmechanismen

Es bestehen unterschiedliche Faktoren der gewalteninternen Kontrolle, die aufgrund ihrer rechtsprechungsinternen Wirkweise in keinerlei Konflikt zur richterlichen Unabhängigkeitsgarantie stehen. In diesem Zusammenhang ist zunächst der *Instanzenzug* zu nennen.[968] Sowohl der Gerichtshof als auch das Gericht können als Rechtsmittelgerichte tätig werden und die Entscheidungen der Vorinstanz auf Rechtsfragen überprüfen.[969] Auf diesem Weg wird insbesondere die Einhaltung der Gesetzesbindung abgesichert und allgemein eine gewalteninterne „Überwachung“ der Gerichte untereinander geschaffen.

Ebenfalls eine gewalteninterne Absicherung der Rechtsbindung und Objektivität der Unionsrichter stellt das *Kollegialprinzip* dar.[970] So entscheiden die beiden Gerichte – wie im ersten Teil der Arbeit bereits erläutert – grundsätzlich in Kammern mit mindestens drei Richtern.[971] Dadurch wird unter den Richtern eine – jedenfalls präventiv-potentielle – gegenseitige Kontrolle und „Objektivierung“ erzeugt, die sich positiv auf die ausschließliche Rechtsbindung im Rahmen der Entscheidungen auswirkt.

Zu den gewalteninternen Kontrollmöglichkeiten können zudem die *Befangenheitsregelungen* gezählt werden.[972] Gemäß Art. 18 der Satzung des Gerichtshofs muss ein Richter seine etwaige Befangenheit dem Präsidenten des Gerichtshofs anzeigen, der daraufhin über die Mitwirkung des betroffenen Richters bei der in Frage stehenden Rechtssache entscheidet. Ergeben sich Schwierigkeiten in dieser Hinsicht, entscheidet der Gerichtshof insgesamt. Die Gefahr subjektiver, sachfremder Erwägungen, und somit einer Abkehr einzelner Richter von der ausschließlichen Rechtsunterworfenheit, soll damit gewaltenintern minimiert werden.

In eine ähnliche Richtung wie die Befangenheitsregelungen und in ihren Kontrollwirkungen vor allem „vorbeugend“ gehen die Möglichkeiten des Gerichts-

968 Zu diesem Legitimationsfaktor auf deutscher Ebene: Voßkuhle/Sydow, JZ 2002, 673, 679; Wittreck, Verwaltung, 140 f.; Scharpf, Regieren in Europa, 23 f.

969 Vgl. Art. 256 Abs. 1 Satz 3, Abs. 2 Satz 1, Abs. 2 Satz 2, Abs. 3 Satz 3, 257 Abs. 3 AEUV i.V.m. Art. 58 Abs. 1 Satzung und Art. 11 Abs. 1 Anhang Satzung (ex-Art. 225 Abs. 1 Satz 3, Abs. 2 Satz 1, Abs. 2 Satz 2, Abs. 3 Satz 3, 225a Abs. 3 EG i.V.m. den entsprechenden unveränderten Regelungen in der Satzung des Gerichtshofs).

970 Zu diesem Legitimationsfaktor auf deutscher Ebene: Voßkuhle/Sydow, JZ 2002, 673, 679 f.

971 Art. 251 AEUV i.V.m. Art. 16 Satzung; Art. 50 Satzung (ex-Art. 221 Abs. 3 EG i.V.m. den entsprechenden unveränderten Regelungen in der Satzung des Gerichtshofs).

972 Zu diesem Legitimationsfaktor auf deutscher Ebene: Wittreck, Verwaltung, 141 f.

hofs, die Immunität eines Richters aufzuheben, Art. 3 Abs. 2 der Satzung des Gerichtshofs, ihn abzusetzen oder seiner finanziellen Ansprüche bzw. Vergünstigungen für verlustig zu erklären, Art. 6 Abs. 1 der Satzung.

Schließlich sind die Gerichte an explizit geregelte *Verfahrensvorschriften* gebunden. Während die Satzung des Gerichtshofs im Sinne des Art. 281 AEUV (ex-Art. 245 EG) in Form eines Protokolls zum Primärrecht ergeht, erlassen die Gerichte ihre Verfahrensordnungen jeweils selbst, wobei das Gericht im Einvernehmen mit dem Gerichtshof handeln muss und beide Verfahrensordnungen der Genehmigung des Rates bedürfen, Art. 253 Abs. 6, 254 Abs. 5 AEUV (ex-Art. 223 Abs. 6, 224 Abs. 5 EG).

b) Unabhängigkeit und Qualifikation der Richter

Trotz des Spannungsverhältnisses zwischen demokratischer Legitimation und Unabhängigkeit der Judikative können sich diese beiden Faktoren auch positiv aufeinander auswirken, was zunächst paradox erscheint. Denn die *richterliche Unabhängigkeit* – unter anderem als Teil der persönlichen Eignung der Richter – führt zwar dazu, dass Kontroll- und Verantwortungszusammenhänge seitens anderer Organe und/oder Institutionen gegenüber der Gerichtsbarkeit schwach ausgeprägt sind. Dies hat aber gleichzeitig den Effekt, dass die Richter ihre Entscheidungen frei von Einflüssen Dritter fällen können.[973] Die Unabhängigkeit der Richter stärkt somit ihre ausschließliche Rechtsunterworfenheit und folglich die demokratische Lenkung durch den Gesetzgeber. In dieser Hinsicht unterstützt die Unabhängigkeitsgarantie die demokratischen Legitimation der Gerichtsbarkeit.[974]

Außerdem kann in der *fachlichen Qualifikation* der Richter ein Faktor gesehen werden, der die Rechtsunterworfenheit zusätzlich absichert.[975] Bei den Unionsrichtern handelt es sich ausschließlich um Berufsjuristen, die bereits während der juristischen Ausbildung in der Rechtsanwendung und der Außerachtlassung sämtlicher Kriterien außerhalb des Rechts bei der Entscheidungsfindung geschult worden sind. Zusätzlich haben alle Unionsrichter erhebliche Berufserfahrungen und beachtliche frühere Posten vorzuweisen, die ihre Qualifikation und die Selbstverständlichkeit der ausschließlichen Rechtsunterworfenheit weiterhin stärken.

---

973 Zu diesem Legitimationsfaktor auf deutscher Ebene: Tschentscher, Demokratische Legitimation, 229 ff., 231 f.; ähnlich: Classen, Demokratische Legitimation, 54 ff.

974 In der Unabhängigkeit der Gemeinschaftsgerichtsbarkeit erblicken ebenfalls einen Faktor demokratischer Legitimation: Kakouris, in: FS Everling, 629, 637 ff.; Schockweiler, Rivista di diritto europeo 1993, 671, 678 m.w.N.; Höreth, Legitimationstrilemma, 223; ders., Stille Revolution, 41, unter Bezugnahme auf Everling, JZ 2000, 217, 222.

975 Zu diesem Legitimationsfaktor auf deutscher Ebene: Voßkuhle/Sydow, JZ 2002, 673, 680; Tschentscher, Demokratische Legitimation, 228 ff.

c) Kontrolle durch die Allgemeinheit und die Fachöffentlichkeit

Ein wichtiger demokratischer Legitimationsfaktor wird durch die *Transparenz* der Rechtsprechung erzeugt.[976] Dies gilt sowohl gegenüber den konkret betroffenen Parteien als auch – aufgrund des Spannungsverhältnisses zum Recht der streitenden Parteien auf informationelle Selbstbestimmung eventuell in abgeschwächter Form – gegenüber der Öffentlichkeit im Allgemeinen.[977] Denn nur so kann eine – zumindest potentielle – Kontrollmöglichkeit der *allgemeinen Öffentlichkeit* gegenüber der Judikative entstehen und eine damit korrespondierende Verantwortlichkeit derselben.[978] Zudem wird dadurch ein Diskurs in der *Wissenschaft und Fachöffentlichkeit* über die Urteile der Unionsgerichte ermöglicht, der in seiner Wirkung in diesem Zusammenhang ebenfalls nicht zu unterschätzen ist.[979] Der Dialog der Unionsgerichtsbarkeit mit der Rechtswissenschaft mag sich zwar auf Unionsebene aufgrund der Sprachenvielfalt und der variierenden nationalen Rechtssysteme und -auffassungen schwieriger gestalten als auf nationaler Ebene.[980] Nichtsdestotrotz findet er statt und kann zu einem gegenseitigen Verständnis und einer Bereicherung beider Seiten beitragen.

Das Gebot der Transparenz europäischer Hoheitshandlungen im Allgemeinen wurde mit Art. 11 EU n.F. nunmehr ausdrücklich ins Primärrecht aufgenommen. Die Transparenz der Rechtsprechungstätigkeit kann durch verschiedene Faktoren erzeugt werden. Art. 31 und Art. 37 der Satzung des Gerichtshofs schreiben grundsätzlich die Öffentlichkeit der Verhandlungen und der Urteilsverkündung vor. Die Urteile sind gemäß Art. 36 der Satzung des Gerichtshofs mit einer Begründung zu versehen. Genau wie die Anhängigkeit der Klage werden auch die Urteile und Beschlüsse der europäischen Gerichte veröffentlicht, Art. 16 § 6, Art. 68 Verfahrensordnung EuGH. Diese Veröffentlichungen erfolgen gemäß Art. 30 § 2 der Verfahrensordnung i.V.m. Art. 1 der Verordnung Nr. 1 des Rates in allen – mittlerweile 23 – Amtssprachen der EU.[981] Bei der Veröffentlichung der Dokumente und der Aufklärung der Bürgerinnen und Bürger über die Tätigkeit der Gerichte spielt das Internet eine wichtige Rolle, von dessen weitreichendem und wichtigem Informationspotential die Unionsgerichte umfassend Gebrauch machen.[982] Mit die-

976 Vgl. z.B. Ruffert, EuR Beiheft 1 2009, 31, 36; Schliesky, Souveränität und Legitimität, 701 f.; Schilling, ZEuS 1999, 75, 77 ff.; von Bogdandy, in: ders., Europäisches Verfassungsrecht 2003, 149, 178 f.

977 Schilling, ZEuS 1999, 75, 77 ff., 95 f.

978 Zu diesem Legitimationsfaktor auf deutscher Ebene: Voßkuhle/Sydow, JZ 2002, 673, 680; Wittreck, Verwaltung, 163 ff.; Tschentscher, Demokratische Legitimation, 227.

979 Vgl. Pernice, EuR 1996, 27, 40; Scharpf, Regieren in Europa, 23 f., 169. Zu diesem Faktor auf deutscher Ebene: Wittreck, Verwaltung, 167 f.

980 von Danwitz, EuR 2008, 769, 779 f.

981 Verordnung Nr. 1/1958 des Rates vom 15. April 1958, zuletzt geändert durch VO Nr. 920/2005 des Rates vom 13. Juni 2005.

982 Siehe: http://curia.europa.eu/jcms/jcms/Jo1_6308/.

sen Regelungen und Handhabungen zur Öffentlichkeit und Veröffentlichung der Rechtsprechungstätigkeit schaffen die Unionsgerichte eine ausreichende Transparenz für eine – jedenfalls potentielle – Kontrolle durch die Allgemeinheit und die Fachwissenschaft.

Lediglich die Beratungen bleiben gemäß Art. 35 der Satzung und Art. 27 § 1 der Verfahrensordnung geheim. Im Rahmen der Entscheidungsfindung sollen die Richter nicht dem Druck der Öffentlichkeit ausgesetzt werden und jedes Argument sowie jede Äußerung untereinander „auf die Goldwaage legen" müssen. Dies könnte die Unabhängigkeitsgarantie zu stark beeinflussen.

d) Richter- und Urteilsschelte

Während die bisher genannten zusätzlichen Kontroll- und Verantwortungszusammenhänge die Unabhängigkeitsgarantie der Unionsgerichte nicht einschneidend tangieren, stellt sich die Frage nach der Wirkung einer etwaigen *Richter- und Urteilsschelte* als problematischer dar. Auf den ersten Blick könnte darin ein weiterer Kontrollfaktor gesehen werden.[983] Dabei muss aber differenziert werden nach dem Urheber einer derartigen Schelte: Erfolgt sie durch das juristische Schrifttum, liegt ein Fall des oben genannten Diskurses durch die Fachöffentlichkeit vor, der nach der hier vertretenen Auffassung als unproblematisch und sogar erstrebenswert einzustufen ist. Probleme im Hinblick auf die richterliche Unabhängigkeit könnten sich jedoch ergeben, sobald die Urteilsschelte von politischen Akteuren und/oder anderen Hoheitsgewalten stammt. Denn in diesem Fall besteht ein schmaler Grad zwischen zulässiger – eventuell sogar konstruktiver – Diskussion einerseits und zuständigkeitsüberschreitender Einmischung in die Angelegenheiten der unabhängigen Dritten Gewalt andererseits. So oder so kann in diesen Äußerungen aber keine demokratiestützende Kontrolle der Rechtsprechungstätigkeit gesehen werden. Denn die bisherige Handhabung in der EU hat gezeigt, dass derartiger Tadel gegenüber bestimmten Urteilen der Unionsgerichte in der Regel auf einzelne Mitgliedstaaten begrenzt ist, die sich von der Entscheidung negativ betroffen fühlen.[984] Es handelt sich mithin nicht um Beanstandungen, die auf die Unionsorgane oder eine breite Basis unter den mitgliedstaatlichen Regierungen zurückzuführen sind. Genau wie eine unterlegene Partei in nahezu jedem Rechtsstreit ihre Unzufriedenheit ausdrückt, geschieht dies in der EU seitens der betroffenen Mitgliedstaaten. Diese Äußerungen stellen weder einen weiteren Kontrollfaktor für die Rechtsprechungstätigkeit dar noch eine ernsthafte Gefahr für die richterliche Unabhängigkeit, sondern liegen in der Natur des kontradiktorischen Streitverfahrens.

---

983 Zu diesem Faktor auf deutscher Ebene: Wittreck, Verwaltung, 169 ff. m.w.N.

984 Vgl. dazu: Höreth, Selbstautorisierung des Agenten, 347 ff.

3. Möglichkeit der Wiederernennung

Auf Unionsebene besteht eine mögliche Kontrollform gegenüber der Judikative, die bei den nationalen Gerichten nur äußerst selten anzutreffen ist: die „Periodizität der Wahlen" bzw. die „Herrschaft auf Zeit".[985] Wie im zweiten Teil der Arbeit bereits eingehend ausgeführt, beträgt die Mandatsdauer der Unionsrichter sechs Jahre und eine Wiederernennung ist laut EU-Verträgen ausdrücklich zulässig.[986] Durch die Wiederernennungsmöglichkeit wird eine Rückkopplung an die Wahl- und Ernennungsorgane geschaffen und somit eine gewisse Kontrolle durch diese erzeugt. Trotz einiger diesbezüglicher Korrektive im Unionsrecht wirft dies aber Probleme im Hinblick auf die richterliche Unabhängigkeit auf; zumindest die Befürchtungen einer Beeinflussung durch die – de lege lata im Auswahlverfahren grundsätzlich dominierenden – nationalen Regierungen können nicht gänzlich ausgeräumt werden.[987]

Es stellt sich nunmehr die Frage, ob die umstrittene Regelung durch ihre Kontrollwirkung und einer damit einhergehenden Stärkung der demokratischen Legitimation der Unionsrichter gerechtfertigt werden kann. Um von einer derartigen Rechtfertigung auszugehen, müsste infolge der Wiederwahlmöglichkeit jedenfalls ein tatsächlicher und erforderlicher Beitrag zur demokratischen Legitimation geleistet werden. Die „kontrollierende Wirkung", die von dieser Regelung ausgeht, ist aufgrund der derzeitigen Wahl- und Ernennungsregelungen bzw. -praxis jedoch zweifelhaft. Wie vorstehend erläutert, ist das Verfahren zur Besetzung der Richterposten de lege lata von einer problematischen Intransparenz sowie einer bedenklichen Exekutiv- und Nationallastigkeit gekennzeichnet.[988] Von einem demokratierelevanten Gewinn durch eine Rückkopplung an dieses Verfahren kann infolgedessen keine Rede sein.

Aber selbst bei einer Verbesserung des Verfahrens zur Besetzung der Richterämter ist zu beachten, dass bereits umfangreiche Kontroll- und Verantwortungszusammenhänge bezüglich der Unionsgerichte bestehen, die in ihrer Wirkung nicht zu Lasten der richterlichen Unabhängigkeit einzustufen sind. Eine Rückkopplung an die Wahl- und Ernennungsorgane ist vor diesem Hintergrund nicht notwendig. Vielmehr darf im Rahmen der Judikative die Kontrolle und Verantwortlichkeit keinesfalls darauf hinauslaufen, dass die Unabhängigkeitsgarantie unterlaufen wird. Deshalb sollte eine Beschränkung auf die oben genannten „weichen" Faktoren bestehen, die die Gefahr eines Missbrauchs der Richtermacht in ausreichendem Maße minimieren und die Unionsrichter ansonsten bei ihrer Rechtspre-

---

985 Dazu: Dreier, in: ders., GG, Art. 20, Rn. 79; Wittreck, Verwaltung, 132; Mähner, Gerichtshof, 144 f.; Ukrow, Rechtsfortbildung, 141 f.; Stern, Staatsrecht, Bd. 1, 609; Zätzsch, Unabhängigkeit, 173 ff.; Böckenförde, Demokratie, in: HStR II 2004, § 24, Rn. 50; Pernice, EuR 1996, 27, 36.

986 Siehe oben, 2. Teil, B. II. 2. b).

987 Siehe oben, 2. Teil, B. II. 2. b) dd).

988 Siehe oben, 4. Teil, A. II.

chungstätigkeit der ausschließlichen Rechtsunterworfenheit überlassen. „Harte“ Kontrollfaktoren – wie die Wiederwahl – stehen zu sehr im Konflikt zu der Unabhängigkeit der Richter und können – da ausreichend alternative Verantwortungszusammenhänge bestehen – vor diesem Hintergrund nicht gerechtfertigt werden.

IV. Zusammenfassung zur Herleitungslegitimation

Es bestehen unterschiedliche Faktoren der demokratischen Herleitungslegitimation in Bezug auf die Unionsgerichtsbarkeit: die Konstituierung der Gerichtsbarkeit durch die Gründungsverträge, die Besetzung der Richterämter in einem angemessenen, den Besonderheiten der Union und den Anforderungen der Mitgliedstaaten genügenden Verfahren und die Sicherung der Verantwortlichkeit der Unionsrichter durch „weiche Kontrollfaktoren“, die die Unabhängigkeitsgarantie in ihrer Wirkung nicht unterlaufen. Insbesondere das Verfahren zur Besetzung der Richterposten weist de lege lata Defizite auf, die durch die entwickelten Reformvorschläge korrigiert werden können. Zudem stellt die Möglichkeit der Wiederernennung der Richter einen nicht zu rechtfertigenden Makel dar, den es zu beseitigen gilt.

Bei manchen Legitimationsfaktoren wurde festgestellt, dass die Unabhängigkeitsgarantie nicht nur im Konflikt zur demokratischen Legitimation der Richter steht, sondern diese auch positiv beeinflussen kann. Zudem wurde bereits angedeutet, dass einige Faktoren der Herleitungslegitimation gleichzeitig Auswirkungen auf die Ergebnislegitimation haben. Eine scharfe Trennung etlicher Legitimationsfaktoren, die sich gegenseitig bedingen, beeinflussen und ergänzen, ist nicht möglich. Dieses Zusammenspiel wird im Folgenden im Rahmen der Ergebnislegitimation verdeutlicht.

B. Ergebnislegitimation der Unionsgerichte

Die Ergebnislegitimation stellt zur Begründung einer demokratischen Legitimation der Hoheitsgewalt auf die Inhalte und Wirkungen der Hoheitshandlungen ab. Diese sollen eine Herrschaft *für* das Legitimationssubjekt bilden und somit das Gemeinwohl fördern. Dabei können sowohl die Interessen der Unionsbürgerinnen und -bürger als auch die der nationalen Bürgerinnen und Bürger Berücksichtigung finden, so dass grundsätzlich eine duale Legitimationsbasis herangezogen werden kann. Der Hintergrund der Ergebnislegitimation ist leicht nachvollziehbar: „Gute Entscheidungen“ tragen allein aufgrund ihrer sinnvollen und geschätzten Inhalte einen legitimierenden Effekt in sich. Denn solange sich das Legitimationssubjekt ordnungsgemäß vertreten und behandelt fühlt, gibt es keinen Grund, die Legitimation der – sozusagen „populären“ – Hoheitsgewalt anzuzweifeln. Im

Rahmen der Ergebnislegitimation ist zwischen Faktoren zu unterscheiden, die ex ante legitimierend wirken können und solchen, die erst ex post eine Legitimationswirkung entfalten.

I. Ex-ante-Ergebnislegitimation

Wie im dritten Teil der Arbeit eingehend erläutert, kann von einer Ex-ante-Ergebnislegitimation gesprochen werden, wenn bestimmte Faktoren dadurch legitimierend wirken, dass sie „gute, gemeinwohlorientierte Ergebnisse" der Hoheitshandlungen für das Legitimationssubjekt erwarten lassen.[989] Es geht mithin um den hypothetischen, antizipierten Output eines Hoheitsaktes. Der Unterschied zu einigen Herleitungslegitimationstheorien, die ebenfalls auf den „Gemeinwohl-Faktor" abstellen, liegt in den verschiedenen Blickwinkeln. Während die herleitungs- bzw. inputorientierten Demokratietheorien davon ausgehen, dass in der größtmöglichen Repräsentation und Einflussnahme des Legitimationssubjektes auf die Ausübung der Hoheitsgewalt bereits eine Garantie für dessen Gemeinwohlorientierung liegt, stellen die Ex-ante-Ergebnis- bzw. Output-Legitimationstheorien eine Prognose bezüglich der zu erwartenden Wirkungen und Inhalte der Hoheitsausübungen auf. Dabei spielen die Verfahrens- und Statusregelungen der konkreten Amtsträger und Organe eine entscheidende Rolle, und nicht bloß die Art und Weise der Ämterbesetzung sowie der Rückkopplung der Amtsträger an den mutmaßlichen Willen des Legitimationssubjektes. Voraussetzung für eine derartige ergebnisorientierte Vorhersage ist ein gewisser Konsens unter den Unionsbürgerinnen und -bürgern bezüglich der Frage, welche Faktoren gemeinwohldienliche und im allgemeinen Interesse liegende Entscheidungen so wahrscheinlich wie möglich machen. Naturgemäß haften einer Prognose immer Unsicherheitsfaktoren und Ungewissheiten an, die der Ex-ante-Ergebnislegitimation insofern zu Eigen sind.

Vorliegend geht es konkret um die Legitimation der Unionsgerichtsbarkeit. Vor dem Hintergrund der gemeineuropäischen Rechtstradition hat sich allgemein die Überzeugung und Maxime unter den Bürgerinnen und Bürgern durchgesetzt, dass die Judikative unabhängig sein und ihre Entscheidungen ausschließlich auf der Grundlage des Rechts treffen soll.[990] Darüberhinaus wird die Rechtsprechung in den EU-Mitgliedstaaten maßgeblich Berufsrichtern – Laienrichter wirken allenfalls ergänzend mit – übertragen, denen aufgrund ihrer entsprechenden Ausbildung eine „gerechte und richtige" Rechtsanwendung zugetraut wird. Diese beiden Faktoren – die Unabhängigkeit und der Sachverstand der Judikative – werden als grundlegende Voraussetzungen dafür angesehen, dass die Rechtsprechung angemessen funktioniert und zu „richtigen", jedenfalls gesetzeskonformen, Ergebnis-

989 Siehe oben, 3. Teil , B. III. 1., 3. und 4. a).
990 Siehe oben, 2. Teil, A.

sen kommt.[991] Sie werden durch entsprechende Verfahrens- und Statusregelungen der Gerichte abgesichert und spielen eine maßgebliche Rolle im Wahl- und Ernennungsverfahren der Richter. Mithin handelt es sich um Faktoren, die durch entsprechende Regelungen im Voraus weitestgehend sichergestellt werden sollen, weil sie für eine „gute Rechtsprechungstätigkeit“ allgemein unentbehrlich erscheinen.

Sowohl die Unabhängigkeit der Unionsrichter als auch ihre fachliche Qualifikation wurden bereits ausführlich behandelt und insgesamt – mit Ausnahme der Möglichkeit der Wiederernennung – als positiv beurteilt.[992] Durch eine Reform des Wahl- und Ernennungsverfahrens könnten beide Faktoren zusätzlich verstärkt und abgesichert werden.[993] Es wird erneut deutlich, dass die richterliche Unabhängigkeit sich nicht nur negativ auf die demokratische Legitimation der Richter auswirken kann, sondern vielmehr auch einen vorteilhaften Beitrag in dieser Hinsicht leistet. Das vermeintliche Spannungsverhältnis wandelt sich an dieser Stelle ein weiteres Mal in ein überraschendes, konstruktives Zusammenspiel zwischen den beiden – nur auf den ersten Blick konträren – Verfassungsprinzipien.

II. Ex-post-Ergebnislegitimation

Im Rahmen der Ex-post-Ergebnislegitimation wird eine Bewertung der tatsächlichen Inhalte und Ergebnisse der Hoheitshandlungen vorgenommen.[994] Stellen sie sich als gemeinwohldienlich und -fördernd dar, entfalten diese „*für* das Legitimationssubjekt guten Entscheidungen“ eine legitimierende Wirkung bezüglich des Hoheitsträgers und seiner Handlungen. Naturgemäß kann diese Beurteilung erst im Nachhinein erfolgen, so dass ihr nicht die Ungewissheiten einer Prognose anhaften. Trotzdem verbleibt ein kritischer Unsicherheitsfaktor, und zwar die konkrete Messbarkeit der Erfolge einer Hoheitshandlung und die zugrundezulegenden Kriterien für eine Beurteilung der Inhalte und Auswirkungen als „gute, gemeinwohldienliche Ergebnisse“.[995]

Die Akzeptanz der Hoheitsträger und ihrer Tätigkeiten unter den Bürgerinnen und Bürgern sowie das Vertrauen, das diese den Amtsträgern entgegenbringen, sind die eindeutigsten Faktoren dafür, dass die Ergebnisse der Hoheitsausübung als „gut“ im Sinne des Gemeinwohls bewertet werden können und sich die konkrete Art und Weise der Hoheitsausübung insofern aus Sicht des Legitimations-

991 So z.B. auch Peters, Verfassung Europas, 414; ähnlich: Classen, Demokratische Legitimation, 41, 43, 54 ff.

992 Siehe oben, 2. Teil, B.

993 Siehe oben, 4. Teil, A. II. 7. g).

994 Siehe oben, 3. Teil, B. III. 1. und 3.

995 Zu dieser Problematik im Rahmen der Output-Legitimation siehe oben, 3. Teil, B. III. 3. und 4.

subjekts bewährt.[996] Dies setzt eine gewisse Transparenz der Hoheitsentscheidungen voraus, ohne die eine verbreitete Akzeptanz ebenso wenig vorstellbar wäre wie ein generelles Vertrauen in die Entscheidungsträger.[997] Die Transparenz der Unionsrechtsprechung wurde bereits im Rahmen der Ausführungen zur Kontrolle und Verantwortlichkeit der Unionsrichter behandelt und im Ergebnis als positiv beurteilt.[998]

Daneben kann sich der Erfolg von Hoheitshandlungen in bestimmten Faktoren wiederspiegeln: So spricht vor allem die – im besten Fall kritiklose – Befolgung der gerichtlichen Urteile für eine Respektierung derselben. Ebenso ist die Anrufung einer Hoheitsgewalt und das damit einhergehende Ersuchen um Rechtsschutz ein Zeichen für das Vertrauen in diese Gewalt. Ein messbarer Bewertungsfaktor für die Akzeptanz der Unionsgerichte kann somit in der steigenden Anzahl neuer Rechtssachen bei den Gerichten gesehen werden. Beim Gerichtshof sind im Jahre 2009 insgesamt 561 neue Rechtssachen eingegangen und beim Gericht im selben Jahr insgesamt 568.[999] Für beide Gerichte setzt sich damit – trotz leichter Rückgänge – insgesamt der Trend eines stetigen Anstiegs neuer Rechtssachen in den letzten Jahren und Jahrzehnten fort.[1000] Zwischenzeitlich sind zwar leichte Schwankungen hinsichtlich der Neueingänge infolge von Kompetenzverlagerungen zwischen den Gerichten und der Schaffung neuer Gericht (1989: Gericht erster Instanz; 2005: Gericht für den öffentlichen Dienst[1001]) festzustellen. Insgesamt ist die kontinuierliche Zunahme der Anrufungen der Gerichte aber nicht zu verkennen, da trotz dieser Kompetenzverlagerungen, die eine Entlastung der Gerichte bewirken sollten, immer wieder neue „Rekordwerte" bezüglich der Neueingänge erzielt werden. Natürlich spielt dabei auch die Erweiterung der EU um neue Mitgliedstaaten und die damit einhergehende Erhöhung der Anzahl der Unionsbürgerinnen und -bürger sowie die Ausweitung der Regelungskompetenzen der Union eine entscheidende Rolle. Nichtsdestotrotz zeigt die kontinuierliche Zunahme der Anzahl neuer Rechtssachen eine Verfestigung der Position der Gerichte im Bewusstsein der Mitgliedstaaten und der Unionsbürger.

Für die Akzeptanz der Rechtsprechungstätigkeit durch das Legitimationssubjekt sind vor allem die Direktklagen natürlicher oder juristischer Personen von Relevanz, für die die erstinstanzliche Zuständigkeit mittlerweile allein beim Ge-

---

996 Vgl. z.B. die im 3. Teil der Arbeit ausführlich behandelten Ansichten von Scharpf, Regieren in Europa, 169; Peters, Verfassung Europas, 580 ff.; Kakouris, in: FS Everling, 629, 638.

997 Dazu: Schilling, ZEuS 1999, 75, 77.

998 Siehe oben, 4. Teil, A. III. 2. c).

999 Pressemitteilung des Gerichtshofs Nr. 29/10 vom 15. März 2010.

1000 Vgl. Jahresbericht 2009, S. 85 f., 173 f.

1001 Vgl. Jahresbericht 2009, S. 191, 221; Jahresbericht 2008, S. 202, 227.

richt liegt.[1002] Im Jahre 2008 wurde laut Rechtsprechungsstatistik in Bezug auf diese Klagen mit insgesamt 305 neuen Rechtssachen ein Rekordwert erreicht, der im Jahre 2009 mit 246 zwar wieder leicht rückläufig war.[1003] In diesem grundsätzlichen Trend ist aber ein Zeichen für das Vertrauen zu sehen, das den Unionsgerichten von der Bevölkerung entgegengebracht wird, die sich anderenfalls nicht so zahlreich rechtsschutzsuchend an die Gerichte wenden würde.

Als weiteres Zeichen für „gute Ergebnisse" eines Hoheitsträgers wird dessen Wiederwahl angesehen, die sowohl Akzeptanz als auch Vertrauen gegenüber den Amtsinhabern ausdrücken soll.[1004] Dieser Faktor ist im Hinblick auf die Unionsgerichtsbarkeit aber – wie bereits an verschiedenen Stellen angesprochen – problematisch.[1005] Es wurde festgestellt, dass die Möglichkeit der Wiederernennung der EU-Richter aufgrund des Konflikts zur Unabhängigkeitsgarantie unter demokratietheoretischen Gesichtspunkten nicht gerechtfertigt werden kann. Mithin soll sie auch nicht als Faktor zur Bewertung des Erfolges und der Akzeptanz der Unionsgerichte herangezogen werden. Dies gilt vor allem vor dem Hintergrund, dass das Legitimationssubjekt de lege lata keinen nennenswerten Einfluss auf die Wiederernennung eines Unionsrichters hat.[1006]

Die Ergebnislegitimation ist insgesamt, ob ex ante oder ex post, in ihren Faktoren und Bewertungskriterien überwiegend sozial- und politikwissenschaftlich geprägt. Die Problematik ihrer Messbarkeit kommt allein in zwei Zitaten aus dem Jahre 2008 deutlich zum Ausdruck: Während in der Fachliteratur die Tätigkeit des Gerichtshof schlicht als „guter Job"[1007] bezeichnet wurde, ertönte zur selben Zeit in der allgemeinen Presse die Bezeichnung des Gerichtshofs als „ungeschlachtes, wenig volksnahes juristisches Gebilde"[1008]. Beide Sichtweisen können nicht völlig negiert werden und in ihrer Verknüpfung liegt wahrscheinlich die Realität. Zur umfassenden Beurteilung bedürfte es einer umfangreichen empirischen Studie zur öffentlichen Meinung im Hinblick auf das Organ Gerichtshof und seiner Tätigkeit. Die Resonanz bezüglich der Rechtsprechungstätigkeit unter den Unionsbürgerinnen und -bürgern und deren Einschätzung bezüglich der Stellung und verfahrensrechtlichen Ausgestaltung der Unionsgerichte würde ein klareres Bild liefern. Auch wenn dies nicht Aufgabe der Rechtswissenschaft ist, sollen mit den vorausgehenden Andeutungen und Ausblicken zumindest die offensichtlichen Zu-

1002 Art. 263 Abs. 4, 265 Abs. 3, 256 Abs. 1 Satz 1 AEUV (ex-Art. 230 Abs. 3, 232 Abs. 3, 225 Abs. 1 Satz 1 EG). Ausführlich zu den Zuständigkeiten des Gerichts: 1. Teil, B. II. 3.

1003 Zu den Direktklagen natürlicher und juristischer Personen (ohne Beamtenklagen und Klagen betreffend das geistige Eigentum): Jahresbericht 2009, S. 174; Jahresbericht 2008, S. 184.

1004 So z.B. Scharpf, Regieren in Europa, 22 f.; Peters, Verfassung Europas, 582.

1005 Siehe oben, 2. Teil, B. II. 2. b); 4. Teil, A. III. 3.

1006 Siehe zum Wahl- und Ernennungsverfahren: 4. Teil, A. II.

1007 Höreth, Selbstautorisierung des Agenten, 189.

1008 Heribert Prantl, Die Gebrechlichkeitspfleger der Politik, in: Süddeutsche Zeitung Nr. 97 vom 25. April 2008, Seite 10.

sammenhänge zwischen den verschiedenen Legitimationsfaktoren vor Augen geführt werden. Eine strikte Trennung zwischen den Wissenschaftsdisziplinen wäre insofern unsachgemäß; vielmehr erscheint eine gegenseitige Bereicherung und Synergie zweckmäßig und geboten.

C. Fazit zum 4. Teil

Zur Begründung der demokratischen Legitimation der Unionsgerichte können verschiedene Faktoren herangezogen werden, die in ihrem Zusammenwirken eine Legitimationsbasis und -kraft schaffen, die keinesfalls negiert und auch nicht unterschätzt werden sollte. Dabei ergänzen und bedingen sich Aspekte der Herleitungslegitimation einerseits und solche der Ergebnislegitimation andererseits. Es fällt auf, dass einige Elemente an mehreren unterschiedlichen Stellen herangezogen werden können, um auf ihre legitimierende Wirkung untersucht zu werden. Merkmale wie beispielsweise die Unabhängigkeit der Richter, die Möglichkeit ihrer Wiederernennung und die Transparenz der Rechtsprechungstätigkeit können – aus unterschiedlichen Blickwinkeln betrachtet – sowohl herleitungs- als auch ergebnistechnisch eine Rolle spielen und wirken sich deshalb auf beiden Legitimationsebenen aus. Mithin kann nahezu kein einzelner Legitimationsfaktor gänzlich einer einzigen Legitimationsperspektive zugeordnet und keine klare Grenze zwischen diesen gezogen werden. Nach der vorliegend vertretenen Auffassung ist dies aber auch nicht erforderlich. Im Wege einer Legitimationsbündelung sollen vielmehr alle denkbaren Legitimationsfaktoren vor dem Hintergrund eines dynamischen, offenen Demokratieverständnisses in ihrem Zusammenwirken eine möglichst breite Legitimationsbasis schaffen, ohne durch eine zu formale Handhabung potentielle Legitimationsquellen auszuschließen.

Verbesserungsbedürftig ist in dieser Hinsicht das Wahl- und Ernennungsverfahren der Unionsrichter. Ein Rechtsvergleich mit den entsprechenden Verfahren auf nationaler Ebene und dem zur Ernennung der EGMR-Richter hat gezeigt, dass die Bestellung der Unionsrichter grundlos hinter den diesbezüglichen gemeineuropäischen Standards zurückbleibt. Eine Reform des Wahl- und Ernennungsverfahrens im vorliegend entwickelten Sinne würde sich auf die unterschiedlichsten Legitimationsfaktoren positiv auswirken und scheint längst überfällig zu sein, um eine optimale demokratische Legitimation der Unionsgerichte zu begründen.

5. Teil: Gesamtbetrachtung

Der Europäische Gerichtshof und das Gericht stellen zusammen die zentralen – nicht auf bestimmte Fachbereiche spezialisierten – Rechtsschutzinstitutionen der Europäischen Union dar. Auch wenn der EuGH überwiegend die Funktionen eines europäischen Verfassungsgerichts wahrnimmt und das EuG zu einem Gericht mit umfassenden Kompetenzen in der Verwaltungsgerichtsbarkeit avanciert ist, nähern sich beide Gerichte zunehmend aneinander an und die Grenzen ihrer jeweiligen Zuständigkeiten sind mittlerweile teilweise fließend. Sie garantieren – gemeinsam mit der nationalen Gerichtsbarkeit – ein umfassendes Rechtsschutzsystem für die Union, ihre Mitgliedstaaten und die Unionsbürgerinnen und -bürger. Durch ihre weitreichende Rechtsprechungstätigkeit prägen und lenken sie sowohl die Rechtsordnung der EU als auch die der Mitgliedstaaten in erheblichem Maße (1. Teil).

Die in einer Rechtsgemeinschaft unverzichtbare Unabhängigkeit der europäischen Judikative ist sowohl durch viele „klassisch"-rechtsstaatliche Unabhängigkeitsgarantien als auch durch spezielle Mechanismen zur Verhinderung etwaiger Beeinflussungen durch nationale Interessen abgesichert. Als problematisch bleibt jedoch – insbesondere vor dem Hintergrund eines Rechtsvergleichs mit den entsprechenden Regelungen in den EU-Mitgliedstaaten und bezüglich des Europäischen Gerichtshofs für Menschenrechte – die kurze Mandatsdauer von sechs Jahren in Verbindung mit der Möglichkeit der Wiederernennung der Richter einzustufen. Trotz etlicher Korrektive zur „Entschärfung" dieser Regelung verursacht sie einen unsachgemäßen Makel am Status der Richter. Sie birgt die Gefahr, dass das maßgebliche Vertrauen des Rechtssuchenden in die Unabhängigkeit der Unionsjustiz geschmälert wird. Auch unter dem demokratietheoretischen Kontrollfaktor der „Herrschaft auf Zeit" ist diese Regelung nicht zu rechtfertigen. Denn das Erfordernis der weitestgehenden Absicherung der Unabhängigkeit der Richter überwiegt an dieser Stelle, während die demokratische Verantwortlichkeit auch durch andere, „weiche" Kontrollfaktoren erreicht werden kann. Deshalb ist der Ausschluss der Wiederwahlmöglichkeit – unter Verlängerung der Mandatsdauer zur Absicherung der Kontinuität und Funktionsfähigkeit der Rechtsprechungstätigkeit – längst überfällig. Einer Korrektur der Regelung durch entsprechende Primärrechtsänderung stünden keine sachlichen Gründe entgegen (2. Teil).

Das Demokratieprinzip ist eines der Fundamentalprinzipien der Europäischen Union. Zur Konkretisierung dieses Prinzips müssen die den Mitgliedstaaten gemeinsamen Rechtsgrundsätze vom Staatsbegriff losgelöst und in die Ziele und

Strukturen der EU eingefügt werden, um somit eine Demokratieausgestaltung festzulegen, die den gemeinsamen nationalen Anforderungen genügt und gleichzeitig der Eigenart der EU Rechnung trägt. Dies betrifft auch das – für die vorliegende Untersuchung maßgebliche – gemeineuropäische Prinzip der Volkssouveränität und der demokratischen Legitimation von Hoheitsgewalt (3. Teil, A.).

Die supranationale Hoheitsgewalt der Europäischen Union – mithin einschließlich der europäischen Judikative – ist sowohl legitimationsbedürftig als auch legitimationsfähig. Jede einzelne Unionsbürgerin und jeder einzelne Unionsbürger stellen im Rahmen eines individualistischen Demokratieverständnisses das Legitimationssubjekt für die Unionsgewalt dar (3. Teil, B. I.). Dabei ist als unionsspezifische Besonderheit die doppelte Legitimationsbasis der EU zu beachten, aufgrund derer demokratische Legitimation im institutionellen Geflecht der Union auf zwei verschiedenen Quellen beruhen kann: einerseits die „genuin-europäische Legitimation" von den Unionsbürgerinnen und -bürgern und andererseits die „national-mitgliedstaatliche Legitimation", die von den nationalstaatlichen Bürgerinnen und Bürgern ausgeht. Diese beiden Legitimationswege stehen im Rahmen eines „Demokratieverbundes" gleichwertig nebeneinander. Sie können sich ergänzen und kompensieren, um somit in einem Kooperationsverhältnis die demokratische Ausgestaltung der Union zu optimieren (3. Teil, B. II.).

Zur konkreten Herstellung des Legitimationszusammenhanges werden in der Wissenschaft unterschiedliche Konzepte herangezogen. Die tendenziell traditionellen – dem staatsrechtlichen Demokratieverständnis verhafteten – Legitimationskonzepte konzentrieren sich in der Regel auf die rein formelle Herleitung der Hoheitsgewalt vom Legitimationssubjekt und die Rückkopplung derselben an das Subjekt (Input-Legitimation). Im Gegensatz dazu ziehen neuere Modelle zur Legitimationsbegründung die konkreten Ergebnisse der Hoheitshandlungen heran, die dem Legitimationssubjekt den bestmöglichen Nutzen bringen sollen im Sinne einer „Herrschaft *für* das Volk" (Output-Legitimation). Während das traditionelle Legitimationsverständnis – insbesondere mit seinen formellen Legitimationsketten – zu streng und statisch ist, um einerseits den Besonderheiten einer unabhängigen Institution wie der Gerichtsbarkeit und andererseits einer komplexen, pluralen Mehrebenen-Demokratie wie der Europäischen Union gerecht zu werden, können auch „gute Ergebnisse" allein nicht ausreichen, um eine hinreichende demokratische Legitimation zu begründen. Sachgemäß im Hinblick auf die europäische Judikative ist eine Synthese aus bewährten und neuartigen Legitimationsfaktoren, aus der Berücksichtigung der formalen Herleitung und der materiellen Ergebnisse der Rechtsprechungsgewalt. So kann ein dynamisches, zeit- und sachgemäßes Legitimationskonzept im Sinne einer komplexen Legitimationsbündelung erzeugt werden – insbesondere unter Berücksichtigung des Spannungsverhältnisses von demokratischer Legitimation und Unabhängigkeit der Judikative. Vor diesem Hintergrund sind als Faktoren der Herleitungs- und Rückkopplungslegitimation heranzuziehen: die Konstituierung der Rechtsprechungsorgane und ihrer Funktionen im Primärrecht; die personelle Besetzung der Richterämter in einem angemessenen, den grundlegende Anforderungen der EU-Mitgliedstaaten genügenden Verfahren; die Gesetzesbindung der Gerichte und die zusätzliche Eindämmung der Gefahr des Missbrauchs der Richtermacht durch „weiche" Kontroll- und Verantwortungszusammenhänge, ohne dabei die Unabhängigkeitsgarantie zu unterlaufen. Daneben können im Rahmen der Ergebnislegitimation „gute Entscheidungen *für* das Legitimationssubjekt" zur Legitimation der Rechtsprechungsgewalt beitragen. Ex ante kann dies durch die Fachkunde und Unabhängigkeit der Richter begünstigt werden und ex post kann die tatsächliche „Gemeinwohldienlichkeit" der Entscheidungen unter anderem durch die Akzeptanz und die Anerkennung der Hoheitshandlungen festgestellt werden (3. Teil, B. III.).

Die abstrakt herausgearbeiteten Legitimationsfaktoren finden sich de lege lata bei der europäischen Judikative wieder, sind jedoch noch nicht alle optimal verwirklicht. In den Gründungsverträgen werden die Gerichte als Organe der EU institutionell und funktionell konstituiert. Das personelle Auswahl- und Ernennungsverfahren der Richter bleibt jedoch in demokratietheoretischer Hinsicht – wie ein Rechtsvergleich zu den höchsten nationalen (Verfassungs-) Gerichten der Mitgliedstaaten und zum EGMR zeigt – hinter den gemeineuropäischen Standards zurück. Zudem wird die unionsspezifische Besonderheit der dualen Legitimationsbasis der EU nicht ausgeschöpft. Erstrebenswert wäre eine Reform des Verfahrens durch eine Primärrechtsänderung. Die Vorauswahl der Richterkandidaten sollte bei den Mitgliedstaaten verbleiben, die jedoch drei Bewerber statt lediglich einen vorschlagen sollten, damit auf europäischer Ebene noch eine tatsächliche Auswahl stattfinden kann. Zudem sollten den Mitgliedstaaten gewisse Minimalstandards zur Vereinheitlichung und transparenteren Ausgestaltung der innerstaatlichen Auswahlprozesse in einer Empfehlung nahegelegt werden. Nach einer umfassenden Bewertung der Kandidaten in dem durch den Vertrag von Lissabon neu eingerichteten beratenden Ausschuss und einer entsprechenden Stellungnahme zu den Bewerbern sollte die endgültige Wahl der Richter dem Europäischen Parlament obliegen. Dieses Verfahren würde nicht nur sowohl die nationalstaatliche als auch die europäische Legitimationsbasis fruchtbar machen, sondern gleichzeitig die verschiedenen Gewalten in den Auswahlprozess einbeziehen. Im Ergebnis könnte dadurch die Herleitungslegitimation und durch eine Objektivierung des Auswahlprozesses auch die Unabhängigkeit der Richter gestärkt werden. Durch Einschaltung des beratenden Ausschusses wird darüberhinaus die fachliche Eignung der Kandidaten zusätzlich einer sachkundigen Bewertung unterzogen. Zudem würde die Besetzung der Richterämter durch die genannten Änderungen insgesamt transparenter und somit bürgernäher ausgestaltet werden (4. Teil, A. II.).

Etwaige Befürchtungen eines möglichen Machtmissbrauchs seitens der Richter können durch verschiedene „weiche" Kontroll- und Verantwortungszusammenhänge minimiert werden, ohne dabei die Garantie der richterlichen Unabhängigkeit nachhaltig zu tangieren. So besteht eine Rechtsbindung der Gerichtsbarkeit, die auch im Rahmen der Rechtsfortbildung fortwirkt, und durch zusätzliche Kontrollfaktoren ergänzt wird. In diesem Zusammenhang sind als „mäßigende

Kriterien“ aufgrund ihrer bloßen Existenz der Instanzenzug, das Kollegialprinzip, die Befangenheitsregelungen, die Verfahrensvorschriften, die richterliche Unabhängigkeit, die fachliche Eignung der Richter und schließlich die Kontrolle durch die allgemeine Öffentlichkeit und die Fachöffentlichkeit zu nennen (4. Teil, A. III.).

Schließlich werden durch die bereits weitgehend sichergestellten – und durch die genannten Reformvorschläge noch optimaler abzusichernden – Faktoren der Unabhängigkeit und Fachkunde der Richter ex ante „gute Ergebnisse“ der Rechtsprechungstätigkeit im Sinne und Interesse des Legitimationssubjektes so wahrscheinlich wie möglich gemacht (4. Teil, B. I.). Etliche Indikatoren sprechen zudem ex post dafür, dass die tatsächlichen Ergebnisse und Inhalte der judikativen Hoheitshandlungen in der EU auf Akzeptanz und Vertrauen stoßen und sich somit beim Legitimationssubjekt bewähren. Auch wenn die eindeutige Messbarkeit insofern schwierig ist, kann nicht negiert werden, dass sich EuGH und EuG im Verfassungsverbund der Union durch ihre bisherige Rechtsprechungstätigkeit als unverzichtbare Rechtsschutzinstitutionen fest etabliert haben und ihre Judikatur grundsätzlich als „gut und richtig“ eingestuft wird. Die antizipierten und tatsächlichen „guten“ Ergebnisse ihrer Tätigkeit wirken mithin zusätzlich legitimierend (4. Teil, B. II.).

Im Ergebnis begründen im Rahmen eines dynamischen, komplexen Demokratieverständnisses unterschiedliche Faktoren durch eine kooperative Legitimationsbündelung bereits eine nicht zu unterschätzende Legitimationsbasis für den Europäischen Gerichtshof und das Gericht. Diese können und sollten aber durch die genannten Reformen noch unionsspezifisch optimiert werden, um eine der Bedeutung der europäischen Judikative angemessene demokratische Legitimation zu schaffen.

Literaturverzeichnis

Adamovich, Ludwig K./Funk, Bernd-Christian/Holzinger, Gerhard, Österreichisches Staatsrecht, Band 1, Grundlagen, 1997, Wien
(zit.: Adamovich/Funk/Holzinger, Österr. StaatsR 1, Rn.)
Aristoteles, Politik und der Staat der Athener, hrsg. von Olof Gigon, 1955, Zürich
(zit.: Aristoteles, Politik/Staat der Athener)
von Armin, Hans Herbert, Wohin treibt Europa?, NJW 2007, 2531
(zit.: von Armin, NJW 2007, 2531, S.)
Augustin, Angela, Das Volk der Europäischen Union, Zu Inhalt und Kritik eines normativen Begriffs, 2000, Berlin
(zit.: Augustin, Volk der EU, S.)
Azizi, Josef, Die Institutionenreform in der EU aus der Sicht der Gerichtsbarkeit, in: Hummer, Waldemar (Hrsg.), Paradigmenwechsel im Europarecht zur Jahrtausendwende, S. 181, 2004, Wien
(zit.: Azizi, in: Hummer, Paradigmenwechsel im Europarecht, 181, S.)
Baach, Florian, Parlamentarische Mitwirkung in Angelegenheiten der Europäischen Union, Die Parlamente Deutschlands und Polens im europäischen Verfassungsverbund, 1. Auflage 2008, Tübingen
(zit.: Baach, Parlamentarische Mitwirkung, S.)
Bächle, Hans-Ulrich, Die Rechtsstellung der Richter am Gerichtshof der Europäischen Gemeinschaften, 1961, Berlin
(zit.: Bächle, Rechtsstellung der Richter am EuGH, S.)
Badura, Peter, Die parlamentarische Demokratie, in: Isensee, Josef/Kirchhof, Paul (Hrsg.), Handbuch des Staatsrechts, Band II Verfassungsstaat, § 25, 3. Auflage 2004, Heidelberg
(zit.: Badura, Parlamentarische Demokratie, in: HStR II 2004, § 25, Rn.)
–, Bewahrung und Veränderung demokratischer und rechtsstaatlicher Verfassungsstruktur in der internationalen Gemeinschaft, VVDStRL 23 (1966), 34
(zit.: Badura, VVDStRL 23 (1966), 34, S.)
Balders, Sven-Frederik/Hansalek, Erik, Die demokratische Legitimation deutscher Mitglieder des Europäischen Gerichtshofs, ZRP 2006, 54
(zit.: Balders/Hansalek, ZRP 2006, 54, S.)
Barents, René, The Court of Justice in the Draft Constitution, MJ 2004, 121
(zit.: Barents, MJ 2004, 121, S.)

Bauer, Lukas, Der Europäische Gerichtshof als Verfassungsgericht?, 1. Auflage 2008, Wien
(zit.: Bauer, Europäischer Gerichtshof, S.)

Baumbach, Martin, Vertragswandel und demokratische Legitimation, 2008, Berlin
(zit.: Baumbach, Vertragswandel, S.)

Baumgart, Jörg-Klaus, Ja zum Vertrag von Lissabon, aber... Das Urteil des BVerfG und die notwendige Änderung des Ausweitungsgesetzes, NJ 2009, 309
(zit.: Baumgart, NJ 2009, 309, S.)

Beer, Nicola, Das Lissabon-Urteil und die Hausaufgaben für Berlin, EuZW 2009, 593
(zit.: Beer, EuZW 2009, 593, S.)

Benz, Arthur, Politikwissenschaftliche Diskurse über demokratisches Regieren im europäischen Mehrebenensystem, in: Bauer, Hartmut/Huber, Peter M./Sommermann, Karl-Peter (Hrsg.), Demokratie in Europa, S. 253, 2005, Tübingen
(zit.: Benz, in: Bauer/Huber/Sommermann, Demokratie in Europa, 253, S.)

–, Ansatzpunkt für ein europafähiges Demokratiekonzept, in: Kohler-Koch, Beate (Hrsg.), Regieren in entgrenzten Räumen, PVS Sonderheft 29/1998, S. 345
(zit.: Benz, PVS Sonderheft 29/1998, 345, S.)

Berlit, Uwe, Justizmodernisierung zwischen Demokratie und Ökonomie, Betrifft Justiz 2002, 319
(zit.: Berlit, Betrifft Justiz 2002, 319, S.)

Bertram, Günter, Von Richtern und Kröten, NJW 2001, 1838
(zit.: Bertram, NJW 2001, 1838, S.)

Bieber, Roland, Demokratische Legitimation in Europa: Das Spannungsverhältnis zwischen den Funktionen von Europäischem Parlament und staatlichen Parlamenten, ZEuS 1999, 141
(zit.: Bieber, ZEuS 1999, 141, S.)

Biernat, Stanislaw, Demokratieprinzip im polnischen Verfassungssystem, in: Bauer, Hartmut/Huber, Peter M./Sommermann, Karl-Peter (Hrsg.), Demokratie in Europa, S. 79, 2005, Tübingen
(zit.: Biernat, in: Bauer/Huber/Sommermann, Demokratie in Europa, 79, S.)

Blanke, Thomas, Antidemokratische Effekte der verfassungsrechtlichen Demokratietheorie, Kritische Justiz 1998, 452
(zit.: Blanke, KJ 1998, 452, S.)

Bleckmann, Albert, Das europäische Demokratieprinzip, JZ 2001, 53
(zit.: Bleckmann, JZ 2001, 53, S.)

Böckenförde, Ernst-Wolfgang, Demokratie als Verfassungsprinzip, in: Isensee, Josef/Kirchhof, Paul (Hrsg.), Handbuch des Staatsrechts, Band II Verfassungsstaat, § 24, 3. Auflage 2004, Heidelberg
(zit.: Böckenförde, Demokratie, in: HStR II 2004, § 24, Rn.)

–, Welchen Weg geht Europa?, 1. Auflage 1997, München
(zit.: Böckenförde, Weg Europas, S.)

–, Verfassungsfragen der Richterwahl, 1974, Berlin
(zit.: Böckenförde, Verfassungsfragen der Richterwahl, S.)
de Boer-Buquicchio, Maud, Klarstellung zum Status des Europäischen Gerichtshofs für Menschenrechte und seiner Beziehung zum Europarat, EuGRZ 2003, 561
(zit.: de Boer-Buquicchio, EuGRZ 2003, 561, S.)
von Bogdandy, Armin, Grundprinzipien, in: ders./Bast, Jürgen (Hrsg.), Europäisches Verfassungsrecht, Theoretische und dogmatische Grundzüge, S. 13, 2. Auflage 2009, Berlin Heidelberg
(zit.: von Bogdandy, in: ders./Bast, Europäisches Verfassungsrecht 2009, 13, S.)
–, Zur Übertragbarkeit staatsrechtlicher Figuren auf die Europäische Union, Vom Nutzen der Gestaltidee supranationaler Föderalismus anhand des Demokratieprinzips, in: Brenner, Michael/Huber, Peter M./Möstl, Markus (Hrsg.), Der Staat des Grundgesetzes – Wandel und Kontinuität, Festschrift für Peter Badura zum siebzigsten Geburtstag, S. 1033, 2004, Tübingen
(zit.: von Bogdandy, in: FS Badura, 1033, S.)
–, Europäische Prinzipienlehre, in: ders. (Hrsg.), Europäisches Verfassungsrecht, Theoretische und dogmatische Grundzüge, S. 149, 1. Auflage 2003, Berlin Heidelberg
(zit.: von Bogdandy, in: –, Europäisches Verfassungsrecht 2003, 149, S.)
–, Demokratie, Globalisierung, Zukunft des Völkerrechts – eine Bestandsaufnahme, ZaöRV 63 (2003), 853
(zit.: von Bogdandy, ZaöRV 63 (2003), 853, S.)
–, Das Leitbild der dualistischen Legitimation für die europäische Verfassungsentwicklung, Gängige Missverständnisse des Maastricht-Urteils und deren Gründe (BVerfGE 89, 155 ff.), KritV 2000, 284
(zit.: von Bogdandy, KritV 2000, 284, S.)
Borchardt, Klaus-Dieter, Der Europäische Gerichtshof, 1. Auflage 2000, Köln
(zit.: Borchardt, EuGH, Art., Rn.)
Bredt, Stephan, Die demokratische Legitimation unabhängiger Institutionen, 2006, Tübingen
(zit.: Bredt, Demokratische Legitimation, S.)
Bröhmer, Jürgen, Einige Bemerkungen zu Sondervoten vor hohen Gerichten und zu den Sondervoten von Georg Ress, in: Bröhmer, Jürgen/Bieber, Roland/Calliess, Christian/Langenfeld, Christine/Weber, Stefan/Wolf, Joachim (Hrsg.), Internationale Gemeinschaft und Menschenrechte, Festschrift für Georg Ress zum 70. Geburtstag am 21. Januar 2005, S. 917, 2005, Köln Berlin München
(zit.: Bröhmer, in: FS Ress, 917, S.)
–, Das Europäische Parlament: Echtes Legislativorgan oder bloßes Hilfsorgan im legislativen Prozeß? Zur Matthews-Entscheidung des Europäischen Gerichtshofs für Menschenrechte, ZEuS 1999, 197
(zit.: Bröhmer, ZEuS 1999, 197, S.)

Brok, Elmar/Selmayr, Martin, Per Popularklage zurück nach Nizza? Zu den Verfassungsklagen gegen den Reformvertrag von Lissabon, EuZW 2008, 487
(zit.: Brok/Selmayr, EuZW 2008, 487, S.)

Brosius-Gersdorf, Frauke, Die doppelte Legitimationsbasis der Europäischen Union, Europarecht 1999, 133
(zit.: Brosius-Gersdorf, EuR 1999, 133, S.)

Bryde, Brun-Otto, Demokratisches Europa und Europäische Demokratie, in: Gaitanides, Charlotte/Kadelbach, Stefan/Rodriguez Iglesias, Gil Carlos (Hrsg.), Europa und seine Verfassung, Festschrift für Manfred Zuleeg zum siebzigsten Geburtstag, S. 131, 1. Auflage 2005, Baden-Baden
(zit.: Bryde, in: FS Zuleeg, 131, S.)

–, Die bundesrepublikanische Volksdemokratie als Irrweg der Demokratietheorie, Staatswissenschaften und Staatspraxis 1994, 305
(zit.: Bryde, Staatswiss. und -praxis 1994, 305, S.)

Busse, Felix, Referat, in: Verhandlungen des 64. Deutschen Juristentages, Berlin 2002, Band II/1, S. Q 41, 2002, München
(zit.: Busse, Verhandlungen des 64. DJT, Q 41, S.)

Buyx, Dana, Tschechische Republik, Verfassungsgericht: Der Vertrag von Lissabon in seiner Gesamtheit verstößt nicht gegen die Verfassung, OER 2009, 443
(zit.: Buyx, OER 2009, 443, S.)

–, Tschechische Republik, Verfassungsgericht: Der Vertrag von Lissabon verstößt nicht gegen die Verfassung, OER 2008, 96
(zit.: Buyx, OER 2008, 96, S.)

Bzdera, André, L'enjeu poltitique de la réforme institutionnelle de la Cour de Justice de la Communauté Européenne, Revue du Marché Commun et de l'Union Européenne 1992, 240
(zit.: Bzdera, RMC 1992, 240, S.)

Calliess, Christian, Interview, Kritik am BVerfG-Urteil zum Vertrag von Lissabon, NJW 30/2009, XIV
(zit.: Calliess, NJW 30/2009, XIV, S.)

–, Das Demokratieprinzip im europäischen Staaten- und Verfassungsverbund, in: Bröhmer, Jürgen/Bieber, Roland/Calliess, Christian/Langenfeld, Christine/Weber, Stefan/Wolf, Joachim (Hrsg.), Internationale Gemeinschaft und Menschenrechte, Festschrift für Georg Ress zum 70. Geburtstag am 21. Januar 2005, S. 399, 2005, Köln Berlin München
(zit.: Calliess, in: FS Ress, 399, S.)

–, Optionen zur Demokratisierung der Europäischen Union, in: Bauer, Hartmut/Huber, Peter M./Sommermann, Karl-Peter (Hrsg.), Demokratie in Europa, S. 281, 2005, Tübingen
(zit.: Calliess, in: Bauer/Huber/Sommermann, Demokratie in Europa, 281, S.)

–, Grundlagen, Grenzen und Perspektiven europäischen Richterrechts, NJW 2005, 929
(zit.: Calliess, NJW 2005, 929, S.)
Calliess, Christian/Ruffert, Matthias (Hrsg.), EUV/EGV, Das Verfassungsrecht der Europäischen Union mit Europäischer Grundrechtecharta, Kommentar, 3. Auflage 2007, München
(zit.: Bearbeiter/in, in: Calliess/Ruffert, EUV/EGV, Art., Rn.)
–, Verfassung der Europäischen Union, Kommentar der Grundlagenbestimmungen (Teil I), 1. Auflage 2006, München/Wien
(zit.: Bearbeiter/in, in: Calliess/Ruffert, Verfassung der EU, Art., Rn.)
Cardoso da Costa, José Manuel Moreira, Die Verfassungsgerichtsbarkeit in Portugal, in: Starck, Christian/Weber, Albrecht (Hrsg.), Verfassungsgerichtsbarkeit in Westeuropa, Teilband I: Berichte, S. 279, 1. Auflage 1986, Baden-Baden
(zit.: Cardoso da Costa, in: Starck/Weber, Verfassungsgerichtsbarkeit Westeuropa, S.)
Classen, Claus Dieter, Demokratische Legitimation im offenen Rechtsstaat, Zur Beeinflussung des Demokratieprinzips durch Rechtsstaatlichkeit und internationale Offenheit, 1. Auflage 2009, Tübingen
(zit.: Classen, Demokratische Legitimation, S.)
–, Legitime Stärkung des Bundestages oder verfassungsrechtliches Prokrustesbett?, Zum Urteil des BVerfG zum Vertrag von Lissabon, JZ 2009, 881
(zit.: Classen, JZ 2009, 881, S.)
–, Gesetzesvorbehalt und Dritte Gewalt, JZ 2003, 693
(zit.: Classen, JZ 2003, 693, S.)
–, Europäische Integration und demokratische Legitimation, AöR 119 (1994), 238
(zit.: Classen, AöR 119 (1994), 238, S.)
Dagtoglou, Prodromos, Die Verfassungsgerichtsbarkeit in Griechenland, in: Starck, Christian/Weber, Albrecht (Hrsg.), Verfassungsgerichtsbarkeit in Westeuropa, Teilband I: Berichte, S. 363, 1. Auflage 1986, Baden-Baden
(zit.: Dagtoglou, in: Starck/Weber, Verfassungsgerichtsbarkeit Westeuropa, S.)
von Danwitz, Thomas, Funktionsbedingungen der Rechtsprechung des Europäischen Gerichtshofes, Europarecht 2008, 769
(zit.: von Danwitz, EuR 2008, 769, S.)
Dänzer-Vanotti, Wolfgang, Unzulässige Rechtsfortbildung des Europäischen Gerichtshofs, RIW 1992, 733
(zit.: Dänzer-Vanotti, RIW 1992, 733, S.)
Dauses, Manfred A., Empfiehlt es sich, das System des Rechtsschutzes und der Gerichtsbarkeit in der Europäischen Gemeinschaft, insbesondere die Aufgaben der Gemeinschaftsgerichte und der nationalen Gerichte, weiterzuentwickeln? Gutachten D für den 60. Deutschen Juristentag, in: Ständige Deputati-

on des Deutschen Juristentages (Hrsg.), Verhandlungen des sechzigsten Deutschen Juristentages, Münster 1994, Band I Gutachten, 1994, München
(zit.: Dauses, Verhandlungen des 60. DJT, Band I, S.)

Degenhart, Christoph, Staatsrecht I, Staatsorganisationsrecht, 25. Auflage 2009, Heidelberg
(zit.: Degenhart, Staatsrecht I, Rn.)

Delpérée, Francis, Die Verfassungsgerichtsbarkeit in Belgien, in: Starck, Christian/Weber, Albrecht (Hrsg.), Verfassungsgerichtsbarkeit in Westeuropa, Teilband I: Berichte, S. 343, 1. Auflage 1986, Baden-Baden
(zit.: Delpérée, in: Starck/Weber, Verfassungsgerichtsbarkeit Westeuropa, S.)

Detjen, Stephan, Richter mit Makel, DRiZ 2000, 208
(zit.: Detjen, DRiZ 2000, 208)

Deutsche Richterzeitung (Redaktion), Die Richter der obersten Gerichtshöfe in den Mitgliedstaaten der Europäischen Union, DRiZ 2002, 317
(zit.: DRiZ 2002, 317, S.)

Di Fabio, Udo, Demokratie im System des Grundgesetzes, in: Brenner, Michael/Huber, Peter M./Möstl, Markus (Hrsg.), Der Staat des Grundgesetzes – Wandel und Kontinuität, Festschrift für Peter Badura zum siebzigsten Geburtstag, S. 77, 2004, Tübingen
(zit.: Di Fabio, in: FS Badura, 77, S.)

–, Das Recht offener Staaten, Grundlinien einer Staats- und Rechtstheorie, 1998, Tübingen
(zit.: Di Fabio, Recht offener Staaten, S.)

Dimitrijević, Vojin, Election of the Judges of the European Court of Human Rights, Review of International Affairs, Vol. LV, No. 1113, January – March 2004
(zit.: Dimitrijević, RIA 2004, S.)

Doehring, Karl, Demokratiedefizit in der Europäischen Union?, DVBl 1997, 1133
(zit.: Doehring, DVBl 1997, 1133, S.)

Dolzer, Rudolf/Waldhoff, Christian/Graßhof, Karin (Hrsg.), Bonner Kommentar zum Grundgesetz, 145. Ergänzungslieferung – Stand April 2010, Heidelberg
(zit.: Bearbeiter/in, in: BK, GG, Art., Rn.)

Dorau, Christoph, Die Verfassungsfrage der Europäischen Union – Möglichkeiten und Grenzen der europäischen Verfassungsentwicklung nach Nizza –, 1. Auflage 2001, Baden-Baden
(zit.: Dorau, Verfassungsfrage der EU, S.)

Döring, Herbert/Hönnige, Christoph, Parlament, Regierung, Staatsoberhaupt, in: Gabriel, Oscar W./Kropp, Sabine (Hrsg.), Die EU-Staaten im Vergleich, Strukturen, Prozesse, Politikinhalte, S. 451, 3. Auflage 2008, Wiesbaden
(zit.: Döring/Hönnige, in: Gabriel/Kropp, EU-Staaten im Vergleich, 451, S.)

Dreier, Horst (Hrsg.), Grundgesetz Kommentar, Band II Artikel 20-82, 2. Auflage 2006, Band III Artikel 83-146, 2. Auflage 2008, Tübingen
(zit.: Bearbeiter/in, in: Dreier, GG, Art., Rn.)

Ehlers, Dirk, Verfassungsrechtliche Fragen der Richterwahl, 1998, Berlin
(zit.: Ehlers, Richterwahl, S.)

Emmert, Frank, Europarecht, 1. Auflage 1996, München
(zit.: Emmert, Europarecht, §, Rn.)

Engel, Norbert Paul, Status, Ausstattung und Personalhoheit des Inter-Amerikanischen und des Europäischen Gerichtshofs für Menschenrechte, EuGRZ 2003, 122
(zit.: Engel, EuGRZ 2003, 122, S.)

Epping, Volker, Die demokratische Legitimation der Dritten Gewalt der Europäischen Gemeinschaften, Der Staat 1997, 349
(zit.: Epping, Der Staat 1997, 349, S.)

Everling, Ulrich, Europas Zukunft unter der Kontrolle der nationalen Verfassungsgerichte – Anmerkungen zum Urteil des Bundesverfassungsgerichts vom 30. Juni 2009 über den Vertrag von Lissabon, Europarecht 2010, 91
(zit.: Everling, EuR 2010, 91, S.)

–, Rechtsschutz in der Europäischen Union nach dem Vertrag von Lissabon, Europarecht Beiheft 1 2009, 71
(zit.: Everling, EuR Beiheft 1 2009, 71, S.)

–, Rechtsschutz im europäischen Wirtschaftsrecht auf der Grundlage der Konventsregelungen, in: Schwarze, Jürgen (Hrsg.), Der Verfassungsentwurf des Europäischen Konvents, S. 363, 1. Auflage 2004, Baden-Baden
(zit.: Everling, in: Schwarze, Verfassungsentwurf, 363, S.)

–, Grundlagen der Reform der Gerichtsbarkeit der Europäischen Union und ihres Verfahrens durch den Vertrag von Nizza, Europarecht 2003, Beiheft 1, 7
(zit.: Everling, EuR 2003, Beiheft 1, 7, S.)

–, Zur Fortbildung der Gerichtsbarkeit der Europäischen Gemeinschaften durch den Vertrag von Nizza, in: Cremer, Hans-Joachim/Giegerich, Thomas/Richter, Dagmar/Zimmermann, Andreas (Hrsg.), Tradition und Weltoffenheit des Rechts, Festschrift für Helmut Steinberger, S. 1103, 2002, Heidelberg
(zit.: Everling, in: FS Steinberger, 1103, S.)

–, 50 Jahre Gerichtshof der Europäischen Gemeinschaften, DVBl 2002, 1293
(zit.: Everling, DVBl 2002, 1293, S.)

–, Richterliche Rechtsfortbildung in der Europäischen Gemeinschaft, JZ 2000, 217
(zit.: Everling, JZ 2000, 217, S.)

–, Die Zukunft der europäischen Gerichtsbarkeit in einer erweiterten Europäischen Union, Europarecht 1997, 398
(zit.: Everling, EuR 1997, 398, S.)

–, Die Rolle des Europäischen Gerichtshofs, in: Weidenfeld, Werner (Hrsg.), Reform der Europäischen Union, Materialien zur Reform des Maastrichter Vertrages 1996, S. 256, 1995, Gütersloh
(zit.: Everling, in: Weidenfeld, Reform der EU, 256, S.)

–, Zur Begründung der Urteile des Gerichtshofs der Europäischen Gemeinschaften, Europarecht 1994, 127
(zit.: Everling, EuR 1994, 127, S.)
–, Referat, in: Ständige Deputation des Deutschen Juristentages (Hrsg.), Verhandlungen des sechzigsten Deutschen Juristentages, Münster 1994, Band II/1 Sitzungsberichte – Referate und Beschlüsse, Teil N, 1994, München
(zit.: Everling, Verhandlungen des 60. DJT, Band II/1, S.)
–, Justiz im Europa von morgen, DRiZ 1993, 5
(zit.: Everling, DRiZ 1993, 5, S.)
–, Überlegungen zur Struktur der Europäischen Union und zum neuen Europa-Artikel des Grundgesetzes, DVBl 1993, 936
(zit.: Everling, DVBl 1993, 936, S.)
Faller, Hans Joachim, Die richterliche Unabhängigkeit im Spannungsfeld von Politik, Weltanschauung und öffentlicher Meinung, in: Fürst, Walther/Herzog, Roman/Umbach, Dieter C. (Hrsg.), Festschrift für Wolfgang Zeidler, Band 1, S. 81, 1987, Berlin New York
(zit.: Faller, in: FS Zeidler, Bd. 1, 81, S.)
Fastenrath, Ulrich, Der europäische Gerichtshof als gesetzlicher Richter, in: Bröhmer, Jürgen/Bieber, Roland/Calliess, Christian/Langenfeld, Christine/Weber, Stefan/Wolf, Joachim (Hrsg.), Internationale Gemeinschaft und Menschenrechte, Festschrift für Georg Ress zum 70. Geburtstag am 21. Januar 2005, S. 461, 2005, Köln Berlin München
(zit.: Fastenrath, in: FS Ress, 461, S.)
Fisahn, Andreas, Bundesverfassungsgericht friert die europäische Demokratie national ein!, Kritische Justiz 2009, 220
(zit.: Fisahn, KJ 2009, 220, S.)
Fischer, Joschka, Ein nationaler Riegel, Das Urteil des Bundesverfassungsgerichts zum Lissabon-Vertrag ist rückwärtsgewandt und realitätsfremd, in: DIE ZEIT Nr. 29 vom 9. Juli 2009, S. 4
(zit.: Fischer, Ein nationaler Riegel, in: DIE ZEIT, 9. Juli 2009, 4)
Fischer, Klemens H., Der Vertrag von Lissabon, Text und Kommentar zum Europäischen Reformvertrag, 2. Auflage 2010, Baden-Baden
(zit.: Fischer, Der Vertrag von Lissabon, S.)
Flauss, Jean-Francois, Les élections des juges à la Cour européenne des droits de l'homme (2005-2008), RTDH 2008, 713
(zit.: Flauss, RTDH 2008, 713, S.)
–, Libres propos sur l'indépendence des juges à la Cour européenne des droits de l'homme, in: Bröhmer, Jürgen/Bieber, Roland/Calliess, Christian/Langenfeld, Christine/Weber, Stefan/Wolf, Joachim (Hrsg.), Internationale Gemeinschaft und Menschenrechte, Festschrift für Georg Ress zum 70. Geburtstag am 21. Januar 2005, S. 949, 2005, Köln Berlin München
(zit.: Flauss, in: FS Ress, 949, S.)

–, Le renouvellement triennal de la Cour Européenne des Droits de l'Homme, RTDH 2001, 693
(zit.: Flauss, RTDH 2001, 693, S.)

Frenz, Walter, Demokratiebegründete nationale Mitwirkungsrechte und Aufgabenreservate, Im Blickpunkt: Das Lissabonurteil des BVerfG vom 30.6.2009, EWS 2009, 345
(zit.: Frenz, EWS 2009, 345, S.)

Fromont, Michel, Grands systèmes de droit étrangers, 4. Auflage 2001, Paris
(zit.: Fromont, Grands systèmes, S.)

–, Frankreich und die Europäische Union, DÖV 1995, 481
(zit.: Fromont, DÖV 1995, 481, S.)

–, Der französische Verfassungsrat, in: Starck, Christian/Weber, Albrecht (Hrsg.), Verfassungsgerichtsbarkeit in Westeuropa, Teilband I: Berichte, S. 309, 1. Auflage 1986, Baden-Baden
(zit.: Fromont, in: Starck/Weber, Verfassungsgerichtsbarkeit Westeuropa, S.)

Frowein, J. A., Die Verfassung der Europäischen Union aus Sicht der Mitgliedstaaten, Europarecht 1995, 315
(zit.: Frowein, EuR 1995, 315, S.)

Gabriel, Oscar W./Kropp, Sabine, Einleitung: Die EU-Staaten im Vergleich: Strukturen, Prozesse, Politikinhalte, in: dies. (Hrsg.), Die EU-Staaten im Vergleich, Strukturen, Prozesse, Politikinhalte, S. 11, 3. Auflage 2008, Wiesbaden
(zit.: Gabriel/Kropp, in: –, EU-Staaten im Vergleich, 11, S.)

Garlicki, Leszek, Die Verfassungsgerichtsbarkeit in Polen, in: Luchterhandt, Otto/ Starck, Christian/Weber, Albrecht (Hrsg.), Verfassungsgerichtsbarkeit in Mittel- und Osteuropa, Teilband I: Berichte, S. 75, 1. Auflage 2007, Baden-Baden
(zit.: Garlicki, in: Luchterhandt/Starck/Weber, Verfassungsgerichtsbarkeit Mittel- und Osteuropa, S.)

Geiger, Willi, Die Unabhängigkeit des Richters, DRiZ 1979, 65
(zit.: Geiger, DRiZ 1979, 65, S.)

Gionea, Vasile/Tontsch, Günther H., Die Verfassungsgerichtsbarkeit in Rumänien, in: Luchterhandt, Otto/Starck, Christian/Weber, Albrecht (Hrsg.), Verfassungsgerichtsbarkeit in Mittel- und Osteuropa, Teilband I: Berichte, S. 105, 1. Auflage 2007, Baden-Baden
(zit.: Gionea/Tontsch, in: Luchterhandt/Starck/Weber, Verfassungsgerichtsbarkeit Mittel- und Osteuropa, S.)

Goll, Ulrich, „Es geht darum, Fouls bei der Richterwahl auszuschließen", ZRP 2001, 480
(zit.: Goll, ZRP 2001, 480, S.)

Görisch, Christoph, Im Namen des Volkes!? – Über den Beitrag der Rechtsprechung zur Stärkung der Demokratie, Recht und Politik 2006, 86
(zit.: Görisch, Recht und Politik 2006, 86, S.)

Grabitz, Eberhard/Hilf, Meinhard (Hrsg.), Das Recht der Europäischen Union, EUV/EGV, 40. Ergänzungslieferung – Stand Oktober 2009, München
(zit.: Bearbeiter/in, in: Grabitz/Hilf, EUV/EGV, Art., Rn.)

Grévisse, Fernand, La Cour de Justice et la révision de 1996, Revue du Marché Commun et de l'Union Européenne 1995, 11
(zit.: Grévisse, RMC 1995, 11, S.)

Grewe, Constance, Demokratie ohne Volk oder Demokratie der Völker? Zur Demokratiefähigkeit der Europäischen Union, in: Drexl, Josef/Kreuzer, Karl F./ Scheuing, Dieter H./Sieber, Ulrich (Hrsg.), Europäische Demokratie, S. 59, 1. Auflage 1999, Baden-Baden
(zit.: Grewe, in: Drexl/Kreuzer/Scheuing/Sieber, Europäische Demokratie, 59, S.)

Grimm, Dieter, Braucht Europa eine Verfassung?, JZ 1995, 581
(zit.: Grimm, JZ 1995, 581, S.)

von der Groeben, Hans/Schwarze, Jürgen (Hrsg.), Kommentar zum Vertrag über die Europäische Union und zur Gründung der Europäischen Gemeinschaft, 6. Auflage 2004, Baden-Baden
(zit.: Bearbeiter/in, in: von der Groeben/Schwarze, EUV/EGV, Art., Rn.)

von der Groeben, Hans/Thiesing, Jochen/Ehlermann, Claus-Dieter (Hrsg.), Kommentar zum EU-/EG-Vertrag, 5. Auflage 1997, Baden-Baden
(zit.: Bearbeiter/in, in: von der Groeben/Thiesing/Ehlermann, EUV/EGV, Art., Rn.)

Groß, Thomas, Selbstverwaltung der Gerichte als Voraussetzung ihrer Unabhängigkeit, DRiZ 2003, 298
(zit.: Groß, DRiZ 2003, 298, S.)

–, Verfassungsrechtliche Möglichkeiten und Begrenzungen für eine Selbstverwaltung der Justiz, ZRP 1999, 361
(zit.: Groß, ZRP 1999, 361, S.)

Grossi, Pierfrancesco, Demokratisches Prinzip und Rechtsprechung, JöR 50 (2002), 361
(zit: Grossi, JöR 50 (2002), 361, S.)

Gundel, Jörg, Gemeinschaftsrichter und Generalanwälte als Akteure des Rechtsschutzes im Lichte des gemeinschaftsrechtlichen Rechtsstaatsprinzips, Europarecht Beiheft 3 2008, 23
(zit.: Gundel, EuR Beiheft 3 2008, 23, S.)

Habermas, Jürgen, Faktizität und Geltung, Beiträge zur Diskurstheorie des Rechts und des demokratischen Rechtsstaats, 1. Auflage 1992, Frankfurt am Main
(zit.: Habermas, Faktizität und Geltung, S.)

Häberle, Peter, Europäische Verfassungslehre, 6. Auflage 2009, Baden-Baden
(zit.: Häberle, Europäische Verfassungslehre, S.)

–, Gemeineuropäisches Verfassungsrecht, EuGRZ 1991, 261
(zit.: Häberle, EuGRZ 1991, 261, S.)

Hakenberg, Waltraud, Das Gericht für den öffentlichen Dienst der EU – Eine neue Ära in der Gemeinschaftsgerichtsbarkeit, EuZW 2006, 391
(zit.: Hakenberg, EuZW 2006, 391, S.)
Hakenberg, Waltraud/Schilhan, Christina, Die Architektur der EU-Gerichtsbarkeit – Aktualität und Perspektiven im Lichte von Lissabon, ZfRV 2008, 104
(zit.: Hakenberg/Schilhan, ZfRV 2008, 104, S.)
Hakenberg, Waltraud/Stix-Hackl, Christine, Handbuch zum Verfahren vor dem Europäischen Gerichtshof, Band 1, 3. Auflage 2005, Wien
(zit.: Hakenberg/Stix-Hackl, EuGH, S.)
Hallstein, Walter, Die EWG – Eine Rechtsgemeinschaft, Ehrenpromotion, Universität Padua, 12. März 1962, in: Oppermann, Thomas (Hrsg.), Walter Hallstein, Europäische Reden, 1979, Stuttgart
(zit.: Hallstein, EWG, in: Europäische Reden, 341, S.)
–, Die Europäische Gemeinschaft, 5. Auflage 1979, Düsseldorf Wien
(zit.: Hallstein, EG, S.)
Haltern, Ulrich, Europarecht, Dogmatik im Kontext, 2. Auflage 2007, Tübingen
(zit.: Haltern, Europarecht, Rn.)
–, Demokratische Verantwortlichkeit und Verfassungsgerichtsbarkeit, Der Staat 1996, 551
(zit.: Haltern, Der Staat 1996, 551, S.)
Hanebeck, Alexander, Bundesverfassungsgericht und Demokratieprinzip, DÖV 2004, 901
(zit.: Hanebeck, DÖV 2004, 901, S.)
Hänsch, Klaus, Eine Entgegnung auf Roman Herzog / Lüder Gerken in der WELT am SONNTAG 14. Januar 2007, erschienen auf: www.welt.de am 27. Januar 2007
(zit.: Hänsch, welt online, 27. Januar 2007)
Hatje, Armin, Der Gerichtshof der Europäischen Gemeinschaften, DRiZ 2006, 161
(zit.: Hatje, DRiZ 2006, 161, S.)
–, Die institutionelle Reform der Europäischen Union – der Vertrag von Nizza auf dem Prüfstand –, Europarecht 2001, 143
(zit.: Hatje, EuR 2001, 143, S.)
Häuser, Horst, Demokratie an der Legitimationskette, Betrifft Justiz 2002, 426
(zit.: Häuser, Betrifft Justiz 2002, 426, S.)
Hecker, Jan, Die europäische Integration vor dem Bundesverfassungsgericht und dem Conseil Constitutionnel, AöR 123 (1998), 577
(zit.: Hecker, AöR 123 (1998), 577, S.)
Hellmann, Vanessa, Der Vertrag von Lissabon, Vom Verfassungsvertrag zur Änderung der bestehenden Verträge – Einführung mit Synopse und Übersicht, 1. Auflage 2009, Heidelberg
(zit.: Hellmann, Der Vertrag von Lissabon, S.)

Henke, Christoph, Plädoyer für kürzere Legitimationsketten in der Europäischen Union, Europarecht 2010, 118
(zit.: Henke, EuR 2010, 118, S.)

Herresthal, Carsten, Voraussetzungen und Grenzen der gemeinschaftsrechtskonformen Rechtsfortbildung, EuZW 2007, 396
(zit.: Herresthal, EuZW 2007, 396, S.)

Herzog, Roman/Gerken, Lüder, Stoppt den Europäischen Gerichtshof, DRiZ 2009, 141
(zit.: Herzog/Gerken, DRiZ 2009, 141, S.)

–, Europa entmachtet uns und unsere Vertreter, WELT am SONNTAG vom 14. Januar 2007 und www.welt.de am 13. Januar 2007
(zit.: Herzog/Gerken, welt online, 14. Januar 2007)

Herzog, Roman/Scholz, Rupert/Herdegen, Matthias/Klein, Hans H. (Hrsg.), Maunz-Dürig Grundgesetz Kommentar, 57. Ergänzungslieferung – Stand Januar 2010, München
(zit.: Bearbeiter/in, in: Maunz-Dürig, GG, Art., Rn.)

Hesse, Konrad, Grundzüge des Verfassungsrechts der Bundesrepublik Deutschland, Neudruck der 20. Auflage 1999, Heidelberg
(zit.: Hesse, Verfassungsrecht, Rn.)

Heuschling, Luc, Die Struktur der demokratischen Legitimität im französischen Recht: zwischen Monismus und Pluralismus, zwischen Subjekt-Symbolik und Gewaltenmechanik, EuGRZ 2006, 338
(zit.: Heuschling, EuGRZ 2006, 338, S.)

–, Krise der Demokratie und Krise der juristischen Demokratielehre in Frankreich, in: Bauer, Hartmut/Huber, Peter M./Sommermann, Karl-Peter (Hrsg.), Demokratie in Europa, S. 33, 2005, Tübingen
(zit.: Heuschling, in: Bauer/Huber/Sommermann, Demokratie in Europa, 33, S.)

Hirsch, Günter, Dezentralisierung des Gerichtssystems der Europäischen Union?, ZRP 2000, 57
(zit.: Hirsch, ZRP 2000, 57, S.)

Hobbes, Thomas, Leviathan oder Stoff, Form und Gewalt eines kirchlichen und bürgerlichen Staates (1651), hrsg. von Iring Fetscher, übersetzt von Walter Euchner, 1. Auflage 1992, Frankfurt a. M.
(zit.: Hobbes, Leviathan)

Hobe, Stefan, Europarecht, 5. Auflage 2010, Köln Berlin München
(zit.: Hobe, Europarecht, Rn.)

–, Das Staatvolk nach dem Grundgesetz, JZ 1994, 191
(zit.: Hobe, JZ 1994, 191, S.)

Hofmann, Mahulena, Zum zweiten „Lissabon-Urteil“ des Tschechischen Verfassungsgerichts, EuGRZ 2010, 153
(zit.: Hofmann, EuGRZ 2010, 153, S.)

Holländer, Pavel/Hofmann, Mahulena, Verfassungsgerichtsbarkeit in der Tschechischen Republik, in: Luchterhandt, Otto/Starck, Christian/Weber, Albrecht (Hrsg.), Verfassungsgerichtsbarkeit in Mittel- und Osteuropa, Teilband I: Berichte, S. 189, 1. Auflage 2007, Baden-Baden
(zit.: Holländer/Hofmann, in: Luchterhandt/Starck/Weber, Verfassungsgerichtsbarkeit Mittel- und Osteuropa, S.)

Höreth, Marcus, Die Selbstautorisierung des Agenten, Der Europäische Gerichtshof im Vergleich zum U.S. Supreme Court, 1. Auflage 2008, Baden-Baden
(zit.: Höreth, Selbstautorisierung des Agenten, S.)

–, Stille Revolution im Namen des Rechts?, Zur Rolle des Europäischen Gerichtshofes (EuGH) im Prozess der europäischen Integration, ZEI Discussion Paper C 78 2000, 2000, Bonn
(zit.: Höreth, Stille Revolution, S.)

–, Die Europäische Union im Legitimationstrilemma, Zur Rechtfertigung des Regierens jenseits der Staatlichkeit, 1. Auflage 1999, Baden-Baden
(zit.: Höreth, Legitimationstrilemma, S.)

Huber, Peter M., Demokratie in Europa, – Zusammenfassung und Ausblick –, in: Bauer, Hartmut/Huber, Peter M./Sommermann, Karl-Peter (Hrsg.), Demokratie in Europa, S. 491, 2005, Tübingen
(zit.: Huber, in: Bauer/Huber/Sommermann, Demokratie in Europa, 491, S.)

–, Das institutionelle Gleichgewicht zwischen Rat und Europäischem Parlament in der künftigen Verfassung für Europa, Europarecht 2003, 574
(zit.: Huber, EuR 2003, 574, S.)

–, Recht der Europäischen Integration, 2. Auflage 2002, München
(zit.: Huber, Europäische Integration, §, Rn.)

–, Europäisches und nationales Verfassungsrecht, VVDStRL 60 (2001), 194
(zit.: Huber, VVDStRL 60 (2001), 194, S.)

–, Demokratie ohne Volk oder Demokratie der Völker? Zur Demokratiefähigkeit der Europäischen Union, in: Drexl, Josef/Kreuzer, Karl F./Scheuing, Dieter H./Sieber, Ulrich (Hrsg.), Europäische Demokratie, S. 27, 1. Auflage 1999, Baden-Baden
(zit.: Huber, in: Drexl/Kreuzer/Scheuing/Sieber, Europäische Demokratie, 27, S.)

Hübner, Ulrich/Constantinesco, Vlad, Einführung in das französische Recht, 4. Auflage 2001, München
(zit.: Hübner/Constantinesco, Frz. Recht, S.)

Ipsen, Hans Peter, Europäisches Gemeinschaftsrecht, 1972, Tübingen
(zit.: Ipsen, Europäisches Gemeinschaftsrecht, §, Anm.)

Jesse, Eckhard, Wahlsysteme und Wahlrecht, in: Gabriel, Oscar W./Kropp, Sabine (Hrsg.), Die EU-Staaten im Vergleich, Strukturen, Prozesse, Politikinhalte, S. 299, 3. Auflage 2008, Wiesbaden
(zit.: Jesse, in: Gabriel/Kropp, EU-Staaten im Vergleich, 299, S.)

Jestaedt, Matthias, Demokratische Legitimation – quo vadis?, JuS 2004, 649
(zit.: Jestaedt, JuS 2004, 649, S.)

Jung, Hans, Das Gericht erster Instanz der Europäischen Gemeinschaften, Europarecht 1992, 246
(zit.: Jung, EuR 1992, 246, S.)

Kadelbach, Stefan, Unionsbürgerschaft, in: von Bogdandy, Armin/Bast, Jürgen (Hrsg.), Europäisches Verfassungsrecht, Theoretische und dogmatische Grundzüge, S. 611, 2. Auflage 2009, Berlin Heidelberg
(zit.: Kadelbach, in: von Bogdandy/Bast, Europäisches Verfassungsrecht 2009, 611, S.)

Kakouris, Constantinos N., La Cour de Justice des Communautés européennes comme Cour Constitutionelle: Trois Observations, in: Due, Ole/Lutter, Marcus/Schwarze, Jürgen (Hrsg.), Festschrift für Ulrich Everling, Band 1, S. 629, 1995, Baden-Baden
(zit.: Kakouris, in: FS Everling, 629, S.)

Kant, Immanuel, Zum ewigen Frieden. Ein philosophischer Entwurf (1795), hrsg. von Theodor Valentiner, 1984, Stuttgart
(zit.: Kant, Zum ewigen Frieden)

Karrenstein, Daniela, Die französische Verfassungsreform vom 23. Juli 2008, DÖV 2009, 445
(zit.: Karrenstein, DÖV 2009, 445, S.)

Kaufmann, Marcel, Europäische Integration und Demokratieprinzip, 1997, Baden-Baden
(zit.: Kaufmann, Europäische Integration und Demokratieprinzip, S.)

Keller, Heinrich, Die demokratische Legitimation des Richters, in: Neider, Michael (Hrsg.), Festschrift für Christian Broda zum 60. Geburtstag, S. 121, 1976, Wien
(zit.: Keller, in: FS Broda, 121, S.)

Kielmansegg, Peter Graf, Integration und Demokratie, in: Jachtenfuchs, Markus/Kohler-Koch, Beate (Hrsg.), Europäische Integration, S. 47, 1. Auflage 1996, Opladen
(zit.: Kielmansegg, in: Jachtenfuchs/Kohler-Koch, Europäische Integration, 47, S.)

Kimmel, Adolf, Verfassungsrechtliche Rahmenbedingungen: Grundrechte, Staatszielbestimmungen und Verfassungsstrukturen, in: Gabriel, Oscar W./Kropp, Sabine (Hrsg.), Die EU-Staaten im Vergleich, Strukturen, Prozesse, Politikinhalte, S. 62, 3. Auflage 2008, Wiesbaden
(zit.: Kimmel, in: Gabriel/Kropp, EU-Staaten im Vergleich, 62, S.)

Kimmel, Adolf/Kimmel, Christiane (Hrsg.), Verfassungen der EU-Mitgliedstaaten, Textausgabe, 6. Auflage 2005, München
(zit.: Kimmel/Kimmel, Verfassungen der EU-Mitgliedstaaten, S.)

Kirchhof, Paul, Das Parlament als Mitte der Demokratie, in: Brenner, Michael/Huber, Peter M./Möstl, Markus (Hrsg.), Der Staat des Grundgesetzes – Wan-

del und Kontinuität, Festschrift für Peter Badura zum siebzigsten Geburtstag, S. 237, 2004, Tübingen
(zit.: Kirchhof, in: FS Badura, 237, S.)

–, Der Unionsvertrag als Grundlage europaoffenen und weltweiten Wirtschaftens, in: Schäfer, Wolf (Hrsg.), Zukunftsprobleme der europäischen Wirtschaftsverfassung, S. 9, 2004, Berlin
(zit.: Kirchhof, in: Schäfer, Zukunftsprobleme, 9, S.)

–, Die Gewaltenbalance zwischen staatlichen und europäischen Organen, JZ 1998, 965
(zit.: Kirchhof, JZ 1998, 965, S.)

–, Der deutsche Staat im Prozeß der europäischen Integration, in: Isensee, Josef/ Kirchhof, Paul (Hrsg.), Handbuch des Staatsrechts der Bundesrepublik Deutschland, Band VII Normativität und Schutz der Verfassung – Internationale Beziehungen, § 183, 1992, Heidelberg
(zit.: Kirchhof, Der deutsche Staat im Prozeß, in: HStR VII, § 183, Rn.)

–, Deutsches Verfassungsrecht und Europäisches Gemeinschaftsrecht, in: Kirchhof, Paul/Ehlermann, Claus-Dieter, Deutsches Verfassungsrecht und Europäisches Gemeinschaftsrecht, Europarecht 1991, Beiheft 1, 11
(zit.: Kirchhof, EuR 1991, Beiheft 1, 11, S.)

Kirchhoff, Guido, Demokratische Legitimation und Stärkung der richterlichen Unabhängigkeit, Interview mit Horst Häuser und Eva Koch am 2. März 2003, Betrifft Justiz 2003, 61
(zit.: Interviewpartner/in, Betriff Justiz 2003, 61, S.)

Kirsch, Andrea, Demokratie und Legitimation in der Europäischen Union, 1. Auflage 2008, Baden-Baden
(zit.: Kirsch, Demokratie, S.)

Kluth, Winfried, Die demokratische Legitimation der Europäischen Union, 1995, Berlin
(zit.: Kluth, Demokratische Legitimation der EU, S.)

Kneip, Sascha, Verfassungsgerichtsbarkeit im Vergleich, in: Gabriel, Oscar W./ Kropp, Sabine (Hrsg.), Die EU-Staaten im Vergleich, Strukturen, Prozesse, Politikinhalte, S. 631, 3. Auflage 2008, Wiesbaden
(zit.: Kneip, in: Gabriel/Kropp, EU-Staaten im Vergleich, 631, S.)

Koenig, Christian, Ist die europäische Union verfassungsfähig?, DÖV 1998, 268
(zit.: Koenig, DÖV 1998, 268, S.)

Kohler, Christian, Zur institutionellen Stellung des Gerichtshofes der Europäischen Gemeinschaften, EuGRZ 2003, 117
(zit.: Kohler, EuGRZ 2003, 117, S.)

von Komorowski, Alexis, Demokratieprinzip und Europäische Union, Staatsverfassungsrechtliche Anforderungen an die demokratische Legitimation der EG-Normsetzung, 2010, Berlin
(zit.: von Komorowski, Demokratieprinzip, S.)

Korinek, Karl, Die Verfassungsgerichtsbarkeit in Österreich, in: Starck, Christian/ Weber, Albrecht (Hrsg.), Verfassungsgerichtsbarkeit in Westeuropa, Teilband I: Berichte, S. 149, 1. Auflage 1986, Baden-Baden
(zit.: Korinek, in: Starck/Weber, Verfassungsgerichtsbarkeit Westeuropa, S.)

Kreth, Elisabeth, Die richterliche Unabhängigkeit: Wahrung einer sich nicht selbst erfüllenden Aufgabe, DRiZ 2009, 198
(zit.: Kreth, DRiZ 2009, 198, S.)

Kröger, Klaus, Richterwahl, in: Starck, Christian (Hrsg.), Bundesverfassungsgericht und Grundgesetz, S. 76, 1976, Tübingen
(zit.: Kröger, in: Starck, BVerfG, 76, S.)

Krüger, Hans Christian, Die Auswahl der Richter für den neuen Europäischen Gerichtshof für Menschenrechte, EuGRZ 1997, 397
(zit.: Krüger, EuGRZ 1997, 397, S.)

Kühn, Zdeněk/Kysela, Jan, Nomination of Constitutional Justices in Post-Communist Countries: Trial, Error, Conflict in the Czech Republic, European Constitutional Law Review 2 (2006), 183
(zit.: Kühn/Kysela, EuConst 2006, 183, S.)

Laffranque, Julia, Dissenting Opinion in the European Court of Justice – Estonia's Possible Contribution to the Democratisation of the European Union Judicial System, Juridica International IX/2004, 14
(zit.: Laffranque, Juridica International IX/2004, 14, S.)

Lauth, Hans-Joachim, Demokratieentwicklung und demokratische Qualität, in: Gabriel, Oscar W./Kropp, Sabine (Hrsg.), Die EU-Staaten im Vergleich, Strukturen, Prozesse, Politikinhalte, S. 33, 3. Auflage 2008, Wiesbaden
(zit.: Lauth, in: Gabriel/Kropp, EU-Staaten im Vergleich, 33, S.)

Lecourt, Robert, La Cour de Justice des Communautés européennes vue de l'interieur, in: Grewe, Wilhelm G./Rupp, Hans/Schneider, Hans (Hrsg.), Europäische Gerichtsbarkeit und nationale Verfassungsgerichtsbarkeit, Festschrift zum 70. Geburtstag von Hans Kutscher, S. 261, 1981, Baden-Baden
(zit.: Lecourt, in: FS Kutscher, 261, S.)

Lengauer, Alina, Der Reformvertrag – Ein bedeutender Schritt in der Herausbildung einer Europäischen Verfassungsordnung, ZfRV 2008, 4
(zit.: Lengauer, ZfRV 2008, 4, S.)

Lenz, Carl Otto/Borchardt, Klaus-Dieter (Hrsg.), EU-Verträge, Kommentar, 5. Auflage 2010, Köln
(zit.: Bearbeiter/in, in: Lenz/Borchardt, EU, Art., Rn.)

Lenz, Carl Otto, Die Gerichtsbarkeit in der Europäischen Gemeinschaft nach dem Vertrag von Nizza, EuGRZ 2001, 433
(zit.: Lenz, EuGRZ 2001, 433, S.)

–, Diskussion, in: Ständige Deputation des Deutschen Juristentages (Hrsg.), Verhandlungen des sechzigsten Deutschen Juristentages, Münster 1994, Band II/2 Sitzungsberichte – Diskussionen und Beschlußfassung, Teil N, 1994, München
(zit.: Lenz, Verhandlungen des 60. DJT, Band II/2, S.)

Lindner, Josef Franz, Der Vertrag von Lissabon zur Reform der Europäischen Union, BayVBl 2008, 421
(zit.: Lindner, BayVBl 2008, 421, S.)

Llorente, Francisco Rubio, Die Verfassungsgerichtsbarkeit in Spanien, in: Starck, Christian/Weber, Albrecht (Hrsg.), Verfassungsgerichtsbarkeit in Westeuropa, Teilband I: Berichte, S. 243, 1. Auflage 1986, Baden-Baden
(zit.: Llorente, in: Starck/Weber, Verfassungsgerichtsbarkeit Westeuropa, S.)

Locke, John, Two Treatises of Government (1690), hrsg. von Peter Laslett, student edition, Reprint, 1999, Cambridge
(zit.: Locke, Two Treatises of Government)

Loizou, Andreas Nicolas, Die Verfassungsgerichtsbarkeit Zyperns, in: Luchterhandt, Otto/Starck, Christian/Weber, Albrecht (Hrsg.), Verfassungsgerichtsbarkeit in Mittel- und Osteuropa, Teilband I: Berichte, S. 279, 1. Auflage 2007, Baden-Baden
(zit.: Loizou, in: Luchterhandt/Starck/Weber, Verfassungsgerichtsbarkeit Mittel- und Osteuropa, S.)

Lorz, Ralph Alexander, Der gemeineuropäische Bestand von Verfassungsprinzipien zur Begrenzung der Ausübung von Hoheitsgewalt – Gewaltenteilung, Föderalismus, Rechtsbindung –, in: Müller-Graff, Peter Christian/Riedel, Eibe (Hrsg.), Gemeinsames Verfassungsrecht in der Europäischen Union, S. 99, 1. Auflage 1998, Baden-Baden
(zit.: Lorz, in: Müller-Graff/Riedel, Verfassungsrecht in der EU, 99, S.)

Lovens, Sebastian, Verfassungswidrige Richterwahl?, ZRP 2001, 465
(zit.: Lovens, ZRP 2001, 465, S.)

Lübbe-Wolff, Gertrude, Europäisches und nationales Verfassungsrecht, VVDStRL 60 (2001), 246
(zit.: Lübbe-Wolff, VVDStRL 60 (2001), 246, S.)

Lütgens, Lars, Das Selbstverwaltungsprojekt der Dritten Gewalt, ZRP 2009, 82
(zit.: Lütgens, ZRP 2009, 82, S.)

Mackenroth, Geert W./Teetzmann, Hanspeter, Mehr Selbstverwaltung der Justiz, ZRP 2002, 337
(zit.: Mackenroth/Teetzmann, ZRP 2002, 337, S.)

Mähner, Tobias, Der Europäische Gerichtshof als Gericht, 2005, Berlin
(zit.: Mähner, Gerichtshof, S.)

Mancini, G. Federico/Keeling, David T., Democracy and the European Court of Justice, The Modern Law Review 57 (1994), 175
(zit.: Mancini/Keeling, Modern Law Review 1994, 175, S.)

von Mangoldt, Hermann/Klein, Friedrich/Starck, Christian (Hrsg.), Kommentar zum Grundgesetz, Band 2: Artikel 20 bis 82, 5. Auflage 2005, München
(zit.: Bearbeiter/in, in: Mangoldt/Klein/Starck, GG, Art., Rn.)

Massing, Peter/Breit, Gotthard (Hrsg.), Demokratie-Theorien, Von der Antike bis zur Gegenwart, 2. Auflage 2006, Bonn
(zit.: Bearbeiter/in, in: Massing/Breit, Demokratie-Theorien, S.)

Mayer, Heinz (Hrsg.), Kommentar zum EU- und EG-Vertrag, 47. Lieferung 2005, Wien
(zit.: Bearbeiter/in, in: Mayer, EUV/EGV, Art., Rn.)

Mill, John Stuart, Considerations on Representative Government, 2. Edition 1861, London
(zit.: Mill, Considerations on Representative Government)

Möllers, Christoph, Die drei Gewalten, Legitimation der Gewaltengliederung in Verfassungsstaat, Europäischer Integration und Internationalisierung, 1. Auflage 2008, Göttingen
(zit.: Möllers, Die drei Gewalten, S.)

–, Gewaltengliederung, Legitimation und Dogmatik im nationalen und internationalen Rechtsvergleich, 1. Auflage 2005, Tübingen
(zit.: Möllers, Gewaltengliederung, S.)

Montesquieu, Charles-Louis de Secondat de, De l'esprit des lois livre premier et extraits des livres suivant, hrsg. von Pail Lemaire, Nouv. édition 1946, Paris
(zit.: Montesquieu, De l'esprit des lois)

Mross, Oliver, Bürgerbeteiligung am Rechtssetzungsprozess in der Europäischen Union, Ein Beitrag zur Stärkung der demokratischen Legitimation?, 2010, Berlin
(zit.: Mross, Bürgerbeteiligung, S.)

von Münch, Ingo/Kunig, Philip (Hrsg.), Grundgesetz-Kommentar, Band 2 (Art. 20 bis Art. 69), 4./5. Auflage 2001, München
(zit.: Bearbeiter/in, in: Münch/Kunig, GG, Art., Rn.)

Nettesheim, Martin, Ein Individualrecht auf Staatlichkeit? Die Lissabon-Entscheidung des BVerfG, NJW 2009, 2867
(zit.: Nettesheim, NJW 2009, 2867, S.)

–, Demokratisierung der Europäischen Union und Europäisierung der Demokratietheorie – Wechselwirkung bei der Herausbildung eines europäischen Demokratieprinzips, in: Bauer, Hartmut/Huber, Peter M./Sommermann, Karl-Peter (Hrsg.), Demokratie in Europa, S. 143, 2005, Tübingen
(zit.: Nettesheim, in: Bauer/Huber/Sommermann, Demokratie in Europa, 143, S.)

Nicolaysen, Gert, Die Europäische Union als Rechtsgemeinschaft, in: Weidenfeld, Werner (Hrsg.), Die Europäische Union, Politisches System und Politikbereiche, S. 109, 2006, Bonn
(zit.: Nicolaysen, in: Weidenfeld, Europäische Union, 109, S.)

Öhlinger, Theo, Verfassungsrecht, 6. Auflage 2005, Wien
(zit.: Öhlinger, Verfassungsrecht, Rn.)
Oeter, Stefan, Souveränität und Demokratie als Probleme in der „Verfassungsentwicklung" der Europäischen Union, ZaöRV 55 (1995), 659
(zit.: Oeter, ZaöRV 55 (1995), 659, S.)
Oppermann, Thomas/Classen, Claus Dieter/Nettesheim, Martin, Europarecht, 4. Auflage 2009, München
(zit.: Oppermann/Classen/Nettesheim, Europarecht, §, Rn.)
Oppermann, Thomas, Den Musterknaben ins Bremserhäuschen! – Bundesverfassungsgericht und Lissabon-Vertrag, EuZW 2009, 473
(zit.: Oppermann, EuZW 2009, 473)
–, Die Europäische Union von Lissabon, DVBl 2008, 473
(zit.: Oppermann, DVBl 2008, 473, S.)
–, Eine Verfassung für die Europäische Union (2. Teil), DVBl 2003, 1234
(zit.: Oppermann, DVBl 2003, 1234, S.)
–, Die Dritte Gewalt in der Europäischen Union, DVBl 1994, 901
(zit.: Oppermann, DVBl 1994, 901, S.)
Pache, Eckhard, Das Ende der europäischen Integration? Das Urteil des Bundesverfassungsgerichts zum Vertrag von Lissabon, zur Zukunft Europas und der Demokratie, EuGRZ 2009, 285
(zit.: Pache, EuGRZ 2009, 285, S.)
Papier, Hans-Jürgen, Zur Selbstverwaltung der Dritten Gewalt, NJW 2002, 2585
(zit.: Papier, NJW 2002, 2585, S.)
–, Die richterliche Unabhängigkeit und ihre Schranken, NJW 2001, 1089
(zit.: Papier, NJW 2001, 1089, S.)
Pehle, Heinrich/Sturm, Roland, Die Europäisierung der Regierungssysteme, in: Gabriel, Oscar W./Kropp, Sabine (Hrsg.), Die EU-Staaten im Vergleich, Strukturen, Prozesse, Politikinhalte, S. 155, 3. Auflage 2008, Wiesbaden
(zit.: Pehle/Sturm, in: Gabriel/Kropp, EU-Staaten im Vergleich, 155, S.)
Pernice, Ingolf, Diskontinuität und Europäisches Recht, Legitimitätsprobleme im Europäischen Verfassungsverbund, in: Gaitanides, Charlotte/Kadelbach, Stefan/Rodriguez Iglesias, Gil Carlos (Hrsg.), Europa und seine Verfassung, Festschrift für Manfred Zuleeg zum siebzigsten Geburtstag, S. 145, 1. Auflage 2005, Baden-Baden
(zit.: Pernice, in: FS Zuleeg, 145, S.)
–, Europäisches und nationales Verfassungsrecht, VVDStRL 60 (2001), 148
(zit.: Pernice, VVDStRL 60 (2001), 148, S.)
–, Die Dritte Gewalt im europäischen Verfassungsverbund, Europarecht 1996, 27
(zit.: Pernice, EuR 1996, 27, S.)

Pescatore, Pierre, Le recours, dans la jurisprudence de la Cour de Justice des Communautés Européennes, à des normes déduites de la comparaison des droits des états membres, Revue internationale de droit comparé 1980, 337
(zit.: Pescatore, RIDC 1980, 337, S.)

Peters, Anne, Elemente einer Theorie der Verfassung Europas, 1. Auflage 2001, Berlin
(zit.: Peters, Verfassung Europas, S.)

Petersen, Niels, Demokratie und Grundgesetz – Veränderungen des Demokratieprinzips in Art. 20 Abs. 2 GG angesichts der Herausforderungen moderner Staatlichkeit –, 2008, Bonn
(zit.: Petersen, Demokratie, S.)

–, Europäische Verfassung und europäische Legitimität – Ein Beitrag zum kontraktualistischen Argument in der Verfassungstheorie –, ZaöRV 64 (2004), 429
(zit.: Petersen, ZaöRV 64 (2004), 429, S.)

Pfeiffer, Gerd, Die innere Unabhängigkeit des Richters, in: Fürst, Walther/Herzog, Roman/Umbach, Dieter C. (Hrsg.), Festschrift für Wolfgang Zeidler, Band 1, S. 67, 1987, Berlin New York
(zit.: Pfeiffer, in: FS Zeidler, Bd. 1, 67, S.)

Philipp, Otmar, Regierungskonferenz 1996 und europäische Gerichtsbarkeit, EuZW 1996, 624
(zit.: Philipp, EuZW 1996, 624, S.)

Pieper, Stefan Ulrich, Verfassungsrichterwahlen, 1998, Berlin
(zit.: Pieper, Verfassungsrichterwahlen, S.)

Pieper, Stefan Ulrich/Schollmeier, Andres, Europarecht – Das Casebook, 2. Auflage 2000, Köln Berlin Bonn München
(zit.: Pieper/Schollmeier, Europarecht 2000, S.)

Pieroth, Bodo, Plurale und unitarische Strukturen demokratischer Legitimation, EuGRZ 2006, 330
(zit.: Pieroth, EuGRZ 2006, 330, S.)

Piorreck, Karl Friedrich, Die Rechtsprechung ist eine Staatsgewalt und kein Produkt der Justizverwaltung!, Betrifft Justiz 2003, 64
(zit.: Piorreck, Betrifft Justiz 2003, 64, S.)

Pirrung, Jörg, Die Rolle des Richters in der europäischen Gerichtsbarkeit, in: Coester, Michael/Martiny, Dieter/von Sachsen Gessaphe, Karl August Prinz (Hrsg.), Privatrecht in Europa, Vielfalt, Kollision, Kooperation, Festschrift für Hans Jürgen Sonnenberger zum 70. Geburtstag, S. 865, 2004, München
(zit.: Pirrung, in: FS Sonnenberger, 865, S.)

Platon, Der Staat (Politeia), übersetzt von Rudolf Rufener, 2000, Düsseldorf
(zit.: Platon, Der Staat)

Posluch, Marian, Verfassungsgerichtsbarkeit in der Slowakischen Republik, in: Luchterhandt, Otto/Starck, Christian/Weber, Albrecht (Hrsg.), Verfassungsge-

richtsbarkeit in Mittel- und Osteuropa, Teilband I: Berichte, S. 153, 1. Auflage 2007, Baden-Baden
(zit.: Posluch, in: Luchterhandt/Starck/Weber, Verfassungsgerichtsbarkeit Mittel- und Osteuropa, S.)

Pottschmidt, Günter, Beteiligung von Richterwahlausschüssen bei der Besetzung von Richterämtern, NordÖR 2002, 397
(zit.: Pottschmidt, NordÖR 2002, 397, S.)

Preuß, Ulrich K., Die Wahl der Mitglieder des BVerfG als verfassungsrechtliches und -politisches Problem, ZRP 1988, 389
(zit.: Preuß, ZRP 1988, 389, S.)

Puttler, Adelheid, Binnendifferenzierung der Gemeinschaftsgerichtsbarkeit und das Recht auf den gesetzlichen Richter, Europarecht Beiheft 3 2008, 133
(zit.: Puttler, EuR Beiheft 3 2008, 133)

Rabe, Hans-Jürgen, Nach der Reform ist vor der Reform. Zum Gerichtssystem der Europäischen Union, in: Gaitanides, Charlotte/Kadelbach, Stefan/Rodriguez Iglesias, Gil Carlos (Hrsg.), Europa und seine Verfassung, Festschrift für Manfred Zuleeg zum siebzigsten Geburtstag, S. 195, 1. Auflage 2005, Baden-Baden
(zit.: Rabe, in: FS Zuleeg, 195, S.)

–, Zur Reform des Gerichtssystems der Europäischen Gemeinschaften, Europarecht 2000, 811
(zit.: Rabe, EuR 2000, 811, S.)

Randelzhofer, Albrecht, Zum behaupteten Demokratiedefizit der Europäischen Gemeinschaft, in: Hommelhoff, Peter/Kirchhof, Paul (Hrsg.), Der Staatenverbund der Europäischen Union, S. 39, 1994, Heidelberg
(zit.: Randelzhofer, in: Hommelhoff/Kirchhof, Staatenverbund der EU, 39, S.)

Reiners, Edgar, Diskussion, in: Ständige Deputation des Deutschen Juristentages (Hrsg.), Verhandlungen des sechzigsten Deutschen Juristentages, Münster 1994, Band II/2 Sitzungsberichte – Diskussionen und Beschlußfassung, Teil N, 1994, München
(zit.: Reiners, Verhandlungen des 60. DJT, Band II/2, S.)

Rengeling, Hans-Werner/Middeke, Andreas/Gellermann, Martin (Hrsg.), Handbuch des Rechtsschutzes in der Europäischen Union, 2. Auflage 2003, München
(zit.: Bearbeiter/in, in: Rengeling/Middeke/Gellermann, EU-Rechtsschutz, §, Rn.)

Ress, Georg, Das Europäische Parlament als Gesetzgeber, Der Blickpunkt der Europäischen Menschenrechtskonvention, ZEuS 1999, 219
(zit.: Ress, ZEuS 1999, 219, S.)

Riedel, Eibe, Der gemeineuropäische Bestand von Verfassungsprinzipien zur Begründung von Hoheitsgewalt – Legitimation und Souveränität –, in: Mül-

ler-Graff, Peter Christian/Riedel, Eibe (Hrsg.), Gemeinsames Verfassungsrecht in der Europäischen Union, S. 77, 1. Auflage 1998, Baden-Baden
(zit.: Riedel, in: Müller-Graff/Riedel, Verfassungsrecht in der EU, 77, S.)
Riese, Otto, Über den Rechtsschutz innerhalb der Europäischen Gemeinschaften, Europarecht 1966, 24
(zit.: Riese, EuR 1966, 24, S.)
Ritterspach, Theo, Die Verfassungsgerichtsbarkeit in Italien, in: Starck, Christian/Weber, Albrecht (Hrsg.), Verfassungsgerichtsbarkeit in Westeuropa, Teilband I: Berichte, S. 219, 1. Auflage 1986, Baden-Baden
(zit.: Ritterspach, in: Starck/Weber, Verfassungsgerichtsbarkeit Westeuropa, S.)
Rodríguez Iglesias, Gil Carlos, Der EuGH und die Gerichte der Mitgliedstaaten – Komponenten der richterlichen Gewalt in der Europäischen Union, NJW 2000, 1889
(zit.: Rodríguez Iglesias, NJW 2000, 1889, S.)
–, Der Gerichtshof der Europäischen Gemeinschaften als Verfassungsgericht, Europarecht 1992, 225
(zit.: Rodríguez Iglesias, EuR 1992, 225, S.)
Roellecke, Gerd, Zur demokratischen Legitimation der rechtsprechenden Gewalt, in: Isensee, Josef/Lecheler, Helmut (Hrsg.), Freiheit und Eigentum, Festschrift für Walter Leisner zum 70. Geburtstag, S. 553, 1999, Berlin
(zit.: Roellecke, in: FS Leisner, 553, S.)
Röhl, Klaus F., Justiz als Wirtschaftsunternehmen, DRiZ 2000, 220
(zit.: Röhl, DRiZ 2000, 220, S.)
Rösler, Hannes, Zur Zukunft des Gerichtssystems der EU, ZRP 2000, 52
(zit.: Rösler, ZRP 2000, 52, S.)
Rothley, Willy, Diskussion, in: Ständige Deputation des Deutschen Juristentages (Hrsg.), Verhandlungen des sechzigsten Deutschen Juristentages, Münster 1994, Band II/2 Sitzungsberichte – Diskussionen und Beschlußfassung, Teil N, 1994, München
(zit.: Rothley, Verhandlungen des 60. DJT, Band II/2, S.)
Rousseau, Jean-Jacques, Du contrat social ou principes du droit politique (1762), 1962, Paris
(zit.: Rousseau, Du contrat social)
Ruffert, Matthias, Institutionen, Organe und Kompetenzen – der Abschluss eines Reformprozesses als Gegenstand der Europarechtswissenschaft, Europarecht Beiheft 1 2009, 31
(zit.: Ruffert, EuR Beiheft 1 2009, 31, S.)
–, An den Grenzen des Integrationsverfassungsrechts: Das Urteil des Bundesverfassungsgerichts zum Vertrag von Lissabon, DVBl 2009, 1197
(zit.: Ruffert, DVBl 2009, 1197, S.)

–, Schlüsselfragen der Europäischen Verfassung der Zukunft, Grundrechte – Institutionen – Kompetenzen – Ratifizierung, Europarecht 2004, 165
(zit.: Ruffert, EuR 2004, 165, S.)
Rumler-Korinek, Elisabeth, Kann die Europäische Union demokratischer ausgestaltet werden?, Europarecht 2003, 327
(zit.: Rumler-Korinek, EuR 2003, 327, S.)
Rüthers, Bernd, Demokratischer Rechtsstaat oder oligarchischer Richterstaat?, JZ 2002, 365
(zit.: Rüthers, JZ 2002, 365, S.)
Sachs, Michael (Hrsg.), Grundgesetz Kommentar, 5. Auflage 2009, München
(zit.: Bearbeiter/in, in: Sachs, GG, Art., Rn.)
Sack, Jörn, Die Staatswerdung Europas – Kaum eine Spur von Stern und Stunde, Der Staat 2005, 67
(zit.: Sack, Der Staat 2005, 67, S.)
–, Zur künftigen europäischen Gerichtsbarkeit nach Nizza, EuZW 2001, 77
(zit.: Sack, EuZW 2001, 77, S.)
–, Einige einfache Gedanken zur Reform des Gerichtshofes der Europäischen Gemeinschaften im Hinblick auf neue Erweiterungen der Europäischen Union, Europarecht 1999, 571
(zit.: Sack, EuR 1999, 571, S.)
Säcker, Horst, Das Bundesverfassungsgericht, 6. Auflage 2003, Bonn
(zit.: Säcker, BVerfG, S.)
Sauer, Heiko, Kompetenz- und Identitätskontrolle von Europarecht nach dem Lissabon-Urteil, ZRP 2009, 195
(zit.: Sauer, ZRP 2009, 195, S.)
Schachtschneider, Karl Albrecht, Ein Staat ohne Legitimation, www.welt.de am 27. März 2007
(zit.: Schachtschneider, welt online, 27. März 2007)
–, Demokratiedefizite in der Europäischen Union, in: Nölling, Wilhelm/Schachtschneider, Karl Albrecht/ Starbatty, Joachim (Hrsg.), Währungsunion und Weltwirtschaft, Festschrift für Wilhelm Hankel, S. 119, 1999, Stuttgart
(zit.: Schachtschneider, in: FS Hankel, 119, S.)
Schäffer, Heinz, Österreichs Beteiligung an der Willensbildung in der Europäischen Union, insbesondere an der europäischen Rechtssetzung, ZÖR 50 (1996), 3
(zit.: Schäffer, ZÖR 50 (1996), 3, S.)
Scharpf, Fritz W., Reflections on Multilevel Legitimacy, MPIfG Working Paper 07/3, 2007, Köln
(zit.: Scharpf, Multilevel Legitimacy, S.)

–, Legitimationskonzepte jenseits des Nationalstaates, in: Folke Schuppert, Gunnar/Pernice, Ingolf/Haltern, Ulrich (Hrsg.), Europawissenschaft, S. 705, 1. Auflage 2005, Baden-Baden
(zit.: Scharpf, Legitimationskonzepte, in: Folke Schuppert/Pernice/Haltern, Europawissenschaft, 705, S.)
–, Regieren in Europa, Effektiv und demokratisch?, 1999, Frankfurt am Main
(zit.: Scharpf, Regieren in Europa, S.)
–, Europäisches Demokratiedefizit und deutscher Föderalismus, Staatswissenschaften und Staatspraxis 1992, 293
(zit.: Scharpf, Staatswiss. und -praxis 1992, 293, S.)
–, Demokratietheorie zwischen Utopie und Anpassung, 1970, Konstanz
(zit.: Scharpf, Demokratietheorie, S.)
Schelter, Kurt, Karlsruhe und die Folgen, Das Urteil des Bundesverfassungsgerichts vom 30.6.2009 zum Vertrag von Lissabon: Inhalt und Grenzen der sozialen Dimension der Europäischen Union, ZFSH/SGB 2009, 463
(zit.: Schelter, ZFSH/SGB 2009, 463, S.)
Schilling, Theodor, Transparenz und der Gerichtshof der EG, ZEuS 1999, 75
(zit.: Schilling, ZEuS 1999, 75, S.)
Schlaich, Klaus/Korioth, Stefan, Das Bundesverfassungsgericht, Stellung, Verfahren, Entscheidungen, 7. Auflage 2007, München
(zit.: Schlaich/Korioth, BVerfG, Rn.)
Schliesky, Utz, Souveränität und Legitimität von Herrschaftsgewalt, 2004, Tübingen
(zit.: Schliesky, Souveränität und Legitimität, S.)
Schmidt, Manfred G., Demokratietheorien, 4. Auflage 2008, Wiesbaden
(zit.: Schmidt, Demokratietheorien, S.)
–, Geschichtliche Entwicklungslinien der Demokratie, in: Bauer, Hartmut/Huber, Peter M./Sommermann, Karl-Peter (Hrsg.), Demokratie in Europa, S. 21, 2005, Tübingen
(zit.: Schmidt, in: Bauer/Huber/Sommermann, Demokratie in Europa, 21, S.)
Schmidt-Assmann, Eberhard, Verwaltungslegitimation als Rechtsbegriff, AöR 116 (1991), 329
(zit.: Schmitd-Assmann, AöR 116 (1991), 329, S.)
Schmidt-Bleibtreu, Bruno/Hofmann, Hans/Hopfauf, Axel (Hrsg.), Kommentar zum Grundgesetz, 11. Auflage 2008, Köln München
(zit.: Bearbeiter/in, in: Schmidt-Bleibtreu/Hofmann/Hopfauf, GG, Art., Rn.)
Schmidt-Jortzig, Edzard, Aufgabe, Stellung und Funktion des Richters im demokratischen Rechtsstaat, NJW 1991, 2377
(zit.: Schmidt-Jortzig, NJW 1991, 2377, S.)
Schmidtchen, Dieter, Demokratiedefizit in Europa? Über Dichtung und Wahrheit in der europäischen Verfassungsdebatte, in: Bröhmer, Jürgen/Bieber, Roland/Calliess, Christian/Langenfeld, Christine/Weber, Stefan/Wolf, Joachim (Hrsg.), Internationale Gemeinschaft und Menschenrechte, Festschrift für Ge-

org Ress zum 70. Geburtstag am 21. Januar 2005, S. 787, 2005, Köln Berlin München
(zit.: Schmidtchen, in: FS Ress, 787, S.)

Schmitz, Thomas, Das europäische Volk und seine Rolle bei einer Verfassungsgebung in der Europäischen Union, Europarecht 2003, 217
(zit.: Schmitz, EuR 2003, 217, S.)

Schockweiler, Fernand, L'indépendance et la légitimité du juge dans l'ordre juridique communautaire, Rivista di diritto europeo 1993, 671
(zit.: Schockweiler, Rivista di diritto europeo 1993, 671, S.)

Scholz, Rupert, Wege zur Europäischen Verfassung, Zeitschrift für Gesetzgebung 2002, 1
(zit.: Scholz, ZG 2002, 1, S.)

Schoo, Johann, Das neue institutionelle Gefüge der EU, Europarecht Beiheft 1 2009, 51
(zit.: Schoo, EuR Beiheft 1 2009, 51, S.)

Schorkopf, Frank, Die Europäische Union im Lot, Karlsruhes Rechtsspruch zum Vertrag von Lissabon, EuZW 2009, 718
(zit.: Schorkopf, EuZW 2009, 718, S.)

Schorkopf, Frank/Möllers, Christoph, Europa in der Zwickmühle, Ein staatsrechtliches Streitgespräch über das Lissabon-Urteil des Bundesverfassungsgerichts, über die deutsche Demokratie und die Möglichkeiten des Parlaments, in: Süddeutsche Zeitung Nr. 191 vom 21. August 2009, S. 12
(zit.: Schorkopf/Möllers, Europa in der Zwickmühle, in: SZ, 21. August 2009, 12)

Schröder, Meinhard, Neuerungen im Rechtsschutz der Europäischen Union durch den Vertrag von Lissabon, DÖV 2009, 61
(zit.: Schröder, DÖV 2009, 61, S.)

Schubarth, Martin, Der europäische Richter – ein unabhängiger Richter?, in: Donatsch, Andreas/Forster, Marc/Schwarzenegger, Christian (Hrsg.), Strafrecht, Strafprozessrecht und Menschenrechte, Festschrift für Stefan Trechsel zum 65. Geburtstag, S. 93, 2002, Zürich Basel Genf
(zit.: Schubarth, in: FS Trechsel, 93, S.)

Schübel-Pfister, Isabel/Kaiser, Karen, Das Lissabon-Urteil des BVerfG vom 30.6.2009 – Ein Leitfaden für Ausbildung und Praxis, JuS 2009, 767
(zit.: Schübel-Pfister/Kaiser, JuS 2009, 767, S.)

Schüttemeyer, Suzanne S./Siefken, Sven T., Parlamente in der EU: Gesetzgebung und Repräsentation, in: Gabriel, Oscar W./Kropp, Sabine (Hrsg.), Die EU-Staaten im Vergleich, Strukturen, Prozesse, Politikinhalte, S. 482, 3. Auflage 2008, Wiesbaden
(zit.: Schüttemeyer/Siefke, in: Gabriel/Kropp, EU-Staaten im Vergleich, 482, S.)

Schwarze, Jürgen, Die verordnete Demokratie – Zum Urteil des 2. Senats des BVerfG zum Lissabon-Vertrag, Europarecht 2010, 108
(zit.: Schwarze, EuR 2010, 108, S.)

–, (Hrsg.), EU-Kommentar, 2. Auflage 2009, Baden-Baden
(zit.: Bearbeiter/in, in: Schwarze, EUV/EGV 2009, Art. Rn.)

–, Der Reformvertrag von Lissabon – Wesentliche Elemente des Reformvertrages, Europarecht Beiheft 1 2009, 9
(zit.: Schwarze, EuR Beiheft 1 2009, 9, S.)

–, Ein pragmatischer Verfassungsentwurf – Analyse und Bewertung des vom Europäischen Verfassungskonvent vorgelegten Entwurfs eines Vertrages über eine Verfassung für Europa –, Europarecht 2003, 535
(zit.: Schwarze, EuR 2003, 535, S.)

–, (Hrsg.), EU-Kommentar, 1. Auflage 2000, Baden-Baden
(zit.: Bearbeiter/in, in: Schwarze, EUV/EGV, Art., Rn.)

Schweitzer, Michael/Hummer, Waldemar (Hrsg.), Europarecht, 5. Auflage 1996, Neuwied Kriftel Berlin
(zit.: Schweitzer/Hummer, Europarecht, Rn.)

Schweizer, Rainer J./Sutter, Patrick, Das Institut der abweichenden oder zustimmenden Richtermeinung im System der EMRK, in: Donatsch, Andreas/Forster, Marc/Schwarzenegger, Christian (Hrsg.), Strafrecht, Strafprozessrecht und Menschenrechte, Festschrift für Stefan Trechsel zum 65. Geburtstag, S. 107, 2002, Zürich Basel Genf
(zit.: Schweizer/Sutter, in: FS Trechsel, 107, S.)

Sennekamp, Christoph, Alle Staatsgewalt geht vom Volke aus! Demokratieprinzip und Selbstverwaltung der Justiz, NVwZ 2010, 213
(zit.: Sennekamp, NVwZ 2010, 213, S.)

Serini, Katharina, Sanktionen der Europäischen Union bei Verstoß eines Mitgliedstaates gegen das Demokratie- oder Rechtsstaatsprinzip, 2009, Berlin
(zit.: Serini, Sanktionen der EU, S.)

Seyr, Sibylle, Der *effet utile* in der Rechtsprechung des EuGH, 2008, Berlin
(zit.: Seyr, effet utile, S.)

Siebert, Derk, Die Auswahl der Richter am Gerichtshof der Europäischen Gemeinschaften, Zu der erforderlichen Reform des Art. 167 EGV, 1997, Frankfurt am Main
(zit.: Siebert, Auswahl der Richter am EuGH, S.)

Simon, Dieter, Die Unabhängigkeit des Richters, 1975, Darmstadt
(zit.: Simon, Unabhängigkeit, S.)

Šinkovec, Janez/Tratar, Boštjan, Die Verfassungsgerichtsbarkeit in der Republik Slowenien, in: Luchterhandt, Otto/Starck, Christian/Weber, Albrecht (Hrsg.), Verfassungsgerichtsbarkeit in Mittel- und Osteuropa, Teilband I: Berichte, S. 167, 1. Auflage 2007, Baden-Baden
(zit.: Šinkovec/Tratar, in: Luchterhandt/Starck/Weber, Verfassungsgerichtsbarkeit Mittel- und Osteuropa, S.)

Skouris, Vassilios, Höchste Gerichte an ihren Grenzen – Bemerkungen aus der Perspektive des Gerichtshofes der Europäischen Gemeinschaften, in: Grote, Rainer/Härtel, Ines/Hain, Karl-E./Schmidt, Thorsten Ingo/Schmitz, Thomas/Schuppert, Gunnar Folke/Winterhoff, Christian (Hrsg.), Die Ordnung der Freiheit, Festschrift für Christian Starck zum siebzigsten Geburtstag, S. 991, 2007, Tübingen
(zit.: Skouris, in: FS Starck, 991, S.)

Smith, Gordon, The Structure of Democracy in the United Kingdom and Problems of Development, in: Bauer, Hartmut/Huber, Peter M./Sommermann, Karl-Peter (Hrsg.), Demokratie in Europa, S. 69, 2005, Tübingen
(zit.: Smith, in: Bauer/Huber/Sommermann, Demokratie in Europa, 69, S.)

Sobotta, Christoph, Die Zukunft des Europäischen Gerichtshofs: Oberster Gerichtshof oder Verfassungsgericht?, S/A/I/L Discussion Paper no. 4, hrsg. von Benicke, Christoph/Gropp, Walter/Marauhn, Thilo, 2007, Gießen
(Sobotta, Europäischer Gerichtshof, S.)

Sólyom, Laszló, Die Verfassungsgerichtsbarkeit in Ungarn, in: Luchterhandt, Otto/Starck, Christian/Weber, Albrecht (Hrsg.), Verfassungsgerichtsbarkeit in Mittel- und Osteuropa, Teilband I: Berichte, S. 237, 1. Auflage 2007, Baden-Baden
(zit.: Sólyom, in: Luchterhandt/Starck/Weber, Verfassungsgerichtsbarkeit Mittel- und Osteuropa, S.)

Sommermann, Karl-Peter, Demokratiekonzepte im Vergleich, in: Bauer, Hartmut/Huber, Peter M./Sommermann, Karl-Peter (Hrsg.), Demokratie in Europa, S. 191, 2005, Tübingen
(zit.: Sommermann, in: Bauer/Huber/Sommermann, Demokratie in Europa, 191, S.)

–, Verfassungsperspektiven für die Demokratie in der erweiterten Europäischen Union: Gefahr der Entdemokratisierung oder Fortentwicklung im Rahmen europäischer Supranationalität?, DÖV 2003, 1009
(zit.: Sommermann, DÖV 2003, 1009, S.)

Sonnenberger, Hans Jürgen/Autexier, Christian, Einführung in das französische Recht, 3. Auflage 2000, Heidelberg
(zit.: Sonnenberger/Autexier, Frz. Recht, S.)

Staats, Johann-Friedrich, Defizitäres Recht der deutschen Richterbeförderung, DRiZ 2002, 338
(zit.: Staats, DRiZ 2002, 338, S.)

Stein, Torsten, Demokratische Legitimierung auf supranationaler und internationaler Ebene, ZaöRV 64 (2004), 563
(zit.: Stein, ZaöRV 64 (2004), 563, S.)

Steinberg, Rudolf, Grundgesetz und Europäische Verfassung, ZRP 1999, 365
(zit.: Steinberg, ZRP 1999, 365, S.)

Stern, Klaus, Das Staatsrecht der Bundesrepublik Deutschland, Band I, 2. Auflage 1984, Band II, 2. Auflage 1980, München
(zit.: Stern, Staatsrecht, Bd., S.)

Streinz, Rudolf, Boxenstopp für Lissabon, NJW-Editorial, Heft 30/2009
(zit.: Streinz, NJW-Editorial, 30/2009)

–, Europarecht, 8. Auflage 2008, Heidelberg
(zit.: Streinz, Europarecht, Rn.)

–, (Hrsg.), EUV/EGV, Vertrag über die Europäische Union und Vertrag zur Gründung der Europäischen Gemeinschaft, 1. Auflage 2003, München
(zit.: Bearbeiter/in, in: Streinz, EUV/EGV, Art., Rn.)

Streinz, Rudolf/Leible, Stefan, Die Zukunft des Gerichtssytems der Europäischen Gemeinschaft – Reflexionen über Reflexionspapiere, EWS 2001, 1
(zit: Streinz/Leible, EWS 2001, 1, S.)

Streinz, Rudolf/Ohler, Christoph/Herrmann, Christoph, Der Vertrag von Lissabon zur Reform der EU, Einführung mit Synopse, 2. Auflage 2008, München
(zit.: Streinz/Ohler/Herrmann, Der Vertrag von Lissabon, S.)

Stürner, Rolf, Europäische Justiz und Demokratie, in: Eberle, Carl-Eugen/Ibler, Martin/Lorenz, Dieter (Hrsg.), Der Wandel des Staates vor den Herausforderungen der Gegenwart, Festschrift für Winfried Brohm zum 70. Geburtstag, S. 153, 2002, München
(zit.: Stürner, in: FS Brohm, 153, S.)

Suetens, Louis-Paul, Die Verfassungsrechtsprechung in Belgien, Der Schiedsgerichtshof, Jahrbuch des Öffentlichen Rechts der Gegenwart, Band 36 (1987), 135
(zit.: Suetens, JöR 36 (1987), 135, S.)

Terhechte, Jörg Philipp, Souveränität, Dynamik und Integration – making up the rules as we go along? Anmerkungen zum Lissabon-Urteil des Bundesverfassungsgerichts, EuZW 2009, 724
(zit.: Terhechte, EuZW 2009, 724, S.)

–, Der Vertrag von Lissabon: Grundlegende Verfassungsurkunde der europäischen Rechtsgemeinschaft oder technischer Änderungsvertrag?, Europarecht 2008, 143
(zit.: Terhechte, EuR 2008, 143, S.)

Thiele, Alexander, Das Rechtsschutzsystem nach dem Vertrag von Lissabon – (K) ein Schritt nach vorn?, Europarecht 2010, 30
(zit.: Thiele, EuR 2010, 30, S.)

–, Europäisches Prozessrecht, Verfahrensrecht vor dem EuGH, 1. Auflage 2007, München
(zit.: Thiele, Europäisches Prozessrecht, § Rn.)

Tietje, Christian, Die Staatsrechtslehre und die Veränderung ihres Gegenstandes: Konsequenzen von Europäisierung und Internationalisierung, DVBl 2003, 1081
(zit.: Tietje, DVBl 2003, 1081, S.)

Titz, Andrea, Über den Umgang mit der richterlichen Ethik im Ausland, DRiZ 2009, 34
(zit.: Titz, DRiZ 2009, 34, S.)
Tocqueville, Alexis de, De la démocratie en Amérique (1835/40), hrsg. von André Gain, 1951, Paris
(zit.: Tocqueville, De la démocratie en Amérique)
Tschentscher, Axel, Demokratische Legitimation der dritten Gewalt, 2006, Tübingen
(zit.: Tschentscher, Demokratische Legitimation, S.)
Tschipew, Theodor, Die Verfassungsgerichtsbarkeit in Bulgarien, in: Luchterhandt, Otto/Starck, Christian/Weber, Albrecht (Hrsg.), Verfassungsgerichtsbarkeit in Mittel- und Osteuropa, Teilband I: Berichte, S. 43, 1. Auflage 2007, Baden-Baden
(zit.: Tschipew, in: Luchterhandt/Starck/Weber, Verfassungsgerichtsbarkeit Mittel- und Osteuropa, S.)
Ukrow, Jörg, Richterliche Rechtsfortbildung durch den EuGH, 1. Auflage 1995, Baden-Baden
(zit.: Ukrow, Rechtsfortbildung, S.)
Unger, Sebastian, Das Verfassungsprinzip der Demokratie, Normstruktur und Norminhalt des grundgesetzlichen Demokratieprinzips, 1. Auflage 2008, Tübingen
(zit.: Unger, Demokratie, S.)
Vedder, Christoph/Heintschel von Heinegg, Wolff (Hrsg.), Europäischer Verfassungsvertrag, 1. Auflage 2007, Baden-Baden
(zit.: Bearbeiter/in, in: Vedder/Heintschel v. Heinegg, Eur. Verfassungsvertrag, Art., Rn.)
Villalón, Pedro Cruz, Eine Anmerkung zur Demokratie in Spanien, in: Bauer, Hartmut/Huber, Peter M./Sommermann, Karl-Peter (Hrsg.), Demokratie in Europa, S. 139, 2005, Tübingen
(zit.: Villalón, in: Bauer/Huber/Sommermann, Demokratie in Europa, 139, S.)
Vogel, Wolfram, Charakteristika des politischen Systems, in: Bundeszentrale für politische Bildung (Hrsg.), Frankreich, S. 37, 2004, Bonn
(zit.: Vogel, in: Frankreich, 37, S.)
Volkmann, Uwe, Setzt die Demokratie den Staat voraus?, AöR 127 (2002), 575
(zit.: Volkmann, AöR 127 (2002), 575, S.)
Voßkuhle, Andreas/Kaiser, Anna-Bettina, Grundwissen – Öffentliches Recht: Demokratische Legitimation, JuS 2009, 803
(zit.: Voßkuhle/Kaiser, JuS 2009, 803, S.)
Voßkuhle, Andreas/Sydow, Gernot, Die demokratische Legitimation des Richters, JZ 2002, 673
(zit.: Voßkuhle/Sydow, JZ 2002, 673, S.)

Walter-Rogg, Melanie, Direkte Demokratie, in: Gabriel, Oscar W./Kropp, Sabine (Hrsg.), Die EU-Staaten im Vergleich, Strukturen, Prozesse, Politikinhalte, S. 236, 3. Auflage 2008, Wiesbaden
(zit.: Walter-Rogg, in: Gabriel/Kropp, EU-Staaten im Vergleich, 236, S.)

Wassermann, Rudolf, Die richterliche Gewalt, Macht und Verantwortung des Richters in der modernen Gesellschaft, 1985, Heidelberg
(zit.: Wassermann, Richterliche Gewalt, S.)

–, Der politische Richter, 1972, München
(zit.: Wassermann, Politische Richter, S.)

Weber-Grellet, Eigenständigkeit und Demokratisierung der Justiz, ZRP 2003, 145
(zit.: Weber-Grellet, ZRP 2003, 145, S.)

Wegener, Bernhard W., Die Neuordnung der EU-Gerichtsbarkeit durch den Vertrag von Nizza, DVBl 2001, 1258
(zit.: Wegener, DVBl 2001, 1258, S.)

Weiler, Joseph H.H., The State „über alles" – Demos, Telos and the German Maastricht Decision, The Jean Monnet Center for International and Regional Economic Law & Justice, NYU, Papers, 1995
(zit.: Weiler, The State „über alles", S.)

Wittreck, Frank, Die Verwaltung der Dritten Gewalt, 2006, Tübingen
(zit.: Wittreck, Verwaltung, S.)

Wolf, Sebastian, Demokratische Legitimation in der EU aus der Sicht des Bundesverfassungsgerichts nach dem Urteil zum Europäischen Haftbefehl, Kritische Justiz 2005, 350
(zit.: Wolf, KJ 2005, 350, S.)

–, Das Demokratiedefizit der Europäischen Union aus Sicht der Europäischen Menschenrechtskonvention, ZEuS 2003, 379
(zit.: Wolf, ZEuS 2003, 379, S.)

Zätzsch, Jörg, Richterliche Unabhängigkeit und Richterwahlen in den USA und in Deutschland, 1. Auflage 2000, Baden-Baden
(zit.: Zätzsch, Unabhängigkeit, S.)

Žilis, Juozas, Das Verfassungsgericht der Litauischen Republik, in: Luchterhandt, Otto/Starck, Christian/Weber, Albrecht (Hrsg.), Verfassungsgerichtsbarkeit in Mittel- und Osteuropa, Teilband I: Berichte, S. 57, 1. Auflage 2007, Baden-Baden
(zit.: Žilis, in: Luchterhandt/Starck/Weber, Verfassungsgerichtsbarkeit Mittel- und Osteuropa, S.)

Zuleeg, Manfred, Die Vorzüge der Europäischen Verfassung, in: von Bogdandy, Armin (Hrsg.), Europäisches Verfassungsrecht, Theoretische und dogmatische Grundzüge, S. 931, 1. Auflage 2003, Berlin Heidelberg
(zit.: Zuleeg, in: von Bogdandy, Europäisches Verfassungsrecht 2003, 931, S.)

–, Demokratie ohne Volk oder Demokratie der Völker? Zur Demokratiefähigkeit der Europäischen Union, in: Drexl, Josef/Kreuzer, Karl F./Scheuing, Dieter H./Sieber, Ulrich (Hrsg.), Europäische Demokratie, S. 11, 1. Auflage 1999, Baden-Baden
(zit.: Zuleeg, in: Drexl/Kreuzer/Scheuing/Sieber, Europäische Demokratie, 11, S.)

–, Die Europäische Gemeinschaft als Rechtsgemeinschaft, NJW 1994, 545
(zit.: Zuleeg, NJW 1994, 545, S.)

–, Diskussion, Ständige Deputation des Deutschen Juristentages (Hrsg.), Verhandlungen des sechzigsten Deutschen Juristentages, Münster 1994, Band II/2 Sitzungsberichte – Diskussionen und Beschlußfassung, Teil N, 1994, München
(zit.: Zuleeg, Verhandlungen des 60. DJT, Band II/2, S.)

–, Demokratie in der Europäischen Gemeinschaft, JZ 1993, 1069
(zit.: Zuleeg, JZ 1993, 1069, S.)

Zweigert, Konrad, Zur inneren Unabhängigkeit des Richters, in: Esser, Josef/ Thieme, Hans (Hrsg.), Festschrift für Fritz von Hippel zum 70. Geburtstag, 1967, S. 711, Tübingen
(zit.: Zweigert, in: FS Hippel, 711, S.)

Amtliche Dokumente (Auswahl)

Europäisches Parlament (EP), Prioritäten für die Regierungskonferenz 1996 zur Revision des Vertrages von Maastricht über die Europäische Union, Entschließung vom 13. März 1996, EuGRZ 1996, 167

EP, Entschließung zur Funktionsweise des Vertrages über die Europäische Union im Hinblick auf die Regierungskonferenz 1996 – Verwirklichung und Entwicklung der Union, Amtsblatt Nr. C 151 vom 19. Juni 1995, S. 56

EP, Entschließung über die Rolle des Gerichtshofes in der Entwicklung des Verfassungssystems der Europäischen Gemeinschaft, Amtsblatt Nr. C 268 vom 4. Oktober 1993, S. 156

EP, Entschließung zu den Regierungskonferenzen im Rahmen der Strategie des Europäischen Parlaments für die Europäische Union, Amtsblatt Nr. C 324 vom 24. Dezember 1990, S. 219

EP, Entschließung zum Inhalt des Vorentwurfs eines Vertrages zur Gründung der Europäischen Union, Amtsblatt Nr. C 277 vom 17. Oktober 1983, S. 95

Europäischer Konvent, Arbeitskreis Gerichtshof, Abschlussbericht vom 25. März 2003: CONV 636/03

Gerichtshof der Europäischen Gemeinschaften (EuGH), Die Zukunft des Gerichtssystems der Europäischen Union, Reflexionspapier, EuGRZ 2000, 101

EuGH, Bericht über bestimmte Aspekte der Anwendung des Vertrages über die Europäische Union, EuGRZ 1995, 316

EuGH, Jahresbericht 2009, http://curia.europa.eu/jcms/jcms/Jo2_7000/

EuGH, Jahresberichte, http://curia.europa.eu/jcms/jcms/Jo2_11035/rapports-annuels

Reflexionsgruppe (Kom), Abschlussbericht über die Zukunft des Gerichtssystems der EG, Sonderbeilage zu NJW (Heft 19/2000) und EuZW (Heft 9/2000)

Parlamentarische Versammlung des Europarates, Resolution 1646 (2009), Nomination of candidates and election of judges of the European Court of Human Rights, 27 January 2009

–, Doc. 11767, 1 December 2008, Nomination of candidates and election of judges of the European Court of Human Rights, Report, Committee on Legal Affairs and Human Rights

–, Recommendation 1649 (2004), Candidates for the European Court of Human Rights, 30 January 2004

Beiträge zum nationalen und internationalen öffentlichen Recht

Herausgegeben von Burkhard Schöbener

Band 1 Solveig Haß: Die Urteile des Europäischen Gerichtshofs für Menschenrechte. Charakter, Bindungswirkung und Durchsetzung. 2006.

Band 2 Angela Werner: Die Grundrechtsbindung der Bundeswehr bei Auslandseinsätzen. 2006.

Band 3 Florian Stork: Das Anti-Diskriminierungsrecht der Europäischen Union und seine Umsetzung in das deutsche Zivilrecht. 2006.

Band 4 Regine Gerards: Die Europäische Menschenrechtskonvention im Konstitutionalisierungsprozess einer gemeineuropäischen Grundrechtsordnung. 2007.

Band 5 Christian Baudewin: Der Schutz der öffentlichen Ordnung im Versammlungsrecht. 2007.

Band 6 André Scheidtmann: Wirtschafts- und berufsständische Kammern im europäischen Gemeinschaftsrecht. 2007.

Band 7 Marnie Silny: Die binnenmarktbezogene Rechtsangleichungskompetenz des Art. 95 EG. Reichweite und Grenzen der Harmonisierungskompetenz sowie ihre Stellung in der gemeinschaftsrechtlichen Kompetenzverfassung. 2007.

Band 8 Thomas Mösinger: Auswahlkriterien der Standplatzvergabe unter rechtlicher und ökonomischer Analyse. Staatliche Verteilungsentscheidungen als Gegenstand der ökonomischen Analyse des Rechts. 2007.

Band 9 Henning Schwier: Der Schutz der „Unternehmerischen Freiheit" nach Artikel 16 der Charta der Grundrechte der Europäischen Union. Eine Darstellung der tatsächlichen Reichweite und Intensität der grundrechtlichen Gewährleistung aus rechtsvergleichender Perspektive. 2008.

Band 10 Jens-Peter Eickhoff: Das Funktionsrecht des Europäischen Parlaments. 2008.

Band 11 Burkhard Schöbener (Hrsg.): Junge Rechtswissenschaft: Völker- und Europarecht. Bemerkenswerte Seminararbeiten aus dem Schwerpunktstudium. 2009.

Band 12 Maximilian Robert Jahn: Die Handelshemmnis-Verordnung (Verordnung EG Nr. 3286/94). 2009.

Band 13 Stefan Haeder: Die Neuordnung des Zugangs zum Anwaltsnotariat in Deutschland. 2009.

Band 14 Ursula Hoppe: Die Kunstfreiheit als EU-Grundrecht. 2011.

Band 15 Kathrin F. Baltes: Die demokratische Legitimation und die Unabhängigkeit des EuGH und des EuG. 2011.

www.peterlang.de